江苏新农村发展系列报告
南京农业大学人文社科重大招标项目

江苏新农村发展报告

2017

Jiangsu New Rural Development Report
2017

刘祖云 等 著

中国农业出版社

内 容 简 介

《江苏新农村发展报告 2017》系南京农业大学人文社科重大招标项目设置的“江苏新农村发展系列报告”之一，拟每年出版一本，报告以年度为周期，呈现江苏省在农村经济社会发展中的现状、问题及对策与建议。

从内容上看，《江苏新农村发展报告 2017》，一是，整体性地呈现江苏省农村经济社会发展各项指标，并对江苏省各地农村经济社会发展的成果进行评价；二是，专题性地聚焦江苏省在农村政治文明、农村社区建设、农村土地市场、创意农业发展与普惠金融五个领域的现状、问题及对策与建议；三是，以个案的方式呈现江苏省在精准扶贫、特色小镇、农业经营主体、农业供给侧改革及“城归”等新现象与新问题，对 2017 年江苏省在新农村建设中的新进展进行跟踪式描述，并提炼出“十大事件”。

本报告的研究者都是南京农业大学人文社会科学领域颇有建树的研究团队，其研究特色是面向现实、面向田野、面向基层进行相应的理论思考与总结。这一研究成果，既可以为地方政府及相关部门提供决策参考，又可为学术界研究“三农”问题提供学术资料、实践个案与调研数据等内容。

江苏新农村发展系列报告
专家委员会

《江苏新农村发展报告 2017》
编写人员名单

总 负 责 人： 刘祖云

专题负责人（按姓氏笔画排序）：

朱　娅　吴　群　陈　超　姚兆余
董晓林

成　　　员（按姓氏笔画排序）：

王　燕　王卫生　王惠竹　石晓磊
吕　沙　朱　娅　朱世桂　朱晨露
朱敏杰　朱慧劼　刘　影　刘　鑫
刘述良　孙洪武　严思齐　李晓广
李寅秋　杨　珉　杨灿君　吴　群
余德贵　邹　伟　沈费伟　张　宁
张　晔　张龙耀　陈　超　陈秋月
周　军　胡袆然　姜　姝　姚兆余
徐　飘　高　平　高　啸　郭贯成
展进涛　戚晓明　崔　峰　彭建超
葛笑如　董晓林　蒋浩君　韩鹏云
訾大丽　管煜茹　翟乾乾

Preface | 总序

为了深入贯彻落实党的十七届六中全会精神和国家中长期科技与教育发展规划纲要，繁荣我校人文社会科学，强化我校在新农村发展研究中的政策咨询功能，从2012年起，南京农业大学在中央高校基本科研业务费中增设人文社会科学重大专项。人文社会科学重大专项通过招标方式，主要资助我校人文社科专家、教授针对我国农业现代化和社会主义新农村建设中遇到的具有全局性、战略性、前瞻性的重大理论和实践挑战，以解决复杂性、前沿性、综合性的重大现实问题为重点，以人文社会科学为基础、具有明显文理交叉特征的跨学科研究，项目组每年提交一份年度发展报告，并向社会发布南京农业大学“江苏新农村发展系列报告”。

江苏地处中国经济发展最快速、最具活力的长三角地区，肩负“两个率先”的光荣使命，正处于率先实现小康社会奋斗目标、全面开启现代化建设征程的新的历史起点。其经济社会发展的现状为南京农业大学发挥学科特点和综合优势，服务社会需求和发展大局，提出了新的挑战，提供了新的机遇。我校设立校人文社会科学重大招标项目主要基于四个方面的出发点。第一，随着我国整体改革的进一步深入，农业现代化进程的不断加快，农业现代化过程中凸显的难点和重点问题，使得人文社科研究的整体性、系统性、迫切性更加突出。我校通过顶层设计设置的人文社科重大招标项目——江苏新农村发展系列报告，就是希望我校农业相关的人文社科领域专家、教授发挥团队力量，通过系统设计、周密调研和深入剖析，实现集体“发声”，冀求研究成果为江苏“两个率先”的实现做出应有的贡献，并对全国的新农村建设与农业现代化起到一个示范与引领作用，从而扩大南京农业大学人文社科研究整体的社会影响力。第二，通过项目的实施，希望进一步引导我校人文社科领域专家、教授更加注重实际、实例与实体研究，更加关注传统与现实的结合，更加注重研究的定点和定位，更加重视科学研究资料和素材的积累。第三，通过项目实施，一个报告针对一个问题、围绕一个主题，使人文社科老师的科研活动多与社会、多与政府对接，使得研究成果的社会影响力和政府影响力都能得到充分发挥。第四，希望我校人文社科研究与自然科学研究形成交叉，从而培育新的人文社科学科发展增长点，推动学校创新团队培养和学科建设。通过项目的实施，人才、团队、成果、学科、学术都能得到同步成长。各年度报告的研究者都是南京农业大学人文社会科学领域颇有建树的研究团队，其研究特色是面向现实、面向田野、面向基层进行相应的理论思考与总结。这一研究成果，可以为地方政府及相关部门提供决策参考；又可为学术界研究“三农”问题提供学术资料、实践个案与调研数据等内容。

总之，我校从专家集体发声、鲜明政策导向、与社会及政府部门对接、团队和学科交叉发展这四个方面设计资助人文社会科学重大招标项目，希望对我校的人文社科发展起到积极的推动作用，能真正达到“弘扬南农传统和优势、对接古典和现实、破解农业现代化难题、振兴南农人文社科”的目的，同时为我国“三农”事业、经济社会发展，为江苏省农业科技进步、农业现代化和新农村建设作出应有的贡献。

在项目的实施和发展报告的写作过程中，江苏省相关领域的主管部门及各级各单位、各项目负责人及课题组成员给予了大力支持和密切配合，相关领域的领导和专家给予了细致的指导，在此一并致以谢忱。

“江苏新农村发展系列报告”是一个全新的尝试，不足甚至谬误在所难免，希冀社会各界倾力指教，以期从第三方视野去客观真实地记录江苏新农村发展的印迹，为美好江苏建设留下一组侧影。

南京农业大学副校长 丁艳锋

2016 年 12 月

Foreword | 前言

《江苏新农村发展报告2017》，系受到南京农业大学中央高校基本科研业务费资助的、“人文社会科学重大招标项目”的年度研究成果，因此，以年度《发展报告》的形式予以出版发行。

南京农业大学2017年度人文社会科学重大招标项目共设置六个，它们分别是：

第一，朱娅主持的《江苏农村政治文明发展报告》（SKZD2017007）；

第二，姚兆余主持的《江苏农村社区建设发展报告》（SKZD2017008）；

第三，陈超主持的《江苏创意农业发展报告》（SKZD2017005）；

第四，吴群主持的《江苏农村土地市场发展报告》（SKZD2017004）；

第五，董晓林主持的《江苏普惠金融发展报告》（SKZD2017006）；

第六，刘祖云主持的《江苏农村社会经济发展报告研究群协调项目》（SKZD2017003）。

《江苏新农村发展报告》的宗旨是：集中南京农业大学人文社会科学研究的团队与力量，通过面向现场的田野调研，了解江苏省在新农村建设与发展方面的基本状况与实践经验，并认识江苏省在新农村建设与发展过程中尚存在的一些问题，并提出相应的对策建议。

具体调研与写作任务的担当者如下：

第一章　刘述良；

第二章　朱娅、李晓广、王燕、杨珉、姜姝；

第三章　姚兆余、朱慧劼、刘影、杨灿君、蒋浩君、戚晓明；

第四章　陈超、孙洪武、王卫生、朱世桂、展进涛、李寅秋、崔峰、翟乾乾、胡祎然、王惠竹、刘鑫、徐飘；

第五章　吴群、邹伟、郭贯成、高平、严思齐、余德贵、彭建超；

第六章　董晓林、张龙耀、张宁、朱敏杰、石晓磊、吕沙、陈秋月、管煜茹、朱晨露、张晔；

第七章　葛笑如、韩鹏云、姜姝、沈费伟、高啸；

第八章　周军、訾大丽。

在项目的调查与研究中，不同的课题组与江苏省相应政府管理机构与部门之间开展了良好的合作，在此，向支持与参与合作的相应政府管理机构与部门表示诚挚的谢意！

在项目的调查与研究中，南京农业大学相关学科的本科同学、硕士同学与博士生同学，都不同程度地参与其中，向这些参与的同学表示诚挚的谢意！

每个项目的调查与研究，其背后都有一个学术团队在支持，向参与项目调查与研究的学术同仁表示诚挚的谢意！

整个项目的调查与研究，得益于南京农业大学人文社会科学处的指导、管理与实际参与，向人文社会科学处的全体成员表示诚挚的谢意！

本书的出版，还得益于中国农业出版社孙鸣凤编辑的辛勤工作，也向她表示诚挚的谢意！

最后，囿于时间与能力的限制，我们呈现的发展报告，一定还存在着诸多不足，敬请行政管理部门、学术同行批评指正。

《江苏新农村发展报告2017》课题组

Contents | 目录

第一章 <<<

2017 江苏农村经济社会发展状况

江苏历来是我国重要的经济大省，也是农业大省，在城乡融合发展和农业现代化、强农惠农富农和农业结构调整方面一直走在全国前列。在乡村振兴新战略背景下，江苏有能力为国家乡村振兴提供样本和典范，江苏各级政府应将十九大报告作为“三农”工作的指南，深入分析江苏农村农业农民发展的现状，精准把脉，敏锐把握农业农村发展环境的变化，在尊重地方实际和个性的基础上，不失时机地推进农业供给侧结构性改革、推进农业农村现代化，促进农民增收、持续改善农村民生。

基于上述判断及课题组的安排，本章的任务是：基于课题组的调研材料和数据，包括《2017 年江苏统计年鉴》以及相关政策、政府工作报告和工作总结，分析 2016—2017 年江苏农村经济发展总体状况、江苏农村社会发展总体状况（包括江苏农村城镇化状况）以及江苏农村社会管理与公共服务水平，从而客观地评估江苏农村经济社会发展的现状，总结一年来江苏农村经济社会发展的有益经验，分析江苏农村经济发展中的不足，找差距，补短板，将政府的注意力和财政资源引向农村经济社会发展最需要的领域，促进江苏农村经济社会发展的结构性优化，助推江苏城乡融合发展和乡村振兴战略的落实，为中西部欠发达地区树立农村经济社会发展的典范。

考虑到近年来江苏交通及通信基础设施快速发展，在很大程度上改变了原有的经济地理格局，本章的一个重要任务是，验证当前江苏各地农村在经济、社会与公共服务诸领域的发展格局与传统的苏南、苏中、苏北三大区域划分是否仍然保持一致。在数据处理方法方面，由于聚类分析能够基于统计调查数据，对具有不同特性的各个区域进行很好的分类（将观察对象分为不同类或者簇，每一类或者簇都具有某种共通的特点），能够很好地满足本章的分析要求，因此本章主要采用聚类分析法分析当前江苏各地农村经济、社会与公共服务格局，以在此基础上科学地制定江苏农村发展政策，为制定和落实新的区域发展战略提供依据。

第一节　江苏农村经济社会发展的评判依据

一、经验借鉴

科学的农村经济社会发展指标体系是判断江苏农村经济社会发展好坏的依据，也是本章分析的基础。在指标体系的构建方面，课题组主要从两个方面保证指标体系的科学性与合理性：一是努力从既有文献、政策实践中汲取灵感，借鉴过去人们构建经济社会发展指标体系的经验；二是征求了公共管理学、经济学、社会学领域部分专家的意见。

（一）国际通行的指标体系

在评价经济社会发展水平的指标体系中，联合国开发计划署（UNDP）于1990年提出了人类发展指数（Human Development Index，HDI），以预期寿命（用出生时的预期寿命表示）和教育水准（用成人识字率、综合入学率2个二级指标度量）、生活质量（用实际人均GDP测度）三项基础性指标衡量各国经济社会发展水平。虽然这一指标体系存在无法精确反映一国经济社会综合发展水平的缺陷和一些技术性问题，但HDI指标具有数据易得、计算容易、国别比较方法简单的优点。

在衡量经济持续增长能力方面，另一个十分重要的指标体系是萨拉·伊·马丁（Xavier Sala-i-Martin）为世界经济论坛（World Economic Forum，WEF）设计的世界竞争力指标（Global Competitiveness Index，GCI），GCI于2004年首次使用，具体包含12个一级指标共300余项指标，其中，12个一级指标包括法律和行政架构（institutions）、基础设施（appropriate infrastructure）、稳健的宏观经济（stable macroeconomic framework）、健康与初等教育（good health and primary education）、高等教育与培训（higher education and training）、有效的商品市场（efficient goods markets）、劳动市场效率（efficient labor markets）、金

融市场成熟度（developed financial markets）、技术使用能力（the ability to harness the benefits of existing technologies）、市场规模（market size）、生产能力（producing new and different goods）、创新水平（innovation）。与人类发展指数相比较，世界竞争力指标更能综合反映一国经济社会发展水平，特别是在判断一个国家经济发展优劣势方面有非常大的优势。当然，其不足就是数据获得相对困难、计算比较复杂、难于操作。

除了 HDI 和 GCI，2000 年联合国千年峰会通过的《联合国千年发展目标》（The Millennium Development Goals，MDGs）也是极具影响力的经济与社会发展评价指标体系。MDGs 包括 8 个一级指标，18 个二级指标和 48 个三级指标，其中，8 个一级指标分别是：消灭极端贫穷和饥饿（to eradicate extreme poverty and hunger），普及小学教育（to achieve universal primary education），促进两性平等及提升妇女权力（to promote gender equality and empower women），降低儿童死亡率（to reduce child mortality），改善产妇保健（to improve maternal health），对抗艾滋病、疟疾以及其他疾病（to combat HIV/AIDS，malaria，and other diseases），确保环境的可持续能力（to ensure environmental sustainability），全球合作促进发展（to develop a global partnership for development）。实践表明，虽然 MDGs 在指标确立过程及指标的选择上还存在不少问题，但它确实有助于各国全力解决经济社会发展中的贫困、饥饿、疾病与妇女权益改善等问题。

在现代化指标的确立方面，1960 年在日本箱根召开的国际现代化会议，提出了衡量现代化水平与阶段的 8 项定性标准，即“箱根模型”。

此外，普林斯顿国际研究中心教授布莱克（Cyril E. Black）的研究也卓有成效。1966 年，布莱克从经济发展、社会流动两个角度拟定 10 个维度揭示“前现代社会”与“高度现代化社会”的差异，这 10 个维度分别是人均 GNP、能源消费、劳动就业比例、各部门占 GNP 比例、终极用途占 GNP 比例、城市化、教育、健康状况、通信与交流、收入分配。

美国社会学家英格尔斯（Alex Inkeles）在其著作《人的现代化》中，归纳了现代人所具备的 12 个特点；此外，基于对世界及发展中国家的研究，他还提出了现代化的 11 项标准，这 11 项标准为人均国内生产总值、农业增加值占

GDP 比重、服务业增加值占 GDP 比重、非农业从业人员占全部从业人员比重、城市化水平、成人识字率、大学入学率、单个医生服务的人数、人均预期寿命、婴儿死亡率和人口自然增长率。

表 1-1　国际主要的经济社会评价指标体系

指标体系类型	设计者或机构	提出时间	一级指标数（个）	具体一级指标
箱根模型	箱根国际现代化会议	1960 年	8	定性指标（略）
布莱克标准	西里尔·E. 布莱克	1966 年	10	人均 GNP、能源消费、劳动就业比例、各部门占 GNP 比例、终极用途占 GNP 比例、城市化、教育、健康状况、通信与交流、收入分配
英格尔斯指标体系	阿历克斯·英格尔斯	1970 年	11	人均 GDP、农业增加值占 GDP 比重、服务业增加值占 GDP 比重、非农业从业人员占全部从业人员比重、城市化水平、成人识字率、大学入学率、单个医生服务的人数、人均预期寿命、婴儿死亡率、人口自然增长率
人类发展指数（HDI）	联合国开发计划署（UNDP）	1990 年	3	预期寿命、教育水准、生活质量
联合国千年发展目标（MDGs）	联合国千年峰会	2000 年	8	消灭极端贫穷和饥饿，普及小学教育，促进两性平等及提升妇女权力，降低儿童死亡率，改善产妇保健，对抗艾滋病，疟疾以及其他疾病，确保环境的可持续能力，全球合作促进发展
世界竞争力指标（GCI）	萨拉·伊·马丁	2004 年首次使用	12	法律和行政架构、基础设施、稳健的宏观经济、健康与初等教育、高等教育与培训、有效的商品市场、劳动市场效率、金融市场成熟度、技术使用能力、市场规模、生产能力、创新水平

（二）国内现代化指标体系

在国内，中央制定的国家经济社会发展的评价标准主要体现在 2016 年 3 月发布的《中华人民共和国国民经济和社会发展第十三个五年规划纲要》中，主要一级指标为经济发展、创新驱动、民生福祉和资源环境。

就地方而言，为了进一步促进农业现代化，江苏省委、省政府于2011年颁布了《江苏农业基本现代化指标体系（试行）》。这一指标体系由6个一级指标统领，下分21个二级指标；6个一级指标分别为农业产出效益、农业科技进步、农业产业经营、农业设施装备、农业生态环境、农业支持保障。2012年，江苏发布了全国首个基本实现现代化指标体系，即《江苏基本实现现代化指标体系（试行）》。2013年，江苏又发布了《江苏全面建成小康社会指标体系（2013年修订试行）》，设立了包括经济发展、人民生活、社会发展、民主法治、生态环境、人民群众对全面建成小康社会成果的满意度在内的6个一级指标。

表1-2 国内主要的经济社会评价指标体系

指标体系类型	设计者或机构	提出时间	一级指标数（个）	具体一级指标
中华人民共和国国民经济和社会发展第十三个五年规划纲要	第十二届全国人民代表大会第四次会议批准	2016年	4	经济发展、创新驱动、民生福祉、资源环境
江苏基本实现现代化指标体系（试行）	中共江苏省委、江苏省人民政府	2012年	5	经济发展、人民生活、社会发展、生态环境、人民群众对全面建成小康社会成果的满意度
江苏全面建成小康社会指标体系（2013年修订试行）	中共江苏省委、江苏省人民政府	2013年	6	经济发展、人民生活、社会发展、民主法治、生态环境、人民群众对全面建成小康社会成果的满意度
江苏农业基本现代化指标体系（试行）	中共江苏省委、江苏省人民政府	2011年	6	农业产出效益、农业科技进步、农业产业经营、农业设施装备、农业生态环境、农业支持保障

二、指标体系构建

结合江苏省情，在借鉴上述国内外既有经济社会发展评价指标体系的基础上，课题组最初尝试从江苏农村现代化、信息化、城镇化、基础设施、社会保障、休闲农业、政府服务、生态文明8个维度构建指标体系，后考虑到数据的可得性，经反复讨论最终确立了以下3个评估江苏农村社会经济发展的一级指标。

（一）农村经济发展指标

农村经济指标可用农村相关产业产值、农业产业结构和第一产业活力等来衡量，具体包括农村相关产业产值及劳动力投入、第一产业产能结构、农业各部门产值结构、集体企业及乡镇企业规模、个体工商户及私人企业规模、农业现代化等二级指标。

（二）农村社会发展指标

农村社会发展指标主要包括农村人口结构、农村居民素质、农村居民生活 3 个二级指标。其中，人口结构指标由城镇化率、农村各年龄段人口占比、农村家庭户均人口、农村抚养比、每一农村就业人口负担人数 5 个三级指标构成；农村居民素质考察的是农村人口受教育程度，主要由 6 岁及以上乡村人口受教育比、6 岁及以上男乡村人口受教育比、6 岁及以上女乡村人口受教育比 3 个三级指标构成；农村居民生活主要考察农村居民的生活水平与消费能力、生活质量，主要包括农村居民就业水平、人均住房建筑面积、农村居民消费结构、农村常住居民人均可支配收入、农村常住居民人均生活消费支出、居民家庭恩格尔系数、农村居民生活用电量、农村固定电话用户数、农村每百户拥有摩托车等三级指标。

（三）农村社会管理与公共服务指标

农村社会管理及公共服务状况对于改善农村生活条件有着重要意义，主要由乡镇行政区划、农林水事务财政支出、教育支出占财政总支出比、邮路及农村投递路线总长度、农业技术人员占所有技术人员比重、乡镇卫生状况、农村居民最低生活保障人数等指标构成。

（四）指标体系

经汇总，最终确立的江苏农村经济社会发展指标体系如下（表 1－3）：

表 1－3　江苏农村经济社会评价指标体系

一级指标	二级指标	三级指标
农村经济发展	1. 农村相关产业产值及劳动力投入	（1）第一产业生产总值（亿元） （2）第一产业生产总值增速（%） （3）农林牧渔业总产值（亿元） （4）农林牧渔业劳动力（万人）

（续）

一级指标	二级指标	三级指标
农村经济发展	2. 第一产业产能结构	（1）棉花产量（万吨） （2）油料产量（万吨） （3）糖料产量（万吨） （4）蚕茧产量（万吨） （5）猪牛羊肉产量（万吨） （6）水产品产量（万吨）
	3. 农村各部门产值结构	（1）农业占农林牧渔业产值比重（%） （2）林业占农林牧渔业产值比重（%） （3）牧业占农林牧渔业产值比重（%） （4）渔业占农林牧渔业产值比重（%） （5）农林牧渔服务业占农林牧渔业产值比重（%）
	4. 集体企业及乡镇企业规模	（1）集体企业占工业总产值比重（%） （2）乡镇企业及其他经济占建筑业总产值比重（%）
	5. 个体工商户及私人企业规模	（1）从事农、林、牧、渔业的个体工商户（户） （2）从事水利、环境和公共设施管理业的个体工商户（户） （3）从事农、林、牧、渔业的私人企业（户） （4）从事水利、环境和公共设施管理业的私人企业（户）
	6. 农业现代化	（1）农业机械化情况 （2）农村电气化情况 （3）农用物资使用情况 （4）农田水利情况
农村社会发展	1. 农村人口结构	（1）城镇化率（%） （2）抽样中农村各年龄段人口占比（%） （3）农村家庭户均人口（人） （4）农村抚养比（%） （5）农村就业人口人均负担人数（人）
	2. 农村居民素质	（1）6岁及以上乡村人口受教育比重（%） （2）6岁及以上男乡村人口受教育比重（%） （3）6岁及以上女乡村人口受教育比重（%）
	3. 农村居民生活	（1）农村家庭户均从业人口（人） （2）农村家庭人均现住房建筑面积（平方米） （3）农村家庭人均可支配收入（元） （4）农村家庭人均生活消费支出（元） （5）恩格尔系数（农村）（%） （6）农村家庭每百户拥有摩托车（辆） （7）农村年末固定电话用户（万户） （8）农村居民用电量（亿千瓦小时）

（续）

一级指标	二级指标	三级指标
农村社会管理及公共服务	1. 农村管理机构	（1）乡镇单位数（个） （2）村民委员会数（个）
	2. 农林水事务财政支出（亿元）	
	3. 各涉农支出占比	（1）农林水事务支出占财政总支出比重（%） （2）教育支出占财政总支出比重（%）
	4. 农业技术人员占所有技术人员比重（%）	
	5. 邮路及农村投递路线总长度（万公里）	
	6. 乡镇卫生状况	（1）乡镇卫生院病床使用率（%） （2）乡镇卫生院入院人数（万人） （3）乡镇卫生院每百门急诊人次的入院人数（人）
	7. 农村居民最低生活保障人数（万人）	

第二节　江苏农村经济发展状况

一、农村相关产业产值及劳动力投入

（一）相关产值增速明显放慢，劳动力投入持续减少

2016 年，江苏农林牧渔业总产值为 7 235.06 亿元，相较于 2015 年增长 0.8%。其中，江苏农村第一产业生产总值为 4 077.18 亿元，相较于 1978 年、1990 年、2000 年、2010 年分别增长 422.40%、179.10%、70.60%、20.00%，但相较 2015 年仅增长 0.7%，远低于江苏 7.8%的地区生产总值增速（表 1-4），也远低于全国第一产业地区生产总值 4.61%（根据 2015 年、2016 年全国第一产业地区生产总值计算得到）的增速。

表 1-4　2016 年江苏第一产业产值及劳动力投入情况

指　　标	2016 年	2016 年比下列各年增长（%）				
		1978 年	1990 年	2000 年	2010 年	2015 年
地区生产总值（亿元）	76 086.17	7 595.30	2 091.60	489.40	70.20	7.80
第一产业生产总值（亿元）	4 077.18	422.40	179.10	70.60	20.00	0.70
农林牧渔业总产值（亿元）	7 235.06	653.90	279.60	80.50	19.40	0.80
农林牧渔业劳动力（万人）	736.12	−63.70	−57.10	−50.30	−14.40	−1.50

数据来源：《2017 年江苏统计年鉴》。

在劳动力投入方面，2016 年江苏有农林牧渔业劳动力 736.12 万人，相较于 2015 年减少 1.5%，延续近年来农林牧渔业劳动力持续减少的趋势。

（二）江苏第一产业生产总值占全国比重基本不变

2012—2016 年，江苏第一产业生产总值占全国比重一直稳定在 6.40%上下，2016 年为 6.41%（表 1-5）。虽然江苏 2016 年第一产业生产总值增速明显放缓，不过由于存量较大，暂时未影响其在全国的比重。

表 1-5　2015—2016 年第一产业产值情况

指　　标	2015 年			2016 年		
	全国	江苏	江苏占全国的比重（%）	全国	江苏	江苏占全国的比重（%）
第一产业地区生产总值（亿元）	60 863.00	3 987.94	6.55	63 671.00	4 077.18	6.41

数据来源：《2017 年江苏统计年鉴》。

二、农作物种植结构稳定，第一产业产能总体呈下降态势

首先，从种植结构看，2016 年江苏粮食作物、油料作物、棉花、麻类、糖料、药材、蔬菜与瓜类、其他农作物分别占 70.77%、5.71%、0.83%、0.00%、0.02%、0.19%、20.68%、1.80%，粮食作物、蔬菜与瓜类占比高，经济作物占比相对较低。2016 年江苏粮食作物、油料作物、棉花、麻类、糖料、药材、蔬菜与瓜类、其他农作物占比分别较 2015 年提高 0.73 个百分点、降低 0.43 个百分点、降低 0.39 个百分点、降低 0.01 个百分点、持平、降低 0.02 个百分点、提高 0.10 个百分点、提高 0.02 个百分点（表 1-6）。可见，当前江苏农作物种植结构趋于稳定，若无重大政策刺激，仍将基本保持不变。

表 1-6　2012—2016 年江苏农业种植结构

单位：%

项　　目	2012 年	2013 年	2014 年	2015 年	2016 年
农作物总播种面积	100.00	100.00	100.00	100.00	100.00
粮食作物	69.74	69.77	70.01	70.04	70.77
油料作物	6.90	6.75	6.50	6.14	5.71
棉花	2.23	2.02	1.72	1.22	0.83

（续）

项　　目	2012 年	2013 年	2014 年	2015 年	2016 年
麻类	0.01	0.01	0.01	0.01	0.00
糖料	0.02	0.02	0.02	0.02	0.02
烟叶	—	—	—	—	—
药材	0.15	0.19	0.22	0.21	0.19
蔬菜、瓜类	19.17	19.52	19.82	20.58	20.68
其他农作物	1.78	1.72	1.70	1.78	1.80

数据来源：《2017 年江苏统计年鉴》。

其次，农作物总播种面积是保证地方粮食产量及反映农业生产经营活力的重要指标。从播种面积来看，2016 年江苏全省农作物总播种面积为 7 676.93 千公顷、其中粮食作物面积为 5 432.70 千公顷、经济作物面积为 518.86 千公顷、其他作物面积为 1 725.37 千公顷，相较于 2015 年分别降低 0.88%、增加 0.15%、降低 11.82%、降低 0.38%（表 1－7），除粮食作物播种面积增加外，经济及其他作物播种面积均有减少，说明江苏农业生产经营的内在驱动力仍然不足。

表 1－7　2015—2016 年江苏农业播种面积及变动情况

播种面积	2015 年	2016 年	2016 年较 2015 年变动（%）
总播种面积（千公顷）	7 745.04	7 676.93	－0.88
粮食作物面积	5 424.64	5 432.70	0.15
经济作物面积	588.43	518.86	－11.82
其他作物面积	1 731.97	1 725.37	－0.38

数据来源：《2017 年江苏统计年鉴》。

此外，不只是播种面积呈减少趋势，江苏农作物每公顷播种面积的产量亦呈下降态势。数据显示，2016 年，江苏农作物每公顷播种面积的粮食、棉花、油料产量分别为 6 379.90、1 164.04、3 007.77 千克，较 2015 年分别下降 185.22、75.61、2.29 千克（图 1－1）。

最后，粮食产能关乎国家粮食安全与社会稳定，对于地方来说，确保一定的粮食产能同样重要。2016 年，江苏粮食产量、棉花产量、油料产量、糖料产量、蚕茧产量、猪牛羊肉产量、水产品产量分别为 3 466.01、7.38、131.93、9.03、3.95、227.7 3、523.15 万吨，总体延续 2010 年以来的负增长态势。相较于 2015 年，除水产品产量增加 0.20%，江苏粮食产量、棉花产量、油料产量、糖

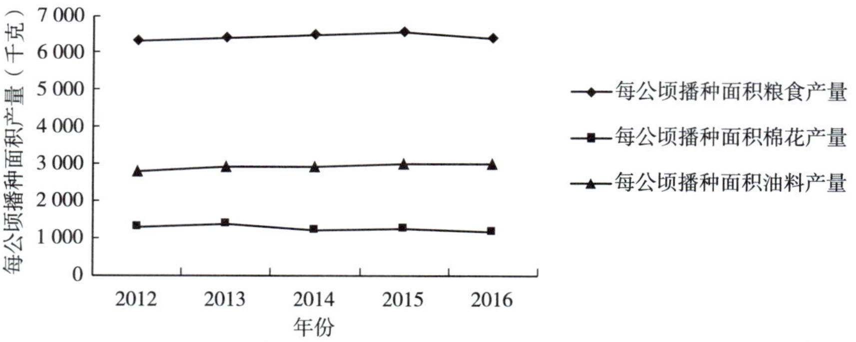

图1-1　2012—2016年江苏农作物每公顷播种面积产量水平

资料来源：《2017年江苏统计年鉴》。

料产量、蚕茧产量、猪牛羊肉产量均有不同程度下降，分别下降了2.70%、36.90%、7.80%、5.00%、20.50%、4.00%（表1-8）。需要注意的是，在总播种面积基本不变（略有增加）的情况下，粮食产量的减少是难以接受的。从播种面积和粮食产量二者的变化幅度来看，粮食作物播种面积没有减少（增加0.15%），但2016年江苏的粮食产量却减少了2.70%，这是一个值得警惕的趋势。

表1-8　2016年江苏主要粮肉产量及增速

指　　标	2016年（万吨）	2016年比下列各年增长的比重（%）				
		1978年	1990年	2000年	2010年	2015年
粮食产量	3 466.01	44.40	6.20	11.60	7.10	-2.70
棉花产量	7.38	-84.50	-84.10	-76.50	-71.70	-36.90
油料产量	131.93	252.40	17.40	-41.50	-13.20	-7.80
糖料产量	9.03	31.20	-59.50	-68.10	-12.10	-5.00
蚕茧产量	3.95	50.20	-67.10	-56.20	-50.10	-20.50
猪牛羊肉产量	227.73	—	43.80	0.10	1.70	-4.00
水产品产量	523.15	1 215.80	342.40	69.40	13.60	0.20

数据来源：《2017年江苏统计年鉴》。

三、农村各部门产值结构基本稳定

统计显示，2016年，构成江苏农林牧渔业产值的农业、林业、牧业、渔业、农林牧渔服务业，其产值占农林牧渔业产值的比重分别为51.34%、1.79%、18.40%、22.42%、6.05%，与2015年相比，农业、林业产值占比分别下降

1.60 个百分点、0.05 个百分点，牧业、渔业、农林牧渔服务业的占比则分别提高 0.45 个百分点、0.84 个百分点、0.36 个百分点，总体较为稳定（图 1－2）。

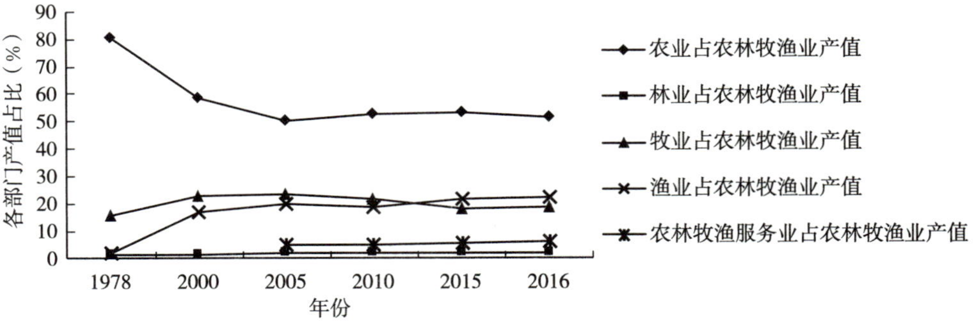

图 1－2　1978 年以来主要年份江苏农村各部门产值结构

四、集体、乡镇企业相关产值增速呈下降态势

集体企业、乡镇企业对促进农村居民就业、促进农村经济繁荣、实现农村产业结构升级，进而解决农村、农业、农民问题，实现强农、惠农、富农，有着重要意义。2016 年，江苏集体企业产值为 117.43 亿元，较 2015 年下降 36.82%；占工业总产值的比重为 0.35%，较 2015 年下降 0.23 个百分点。乡镇企业及其他经济产值规模达 22 126.75 亿元（根据《2017 年江苏统计年鉴》计算得出），较 2015 年增长 3.74%；占建筑业总产值的比重为 85.79%，较 2015 年回落 0.26 个百分点。

表 1－9　1978 年以来主要年度江苏集体企业、乡镇企业产值占比

单位:%

指　　标	1978 年	2000 年	2005 年	2010 年	2015 年	2016 年
集体企业占工业总产值比重	31.18	19.02	5.05	1.40	0.58	0.35
乡镇企业及其他经济占建筑业总产值比重	—	51.24	76.66	84.89	86.05	85.79

数据来源：《2017 年江苏统计年鉴》。

五、农村个体工商户与私人企业发展态势良好

（一）涉农个体工商户与私人企业发展态势良好

涉农个体工商户与私人企业的规模和数量是反映农村经济活力的重要指

标。2016年，江苏从事农、林、牧、渔业的个体工商户和从事水利、环境和公共设施管理业的个体工商户分别为10.92、0.10万户，相较2015年分别增加2.46万、0.02万户；从业人数分别为25.50万、0.31万人，相较2015年分别增加6.13万、0.07万人；涉农资金数额分别为398.08亿、1.62亿元，相较2015年分别增加105.87亿、0.34亿元。从事农、林、牧、渔业的私人企业和从事水利、环境和公共设施管理业的私人企业分别为4.50万、0.57万户，相较2015年分别增加0.56万、0.07万户；从业人数分别为30.00万、6.66万人，相较2015年分别增加2.93万、0.24万人；涉农资金数额分别为1 321.30亿、405.16亿元，相较2015年分别增加250.54亿、98.15亿元（表1-10）。

表1-10　2015—2016年江苏涉农个体工商户与私人企业发展情况

年份	指　标	户数（万户）	从业人数（万人）	资金数额（亿元）
2015年	从事农、林、牧、渔业的个体工商户	8.46	19.37	292.21
	从事水利、环境和公共设施管理业的个体工商户	0.08	0.24	1.28
	从事农、林、牧、渔业的私人企业	3.94	27.06	1 070.76
	从事水利、环境和公共设施管理业的私人企业	0.50	6.42	307.01
2016年	从事农、林、牧、渔业的个体工商户	10.92	25.50	398.08
	从事水利、环境和公共设施管理业的个体工商户	0.10	0.31	1.62
	从事农、林、牧、渔业的私人企业	4.50	30.00	1 321.30
	从事水利、环境和公共设施管理业的私人企业	0.57	6.66	405.16

数据来源：《2016年江苏统计年鉴》《2017年江苏统计年鉴》。

（二）农村个体工商户和私人企业的发展状况

从SPSS的分析结果看，2016年江苏各市农村个体工商业户数与本地第一产业生产总值高度相关（表1-11），因此可以认为，江苏个体工商户数的增加促进了各地第一产业的繁荣，同时第一产业的良好运行态势也推动了个体工商户的蓬勃发展。

表 1-11　江苏各市农村个体工商业户数与本地第一产业生产总值相关性分析相关性

		第一产业生产总值（亿元）	农村个体工商业数（户）
第一产业生产总值（亿元）	Pearson 相关性	1	0.627*
	显著性（双侧）		0.022
	N	13	13
农村个体工商业数（户）	Pearson 相关性	0.627*	1
	显著性（双侧）	0.022	
	N	13	13

注：* 表示在 0.05 水平（双侧）上显著相关。

从农村个体工商户及私人企业发展情况来看，江苏各地区农村个体工商业户数从高到低排序分别为南通（29.34 万户）、盐城（16.84 万户）、徐州（12.27 万户）、宿迁（9.63 万户）、苏州（9.06 万户）、淮安（7.17 万户）、泰州（6.53 万户）、连云港（6.16 万户）、扬州（5.47 万户）、镇江（5.21 万户）、南京（3.5 万户）、无锡（1.93 万户）、常州（1.23 万户），南通稳居第一，南京、无锡、常州居最后三位；农村个体工商业户数占本辖区个体工商业户数比从高到低依次排列分别为南通（60.45%）、盐城（41.44%）、宿迁（33.65%）、连云港（32.93%）、徐州（30.52%）、淮安（29.19%）、镇江（27.38%）、泰州（25.54%）、扬州（20.87%）、苏州（14.19%）、南京（8.00%）、无锡（6.24%）、常州（4.38%），南通、盐城、宿迁位居前三，南京、无锡、常州居后；乡村个体工商业吸纳的从业人数从高到低分别为南通（43.71 万人）、盐城（21.93 万人）、徐州（19.1 万人）、苏州（18.31 万人）、宿迁（14.55 万人）、泰州（12.39 万人）、镇江（11.55 万人）、淮安（11.47 万人）、扬州（10.20 万人）、连云港（9.69 万人）、南京（6.93 万人）、无锡（3.02 万人）、常州（2.78 万人），南通、盐城、徐州居前三，南京、无锡、常州同样居后；乡村个体工商业资金数额从高到低分别为南通（203.68 亿元）、泰州（166.03 亿元）、盐城（143.38 亿元）、镇江（127.41 亿元）、徐州（125.63 亿元）、宿迁（108.43 亿元）、淮安（93.78 亿元）、苏州（71.02 亿元）、连云港（60.01 亿元）、扬州（56.22 亿元）、南京（40.60 亿元）、常州（14.01 亿元）、无锡（10.04 亿元），南通、泰州、盐城规模最大，南京、常州、无锡规模较小。

2016年，江苏各地农村私营企业户数从高到低分别为南通（8.61万户）、苏州（6.15万户）、盐城（5.08万户）、徐州（4.22万户）、宿迁（2.96万户）、泰州（2.57万户）、扬州（2.48万户）、无锡（2.30万户）、淮安（2.24万户）、镇江（1.99万户）、连云港（1.17万户）、南京（1.16万户）、常州（0.27万户）；各地农村私营企业户数占本地区私营企业户数的比例从高到低分别为南通（49.8%）、盐城（35.76%）、宿迁（35.37%）、淮安（30.12%）、泰州（28.9%）、镇江（28.21%）、徐州（27.22%）、扬州（22.04%）、连云港（17.20%）、苏州（14.17%）、无锡（10.65%）、南京（2.43%）、常州（2.01%），南通、盐城、宿迁占比较高，南京、常州占比较低；各地乡村私营企业雇工人数从高到低分别为南通（120.99万人）、苏州（97.00万人）、盐城（57.29万人）、徐州（45.76万人）、无锡（43.33万人）、扬州（33.96万人）、泰州（33.16万人）、宿迁（32.35万人）、镇江（30.75万人）、南京（28.04万人）、淮安（24.15万人）、连云港（12.00万人）、常州（8.97万人），南通、苏州乡村私营企业雇工人数较多，连云港最少；从乡村私营企业注册资金数来看，各地从高到低排序依次分别为南通（3 642.23亿元）、苏州（2 742.86亿元）、无锡（1 591.83亿元）、盐城（1 574.81亿元）、徐州（1 212.50亿元）、泰州（1 072.71亿元）、镇江（1 043.46亿元）、扬州（1 013.53亿元）、南京（853.79亿元）、淮安（669.54亿元）、宿迁（623.30亿元）、连云港（540.74亿元）、常州（191.19亿元），南通、苏州、无锡、盐城乡村私营企业注册资金规模大，南京、淮安、宿迁、连云港规模较小（表1－12）。

到目前为止，我们还只是分析了江苏各市农村个体工商业与私人企业发展情况，江苏各地农村个体工商户及私人企业发展的区域分布规律仍未得到分析。考虑到聚类分析能够基于调查数据很好地将各个区域进行分类，为了更深入地了解江苏各地农村个体工商户及私人企业发展情况，本章基于《2017年江苏统计年鉴》中农村个体工商业户数（万户）、乡村个体工商业从业人数（万人）、乡村个体工商业资金数额（亿元）、农村私营企业户数（万户）、乡村私营企业雇工人数（万人）、乡村私营企业投资者人数（万人）、乡村私营企业注册资金数（亿元）7个指标的数据进行系统聚类分析，尝试根据农村个体工商业与私人企业发展数据将江苏各市划分为3类，目的是验证当前江苏各地发展格局与传统的苏南、苏

表 1-12　2016 年江苏各地区涉农个体工商户与私人企业

行政区	农村个体工商业户数（万户）	农村个体工商业户数占比（%）	乡村个体工商业从业人数（万人）	乡村个体工商业从业人数占比（%）	乡村个体工商业资金数额（亿元）	乡村个体工商业资金数额占比（%）	农村私营企业户数（万户）	农村私营企业户数占比（%）	乡村私营企业雇工人数（万人）	乡村私营企业雇工人数占比（%）	乡村私营企业投资者人数（万人）	乡村私营企业投资者人数占比（%）	乡村私营企业注册资金数（亿元）	乡村私营企业注册资金数占比（%）
南京市	3.50	8.00	6.93	7.33	40.60	10.46	1.16	2.43	28.04	10.10	2.41	2.57	853.79	5.32
无锡市	1.93	6.24	3.02	5.02	10.04	5.42	2.30	10.65	43.33	19.61	4.34	10.46	1 591.83	14.26
徐州市	12.27	30.52	19.10	27.86	125.63	36.90	4.22	27.22	45.76	39.95	5.87	26.27	1 212.50	22.20
常州市	1.23	4.38	2.78	4.90	14.01	6.48	0.27	2.01	8.97	6.19	0.44	1.89	191.19	2.97
苏州市	9.06	14.19	18.31	14.43	71.02	14.30	6.15	14.17	97.00	26.89	12.04	15.04	2 742.86	13.15
南通市	29.34	60.45	43.71	57.50	203.68	60.54	8.61	49.80	120.99	65.73	13.50	49.67	3 642.23	41.25
连云港市	6.16	32.93	9.69	33.84	60.01	34.38	1.17	17.20	12.00	29.19	1.52	16.71	540.74	18.68
淮安市	7.17	29.19	11.47	25.30	93.78	35.43	2.24	30.12	24.15	35.31	3.01	27.73	669.54	17.02
盐城市	16.84	41.44	21.93	39.49	143.38	39.62	5.08	35.76	57.29	45.77	7.01	34.87	1 574.81	28.95
扬州市	5.47	20.87	10.20	20.52	56.22	23.44	2.48	22.04	33.96	28.88	3.42	21.40	1 013.53	20.13
镇江市	5.21	27.38	11.55	29.03	127.41	38.58	1.99	28.21	30.75	35.56	3.33	28.26	1 043.46	22.55
泰州市	6.53	25.54	12.39	24.57	166.03	24.75	2.57	28.90	33.16	32.47	3.89	28.19	1 072.71	24.97
宿迁市	9.63	33.65	14.55	29.46	108.43	39.37	2.96	35.37	32.35	37.20	3.48	31.02	623.30	20.50

数据来源：根据《2017 年江苏统计年鉴》整理和计算而成。

中、苏北三大区域划分是否一致。经 SPSS20.0 处理，数据得以标准化，所有数据分为 3 类。聚类过程如表 1－13 所示：

表 1－13　聚类分析过程

阶	群集组合		系数	首次出现阶群集		下一阶
	群集 1	群集 2		群集 1	群集 2	
1	8	13	0.436	0	0	6
2	11	12	0.561	0	0	6
3	1	10	0.696	0	0	4
4	1	7	1.007	3	0	7
5	3	9	1.039	0	0	10
6	8	11	1.207	1	2	7
7	1	8	2.572	4	6	8
8	1	2	4.716	7	0	9
9	1	4	5.485	8	0	11
10	3	5	8.568	5	0	11
11	1	3	12.474	9	10	12
12	1	6	51.727	11	0	0

更为直观的聚类过程见树形图（图 1－3）。

聚类分析结果表明，2016 年江苏农村个体工商户及私人企业发展中，各地区分为以下三类（表 1－14）：

第Ⅰ类（9 市）：南京、扬州、镇江、泰州、宿迁、无锡、常州、连云港、淮安；

第Ⅱ类（3 市）：徐州、苏州、盐城；

第Ⅲ类（1 市）：南通。

由此可见，2016 年江苏各地区农村个体工商户及私人企业的发展情况，并未按常见的苏南、苏中、苏北三大区域进行划分，而是打破了传统地域划分的限制。属于第Ⅰ类的 9 市农村个体工商户及私人企业户数、资金及从业人数规模普遍较低，包括徐州、苏州、盐城在内的第Ⅱ类地区具有某一两个指标规模相对较大的特性，而属于第Ⅲ类的南通则在农村个体工商户及私人企业户数、资金及从业人数规模均稳居前列。

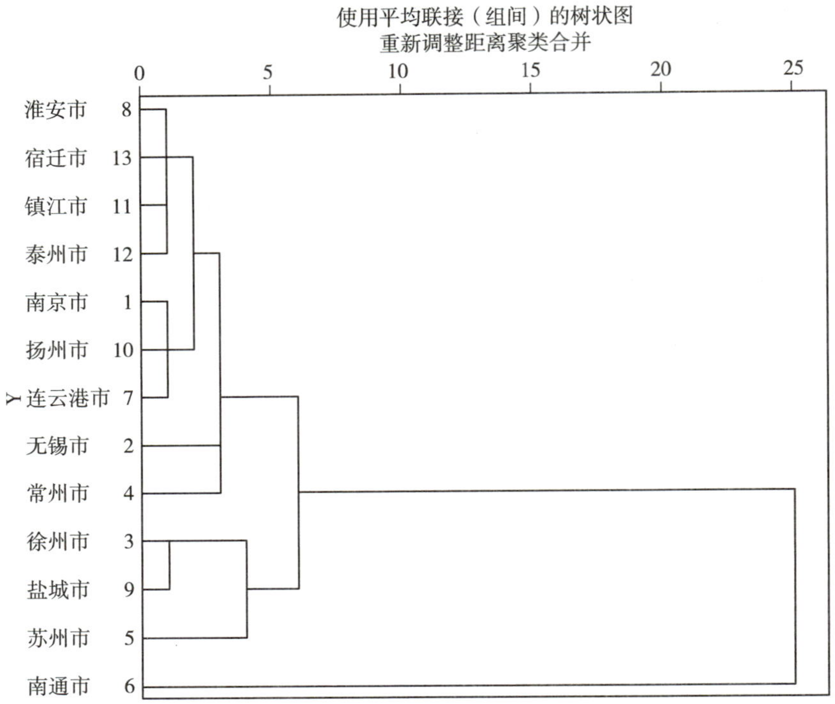

图 1-3　聚类过程树形图

表 1-14　聚类结果

案例	3 群集	案例	3 群集
南京市	1	淮安市	1
无锡市	1	盐城市	2
徐州市	2	扬州市	1
常州市	1	镇江市	1
苏州市	2	泰州市	1
南通市	3	宿迁市	1
连云港市	1		

六、农业现代化水平总体呈上升趋势

农业现代化指标反映的是某一地区特定时期内农业从传统走向现代的程度，强调在农业生产生活中引入现代工业、科学技术及管理理念，旨在建立现代化农业生产体系、经营体系和产业体系，提升农业生产力。2016 年，江苏农业机械总动力为 4 906.55 万千瓦，机耕面积、机播面积、机械植保面积、机械收获面积分别为 5 939.63、4 663.12、5 699.61、5 199.94 千公顷；在农村电气化方面，农村用电量 1 869.27 亿千瓦小时；从农用物资使用情况看，化肥施用量（折纯量）312.52 万吨、每亩[①]耕地施用化肥（折纯量）45.46 千克、农用塑料薄膜使用量 11.39 万吨、农用柴油使用量 108.71 万吨、农药使用量 7.62 万吨；农田水利方面，2016 年江苏有效灌溉面积、节水灌溉面积、除涝面积、水土流失治理面积、堤防保护面积分别为 4 054.07、2 422.57、3 125.61、907.89、2 885.60千公顷，堤防长度 55 797 公里（表 1－15）。

表 1－15　2012—2016 年江苏农业现代化水平

指　标	2012 年	2013 年	2014 年	2015 年	2016 年
农业机械化情况					
农业机械总动力（万千瓦）	4 214.64	4 405.78	4 649.98	4 825.49	4 906.55
机耕面积（千公顷）	5 845.67	5 947.94	6 100.16	6 066.15	5 939.63
机播面积（千公顷）	3 887.94	4 371.78	4 437.83	4 576.06	4 663.12
机播小麦面积	2026.10	2099.42	2 117.97	2 148.19	2 158.20
机械植保面积（千公顷）	5 400.50	6 732.05	5 736.80	5 649.06	5 699.61
机械收获面积（千公顷）	4 896.87	5 114.39	5 549.26	5 142.77	5 199.94
农村电气化情况					
农村用电量（亿千瓦小时）	1 696.41	1 801.86	1 834.93	1 836.19	1 869.27
农用物资使用情况					
化肥施用量（折纯量）（万吨）	330.94	326.82	323.61	319.99	312.52
每亩耕地施用化肥（折纯量）（千克）	48.03	47.43	47.00	46.54	45.46
农用塑料薄膜使用量（万吨）	11.26	11.68	11.98	11.32	11.39
农用柴油使用量（万吨）	102.97	106.80	107.45	108.58	108.71
农药使用量（万吨）	8.37	8.12	7.95	7.81	7.62
农田水利情况					
有效灌溉面积（千公顷）	3 704.17	3 785.27	3 890.53	3 952.50	4 054.07
节水灌溉面积（千公顷）	1 923.37	2005.43	2 189.54	2 336.09	2 422.57
除涝面积（千公顷）	2 812.02	2 853.25	2 961.97	3 017.69	3 125.61
水土流失治理面积（千公顷）	717.31	886.97	899.66	893.82	907.89
堤防长度（公里）	55 105	55 403	55 387	55 654	55 797
堤防保护面积（千公顷）	3 257.81	3 519.38	2 767.32	2 826.85	2 885.60

数据来源：根据《2017 年江苏统计年鉴》整理和计算而成。

① 亩为非法定计量单位，1 亩≈666.7 平方米。下同。——编者注

从近5年的情况看，2012—2016年江苏农业机械化水平虽然有一定波动，但稳步提升的趋势没有改变（图1-4）。

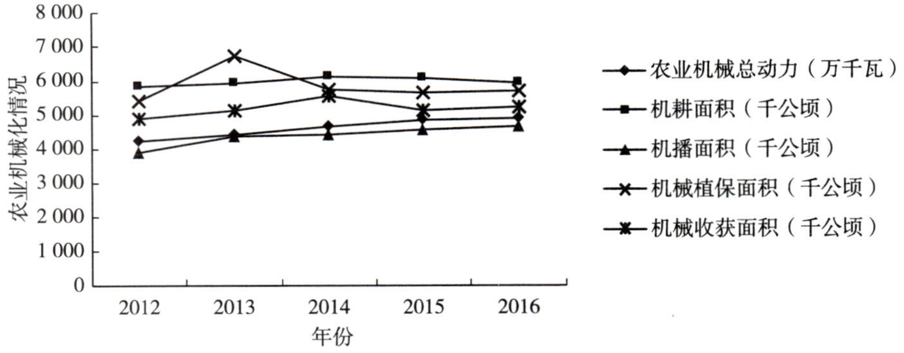

图1-4　2012—2016年江苏农业机械化水平

农村电气化的衡量指标是农村用电量。从图1-5可以看出，2012—2016年江苏农村用电量从2012年的1 696.41亿千瓦小时稳步上升到2016年的1 869.27亿千瓦小时。

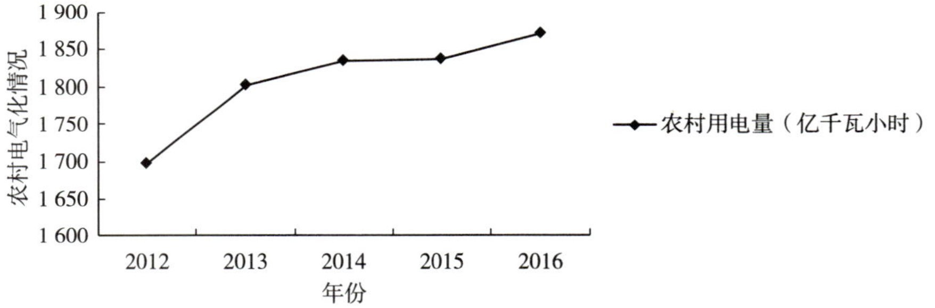

图1-5　2012—2016年江苏农村电气化水平

与农村电气化水平稳步提升不同的是，江苏农村农用物资，如化肥施用量、每亩耕地施用化肥量、农用塑料薄膜使用量、农用柴油使用量、农药使用量基本保持平稳发展的态势（图1-6）。

在农田水利方面，5年来江苏堤防长度持续增加，从2012年的55 105公里增加到2016年的55 797公里（图1-7）。

5年来江苏除堤防保护面积有所下降，其他如有效灌溉面积、节水灌溉面积、除涝面积、水土流失治理面积都处于稳步上升的态势，这主要得益于省委、省政府对农业发展、农田水利的重视以及涉农财政资金投入的增加（图1-8）。

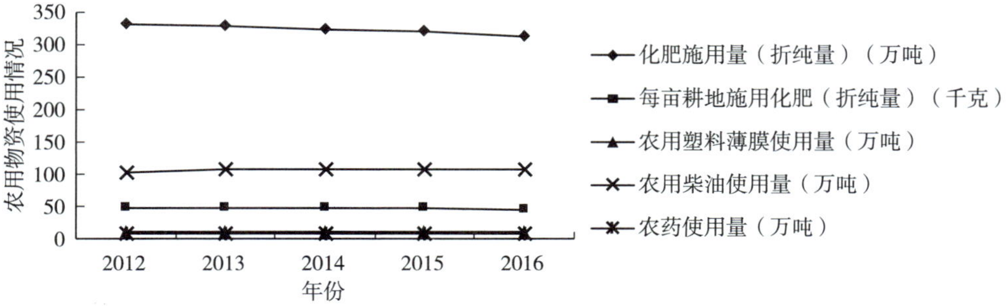

图1-6 2012—2016年江苏农村农用物资使用情况

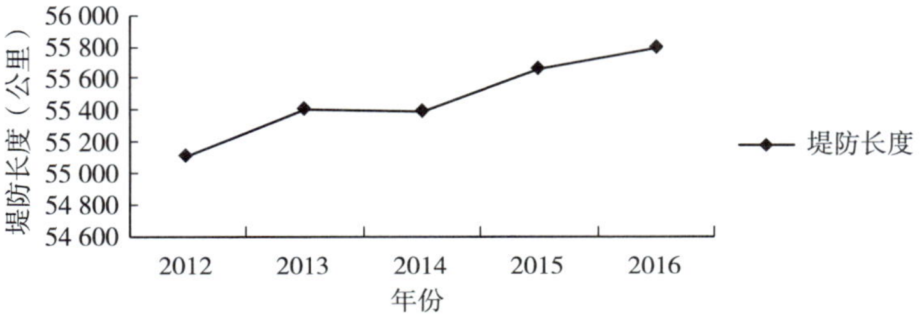

图1-7 2012—2016年江苏堤防长度

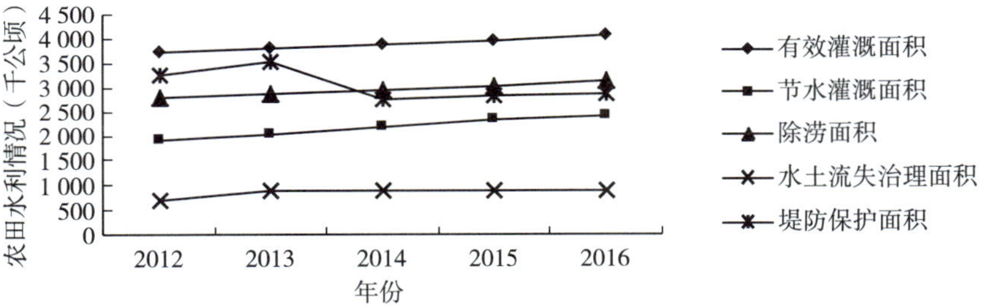

图1-8 2012—2016年江苏农田水利情况

七、江苏各地区农村经济发展的聚类分析

(一) 各地区农村经济现状

2016年江苏各地区包括第一产业投资总额（亿元）、第一产业生产总值（亿元）、乡村户数（万户）、乡村劳动力（万人）、农业机械总动力（万千瓦）、化肥施用量（万吨）、农村用电量（亿千瓦小时）、农作物总播种面积（千公顷）、粮食产量（万吨）、农林牧渔业总产值（亿元）等指标在内的总体经济实力如表1-16所示。

表 1-16 2012—2016 年江苏各地区经济实力水平

区域	第一产业投资总额（亿元）	第一产业生产总值（亿元）	乡村劳动力（万人）	农业机械总动力（万千瓦）	化肥施用量（万吨）	农村用电量（亿千瓦小时）	农作物总播种面积（千公顷）	粮食产量（万吨）	农林牧渔业总产值（亿元）
南京	40.78	252.54	116.97	227.61	7.39	32.08	289.25	108.04	451.16
无锡	7.10	135.19	109.81	99.22	5.18	394.38	160.31	59.16	249.98
徐州	40.37	542.88	358.55	712.33	60.46	66.11	1 154.55	469.16	1 046.76
常州	3.94	152.67	128.05	146.25	6.04	156.59	209.20	93.74	283.97
苏州	0.91	221.81	171.89	163.89	7.11	609.78	241.40	97.68	424.67
南通	8.87	366.66	299.48	398.28	22.24	170.31	824.10	325.20	691.55
连云港	42.58	301.56	177.97	588.06	34.57	34.28	631.90	360.80	589.42
淮安	51.86	324.61	211.79	622.60	38.85	16.00	797.17	458.55	602.72
盐城	41.31	533.91	299.92	679.12	50.56	80.30	1 399.86	687.31	1 104.93
扬州	16.84	251.39	181.49	270.19	20.03	61.14	507.16	300.30	477.95
镇江	5.34	137.78	101.27	145.72	5.36	77.44	233.75	118.74	240.71
泰州	6.84	240.00	212.34	275.52	16.12	124.44	575.18	313.03	415.96
宿迁	26.38	275.23	225.25	577.77	38.59	46.42	718.03	384.54	517.24

数据来源：根据《2017 年江苏统计年鉴》整理和计算而成。

从表 1-16 可以看出，江苏虽然整体属于经济发达省份，但就农村经济而言，各地在不同指标的表现方面仍然是存在差距的。首先，从投资来看，江苏各地第一产业投资总额从高到低排序依次为淮安（51.86 亿元）、连云港（42.58 亿元）、盐城（41.31 亿元）、南京（40.78 亿元）、徐州（40.37 亿元）、宿迁（26.38 亿元）、扬州（16.84 亿元）、南通（8.87 亿元）、无锡（7.10 亿元）、泰州（6.84 亿元）、镇江（5.34 亿元）、常州（3.94 亿元）、苏州（0.91 亿元），淮安第一产业投资总额位居第一，苏州居末。

从产值来看，第一产业生产总值从高到低排序依次为徐州（542.88 亿元）、盐城（533.91 亿元）、南通（366.66 亿元）、淮安（324.61 亿元）、连云港（301.56 亿元）、宿迁（275.23 亿元）、南京（252.54 亿元）、扬州（251.39 亿元）、泰州（240.00 亿元）、苏州（221.81 亿元）、常州（152.67 亿元）、镇江（137.78 亿元）、无锡（135.19 亿元），徐州、盐城、南通位列前三，经济相对发达的苏州、常州、镇江、无锡居后。

从乡村劳动力数量来看，乡村劳动力从高到低排序依次为徐州（358.55万人）、盐城（299.92万人）、南通（299.48万人）、宿迁（225.25万人）、泰州（212.34万人）、淮安（211.79万人）、扬州（181.49万人）、连云港（177.97万人）、苏州（171.89万人）、常州（128.05万人）、南京（116.97万人）、无锡（109.81万人）、镇江（101.27万人），徐州、盐城、南通乡村劳动力人数较多，南京、无锡、镇江居后。

农业机械化水平的高低主要由农业机械总动力来反映。2016年，江苏各地农业机械总动力从高到低排序依次为徐州（712.33万千瓦）、盐城（679.12万千瓦）、淮安（622.60万千瓦）、连云港（588.06万千瓦）、宿迁（577.77万千瓦）、南通（398.28万千瓦）、泰州（275.52万千瓦）、扬州（270.19万千瓦）、南京（227.61万千瓦）、苏州（163.89万千瓦）、常州（146.25万千瓦）、镇江（145.72万千瓦）、无锡（99.22万千瓦），徐州、盐城、淮安位居前列。此外，数据分析显示，农业机械总动力水平与各地第一产业投资总额显著相关（表1-17）。

表1-17　2016年江苏各地农业机械总动力水平与第一产业投资总额的关系

		第一产业投资总额（亿元）	农业机械总动力（万千瓦）
第一产业投资总额（亿元）	Pearson 相关性	1	0.796*
	显著性（双侧）		0.001
	N	13	13
农业机械总动力（万千瓦）	Pearson 相关性	0.796*	1
	显著性（双侧）	0.001	
	N	13	13

注：*在0.01水平（双侧）上显著相关。

在化肥施用方面，2016年江苏各市化肥施用量从高到低排序依次为徐州（60.46万吨）、盐城（50.56万吨）、淮安（38.85万吨）、宿迁（38.59万吨）、连云港（34.57万吨）、南通（22.24万吨）、扬州（20.03万吨）、泰州（16.12万吨）、南京（7.39万吨）、苏州（7.11万吨）、常州（6.04万吨）、镇江（5.36万吨）、无锡（5.18万吨），徐州、盐城化肥施用量明显较大。

在用电量方面，2016年江苏各地农村用电量从高到低排序依次为苏州（609.78亿千瓦小时）、无锡（394.38亿千瓦小时）、南通（170.31亿千瓦小时）、常州（156.59 亿千瓦小时）、泰州（124.44 亿千瓦小时）、盐城（80.3 亿千瓦小时）、镇江（77.44 亿千瓦小时）、徐州（66.11 亿千瓦小时）、扬州（61.14 亿千瓦小时）、宿迁（46.42 亿千瓦小时）、连云港（34.28 亿千瓦小时）、南京（32.08 亿千瓦小时）、淮安（16.00 亿千瓦小时），苏州、无锡、南通、常州居前四。数据分析显示，农村用电量与各地第一产业投资总额显著相关（表 1-18），说明各地第一产业投资整体上有利于江苏农业现代化水平的提升。

表 1-18　2016 年江苏各地农村用电量与第一产业投资总额的关系

		第一产业投资总额（亿元）	农村用电量（亿千瓦小时）
第一产业投资总额（亿元）	Pearson 相关性	1	−0.620*
	显著性（双侧）		0.024
	N	13	13
农村用电量（亿千瓦小时）	Pearson 相关性	−0.620*	1
	显著性（双侧）	0.024	
	N	13	13

注：* 在 0.05 水平（双侧）上显著相关。

农作物总播种面积从高到低排序依次为盐城（1 399.86 千公顷）、徐州（1 154.55千公顷）、南通（824.10 千公顷）、淮安（797.17 千公顷）、宿迁（718.03 千公顷）、连云港（631.90 千公顷）、泰州（575.18 千公顷）、扬州（507.16 千公顷）、南京（289.25 千公顷）、苏州（241.40 千公顷）、镇江（233.75 千公顷）、常州（209.20 千公顷）、无锡（160.31 千公顷），盐城、徐州排在前两位，苏州、镇江、常州、无锡居末。

在粮食产量方面，江苏各地从高到低排序依次为盐城（687.31 万吨）、徐州（469.16 万吨）、淮安（458.55 万吨）、宿迁（384.54 万吨）、连云港（360.80 万吨）、南通（325.20 万吨）、泰州（313.03 万吨）、扬州（300.30 万吨）、镇江（118.74 万吨）、南京（108.04 万吨）、苏州（97.68 万吨）、常州（93.74 万吨）、无锡（59.16 万吨），盐城、徐州、淮安粮食总产量高，南京、苏州、常州、无锡总产量较低。

最后，2016 年江苏各地农林牧渔业总产值从高到低排序依次为盐城

(1 104.93亿元)、徐州(1 046.76 亿元)、南通(691.55 亿元)、淮安(602.72 亿元)、连云港(589.42 亿元)、宿迁(517.24 亿元)、扬州(477.95 亿元)、南京(451.16 亿元)、苏州(424.67 亿元)、泰州(415.96 亿元)、常州(283.97 亿元)、无锡(249.98 亿元)、镇江(240.71 亿元),盐城、徐州总产值较高,超过 1 000 亿元,镇江居末。

(二)江苏各地农村经济聚类分析

同样,为更好地了解江苏各地农村经济情况,基于《2017 年江苏统计年鉴》中反映各地农村总体经济实力的数据进行系统聚类分析,主要选用以下指标:第一产业投资总额(亿元)、第一产业生产总值(亿元)、乡村户数(万户)、乡村劳动力(万人)、农业机械总动力(万千瓦)、化肥施用量(万吨)、农村用电量(亿千瓦小时)、农作物总播种面积(千公顷)、粮食产量(万吨)、农林牧渔业总产值(亿元)。经 SPSS20.0 处理,数据得以标准化,所有数据分为 3 类。聚类过程如表 1-19、图 1-9 所示:

表 1-19　聚类分析过程

阶	群集组合		系数	首次出现阶群集		下一阶
	群集 1	群集 2		群集 1	群集 2	
1	4	11	0.491	0	0	6
2	10	12	0.863	0	0	7
3	7	8	1.022	0	0	4
4	7	13	1.962	3	0	10
5	3	9	2.664	0	0	11
6	2	4	2.912	0	1	8
7	1	10	6.653	0	2	8
8	1	2	7.359	7	6	9
9	1	5	10.855	8	0	12
10	6	7	11.799	0	4	11
11	3	6	16.987	5	10	12
12	1	3	29.268	9	11	0

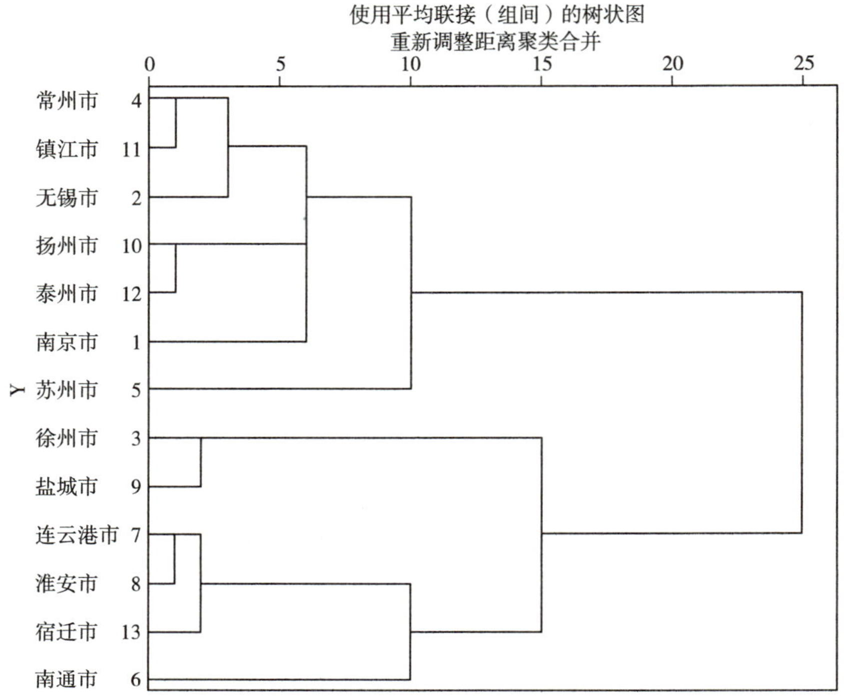

图 1-9　聚类过程树形图

从聚类结果看（表 1-20），2016 年江苏各地区农村个体工商户及私人企业发展可以分为以下 3 类：

第Ⅰ类（7 市）：南京、无锡、常州、苏州、扬州、镇江、泰州；

第Ⅱ类（2 市）：徐州、盐城；

第Ⅲ类（4 市）：南通、连云港、淮安、宿迁市。

同样可见，传统的苏南、苏中、苏北经济分布格局被打破。属于第Ⅰ类的南京、无锡、常州、苏州、扬州、镇江、泰州农村经济发展指标，如第一产业投资总额、第一产业产值、乡村劳动力数量、农业机械化总动力、化肥施用量、用电量及农作物播种面积、粮食产量与农林牧渔业总产值等，都比较靠后；属于第Ⅱ类的徐州、盐城相对较强；属于第Ⅲ类的南通、连云港、淮安、宿迁市的第一产业投资总额、第一产业产值、乡村劳动力数量、农业机械化总动力、化肥施用量、用电量及农作物播种面积、粮食产量与农林牧渔业总产值等明显位居全省前列。

表1-20　聚类结果

案例	3群集	案例	3群集
南京市	1	淮安市	3
无锡市	1	盐城市	2
徐州市	2	扬州市	1
常州市	1	镇江市	1
苏州市	1	泰州市	1
南通市	3	宿迁市	3
连云港市	3		

第三节　江苏农村社会发展状况

一、江苏城镇化水平

（一）江苏城镇化水平逐年提高，城镇化速度有加快趋势

衡量城镇化的一个重要手段，就是测量一国或地区农业人口转化为非农人口的水平。2012—2016年，江苏全省人口数从7 919.98万上升到7 998.60万，乡村人口数则从2012年的2 929.89万下降2 581.95万，江苏的城镇化水平正逐年提高（表1-21）。

表1-21　2012—2016年江苏省人口数量

单位：万人

年份	全　省	乡村人口
2012	7 919.98	2 929.89
2013	7 939.49	2 849.48
2014	7 960.06	2 769.30
2015	7 976.30	2 670.47
2016	7 998.60	2 581.95

数据来源：《2017年江苏统计年鉴》。

从人口城镇化率来看，江苏农村人口占比从2012年的37.00%下降到2016年的32.28%，占比连续5年下滑（图1-10）。换言之，近5年来，江苏的城镇化率处于稳步提升之中。

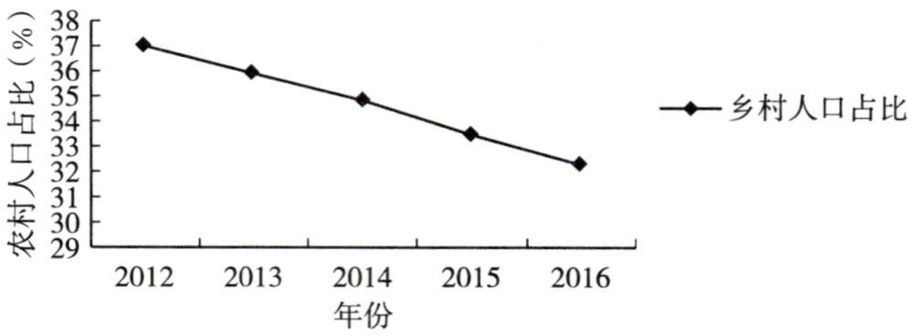

图 1-10　2012—2016 年江苏农村人口占总人口的比重

从城镇化的速度来看，2016 年末江苏乡村、城镇人口分别为 2 581.95 万、5 416.65 万人，年末城镇人口较 1978 年、1990 年、2000 年、2010 年、2015 年分别增长 576.40%、271.30%、78.10%、13.60%和 2.10%，年末乡村人口则分别减少 48.70 %、51.40%、39.80%、16.80%、3.31%（表 1-22）。此外，2013 年以来，年末乡村人口分别较上年减少 2.74 %、2.81 %、3.57 %、3.31%，可见近两年江苏的城镇化速度有加快的趋势。

表 1-22　2016 年江苏城镇化水平及与主要年份的比较

指　　标	2016 年	2016 年比下列各年增长（%）				
		1978 年	1990 年	2000 年	2010 年	2015 年
全省年末人口（万人）	7 998.60	37.10	18.20	9.20	1.60	0.30
年末城镇人口（万人）	5 416.65	576.40	271.30	78.10	13.60	2.10
全省年末乡村人口（万人）	2 581.95	−48.70	−51.40	−39.80	−16.80	−3.31

数据来源：《2017 年江苏统计年鉴》。

（二）江苏各地城镇化水平的聚类分析

为更好地了解江苏各地城镇化水平的相互关系，现基于《2017 年江苏统计年鉴》中各地城镇化数据（表 1-23）进行系统聚类分析，选用的指标有：2016 年城镇化率（%）、2016 年常住乡村人口（万人）、2016 年常住乡村人口比重较 2015 年变化情况（%）、2016 年年末乡村户数较 2015 年变化情况（万户）、2016 年年末乡村户数占总户数比重（%）。标准化后，所有数据分为 3 类。

经 SPSS20.0 处理，数据得以标准化，聚类过程如表 1-24、图 1-11 所示：

表 1－23　2016 年全省各地区乡村常住人口及户数情况

行政区	城镇化率（%）	常住乡村人口（万人）	常住乡村人口占总人口比重较 2015 年变化（%）	年末乡村户数较 2015 年变化（万户）	年末乡村户数占总户数比重（%）
南京市	82.00	148.86	－0.60	－0.78	27.51
无锡市	75.80	158.00	－0.40	－2.54	36.56
徐州市	62.40	327.15	－1.39	－0.68	63.11
常州市	71.00	136.54	－1.00	－1.01	55.29
苏州市	75.50	260.86	－0.60	－0.82	39.34
南通市	64.40	260.17	－1.61	－1.37	70.48
连云港市	60.20	178.96	－1.50	0.17	65.49
淮安市	59.70	197.16	－1.53	－0.52	60.37
盐城市	61.60	278.11	－1.46	－0.94	67.48
扬州市	64.40	159.89	－1.61	－0.33	67.85
镇江市	69.20	98.05	－1.25	－0.47	56.86
泰州市	63.20	170.97	－1.65	－0.10	71.09
宿迁市	57.50	207.23	－2.00	0.05	72.25

数据来源：《2017 年江苏统计年鉴》。

表 1－24　聚类分析过程

阶	群集组合		系数	首次出现阶群集		下一阶
	群集 1	群集 2		群集 1	群集 2	
1	10	12	0.090	0	0	2
2	7	10	0.383	0	1	4
3	3	9	0.640	0	0	9
4	7	13	0.830	2	0	7
5	6	8	1.701	0	0	7
6	4	11	1.892	0	0	10
7	6	7	2.735	5	4	9
8	1	5	4.172	0	0	10
9	3	6	6.628	3	7	11
10	1	4	7.575	8	6	11
11	1	3	11.612	10	9	12
12	1	2	22.077	11	0	0

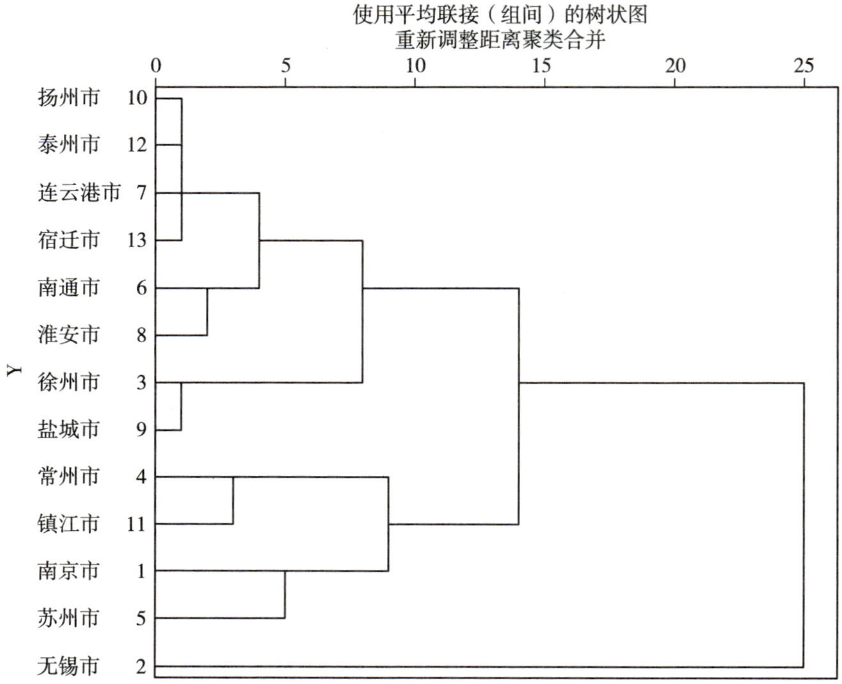

图 1－11　聚类过程树形图

从聚类结果看，2016 年江苏各地区城镇化发展水平可以分为以下 3 类（表 1－25），可见传统的苏南、苏中、苏北经济分布格局再次被打破：

第Ⅰ类（4 市）：南京、常州、苏州、镇江；

第Ⅱ类（1 市）：无锡；

第Ⅲ类（8 市）：徐州、南通、连云港、淮安、盐城、扬州、泰州、宿迁。

表 1－25　聚类结果

案例	3 群集	案例	3 群集
南京市	1	淮安市	3
无锡市	2	盐城市	3
徐州市	3	扬州市	3
常州市	1	镇江市	1
苏州市	1	泰州市	3
南通市	3	宿迁市	3
连云港市	3		

二、农村人口结构

（一）农村人口老龄化趋势加剧

从《江苏统计年鉴》提供的数据来看，在 2012—2016 年抽样中，江苏农村社会人口总体结构稳中微变，总体结构呈倒大 V 形（图 1－12）。

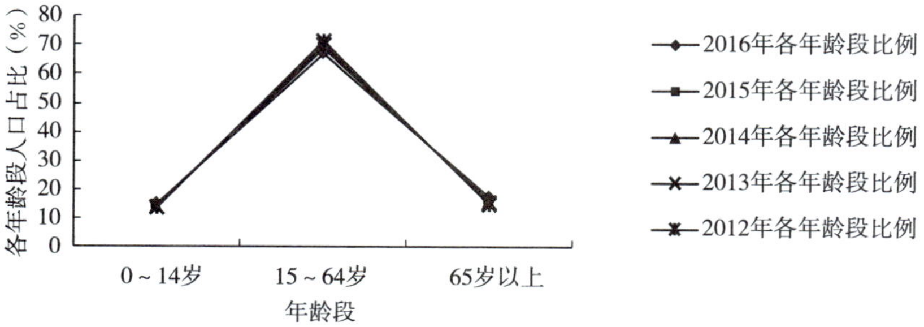

图 1－12　2012—2016 年江苏农村各年龄段人口数

其中，15～64 岁的群体占比从 2012 年的 71.29%下降到 2016 年的 67.23%，而 65 岁以上群体占比则从 2012 年的 15.02%上升到 2016 年的 17.62%。按照 7%的老龄化社会新标准，江苏农村早已进入严重老龄化社会。得益于国家生育政策改革，随着全面二胎政策的放开，近两年来，江苏农村 0～14 岁群体占比有所上升，从 2012 年的 13.69%上升到 2016 年的 15.15%（表 1－26）。

表 1－26　2012—2016 年江苏农村各年龄段人口数、占比及抚养比

	0～14 岁	15～64 岁	65 岁以上	总抚养比	少儿抚养比	老年抚养比
2016 年抽样数（人）	18 822	83 533	21 888			
2016 年比例（%）	15.15	67.23	17.62	48.74	22.53	26.20
2015 年比例（%）	14.67	68.96	16.37	45.01	21.27	23.74
2014 年比例（%）	14.74	69.17	16.09	44.57	21.31	23.26
2013 年比例（%）	14.00	70.35	15.65	42.15	19.90	22.25
2012 年比例（%）	13.69	71.29	15.02	40.27	19.20	21.07

数据来源：根据《2017 年江苏统计年鉴》计算整理得到。

（二）5 年来农村抚养比逐年上升

由于低生育率，加上老龄化严重，近年来，江苏农村抚养比持续上升。其中，总抚养比从2012年的40.27%上升到2016年的48.74%，少儿抚养比从2012年的19.20%上升到2016年的22.53%，老年抚养比则从2012年的21.07%上升到2016年的26.20%，农村青壮年劳动力负担加重（图1-13）。

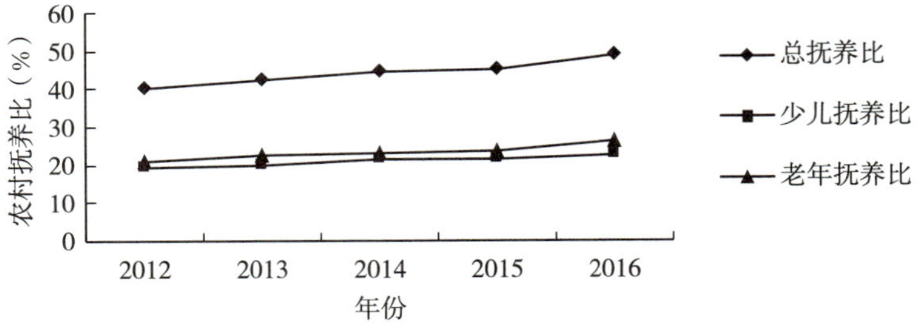

图1-13　2012—2016年江苏农村抚养比

三、农村居民素质

作为经济发达省份，江苏农村居民素质相对较高，但2016年江苏农村6岁及以上乡村人口受教育比只达到90.68%，仍有9.32%的未受教育人口。6岁及以上男乡村人口未受教育比为4.34%，而6岁及以上女乡村人口未受教育比14.24%，可见就算在江苏这样经济发达的省份，农村的性别观念仍然比较重（表1-27）。

表1-27　2016年乡村人口受教育程度（2016年11月1日零时抽样调查结果，抽样比为0.46%）

指　标	6岁及以上人口加总	不识字或识字很少	学前教育	小学	初中	普通高中	中职	大学专科	大学本科	研究生
各组乡村人口数（人）	116 863	10 890	931	38 325	46 263	10 916	3 695	4 117	1 661	65
各组男乡村人口数（人）	58 062	2 518	438	17 654	25 295	6 960	2038	2 235	889	35
各组女乡村人口数（人）	58 801	8 372	493	20 671	20 968	3 956	1 657	1 882	772	30
6岁及以上乡村人口受教育比（%）	90.68	9.32	0.80	32.79	39.59	9.34	3.16	3.52	1.42	0.06
6岁及以上男乡村人口受教育比（%）	95.66	4.34	0.75	30.41	43.57	11.99	3.51	3.85	1.53	0.06
6岁及以上女乡村人口受教育比（%）	85.76	14.24	0.84	35.15	35.66	6.73	2.82	3.20	1.31	0.05

数据来源：根据《2017年江苏统计年鉴》计算整理得到。

根据《2017 年江苏统计年鉴》中的相关数据，在江苏农村 6 岁及以上的人口中，具有初中学历的群体规模最大，其次为小学学历，小学初中学历群体占总抽样人口的 72.38%。其余学历人口比重依次为普通高中 9.34%、大学专科 3.52%、中职 3.16%、大学本科 1.42%，研究生占比最低，仅为 0.06%（图 1-14）。

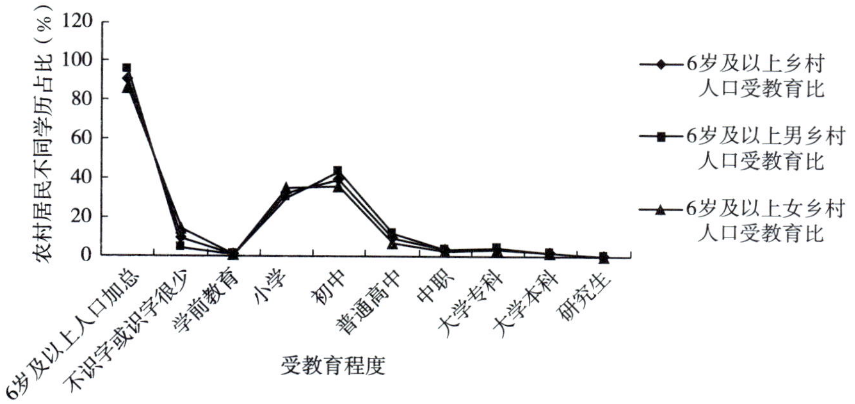

图 1-14　2016 年江苏乡村人口受教育程度

四、农村居民生活状况

（一）农村就业人口负担逐年加重

除了抚养比，就业人口负担也是衡量生活状况的重要指标。2013—2016 年，江苏每一农村就业人口负担人数依次为 1.44、1.44、1.54 和 1.53 人，逐年加重，而同期，每一城镇就业人口负担人数为 1.74、1.75、1.80、1.79 人（表 1-28），可见农村每一就业人口负担人数较城镇为低。

表 1-28　2013—2016 年江苏农村就业人口负担及城乡比较

指　　标	2013 年	2013 年乡村城镇比	2014 年	2014 年乡村城镇比	2015 年	2015 年乡村城镇比	2016 年	2016 年乡村城镇比
农村平均每户家庭从业人口（人）	2.14	1.24	2.07	1.21	1.92	1.16	1.95	1.17
每一农村就业人口负担人数（人）	1.44	0.83	1.44	0.82	1.54	0.85	1.53	0.85
城镇平均每户家庭从业人口（人）	1.72		1.71		1.65		1.66	
每一城镇就业人口负担人数（人）	1.74		1.75		1.80		1.79	

注：从 2013 年开始，农村居民家庭人均纯收入调整为农村常住居民人均可支配收入，城镇居民家庭人均可支配收入调整为城镇常住居民人均可支配收入，其他相关指标口径同时作相应调整。

数据来源：根据《2017 年江苏统计年鉴》计算整理得到。

（二）收入与支出呈现增长态势，支出增速略高于收入增速

2013—2016 年，江苏农村常住居民人均可支配收入稳步增长。2013—2016 年，各年度江苏农村常住居民人均可支配收入依次为 13 521.29、14 958.44、16 256.70、17 606.00 元，2014—2016 年相较上年分别增长 10.63%、8.68%、8.30%。农村常住居民人均生活消费支出 10 759.01、11 820.27、12 882.55、14 428.00元，2014—2016 年相较上年分别增长 9.86%、8.99%、12.00%，高于收入增长速度（表 1-29）。

表 1-29　2013—2016 年江苏农村收入与支出水平

指　　标	2013 年	2013 年乡村城镇比	2014 年	2014 年乡村城镇比	2015 年	2015 年乡村城镇比	2016 年	2016 年乡村城镇比
城镇常住居民人均可支配收入（元）	31 585.48		34 346.26		37 173.48		40 152.00	
城镇常住居民人均生活消费支出（元）	22 262.34		23 476.28		24 966.04		26 433.00	
农村常住居民人均可支配收入（元）	13 521.29	0.43	14 958.44	0.44	16 256.70	0.44	17 606.00	0.44
农村常住居民人均生活消费支出（元）	10 759.01	0.48	11 820.27	0.50	12 882.55	0.52	14 428.00	0.55

注：从 2013 年开始，农村居民家庭人均纯收入调整为农村常住居民人均可支配收入，城镇居民家庭人均可支配收入调整为城镇常住居民人均可支配收入，其他相关指标口径同时作相应调整。

数据来源：根据《2017 年江苏统计年鉴》计算整理得到。

就城乡消费能力来看，江苏城镇常住居民人均可支配收入、城镇常住居民人均生活消费支出均明显高于农村。2013—2016 年，农村城镇常住居民人均可支

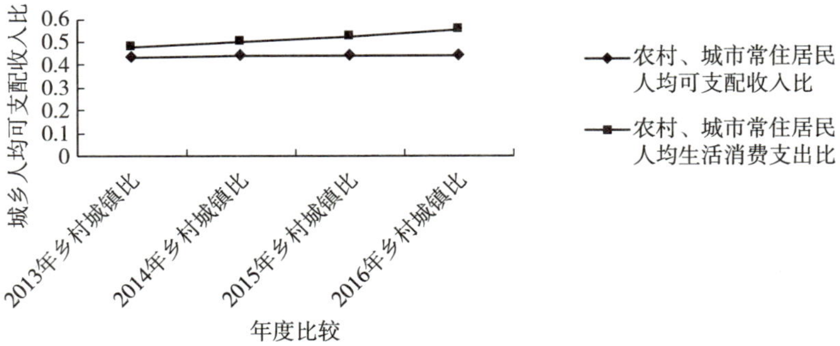

图 1-15　2013—2016 年江苏城乡常住居民人均可支配收入比较

配收入比分别为0.43、0.44、0.44、0.44，农村城镇常住居民人均生活消费支出比分别为0.48、0.50、0.52、0.55。即农村常住居民人均可支配收入不及城镇常住居民人均可支配收入的一半，农村常住居民人均生活消费支出则稍稍超过城镇常住居民人均生活消费支出的一半（图1-15）。

五、居住生活条件稳步改善

在居住条件方面，2013—2016年江苏农村人均住房面积逐年增加，分别为52.40、54.15、54.95和56.90平方米，而同期的城镇人均现住房建筑面积分别为39.25、39.51、39.62、40.30平方米，农村人均住房面积分别是同期城镇人均现住房建筑面积的1.34、1.37、1.39和1.41倍。

表1-30 2013—2016年江苏农村居民生活质量

指　　标	2013年	2013年乡村城镇比	2014年	2014年乡村城镇比	2015年	2015年乡村城镇比	2016年	2016年乡村城镇比
人均住房面积（平方米）	44.20		44.90		45.22		46.30	
城镇人均现住房建筑面积(平方米)	39.25		39.51		39.62		40.30	
农村人均现住房建筑面积(平方米)	52.40	1.34	54.15	1.37	54.95	1.39	56.90	1.41

如果把时间拉长，可以发现，2016年江苏农村人均住房面积较1978年增长了486.60%，较2000年增长了68.84%，较2010年增长了22.82%，较2015年增长了3.54%（表1-31）。

表1-31 2016农村居民人均住房建筑面积及增长情况

指　　标	2016年	2016年比下列各年增长（%）				
		1978年	1990年	2000年	2010年	2015年
农村居民人均住房建筑面积（平方米）	56.9	486.60	125.79	68.84	22.82	3.54

数据来源：《2017年江苏统计年鉴》。

在摩托车、家用电脑拥有量方面，农村每百户拥有摩托车的数量有减少的趋势，从2013年的44.90辆减少到2016年的42.10辆；但农村每百户家用电脑拥有量则明显上升，2013—2016年拥有量分别为36.50、37.70、42.30、45.00

台；农村城镇每百户家用电脑拥有量之比分别为0.41、0.41、0.46、0.48（表1－32），这说明农村居民所使用的主要交通工具正在发生变化，而其信息交流方式正向着城市人信息交流习惯靠拢，向着信息化方向转变。

表1－32　2013—2016年江苏农村每百户摩托车及家用电脑拥有量

指　标	2013年	2013年乡村城镇比	2014年	2014年乡村城镇比	2015年	2015年乡村城镇比	2016年	2016年乡村城镇比
农村每百户拥有摩托车（辆）	44.90		47.80		43.70		42.10	
全省每百户家用电脑拥有量（台）	65.80		67.40		73.40		76.60	
城镇每百户家用电脑拥有量（台）	89.70		91.70		91.40		94.20	
农村每百户家用电脑拥有量（台）	36.50	0.41	37.70	0.41	42.30	0.46	45.00	0.48

注：从2013年开始，农村居民家庭人均纯收入调整为农村常住居民人均可支配收入，城镇居民家庭人均可支配收入调整为城镇常住居民人均可支配收入，其他相关指标口径同时作相应调整。

数据来源：根据《2017年江苏统计年鉴》计算整理得到。

综合而言，近年来，江苏农村居民无论是在人均住房面积、每百户家用电脑拥有量方面都呈增加趋势，这说明农村居民的生活条件处于持续的改善之中。

六、农村居民生活水平逐年提高

居民家庭恩格尔系数是衡量人民生活水平的一个重要指标。2013—2016年，江苏农村居民家庭恩格尔系数逐年降低，分别为31.10%、31.40%、31.66%、29.50%。到2016年，江苏农村居民家庭恩格尔系数已落入联合国划定的富足标准（居民家庭恩格尔系数降到20%～30%）。不过，尽管江苏农村居民生活已经相当富足，但农村居民家庭的恩格尔系数仍略高于城镇（表1－33）。

表1－33　2013—2016年江苏居民家庭恩格尔系数

单位：%

指　标	2013年	2014年	2015年	2016年
居民家庭恩格尔系数	29.00	29.20	28.88	28.30
城镇居民家庭恩格尔系数	28.40	28.50	28.05	28.00
农村居民家庭恩格尔系数	31.10	31.40	31.66	29.50

数据来源：《2017年江苏统计年鉴》。

在消费结构中，2016年，江苏农村居民食品、衣着、居住及其他支出占农村居民消费比重分别为 24.17%、4.63%、18.51%、52.69%，其他消费占比最大，食品消费占比次之，居住消费居第三位，衣着消费占比最小（表 1－34）。

表 1－34　1978—2016 年主要年份农村居民消费结构

单位：%

指　　标	1978 年	2000 年	2005 年	2010 年	2015 年	2016 年
食品支出占农村居民消费比重	62.14	43.50	44.00	38.10	31.66	24.17
衣着支出占农村居民消费比重	12.14	5.40	5.40	5.40	6.04	4.63
居住支出占农村居民消费比重	13.57	18.90	14.40	17.90	20.57	18.51
其他支出占农村居民消费比重	12.14	32.20	36.20	38.60	41.73	52.69

数据来源：《2017 年江苏统计年鉴》。

从江苏农村居民食品、衣着、居住及其他消费变化的情况来看，1978 年以来，江苏农村居民的食品消费占比呈连续降低趋势，居住消费占比有所增加，其他消费占比明显增加，衣着消费占比于 2000 年后基本趋于稳定（图 1－16）。

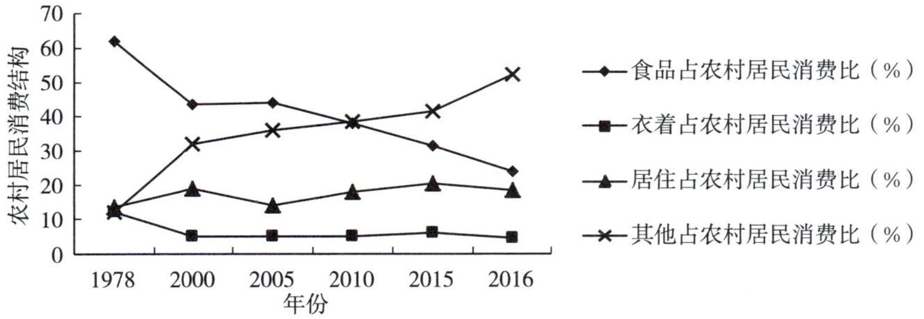

图 1－16　1978—2016 年江苏农村居民消费结构比较

在居民家庭平均文教娱乐支出方面，2013—2016 年江苏农村居民家庭文教娱乐支出比重分别为 10.54%、10.28%、10.25%、9.37%，比重有所下降，但如果考虑到居民收入的增长，农村居民家庭文教娱乐支出总额实际在增加（表 1－35）。

表 1－35　2013—2016 年江苏农村居民文教娱乐消费情况

单位：%

指　　标	2013 年	2014 年	2015 年	2016 年
全省居民家庭平均文教娱乐支出占消费支出比重	11.88	11.68	11.79	11.36
城镇居民家庭文教娱乐支出占消费支出比重	12.27	12.09	12.25	11.97
农村居民家庭文教娱乐支出占消费支出比重	10.54	10.28	10.25	9.37

数据来源：根据《2017 年江苏统计年鉴》整理和计算而成。

由此可见，近年来江苏农村居民的食品等生存型、保障型消费的比重在降低，而文教娱乐、交通通信、医疗保健等服务型、品质型的消费比重在不断上升，江苏农村居民的消费结构已经升级。

七、城乡及农村包容性发展尚需进一步加强

包容性发展最为核心的理念就是共享共建。那么，2012—2016 年江苏城乡之间以及乡村内部共享共建的程度如何呢？城乡居民的收入比是一个很有用的衡量指标。数据表明，近 5 年来，江苏城乡居民收入比分别为 2.43、2.34、2.30、2.29、2.28，即城市居民的收入是乡村居民收入的两倍以上（表 1－36），但从这 5 年来的趋势看，江苏城乡居民收入比有减小的趋势。

表 1－36　2012—2016 年江苏城乡收入比

指　　标	2012 年	2013 年	2014 年	2015 年	2016 年
城乡收入比（以农民收入为 1）	2.43	2.34	2.30	2.29	2.28

数据来源：《2017 年江苏统计年鉴》。

在农村内部，尽管存在就业人口、负担人口数量的差异，但高收入户的人均可支配收入（37 610 元）远高于低收入户的 5 804 元和中低收入户的 11 404 元，人均生活消费支出（22 815 元）远高于低收入户的 8 330 元和中低收入户的 11 287元（表 1－37），这是不可忽视的事实。可见，尽管江苏城乡共享共建的情况有所改善，但任务仍然艰巨。

表 1－37　2016 年江苏不同收入组农村常住居民家庭基本情况

指　　标	全省调查户平均水平	低收入户	中低收入户	中等收入户	中高收入户	高收入户
平均每户常住人口（人）	2.98	3.09	3.26	3.11	2.91	2.54
平均每户就业人口（人）	1.95	1.73	1.93	2.05	2.12	1.90
平均每一就业人口负担人数（人）	1.53	1.78	1.69	1.51	1.37	1.33
人均可支配收入（元）	17 606	5 804	11 404	15 819	21 520	37 610
人均生活消费支出（元）	14 428	8 330	11 287	14 410	17 117	22 815

数据来源：《2017 年江苏统计年鉴》。

八、各地社会发展聚类分析

为更好地了解江苏各地农村社会发展情况，选用城镇化率（%）、农村平均每户家庭人口（人）、农村平均每户就业人口（人）、农村平均每一就业人口负担人数（人）、农村平均每户就业面（%）、农村平均每人现住房建筑面积（平方米）、恩格尔系数（农村）（%）、农村人均可支配收入（元）、农村人均生活消费支出（元）、其他用品和服务人均消费（元）等指标，基于《2017年江苏统计年鉴》的数据（表1－38）进行系统聚类分析。

表1－38　2016年江苏各地区农村社会发展情况

行政区	城镇化率（%）	农村平均每户家庭人口（人）	农村平均每户就业人口（人）	农村平均每一就业人口负担人数（人）	农村平均每户就业面（%）	农村平均每人现住房建筑面积（平方米）	恩格尔系数（农村）（%）	农村人均可支配收入（元）	农村人均生活消费支出（元）	其他用品和服务人均消费（元）
南京	82.0	3.30	2.50	1.30	74.20	56.60	30.08	21 156.00	15 773.00	513.00
无锡	75.8	3.10	2.00	1.60	64.20	56.40	29.80	26 158.00	18 463.00	607.00
徐州	62.4	3.30	2.10	1.60	63.10	53.30	31.42	15 274.00	11 059.00	181.00
常州	71.0	3.00	2.10	1.40	70.00	64.70	30.80	23 780.00	16 567.00	660.00
苏州	75.5	3.70	2.50	1.50	67.00	65.60	25.67	27 691.00	18 820.00	529.00
南通	64.4	2.90	2.10	1.40	72.40	61.50	29.19	18 741.00	13 440.00	482.00
连云港	60.2	3.20	2.00	1.60	62.20	48.70	32.61	13 932.00	10 113.00	160.00
淮安	59.7	3.10	2.00	1.60	63.30	51.20	31.71	14 319.00	9 633.00	178.00
盐城	61.6	3.10	1.70	1.80	54.80	50.90	31.64	17 172.00	13 145.00	246.00
扬州	64.4	3.20	2.10	1.60	64.40	54.20	30.50	18 057.00	13 722.00	384.00
镇江	69.2	3.30	2.50	1.30	75.40	57.70	28.55	20 922.00	15 925.00	492.00
泰州	63.2	3.10	2.10	1.50	67.70	64.00	30.38	17 861.00	13 250.00	478.00
宿迁	57.5	3.40	1.90	1.70	57.40	47.80	35.74	13 929.00	9 395.00	150.00

数据来源：根据《2017年江苏统计年鉴》整理和计算而成。

同样，将所有数据分为3类，经SPSS20.0处理，数据得以标准化，聚类过程如表1－39、图1－17所示：

表 1-39　聚类分析过程

阶	群集组合		系数	首次出现阶群集		下一阶
	群集 1	群集 2		群集 1	群集 2	
1	7	8	0.640	0	0	2
2	3	7	1.605	0	1	5
3	6	12	2.514	0	0	6
4	1	11	3.490	0	0	10
5	3	10	4.551	2	0	7
6	4	6	5.404	0	3	9
7	3	9	7.710	5	0	8
8	3	13	8.572	7	0	12
9	2	4	10.548	0	6	10
10	1	2	12.679	4	9	11
11	1	5	21.796	10	0	12
12	1	3	28.289	11	8	0

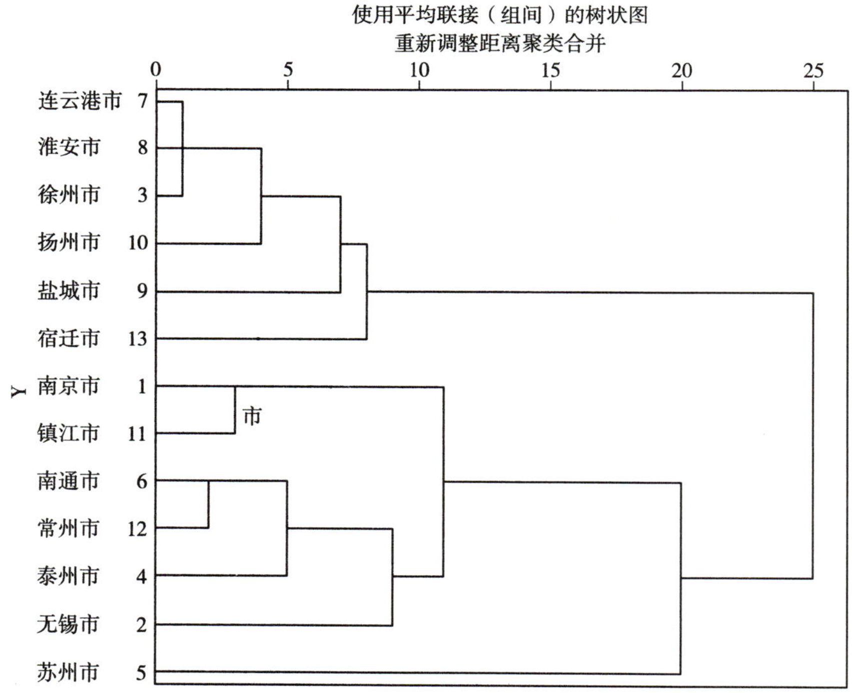

图 1-17　聚类过程树形图

从聚类结果看，2016 年江苏各地区农村社会发展可以分为以下 3 类（表 1－40），可见在社会发展领域，传统的苏南、苏中、苏北社会分布格局也被打破。

第Ⅰ类（6 市）：南京、无锡、常州、南通、镇江、泰州；

第Ⅱ类（6 市）：徐州、连云港、淮安、盐城、扬州、宿迁；

第Ⅲ类（1 市）：苏州。

表 1－40　聚类结果

案例	3 群集	案例	3 群集
南京市	1	淮安市	2
无锡市	1	盐城市	2
徐州市	2	扬州市	2
常州市	1	镇江市	1
苏州市	3	泰州市	1
南通市	1	宿迁市	2
连云港市	2		

第四节　江苏农村社会管理与公共服务状况

一、农村行政区划总体稳定

2015—2016 年，江苏农村乡镇、村民委员会数量基本稳定。从数量上看，2015 年，江苏乡镇单位共 838 个、村民委员会 14 486 个，2016 年江苏全省乡镇单位共 832 个、村民委员会 14 477 个，分别减少 6 个、9 个。两年来，乡镇及村民委员会有所调整的地区分别是徐州（减少 1 个乡镇）、常州（减少 3 个村民委员会）、苏州（减少 3 个村民委员会）、南通（减少 6 个村民委员会）、淮安（减少 3 个乡镇）、盐城（减少 5 个村民委员会）、扬州（增加 1 个乡镇，减少 3 个村民委员会）、泰州（减少 3 个村民委员会）（表 1－41）。

如果按辖区面积算，各地区单位面积（每平方公里）村民委员会数量从高到低依次排列为泰州（0.25 个/平方公里）、连云港（0.19 个/平方公里）、徐州（0.17 个/平方公里）、扬州（0.15 个/平方公里）、常州（0.15 个/平方公里）、

表 1-41　2015—2016 年江苏全省及各市乡镇、村民委员会情况

地区	2016 年乡镇、村民委员会数量				2015 年乡镇、村民委员会数量				2016 年较 2015 年乡镇单位数量变化	2016 年较 2015 年村民委员会数量变化
	镇（个）	乡（个）	乡镇单位数（个）	村民委员会数（个）	镇（个）	乡（个）	乡镇单位数（个）	村民委员会数（个）		
全省	763	69	832	14 477	767	71	838	14 486	−6	−9
南京	13		13	287	13		13	287	0	0
无锡	30		30	639	30		30	628	0	11
徐州	97		97	2041	98		98	2041	−1	0
常州	36		36	645	36		36	648	0	−3
苏州	55		55	1 036	55		55	1 039	0	−3
南通	65		65	1 304	65		65	1 310	0	−6
连云港	50	10	60	1 432	50	10	60	1 432	0	0
淮安	84	20	104	1 451	85	22	107	1 451	−3	0
盐城	96		96	1 826	96		96	1 831	0	−5
扬州	62	5	67	1 005	62	4	66	1 008	1	−3
镇江	31		31	490	31		31	490	0	0
泰州	71	5	76	1 425	73	6	79	1 425	−3	0
宿迁	73	29	102	896	73	29	102	896	0	0

数据来源：《2017 年江苏统计年鉴》《2016 年江苏统计年鉴》。

淮安（0.14 个/平方公里）、无锡（0.14 个/平方公里）、镇江（0.13 个/平方公里）、南通（0.12 个/平方公里）、苏州（0.12 个/平方公里）、盐城（0.11 个/平方公里）、宿迁（0.11 个/平方公里）、南京（0.04 个/平方公里），每百平方公里乡镇数量从高到低依次排列为泰州（1.26 个/平方公里）、扬州（0.94 个/平方公里）、宿迁（0.86 个/平方公里）、淮安（0.85 个/平方公里）、徐州（0.83 个/平方公里）、常州（0.82 个/平方公里）、镇江（0.81 个/平方公里）、连云港（0.66 个/平方公里）、无锡（0.65 个/平方公里）、苏州（0.64 个/平方公里）、南通（0.62 个/平方公里）、盐城（0.57 个/平方公里）、南京（0.20 个/平方公里）（根据 2017 年《江苏统计年鉴》计算得出）。值得注意的是，各地区乡镇、村民委员会的数量，特别是每百平方公里乡镇数量的多少实际上在一种程度上反映了当地的城镇化发展水平。

二、农村社会事业全面进步，公共服务均等化水平有待进一步提升

（一）农林水事务财政支出稳步增长

首先，从涉农支出规模和增速来看，2012—2016 年江苏农林水事务财政支出分别为 754.09 亿元、868.34 亿元、899.31 亿元、1 008.60 亿元、985.62 亿元。2015 年、2016 年江苏农林水事务财政支出规模尤其醒目，这主要是因为近两年来，江苏省委、省政府大力推进农业供给侧结构性改革，促进农业发展方式的转变，使农林水事务财政支出有了政策保障。

表 1－42　2012—2016 年江苏农林水事务财政支出及其变动情况

指　　标	2012 年（亿元）	2013 年（亿元）	同比增长（%）	2014 年（亿元）	同比增长（%）	2015 年（亿元）	同比增长（%）	2016 年（亿元）	同比增长（%）
农林水事务支出	754.09	868.34	15.15	899.31	3.57	1 008.60	12.15	985.62	－2.28

数据来源：《2017 年江苏统计年鉴》。

其次，从相关支出占财政支出的比重来看，1978 年、2000 年、2005 年、2010 年、2015 年和 2016 年，江苏农林水事务支出占财政总支出比依次为 25.10%、7.90%、5.80%、10.00%、10.40%、9.90%（表 1－43），基本呈 V 字形变化，这也从侧面反映了近年来中央及省委、省政府对“三农”事业的重视。

表 1－43　1978—2016 年主要年份江苏农村公共服务相关指标情况

单位：%

指　　标	1978 年	2000 年	2005 年	2010 年	2015 年	2016 年
农林水事务支出占财政总支出比	25.10	7.90	5.80	10.00	10.40	9.90
教育支出占财政总支出比	10.80	19.90	15.40	17.60	18.00	18.50
农业技术人员占所有技术人员比	6.10	2.40	2.10	1.90	2.20	2.10

数据来源：《2017 年江苏统计年鉴》。

（二）教育支出占财政总支出比重稳步上升

教育支出方面，2005 年以来，江苏教育支出占财政总支出比呈稳步上升的态势，1978 年、2000 年、2005 年、2010 年、2015 年、2016 年占比依次为 10.80%、19.90%、15.40%、17.60%、18.00%、18.50%，说明江苏在教育方

面的投入在不断加大（表 1－43）。

（三）农业技术人员占比有所回升

在农业技术服务方面，1978 年来，江苏农业技术人员占所有技术人员比重呈下降态势，2010 年来则有所回升。具体来看，1978 年、2000 年、2005 年、2010 年、2015 年、2016 年占比依次为 6.10%、2.40%、2.10%、1.90%、2.20%、2.10%（表 1－43）。农业技术人员占比的回升，说明近年来农业相关产业的吸引力逐渐变强，技术人才从事农业技术工作和研发的意愿有所提高（表 1－43）。

（四）农村医疗保健支出比重大，需进一步提高公共服务均等化水平

在卫生机构方面，2016 年江苏共有卫生院 1 041 个，床位数 58 803 张，卫生工作人员 79 787 人，分别较 2015 年增加卫生院 6 个、床位数 2 372 张、卫生工作人员 5 051 人；共有村卫生室 15 481 个，卫生工作人员 48 417 人，分别较 2015 年增加村卫生室 90 个，减少卫生工作人员 1 233 人；共有门诊部 1 300 个，床位数 157 张，卫生工作人员 16 892 人，分别较 2015 年增加门诊部 200 个，减少床位数 19 张、卫生工作人员 2 951 人；共有诊所・卫生所・医务室 8 634 个，床位数 106 张，卫生工作人员 23 309 人，分别较 2015 年增加诊所・卫生所・医务室 101 个、床位数 0 张、卫生工作人员 1 601 人（表 1－44）。

表 1－44　2015—2016 年江苏乡镇卫生院、卫生室情况

项　目	2016 年			2015 年			2015—2016 年的变化		
	机构数（个）	床位数（张）	卫生工作人员（人）	机构数（个）	床位数（张）	卫生工作人员（人）	机构数（个）	床位数（张）	卫生工作人员（人）
卫生院	1 041	58 803	79 787	1 035	56 431	74 736	6	2 372	5 051
村卫生室	15 481	0	48 417	15 391	0	49 650	90	0	－1 233
门诊部	1 300	157	16 892	1 100	176	13 941	200	－19	－2 951
诊所・卫生所・医务室	8 634	106	23 309	8 533	106	21 708	101	0	1 601

数据来源：《2017 年江苏统计年鉴》《2016 年江苏统计年鉴》。

2016 年江苏乡镇卫生院的病床使用率达到 63.59%，较 2015 年的 63.45%有所上升；2016 年乡镇卫生院入院人数为 163.38 万人，每百门急诊人次的入院

人数为2.01人，均高于2015年的水平（表1-45）。

表1-45　2015—2016年江苏乡村医疗服务情况

指　　标	病床使用率（%）			入院人数（万人）			每百门急诊人次的入院人数（人）
	合计	非营利	营利	合计	非营利	营利	
2016年乡镇卫生院	63.59	63.59	0.00	163.38	163.38	0.00	2.01
2015年乡镇卫生院	63.45	63.45	0.00	156.89	156.89	0.00	1.94

数据来源：《2017年江苏统计年鉴》《2016年江苏统计年鉴》。

从绝对规模来看，2016年江苏各地卫生院数量从高到低依次排列为徐州市（160个）、盐城市（135个）、淮安市（128）个、泰州市（116个）、南通市（105个）、连云港市（91个）、苏州市（77个）、扬州市（73个）、常州市（58个）、镇江市（50个）、无锡市（32个）、南京市（16个）、宿迁市（0个）。其中，宿迁因进行民营化改制，其医疗服务供给体制与其他地区有所不同，因此其卫生院数量为0。从卫生院数量的变化来看，2015—2016年江苏各地除无锡（增加卫生院3个）、徐州（增加卫生院1个）、南通（增加卫生院4个）、淮安（减少卫生院1个）、镇江市（增加卫生院4个）、泰州市（减少卫生院5个），其他地区卫生院数量没有变化（表1-46）。

表1-46　2015—2016年江苏各地卫生院数量

地　区	2016年卫生院数量（个）	2015年卫生院数量（个）	2016年较2015年变化
南京市	16	16	0
无锡市	32	29	3
徐州市	160	159	1
常州市	58	58	0
苏州市	77	77	0
南通市	105	101	4
连云港市	91	91	0
淮安市	128	129	−1
盐城市	135	135	0
扬州市	73	73	0
镇江市	50	46	4
泰州市	116	121	−5
宿迁市	0	0	0

注：从2010年起卫生机构数包括村卫生室的数字。

数据来源：《2017年江苏统计年鉴》《2016年江苏统计年鉴》。

从居民家庭医疗保健支出占消费支出的比重来看，自 2014 年来，江苏全省居民家庭平均医疗保健支出比重有所下降，但农村居民家庭医疗保健支出比重在 2015 年突然提高，到 2016 年有所回落。比较来看，近年来江苏农村居民家庭医疗保健支出比重均高出城镇居民 1 个百分点以上。据此判断，尽管江苏是经济发达地区，但其基本公共服务均等化的任务仍然很艰巨（表 1－47）。

表 1－47　2013—2016 年江苏居民家庭医疗保健支出占生活消费支出的比重

单位：%

指　　标	2013 年	2014 年	2015 年	2016 年
全省居民家庭平均医疗保健支出比重	6.73	6.95	6.86	6.57
城镇居民家庭医疗保健支出比重	6.51	6.89	6.39	6.15
农村居民家庭医疗保健支出比重	7.51	7.15	8.45	7.96

数据来源：《2017 年江苏统计年鉴》。

（五）农村邮电服务完成结构化转型

2012 年来，江苏农村电话、邮政服务结构得到有效调整。首先是邮路及农村投递路线总长度的变化。2012—2016 年，江苏邮路及农村投递路线总长度分别为 33.32 万公里、32.98 万公里、34.90 万公里、35.15 万公里、37.17 万公里，实现邮路及农村投递路线总长度的连续增长。此外，2012—2016 年江苏农村移动电话普及率分别为 95.00 部/百人、100.03 部/百人、101.65 部/百人、103.40 部/百人、102.79 部/百人，农村居民平均每人拥有超过 1 部移动电话。得益于移动电话普及率的提高，近 5 年来江苏乡村年末固定电话用户数呈急剧下降态势（表 1－48），从 2012 年的 1 046.20 万户减少到 2016 年的 611.37 万户。

表 1－48　2012—2016 年江苏农村邮电服务情况

指　　标	2012 年	2013 年	2014 年	2015 年	2016 年
年末固定电话用户（万户）	2 387.20	2 289.81	2 133.61	1972.99	1 708.33
城市年末固定电话用户（万户）	1 341.00	1 275.85	1 222.91	1 217.98	1 096.96
乡村年末固定电话用户（万户）	1 046.20	1 013.95	910.70	755.01	611.37
邮路及农村投递路线总长度（万公里）	33.32	32.98	34.90	35.15	37.17
电话普及率（部/百人）	125.00	128.87	128.52	128.50	124.21
固定电话普及率	30.00	28.84	26.87	24.80	21.42
移动电话普及率	95.00	100.03	101.65	103.40	102.79

数据来源：《2017 年江苏统计年鉴》。

（六）农村居民最低生活保障体系日益完善

目前，江苏已建成覆盖城乡居民的最低生活保障体系，并逐步加以完善。从人数的变化来看，2013—2016年江苏农村居民最低生活保障人数分别为130.14万人、119.10万人、114.79万人、109.89万人。从横向比较来看，2013—2016年江苏农村、城镇居民最低生活保障人数比分别为3.86、3.88、4.10、4.42（表1-49）。在各地不断提高最低生活保障标准的背景下，这一方面说明江苏农村居民从最低生活保障制度中受益越来越多，受益的比例相对城镇也越来越高，但另一方面也说明了农村、城镇居民生活水平的差距，江苏未来在城乡一体化、公共服务均等化方面的压力仍然存在。

表1-49　2013—2016年江苏农村居民享受最低生活保障情况

指　　标	2013年	乡村城镇人数比	2014年	乡村城镇人数比	2015年	乡村城镇人数比	2016年	乡村城镇人数比
城镇居民最低生活保障人数（万人）	33.75		30.68		27.98		24.84	
农村居民最低生活保障人数（万人）	130.14	3.86	119.10	3.88	114.79	4.10	109.89	4.42

数据来源：根据《2017年江苏统计年鉴》整理和计算得出。

三、农村公共服务聚类分析

为更好地了解江苏各地农村公共服务情况，现基于《2017年江苏统计年鉴》中能够体现各地农村公共服务情况的农林水事务支出（亿元）、农业技术人员（万人）2个指标的数据（表1-50），进行系统聚类分析，根据农村公共服务情况的聚类结果，将省内各地区分为3类。

表1-50　2016年江苏各地涉农公共服务情况

区域	农林水事务支出（亿元）	农业技术人员（万人）
南京	65.76	0.11
无锡	47.34	0.09
徐州	117.68	0.25
常州	49.58	0.11

（续）

区域	农林水事务支出（亿元）	农业技术人员（万人）
苏州	89.36	0.17
南通	74.83	0.23
连云港	46.08	0.20
淮安	66.65	0.18
盐城	97.28	0.31
扬州	50.19	0.14
镇江	34.17	0.14
泰州	56.74	0.23
宿迁	83.95	0.12

数据来源：根据《2017 年江苏统计年鉴》整理和计算而成。

经 SPSS20.0 处理，数据得以标准化，聚类过程如表 1－51、图 1－18 所示：

表 1－51　聚类分析过程

阶	群集组合		系数	首次出现阶群集		下一阶
	群集 1	群集 2		群集 1	群集 2	
1	2	4	0.101	0	0	2
2	2	10	0.402	1	0	4
3	7	12	0.406	0	0	7
4	1	2	0.588	0	2	8
5	5	13	0.631	0	0	10
6	6	8	0.696	0	0	7
7	6	7	0.946	6	3	10
8	1	11	0.971	4	0	11
9	3	9	1.557	0	0	12
10	5	6	2.578	5	7	11
11	1	5	2.843	8	10	12
12	1	3	8.749	11	9	0

从聚类结果看，2016 年江苏各地区根据农村公共服务水平，可以分为以下几类（表 1－52），在农村公共服务领域，传统的苏南、苏中、苏北社会分布格局同样被打破：

第Ⅰ类（5 市）：南京、无锡、常州、扬州、镇江；

第Ⅱ类（2 市）：徐州、盐城；

第Ⅲ类（6 市）：苏州、南通、连云港、淮安、泰州、宿迁。

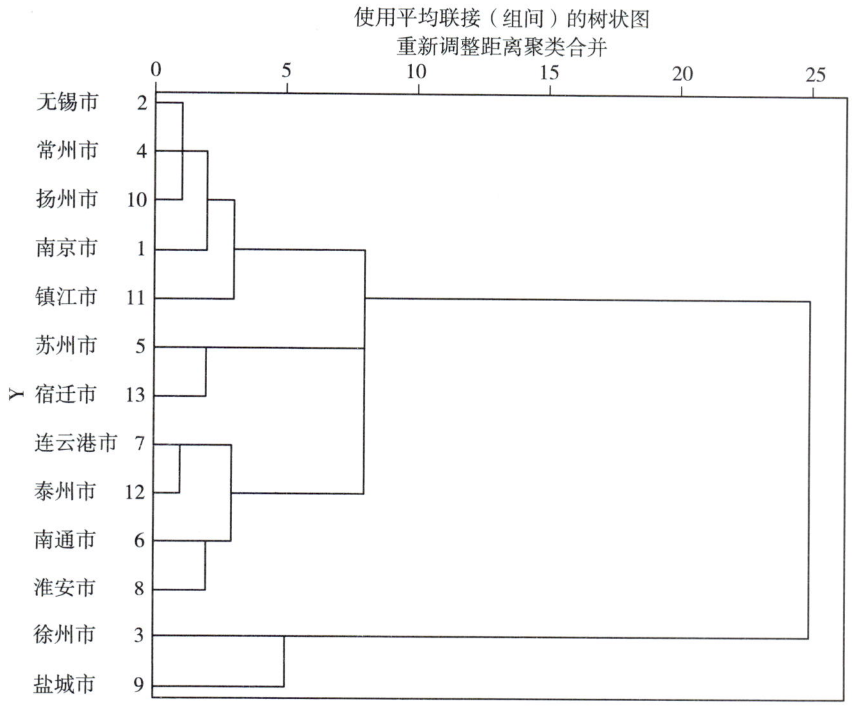

图 1－18　聚类过程树形图

表 1－52　聚类结果

案例	3 群集	案例	3 群集
南京市	1	淮安市	3
无锡市	1	盐城市	2
徐州市	2	扬州市	1
常州市	1	镇江市	1
苏州市	3	泰州市	3
南通市	3	宿迁市	3
连云港市	3		

第五节　未来江苏经济社会发展的政策建议

2016 年以来，江苏农村经济社会发展取得了非常大的成就，总体保持良好态势，比如涉农个体工商户与私人企业发展态势良好、农业现代化水平总体呈现上升趋势、城镇化水平逐年提高、农村居民收支呈现增长态势且支出增速略高于收入增速、生活水平逐年提高、居住条件稳步改善、农村社会事业全面进步、农林水事务财政支出稳步增长、农村邮电服务完成了结构化转型、农村居民最低生活保障体系日益完善等。

但正如江苏省委、省人民政府发布的 2017 年 1 号文件指出的，当前江苏农村经济社会发展的内外部条件和环境已发生深刻变化，江苏农村经济社会发展仍存在不少迫切需要解决的问题，比如近年来江苏第一产业产能总体呈下降态势、农林牧渔业总产值增速明显放慢、劳动力投入持续减少、农村各部门产值结构未能较好地调整并实现结构升级、农村人口老龄化趋势加剧、抚养比逐年上升、就业人口负担逐年加重、农村居民素质还有很大的提升空间、城乡及农村包容性发展尚需进一步加强、医疗保健支出比重偏大、公共服务均等化水平需进一步提升等。

针对上述问题，江苏未来农村经济社会发展的方向和着力点应当是：

一、深入推进农业供给侧结构性改革，寻找农村发展新动能

针对江苏近年来第一产业产能总体呈下降态势、农林牧渔业总产值增速放慢、劳动力投入持续减少、农村各部门产值结构未能较好地调整并实现结构升级等问题，要着重应对江苏农村经济社会发展中出现的阶段性、结构性和体制性问题，从政策和财政层面大力推动农业供给侧结构性改革，实现农村经济与产业发展资源和要素的科学配置，以系统、科学的发展理念解决农村、农村、农民发展中的问题，特别是江苏农村经济发展中存在的结构性矛盾和问题，积极培育农村经济发展新动能，努力打造农村经济发展新业态，因地制宜地发展特色产业。

在供给侧方面，未来江苏农村发展要深化农村土地“三权分置”改革、深化农村集体产权制度改革、建立和完善农业农村发展用地保障机制，进一步激发农村经济活力。要以农村基础设施建设为着力点，加大农村小型桥梁建设力度，适时新建改建农村公路。大力推进农村光网建设，加大农村互联网提速降费力度。要加大兴建水利工程，提升江苏农村的防洪抗灾能力。要加强、加快农田基本建设和高标准农田建设，进一步提升江苏农业机械化水平，保证农村经济发展中的劳动力投入，实现粮食供需平衡，提高口粮自给能力。积极提升江苏农业主导产

业产能和发展水平，促进江苏农作物种植结构的转型，推动农林牧渔业总产值快速增长，达到提高第一产业产能、实现农村各部门产值结构升级的目的。

二、破除苏南苏中苏北的思维定势，积极实施“1+ 3”发展战略

一直以来，学术界及政府管理实践中似乎理所当然地认为江苏经济社会发展分为苏南、苏中、苏北三个梯队。然而，近年来江苏交通及通信基础设施快速发展，已在很大程度上改变了江苏原有经济地理格局，这一变化在江苏农村经济社会发展中亦有体现。

前述分析表明，传统的按苏南、苏中、苏北地域进行经济社会发展格局划分的方式已经被打破，无论是对江苏各地农村经济、农村公共服务，还是对城镇化水平、各地区社会发展进行聚类分析，其结果都不支持过去的三区域划分思维。在这一背景下，无论是理论界还是实践界，都需要尽快破除既有的惯性思维方式，抛弃传统的以行政区划审视各地经济社会发展并以此为出发点制定地区经济社会政策的做法。

可喜的是，江苏经济社会发展出现的新变化、新格局已经为省委、省政府所重视。2017年5月10日，时任江苏省委书记李强在苏北发展例行座谈会上提出了“1＋3”功能区的构想，认为必须跳出过去依赖地理空间把握江苏发展格局的旧思路，要以资源禀赋、发展阶段、功能定位等新理念引领江苏经济社会发展。可以说，“1＋3”功能区的构想将为江苏带来发展新动能，对江苏农村经济社会的发展也将产生深远影响。

三、大力改善农村人居环境和生产生活条件

农村人居环境、农民生产生活条件的改善，将大大提升江苏农村的吸引力，江苏农村的经济社会发展也将因此获得新动能。补齐农村发展短板，意味着江苏要进一步推动农村饮水安全工程，大力加强农村环境综合整治，加大农村厕改力度，大力推进农村生活污水处理、垃圾收运等农村环境基础设施建设，进一步加快推动美丽、宜居乡村建设。

在创造良好的人居环境、生产生活条件之外，江苏还应进一步制定和完善农民创业就业政策，大力改善农村的创业创新环境，如进一步完善农村居民职业技

能培训、促进城乡居民就业管理与服务的一体化等，以提升江苏农村居民的创业与就业能力，最大限度激发农村的发展活力，将强农富民落到实处。

四、加大财政支农力度，积极实施乡村振兴战略

激发农村经济活力，推动农村社会繁荣，还需要进一步加大财政支农力度，需要在预算编制环节坚持农业农村财政支出优先的原则，保证涉农财政资金的增长速度。当然，还要进一步优化省、市各级政府的涉农事权与财政结构，进一步完善涉农财政资金的使用管理体系。

此外，财政支农政策还应配合江苏乡村振兴战略。当前，江苏乡村振兴面临难得的政策及战略机遇。首先，中共十九大首提乡村振兴战略，这是今后各地农村经济社会发展的总方向；其次，江苏农业农村自身本来就有着得天独厚的优势，有着多重战略叠加的红利，江苏省委、省政府高度重视现代农业发展，使江苏农业、农村的发展有了强有力的政策支撑；第三，江苏农村自身也有着转方式、调结构的内在需要，农村居民收入的增加以及多样化、个性化的消费需要与消费能力，为江苏农业、农村的发展带来了新契机。在此背景下，省、市各级政府应积极运用财政政策激发江苏农业、农村发展及转型的内在潜能，利用财政杠杆撬动江苏农村经济社会不断向前发展。

五、进一步完善农村社会保障体系

虽然江苏在农村社会保障方面走在全国前列，但与城市居民相比，江苏农村社会保障体系仍需进一步完善。未来江苏要在全国率先建成覆盖全体农村居民、城乡统筹、权责清晰、保障适度、可持续的多层次农村社会保障体系，包括进一步完善农村居民基本养老保险制度、基本医疗保险制度、大病保险制度和农村居民最低生活保障制度。

六、推动农村社会治理创新，促进公共服务均等化

江苏农村经济社会的进步，首先依赖于农村社会治理创新，一方面要进一步完善基层群众自治制度、加强“政社互动”；另一方面要加强农村公共服务信息平台建设、完善村务公开制度、推行网上网下“阳光村务”。其次，要完善撤村

建居后管理体制，在试点的基础上，总结经验，促进城乡社区治理一体化。第三，进一步加快推动江苏城乡公共服务均等化。一方面，虽然近年来资源和政策过度向城市倾斜的问题得到了改变，但江苏城乡教育、医疗和卫生等基本公共服务不均等的问题仍然存在。另一方面，不同地域的乡村之间基本公共服务能力与水平也大不一样。这些都迫切需要政府力量介入，以实现城乡之间、乡村之间经济与社会事业的均衡发展。

参考文献

程智强，程序，2003. 农业现代化指标体系的设计 [J]. 农业技术经济（2）：1-4.

范宣丽，白艳娟，何忠伟，刘芳，2016. 区域经济社会发展评价指标体系构建研究 [J]. 科技和产业（6）：33-36.

葛自强，杜永林，2017. 农业科技供给侧结构性改革的思路与对策 [J]. 江苏农村经济（8）：47-50.

胡健，王命宇，张维群，焦兵，张爱婷，2016. 经济社会发展测度指标体系的理论演变 [J]. 统计与信息论坛（9）：3-8.

江苏省农业委员会课题组，2016. 关于农村集体经济若干问题的研究：上 [J]. 江苏农村经济（12）：4-10.

江苏省农业委员会课题组，2017. 智能农业是农业现代化的重要标志和支撑：江苏智能农业发展专题研究 [J]. 江苏农村经济（11）：7-11.

李强，2017. 深入贯彻“两聚一高”部署着力提高农业农村发展水平 [J]. 江苏农村经济（2）：4-8.

刘兴远，2011. 江苏基本实现现代化指标体系的构建思路 [J]. 群众（4）：32-33.

刘祖云，等，2017. 江苏新农村发展报告　2016 [M]. 北京：中国农业出版社.

宋林飞，2012. 我国基本实现现代化指标体系与评估 [J]. 南京社会科学（1）：1-8.

王欢，黄健元，2016. 我国人的现代化指标体系的构建 [J]. 统计与决策（6）：49-52.

闫艳，2013. 江苏升级现代化指标体系 [N]. 中国环境报，06-04（001）.

朱庆锋，许霖，2016. 把脉农业公共服务体系建设 [J]. 江苏农村经济（12）：68-69.

朱晓明，2012. 全面把握江苏基本实现现代化指标体系 [J]. 群众（5）：18-20.

Sala-i-Martin，Xavier，et al，2009. The global competitiveness index 2009-2010：Contributing to long-term prosperity amid the global economic crisis [R]. The Global Competitiveness Report 2010: 3 - 47.

Sala-i-Martin, Xavier, et al, 2007. The global competitiveness index: Measuring the productive potential of nations [R]. The Global Competitiveness Report 2008: 3 - 50.

UNDP, 1990. Human development report 1990 [M]. Oxford: Oxford University Press.

第二章 <<<

2017 江苏农村政治文明发展状况

中共十九大报告把政治文明建设作为实现国家治理体系和治理能力现代化的重要内容。政治文明是指人类社会政治生活的一种发展进步状态，是人类在政治实践中长期积累而形成的文明成果，而农村政治文明是我国社会主义政治文明最为基础、最为广泛的实践形式。

江苏是全国第二经济大省、经济社会发展的先行区，是全国城镇化水平最高的地区之一，也是全国城乡差别缩小最快的地区之一。江苏省委、省政府高度重视“三农”问题，随着农业现代化、农村城镇化和农民市民化的推进，农村基层社会治理需要根据新形势、新趋势、新问题、新情况进行治理转型以适应农村经济社会发展和治理结构的变化。江苏根据党中央、国务院关于基层社会治理的总体部署，特别是《关于加强和完善城乡社区治理的意见》（中发〔2017〕13 号）要求，围绕“两聚一高”奋斗目标，加强农村基层政权建设、着力深化基层社会治理变革与创新，并将之作为推进治理体系和治理能力现代化的基础工程，社会治理改革有新成效，促进了农村的和谐、有序及持续发展。

第一节　研究设计与调研概况

一、研究设计

农村政治文明包括文化层面的思想、意识文明，行动层面的政治行为文明和作为行为载体、框架与规则的制度文明三个部分。“江苏农村政治文明发展报告”课题组在 2012—2016 年调研报告的基础上，结合政府部门推进的工作规划重点，介绍新进展、总结新经验，分析形势与挑战，并提出对策建议。

研究内容分为三个部分：第一部分是总体情况，包括发展概况、总结评价、趋势分析等，这部分内容主要通过对政府机构的访谈及其提供的资料进行研究而形成；第二部分是专题研究，包括第十一届村民委员会选举调查、村民小组制度建设与实施调查、乡村治理文化基础调查，这部分内容主要通过对全省农户的问卷调查进行研究而形成；第三部分是典型案例研究，介绍南京横梁街道“村民理事会”的创新，这部分内容主要通过对调研点政府机构、村干部、村民的访谈以及现场观摩而形成。

二、调研概况

从 2017 年 5—10 月，课题组成员展开了全面而深入的调查，包括：问卷调查、访谈、座谈会、现场观摩以及专家咨询。绝大多数被调查者持合作态度，调研较为成功。社会调查有：

（1）机构调研。课题组走访了江苏省多家单位：①涉及相关领域的主管部门，包括江苏省民政厅、太仓市法制办、太仓市社会组织服务中心、南京市委农村工作委员会；②镇（街道）有太仓市城厢镇、南京市六合区横梁镇；③村（社区）有太仓市城厢镇东林村、中荷村、六合区横梁镇王子庙社区、山东社区、上马村、泰州海陵区东塘社区、姜堰市沈高镇联盟村等。

（2）农户调研。课题组招聘并培训调研员 109 名，于 6—9 月入户入田开展农户调研。在苏南（镇江、南京、常州、无锡、苏州）、苏中（南通、泰州、扬州）、苏北（淮安、宿迁、盐城、连云港、徐州），计 13 个市、64 个县（市、区）、190 个镇（街道）、350 个村（社区），共发放问卷 2 180 份，剔除其中无效问卷 213 份，总计收回有效问卷 1 967 份，问卷有效率为 90.23%。调查问卷由调查员填写或在调查员的指导下填写。

访谈和座谈是无结构化的，即先列出与本研究主题相关的访谈提纲，然后与座谈或访谈对象进行无选项设定的、自由的面谈。课题组访谈有民政部门干部、乡镇干部、村“两委”成员、村民代表、普通村民、农村党员等共计 30 余人。

结构式问卷调查的内容分为四个部分，包括受访者基本信息、农村选举部分、村民小组自治部分、政治意识部分。

问卷调查采用分层随机抽样方法，受访对象基本信息如表 2－1 所示。苏中人口比重较高，占了 39.3%，苏南、苏北各占 30%左右；年龄 21～50 岁的青壮年占 61.5%；教育程度较高，高中及以上占 48.8%；从政治面貌、是否是村民代表、职业状况来看，被调查对象涉及乡村社会的各个阶层。

表 2－1　样本的基本特征

类别		频率	比重（%）
区域	苏南	620	31.5
	苏中	772	39.3
	苏北	575	29.2
性别	男	1 204	61.3
	女	761	38.7
年龄	20 岁及以下	49	2.5
	21～30 岁	234	11.9
	31～40 岁	289	14.7
	41～50 岁	565	28.8
	51～60 岁	389	19.8
	61～70 岁	310	15.8
	70 岁以上	127	6.5
教育程度	小学及以下	358	18.2
	初中（含初中 1～3 年）	649	33.0
	高中/职高/技校（含高中 1～3 年）	498	25.3
	大专	233	11.9
	本科及以上	227	11.6
阶层状况	普通村民	1 538	78.3
	村民代表	427	21.7
政治面貌	群众	1 244	63.24
	共青团员	203	10.32
	中共党员	520	26.44
职业状况	农业劳动者	593	30.16
	乡镇企业管理者	33	1.68
	私营企业、乡镇企业职工	319	16.23
	私营企业主	41	2.09
	农村知识分子	113	5.75
	个体户	165	8.39

（续）

	类别	频率	比重（%）
职业状况	外出务工人员	124	6
	村干部	340	17.29
	大学生村官	17	0.86
	在读学生	83	4.22
	其他	138	7.02

注：性别缺失数据 2 个，年龄缺失数据 4 个，教育程度缺失数据 2 个，阶层状况缺失数据 2 个，职业状况缺失数据 1 个。

数据来源：根据课题组实地调查问卷整理所得。

第二节　江苏农村政治文明建设总体情况

一、江苏农村政治文明建设的进展

近年来，江苏省高度重视农村基层民主政治制度建设，大力推动党领导下的村级自治机制的完善，强化制度落实，激发创新活力，服务能力整体跃升，社区治理现代化水平不断得到提升。2014 年，全省共有 114 个单位获得第二批全国和谐社区建设示范单位称号，继 2009 年后再次全国领先。先后有 11 个市、区获评“全国社区治理和服务创新实验区”，数量全国领先。已连续三届获“中国社区治理十大创新成果”。涌现出全国村务公开民主管理示范县（市、区）16 个，全国村民自治模范县（市、区）12 个，全国农村社区建设实验全覆盖县（市、区）22 个，数量均位居全国之首。①

（一）修订《江苏省实施〈中华人民共和国村民委员会组织法〉办法》

村民自治制度是我国农村基层民主制度的核心，江苏省是实施村民自治较早的省份之一，全省农村基层民主制度体系逐步完善，组织载体日益健全，自治内容不断丰富，实践形式更加多样，村民自治制度已经发展成为江苏社会主义民主政治建设的重要组成部分。

① 侯学元，2016. 创新驱动 转型升级着力推进社区治理现代化 [J]. 中国民政 (9).

2016年9月30日，《江苏省实施〈中华人民共和国村民委员会组织法〉办法》（以下简称《实施办法》）经江苏省第十二届人大常委会第二十五次会议审议通过，于10月1日起正式实施。此次《实施办法》既是对2010年新修订的《中华人民共和国村民委员会组织法》的贯彻落实，也是以法律形式对江苏省多年来在村民自治方面实践积累的宝贵经验进行固化，为进一步推进基层民主政治建设提供法律遵循。

《实施办法》分为总则，村民委员会，村民会议和村民代表会议，村民小组，民主管理、民主监督和社区服务，法律责任，附则，共7章44条。修订后的《实施办法》着眼于规范程序、完善制度，主要从村民委员会的定位、职责、成员的选举，民主决策机制、协商民主制度、民主管理和民主监督制度等方面进行了进一步细化完善，突出了法规的时代性、科学性和可操作性。

《实施办法》明确了乡镇人民政府与村民委员会的相互关系，厘清了基层政府与基层自治组织权责边界和职责范围。要求建立社区事务准入制度，对各级人民政府有关部门委托村民委员会开展工作的，应当依法进行，并与村民委员会签订协议，同时承担委托工作所需经费和相应的责任。

《实施办法》增加了村民委员会成员任期内报告工作制度，推动农村社区建设，支持服务性、公益性、互助性等社会组织依法开展活动，教育引导村民团结互助、关爱特殊群体，践行社会主义核心价值观，建立健全村务公开和民主管理制度，推进民主法治建设等规定。

《实施办法》规定了在选民登记上不得列入参加选举村民名单的三类人员。同时，在选举方式上，明确经由村民选举委员会讨论决定，可以采取有候选人的选举方式，也可以采取无候选人的选举方式，进一步保障了村民民主权利。

《实施办法》对村民会议、村民代表会议等民主决策机制进一步规范和完善。规范了村民会议职权和授权村民代表会议行使其职权的内容及程序，完善了村民代表会议机制，并对村民代表的产生、履职、罢免做了明确规定。

《实施办法》还围绕村民小组在村民自治实践中的重要作用，专门增设了一个章节，对村民小组的设立条件、范围调整和撤销、村民小组会议的形式、村民小组组长推选方式、撤换和罢免、补选做了详尽的规定，为农村基层组织建设的延伸和社会治理的最基层组织作用的发挥提供了法规依据。同时，在村民小组集体所有的土地、企业和其他资产的权益保障方面作了刚性要求。

《实施办法》着重在民主管理、民主监督、民主评议等方面作了进一步规范。在村务公开内容上，新增了国家有关强农惠农富农的政策、合作医疗和养老保险等政策落实情况、村民户籍关系变更情况、农村困难群体及低收入农户等补助标准；在村务监督内容上，规范了村务监督委员会成员的产生、任期、职责；在民主评议结果运用上，做出了“村民委员会成员连续两次评议不称职的，其职务终止”的明确规定。同时，完善了村民委员会成员离任审计制度，规范了村务档案制度的建立。

《实施办法》首次新增协商民主制度条款，并从协商时机、协商形式、协商主体、协商内容等方面做了细化；新增了对农村社区基础设施建设、公共服务体系、为民服务、农村社会组织培育扶持、多元主体共建共享、农村社区建设经费保障等内容，把江苏省在社区建设、协商民主等基层民主政治建设、农村村民自治工作上的亮点和成功经验，以地方法规的形式加以固化，丰富了农村社区自治和服务内涵，形成了“江苏特色”。

此外，《实施办法》还明确了村民委员会成员的教育培训、绩效考核、误工补贴、履职履责等保障措施。

（二）完成第十一届村民委员会选举

从 2016 年 9 月开始，截至 2017 年 4 月底，按照省委办公厅、省政府办公厅《关于做好全省第十一届村民委员会和第六届居民委员会换届选举工作的通知》要求，全省已有 21 454 个村（居）民委员会完成了换届选举工作，占 99.5%。与往届换届选举相比，本届换届选举首次将村民委员会换届选举和居民委员会换届选举统筹开展，是一次空前广泛深入的选举。呈现以下特点：

第一，换届选举平稳有序。全省 14 477 个村民委员会，有 14 391 个按期完成换届工作，占 99.4%，较上一届提高了 0.2 个百分点；其中，14 270 个村民委员会一次性选举成功，成功率达 99.2%。全省 7 079 个居民委员会，有 7 063 个按期完成换届工作，占 99.8%，其中，7 038 个居民委员会一次选举成功，占 99.6%。

第二，选民参选意识增强。从本届选举来看，全省选民总数 5 809.1 万人，登记选民 5 750.9 万人，登记率达到了 99%；参加投票选民 5 438.8 万人，参选率 94.6%。其中，村民委员会登记率和参选率分别为 98.2%和 97.2%，参选率较上一届提高了 2 个百分点。

第三，当选人素质明显提高。本届选举中，共有 108 804 人当选为新一届村（居）民委员会成员，其中党员 86 841 人，占 79.8%。选举产生了村（居）民委员会主任 21 126 名，其中党员 18 718 名，占 88.6%。新一届村（居）民委员会成员中，大专以上学历的人员为 56 734 人，占 52.1%。特别是城市居民委员会成员具有大专以上文化者 26 397 人，占 75.7%，较上一届提高了 11 个百分点。

第四，村（居）自治基础进一步夯实。在换届选举中，各地依法选举出村民代表 886 628 人，村民小组组长 229 176 人；居民代表 330 570 人，居民小组长 115 353 人。目前，全省完成换届选举的村（居）民委员会，均依法建立健全了下属委员会。同时，有 78 566 人被依法推选为村务监督委员会成员。①

总体而言，在选举中贯彻了依法有序推进、群众广泛参与的原则，做到了宣传到位、程序到位、监督到位，对保证村民的自治权力、发展农村基层民主发挥了极为重要的作用。江苏村民委员会换届选举工作，无论是制度创制，还是组织实施和成效评价，都非常先进。

（三）加强民主监督

1. 设立村务监督委员会

村务监督委员会是村民对村务进行民主监督的机构。为加强对村务监督的引导和规范，江苏省出台了相应的法律法规，2011 年 11 月，省纪委、省委组织部、省委农工办、省民政厅、省监察厅、省财政厅、省农委 7 部门下发《关于加强村级监督机构建设的意见》（苏民基〔2011〕9 号）；2015 年 10 月，省委组织部、省委农工办、省民政厅、省财政厅、省农委联合下发《江苏省村务监督委员会工作规则（试行）》（苏民发〔2015〕13 号），推动完善监督和保障机制，建立工作运行长效机制，健全村级民主监督制度体系，不断提升村务监督的公信度。

① 数据来源：江苏省民政厅工作报告《关于全省第十一届村民委员会和第六届民委员会换届选举工作情况的报告》。

根据文件要求，村务监督委员会一般由 3～5 名成员组成，设主任 1 名，一般由不是村民委员会成员的村党组织副书记、委员或其他党员担任；村务监督委员会的监督工作包括：村务决策情况，村务公开情况，村级资金、资产、资源管理情况，村工程建设项目情况，惠农政策措施落实情况，以及其他涉及村民利益的事项；村务监督委员会按照政策要求还建立工作例会制度、学习培训制度、报告工作制度、监督回避制度和申诉制度。2017 年 12 月，为推动全面从严治党向基层延伸，加强村级民主管理和监督，中共中央办公厅、国务院办公厅印发了《关于建立健全村务监督委员会的指导意见》。

2. 实施村务公开全覆盖

民主监督的前提是村务公开，江苏在村务公开制度建设和社会实践方面的进展是非常明显的。2015 年，《江苏省村务公开目录》（苏民基〔2015〕5 号）颁发，各地也因地制宜地颁布了配套实施文件，例如溧阳市《关于做好新形势下村务公开的意见》（溧委办〔2015〕41 号）、《江阴市村务公开目录》（澄民字〔2016〕61 号）、《苏州市村务公开目录》（苏村字〔2017〕2 号）。2017 年 8 月，江苏省政府办公厅出台的《关于创新农村基础设施投融资体制机制的实施意见》（苏政办发〔2017〕102 号）要求将农村基础设施建设项目纳入《江苏省村务公开目录》。

目前，江苏实现了“阳光村务”全覆盖，通过定期公开经常性工作，公开村级权力清单、运行程序、运行过程和运行结果，村级组织和村干部权力运行清单化、阳光化。江苏全省 14 000 多个行政村中，98％的村建立了村务公开监督小组，99％的村设立了民主理财制度，96％的村建立了反馈制度，群众满意度达到 95％以上。①

从全省各地实践情况看，在公开内容、形式等方面都有许多创新性进展。常熟市推行“四个统一”（统一模式、统一内容、统一时间、统一制作）②，宿迁泗

① 佚名，2015. 江苏村务公开：百姓明白 干部清白 [EB/OL].(03－19)[2017－12－20]. http://news.cntv.cn/2015/03/19/VIDE1426764293362961.shtml.

② 佚名，2017. 常熟市“四个统一”推进村务公开规范化 [EB/OL].（11－03）[2017－12－20]. http://mzt.jiangsu.gov.cn/art/2017/11/3/art_54981_6750482.html.

阳县推行“三统一”(统一硬件标准、统一公开内容、统一审核流程)[①],盐城市“五化”(公开内容精细化、公开形式多样化、公开时间常态化、公开程序规范化、工作机制长效化)联动[②],靖江市“三个加强”(加强组织领导、加强规范管理、加强综合考核)[③]确保村(社区)“三务”(党务、村务、财务)公开规范及时、真实准确。

各地在村务公开的载体和形式上有很多创新。东台市推进“一网四栏”建设,规范村务公开栏,建好组级公开栏,设立随时公开栏,办好政策宣传栏和“阳光村务网”,全市重建或扩建了152个村的村务公开栏,设立2 645个组级公开栏。响水县每个村都配备了3～4个广播喇叭,每周末开展村情发布,增加公开覆盖面。村干部们还通过“露天会”“站谈会”等多种方式与群众面对面交流。[④]沭阳县南湖街道发放“村务公开明白纸”,逐项逐条列出了党内关爱开展情况、低保户变更情况、村级财务收支情况、专项资金使用情况等村务公开的四大项内容[⑤]。盐城市南洋镇运用“互联网＋监督”思维,建立阳光村务信息公开微信公众号,目前关注该公众号的村民达2 000人。[⑥]宿迁市泗阳县李口镇采用质询直播会的形式在全村通过广播直播质询现场。[⑦]

(四)推进基层协商民主

自中共十八大和十八届三中全会提出加强和推进社会主义协商民主建设以来,协商民主成为我国政治文明建设的重要举措在中央到地方各个层面开展。国

① 马霞,刘立州,2016. 宿迁市泗阳:“三统一”标准规范村务公开[EB/OL]. (05-21)[2017-12-20]. http://jsnews2.jschina.com.cn/system/2015/05/21/024801673.shtml.

② 张展鹏,2015. “五化”联动打造村务公开盐城品牌[EB/OL]. (10-24)[2017-12-20]. http://wm.jschina.com.cn/9661/201510/t2458697.shtml.

③ 佚名,2017. 靖江市三个加强扎实做好村(居)务公开民主管理工作[EB/OL]. (08-21)[2017-12-20]. http://mzt.jiangsu.gov.cn/art/2017/8/21/art_54981_6750341.html.

④ 张展鹏,2015. “五化”联动打造村务公开盐城品牌[EB/OL]. (10-24)[2017-12-20]. http://wm.jschina.com.cn/9661/201510/t2458697.shtml.

⑤ 佚名,2017. 沭阳县南湖街道“村务公开明白纸”受群众喝彩[EB/OL]. (11-17)[2017-12-20]. http://www.jsrd.gov.cn/sszc/sq/201711/t20171117_478794.shtml.

⑥ 佚名,2017. “微服务”助力村务公开[EB/OL]. (04-28)[2017-12-20]. http://wm.jschina.com.cn/9661/th/201704/t20170428_4015057.shtml.

⑦ 佚名,2017. 江苏:小村质询直播会让村务公开更透明[EB/OL]. (04-25)[2017-12-20]. http://news.youth.cn/jsxw/201704/t20170425_9582951.html.

家层面颁发有《关于加强城乡社区协商的意见》(中办发〔2015〕41号)。2015年12月，江苏省委办公厅、省政府办公厅制定并出台了《关于加强城乡社区协商的实施意见》(苏办发〔2015〕66号)，在全面贯彻中央和省等文件的基础上，结合江苏实际，注重吸取基层创新经验，细化、明确工作要求，为构建程序合理、环节完整的城乡社区协商体系，推进全省城乡社区协商制度化、规范化和程序化指明了方向。该文件明确提出，到2020年，全省基本形成协商主体多元、内容丰富、形式多样、程序规范、制度健全、成效显著的城乡社区协商新局面。该文件重点从五个方面明确了推进城乡协商民主的工作任务：一是明确协商内容。主要是对城乡社区公共事务、政府公共政策，有关公益事业、物业权益等涉及群众切身利益的实际问题的协商。二是扩大协商主体。坚持凡是利益相关者都应参与到协商中来的原则，明确协商主体的范围。三是丰富协商形式。按照利益趋同、公开透明、平等理性的协商原则，不断拓展协商的形式。四是规范协商程序。包括协商的一般程序和特殊程序。五是运用协商成果。建立协商成果的采纳、落实、反馈机制，强化对重大决策实施之中的监督、公开和反馈，保障协商成果的真正转化落实。

江苏各地在坚持和完善“四个民主”的基础上，坚持有事多协商、遇事多协商、做事多协商，重点围绕“和谁协商、协商什么、如何协商、协商成果如何运用”等问题，积极创新实践，拓宽协商范围和渠道，丰富协商内容和形式，探索了村民议事会、村民理事会、民情恳谈会、村民协商会、公道会、百姓议事堂、民主听证会、政策咨询会等协商民主形式，建立了与本土经验有机结合的各有特色的协商民主机制。影响较大的有连云港海州区形成“党委(总支、支部)领导、议事会决策、村(居)民委员会实施、监事会监督”的“一委三会”治理模式；溧阳市在中国传统的乡贤治理文化(吃杠茶)的基础上，结合前几年“民主三制”(参事制、票决制、双评制)的基层实践，挖掘协商自治的活水源头，探索并创建新时期社区协商民主实践的新形式“百姓议事堂”；邳州市“四权建设”工作机制，规范和落实村“党组织决策权、村代会决定权、村民委员会执行权、群众监督权”，最大限度激发基层自治活力；张家港市创新构建了村民议事会，在基层形成了“党组织领导—议事会民主协商—村民会议(代表会议)民主决策—村民委员会具体实施—村务监督委员会民主监督”的自治机制，以“关键少数”引领“普通多数”，增强群众参与议事协商的意识。截至目前，全市各村、社区议事会累计推动实施了 800 余件群众切身受益的“微实事”。2016 年 12 月，张家港“社区协商——基层治理法治化的新探索”项目获评第四届“中国法治政府奖”第一名，并于 2017 年被民政部确定为全国基层协商民主试点单位；南京市浦口区永宁街道永宁社区建立“小型工程项目库”，创新协商民主决策新载体，有效实现民事民议、民事民决、民事民参，提高居民参与社区事务积极性和话语权。这一协商民主决策机制遵循“小协商、大集中”原则，主要分为 6 个流程，即征集民意、确立小型工程“项目库”、工程方案跟进、全程监督、工程评议、归纳总结。此外，镇江市通过完善“135”民主议事制度，增强了社区群众参与社区管理的积极性；新沂市“6 个一”工作法，有效解决了加强基层组织建设该做什么、该怎么做的难题；江都区细化“五议决策法”，将公益事业、物业权益、志愿服务等涉及居民利益的内容纳入协商范围，丰富了协商内涵。

不仅协商形式和协商机制多样化，参与协商的主体也多元化。全省各地普遍建立了由社区党组织牵头、村（居）民委员会、社区工作站、社区社会组织、驻区单位等参加的社区联席会议制度，并完善“村村联建”“村企联建”等党组织模式。苏州市吴江区黄家溪村商会在村党委领导下，通过“村党建联席会议”“商会村民委员会议事”“商会村民议事”等多种形式，有效实现企业资源与社区需求的对接、企业民主与村民自治的互动。

协商民主程序初步建立。南京、扬州、盐城、淮安等地探索的“四项工作机制”、民主决策“六议”、“四议四公一监督”“四议三评两公开”工作法，初步建立了基层协商民主程序，促进了协商民主的公开性、规范性和完整性。南通市天生港镇推行民主协商“六步法”：一是畅通渠道，开放“说事”；二是及时梳理，分类“理事”；三是集中民智，民主“议事”；四是整合力量，民主“干事”；五是强化管理，公开“评事”；六是全程监督，追踪“查事”，让矛盾化解在基层，基本做到了“小事不出村、大事不出镇、难事不出县、矛盾不上交”。[①]

① 佚名，2017. 南通市：推行民主协商“六步法”让矛盾化解在基层 [EB/OL]. (11－23)[2017－12－20]. http://mzt.jiangsu.gov.cn/art/2017/11/23/art_54981_6750517.html.

（五）探索村民小组自治

2014—2016 年连续三年的中央 1 号文件反复强调要“创新和完善乡村治理机制”，“探索不同情况下村民自治的有效实现形式，农村社区建设试点单位和集体土地所有权在村民小组的地方，可开展以社区、村民小组为基本单元的村民自治试点。”“在有实际需要的地方，扩大以村民小组为基本单元的村民自治试点，继续搞好以社区为基本单元的村民自治试点，探索符合各地实际的村民自治有效实现形式。”2016 年 10 月中共中央办公厅、国务院办公厅印发《关于以村民小组或自然村为基本单元的村民自治试点方案》（厅字〔2016〕31 号），就推动村民自治向村民小组或自然村延伸提出指导性意见。

江苏村民小组自治的试点也在逐步推进，目前确立了 11 家试点单位。南通市 2015 年开始村民小组自治试点，出台了《关于开展村民小组自治试点工作的实施方案》，其中规定了实行村民小组长推选的程序和规则，并明确了当选村民小组长的基本职责，以及完善村民小组决策制度和村民小组自我服务制度等。先在 6 个镇 6 个村的 167 个村民小组启动自治试点工作，167 个村民小组开展民选小组长后，连任 118 人，占比 70%；新当选 49 人，占比 30%。此后，制度建设不断推进，不少试点村结合实际，制定了相应的代表会议制度、民主议事制度等，为推进自治工作提供制度保障。如海门市建立了村民小组议事会制度，并出台相关方案，要求村民小组议事会定期召开“两级会议”（户代表会议和议事会议）。同时，制定《村民议事会章程》，让规章“进村、上墙、入户”，引领村民小组自治规范运行，从而使事关村民切身利益的经济发展、公益事业得到很好的发展。目前，村民小组自治已在南通各县市、区全面推行，取得了良好的效果，制度建设也日臻完善。全市共设村民小组 38 347 个，印发了《关于在全市城乡社区深入推进村（居）民小组（邻里）自治工作实施方案》。南京市六合区横梁街道 2017 年 3 月，街道全面启动村民小组自治工作，仅用了 70 多天的时间，覆盖率就达 100%，509 个村民小组全部建立了村民自治理事会。

（六）提升“三社联动”实效

目前，江苏社区建设已经基本跨过“由重硬件建设向重能力建设转变”的重要拐点，走上了重内涵、重服务的发展轨道。“三社联动”机制，即充分发挥社区、社会组织、社会工作的整体优势和综合效能，实现“1＋1＋1＞3”的效果，促进基层社会实现和谐善治。

“三社联动”与“政社互动”“减负增效”，好比协调乡村关系、加强农村社区建设的三驾马车。早在2008年，苏州太仓市就率先探索并试行“政社互动”，2013年，省政府办公厅出台了《关于在全省推行“政社互动”推动社会管理创新的意见》（苏政办发〔2013〕181号），在全省推广发源于太仓的“政社互动”基层社会治理模式，目前全省乡镇（街道）推行“政社互动”模式全覆盖。如果说“政社互动”通过“两份清单”初步厘清了“行政权力”和“自治权利”的边界、理顺了乡村关系，那么“减负增效”和“三社联动”则进一步优化了乡村关系。“减负增效”最早由南京市民政部门在推行“政社互动”、开展社区治理模式创新中总结提炼而来，南京市为此也在2013年和2014年连续两年获全国社区治理十大创新成果第一名。2014年省委办公厅、省政府办公厅联合下发了《关于减轻城乡社区负担提升为民服务效能的意见》（苏办发〔2014〕49号），要求在全省深入开展社区“减负增效”专项清理行动，促进社区工作转型，提升为民服务效能，助力服务型政府建设。全省严格落实社区“减负增效”，全面梳理涉及社区的组织机构、工作任务、评比表彰、示范创建、工作台账等，严格社区工作准入，建立社区事务目录，推动社区回归自治和服务本位。目前，13个省辖市均建立社区减负增效“三项制度”，制定了社区工作事项清单、社区综合考核评比制度、社区印章使用规范清单等。

在“减负增效”减轻社区负担的同时，还广泛开展“三社联动”增强社区自身服务职能，推动社区治理现代化。2017年1月，省民政厅出台了《关于深化“三社联动”创新城乡社区治理的意见》（苏民基〔2016〕10号），提出力争到2020年，全省城乡社区全面建立起融合发展、运转高效的“三社联动”机制，明确了深化“三社联动”、创新城乡社区治理的主要任务。此后，印发了《关于印发江苏省城乡社区服务体系建设规划（2017—2020年）的通知》（苏民基〔2017〕18号），进一步促进了社区治理服务提质增效。全省积极拓展“三社联动”内涵和外延，聚焦内生性治理难题和服务需求，整合“三社”、志愿服务及社区养老、社区救助、防灾减灾、文体教育、医疗卫生等资源，打造“社区＋”平台，强化了专业引领，扩大了群众参与。100 个“三社联动”综合试点社区成效明显，将社区、社会组织、专业社工进行有机组合，推动实现基层社会的善治。

在推广“三社联动”工作机制过程中，有一个重要的前置性条件，即有一定数量的职能健全的社会组织和专业化的社工存在以承接部分社会管理和服务工作。为此，培育社会组织、促进社工职业化发展就成为基层政府和民政部门的重要任务之一。2015 年省民政厅制定《关于加强社会组织自身建设的意见》（苏民规〔2015〕1 号），积极引导各类社会组织提升自律自治能力。2016 年 8 月，国家层面印发《关于改革社会组织管理制度促进社会组织健康有序发展的意见》（中办发〔2016〕46 号），2017 年 11 月，省委、省政府印发了《关于改革社会组织管理制度　促进社会组织健康有序发展的实施意见》（苏办发〔2017〕51 号），促进社会组织健康有序发展，加快形成政社分开、权责明确、依法自治的现代社会组织体制。截至 2015 年底，全省注册登记的各类社会组织 7.8 万个，备案 7.4 万个，均居全国第一位。

江苏省社会工作机构和队伍也得到了较大发展，出台了《关于加强社会工作专业人才队伍建设的实施意见》（苏组通〔2015〕92 号）、《关于加快培育发展民办社会工作服务机构的实施意见》（苏民人〔2016〕28 号）、《江苏省“十三五”社会工作专业人才发展规划》（苏民人〔2016〕43 号）、《加快推进社区社会工作服务的实施意见》（苏民人〔2016〕48 号）等系列文件，制度体系不断完善。取得全国社会工作者职业资格人数已达 37 590 人，位居全国第二，其中大部分活跃在社区等基层一线；专业人才培训机制逐步健全，以高层次人才为引领，推动人才队伍梯队建设，目前共有省社会工作领军人才 20 名，全国社会工作领军人才 6 人；各级政府加大购买服务力度，扶持专业社工机构发展，全省共有专业社会工作机构 421 家，2016 年省级公益创投中专项列支 480 万元，购买了 32 个专业社会工作服务项目，社会工作服务尤其是在城乡社区的服务成效明显。①

二、江苏农村政治文明建设面临的形势

江苏提出高水平建设全面小康社会，农村政治文明建设迎来了一个良好的发

① 佚名，2017. 2017 年“江苏社会工作宣传周”活动正式启动［EB/OL］.（03 - 22）［2017 - 12 - 20］. http：//mzt.jiangsu.gov.cn/art/2017/3/22/art _ 54 980 _ 6 748 953.html.

展机遇，但农村转型加剧也给政治文明建设带来了一定的困难和挑战。

（一）政治文明建设具备良好条件

1. 党和国家高度重视

中共十九大报告明确提出要“扩大人民有序政治参与，保证人民依法实行民主选举、民主协商、民主决策、民主管理、民主监督”，“完善基层民主制度，保障人民知情权、参与权、表达权、监督权”，“加强农村基层基础工作，健全自治、法治、德治相结合的乡村治理体系”，“加强社区治理体系建设，推动社会治理重心向基层下移，发挥社会组织作用，实现政府治理和社会调节、居民自治良性互动”。江苏省委、省政府在《江苏省国民经济和社会发展第十三个五年规划纲要》中明确提出“深化法治江苏建设”“加强和创新社会管理”，要“依法保障居民知情权、参与权、决策权和监督权，完善公众参与社会治理的制度化渠道”。中共中央和国务院及政府部门都高度重视政治文明建设，这为农村政治文明建设与发展提供了良好的政治氛围和制度保障。

2. 经济社会稳步健康发展

江苏经济综合实力显著增强，虽然面临“经济新常态”，经济有下行压力，但是在2013年、2014年、2015年经济总量连续突破5万亿元、6万亿元、7万亿元，2016年达7.6万亿元，比2015年增长7.8%，领跑全国。人均GDP超过1.4万美元，达到上中等收入国家和地区水平。在经济高速发展的同时，经济结构进一步优化，第三产业占比产值和增加值都超过第二产业，战略性新兴产业加速壮大，高新技术产业产值占规模以上工业产值比重超过40%，区域创新能力连续8年位居全国第一。区域发展协调性进一步提高，苏南现代化示范区建设加快推进，苏中融合发展、特色发展成效明显，苏北和沿海地区主要经济指标增幅继续高于全省平均水平。社会发展和人民生活稳步提升，城镇居民人均可支配收入40 152元，增长8.0%；农村居民人均可支配收入17 606元，增长8.3%。城乡区域协调发展水平明显提升，生态人居环境持续改善，发展的稳定性、协调性、可持续性进一步增强。这为农村政治文明建设和发展提供了强大的物质基础和动力机制。

3. 公民社会发育良好

江苏基层政府和社会广大民众在改革创新基层社会治理、优化提升基层社会公共服务等方面成果突出，源于江苏并不断深化、优化的“政社互动”“减负增效”“三社联动”等改革措施已经在全国农村推广；而“一委三会”“公道堂”“百议堂”等江苏地方性制度创新也在本地区积极推广。基层民众政治意识进一步觉醒，政治参与愿望较为强烈，参与社会治理的能力和技术有所提高。江苏社会组织和社会工作者、义工和志愿者等数量高于全国平均水平，公民社会发育较好，为推动政府与社会组织、公民个体共同参与社会治理，提升政府治理能力，推进治理现代化发挥了重要作用。这为推进江苏农村政治文明建设提供了社会基础和发展空间。

（二）政治文明建设面临的困难和挑战

1. 农民流动加剧带来治理困境

江苏区域经济社会发展不平衡使得省内人口流动频繁，这些流动人口大量聚集在江苏各大城市及其周边城乡结合部以及苏南发展较好的农村地区，成为城乡边缘人。这在一定程度上造成苏北部分地区“空心村”的存在，也造成经济社会发展良好的苏南农村外来人口爆满。农村治理要面对的问题更加复杂，呈现出转型时代所特有问题，如“留守”问题、流动家庭问题、空心村问题、农民空巢家庭问题，以及因政府公共服务向农村延伸而产生的“新农合”“新农保”等问题，这些治理困境倒逼农村基层政权和村自治组织转变治理功能。

2. 制度实践滞后于制度表达

中国制度变迁过程兼有自上而下和自下而上的双向性且以自上而下的制度变迁为主。自上而下的政府“动员型”制度变迁很容易实现制度变革目标，但是这些新制度在农村基层落地生根、真正发挥制度功效却不是一蹴而就的。在调研中，我们发现，无论是协商民主制度，抑或关于“政社互动”“减负增效”“三社联动”的政策，它们的“应然”状态并没有普遍出现在现实中。《中华人民共和国村民委员会组织法》要求各村都要成立“村务监督委员会”，但是村民对这个机构知道得并不多，更无法评价其制度绩效。在对连云港海州区、常州溧阳市、徐州铜山区的村民访谈中发现，各级强力推进的“一委三会”“参事制”“公道会”等制度创新，一些村民对其了解还不充分不全面。这固然与村民不关心村务有一定关系，但是也深刻说明了这些制度还没有在乡村沃土中扎根。因而，在江苏农村政治文明建设过程中，如何使完善的制度设计全力运转起来，是一个值得深入思考和实践探索的课题。

3. 政府体制存在固有矛盾

政府体制固有的体制性矛盾导致村民自治制度的不自洽。政府体制中的党政职能不清带来了农村基层纠缠已久的“两委矛盾”；压力型政府体制挤压并模糊了乡政村治的边界，带来了长期存在的“乡村矛盾”。目前比较突出的是“乡村矛盾”，政府层级之间的“压力型体制”蔓延至村庄，各种检查、评比、考核接连不断，令人不堪重负，基层自治能力呈现弱化和缺失现象，在一些地方引起村民委员会和村民的反感以致反抗，造成乡村关系、乡民关系的紧张和对立。在访谈中，一些村干部抱怨基层工作难做，问题恰恰在于上级政府不依法办事，村民自治很难落到实处。一些村干部向笔者表达了对职业的不解和迷茫——村干部到底该干什么，甚至表达厌倦，但基于路径依赖也没有更好的就业选择。他们有时不是不想干，是不知道怎么干，希望有个具体明确的权力行为制度规范，让他们知道可以干什么、怎么干。

推行服务型乡镇政府建设，“政社互动”和“减负增效”工作的开展，就是为了解决乡村矛盾。但是，如果政府的压力型体制没有根本转变，县级及以上政府仍旧不停给镇（街道）派发任务，那么实行“政社互动”和“减负增效”就会让基层政府处于“上下夹击”之中：上面的任务没减少，下面的任务又分配不下去。这同样会引起地方基层的不满和不稳定。所以，在中国基层政治场域中开展农村政治文明建设，如何更大程度利用和吸收现有政府体制的资源，并将政府体制中的负面影响降到最低，是一个非常困难的理论问题和实践难题。

4. 社会支撑条件不完备

第一，社会组织总体能力不强。有的地方由于缺乏有效的政策引导和激励机制，社区社会组织培育发展相对滞后，与日益增长的社区公共服务需求不相匹配。且现有社会组织大多是文体活动类，能提供专业社区公共服务的社会组织很少，在“政社互动”、社区“减负增效”过程中难以有效承接政府转移职能。

第二，资金支持不到位。农村政治文明建设需要强大的物质基础和充足的资金支持，但是现有部分制度创新缺乏资金保障，制度持续有效运转受到影响。课题组在调研时也发现，无论是溧阳市新桥村的“百议堂”还是横梁的“村民理事会”，当选的理事没有任何工资报酬，久之，工作积极性会受到影响。此外，农村集体收入差异很大，有的是负债累累的贫困村，而有的却是集体资产过亿甚至是几十亿的富裕村。这种差异导致村干部和工作人员收入的差异，也导致各地能够开展的政治文明建设资金投入的巨大差异。对于区域经济和村集体经济发展缓慢的地区，其政治文明建设受到明显的资金压力和约束。

5. 政治意识多元化

江苏农民的民主政治意识在觉醒，政治信任和政治效能感提升较快，参与型政治文化正在进一步形成中。但是同时，随着社会结构深刻分化、社会群体利益多元化，农民政治意识的发展呈现出不均衡性和多元化态势，例如村干部、农村社会精英和普通村民之间在政治意识上存在比较明显的差异，政治社会化程度不一。还有相当一部分村民存在较为明显的“政治冷漠”，政治参与比较被动，政治参与的深度和持续性、经常化不足。上述情况对于进一步提升江苏农村政治文明建设的水平带来一定的挑战。

三、加强政治文明建设的思路和对策

（一）总体思路

江苏农村政治文明建设，要以中共十九大报告有关精神为指导，围绕江苏“两聚一高”的奋斗目标，回应江苏民众扩大政治参与、维护政治权益的现代公民政治诉求，遵循统筹兼顾、城乡融合、因地制宜、保障到位的原则，坚持多元治理、基层自治、融合发展的改革方向，优化政府职能、加强社区建设、深化村民自治，实现政府治理和社会调节、村民自治良性互动，形成和谐宜居、富有活力、特色明显的现代基层社会治理和服务体系。

（二）对策建议

1. 健全制度机制，提高制度实施效果

制度建设是农村政治文明建设的重要内容之一，一方面，进一步改革“乡政村治”架构和村民自治制度中妨碍基层民主运行、妨碍村民民主权利实现的制度设计和工作机制；另一方面，加强基层民主制度创新，探索群众欢迎、操作简便的乡村治理工作机制和工作方法。对于目前江苏农村地区形式多样的制度创新，要继续给予鼓励和承认，条件适宜的地方再推广；对于来自“顶层设计”的制度创新，要因地制宜地创新并制订可操作的制度运转办法，在促进制度落地、生根、发挥效用上多着力。

2. 孵化社会组织，促进公民社会发育

发育良好的公民社会是社会成熟健康的衡量指标之一，也是政治文明程度的显示器。扶持各类农村基层社会组织发展，继续降低准入门槛，简化登记备案手续，大力发展基层服务性、公益性、互助性社会组织，同时，引导社会工商企业、公民个人等力量积极资助社会组织，保障其可持续发展。通过教育扶助、政策引导等方式，培训量足质优的社会工作者，以专业化的社工精神，带动义工、志愿者队伍壮大。政府要转变观念，正确认识和客观对待社会组织，建立平等的伙伴关系，在信息沟通、资源共享、功能互补等方面实现良好合作，在向社会组织购买服务或把部分职能移交社会组织的时候，要做到公平公开透明交易。

3. 优化政府职能，提供均等服务

“政社互动”成败的关键之一，即政府是否无限度无原则向基层自治组织转嫁职责，因而，首先，优化政府职能，明确政府权责边界，依法行政，努力做到不越位、不错位、不缺位。其次，落实政府购买服务机制，需要由村居自治组织或社会组织协助管理的项目和要求，政府可以向其购买服务并提供适当的行政指导。再次，政府要推进城乡社区服务均等化，优化养老、救助、防灾减灾、文体教育、医疗卫生等各级各类资源在城乡社区的配置，不断拓宽服务领域、优化服务手段、提高服务质量。

4. 加强民主意识教育，培育参与型政治文化

在农村政治文明建设过程中，精神层面的政治意识和政治文化，不仅是制度的支撑性精神力量，而且还是政治行为的引导性力量。要着力培育村民的民主意识、参与意识、法治意识与公共理性，一是真正落实村民自治的民主选举、民主决策、民主管理、民主监督；二是进一步引导农民从社区性的事务到更高层次国家层面事务的转换，扩大农民政治参与的内容和范围，突破低层次自治的有限性。

第三节　江苏农村政治文明建设专题研究

一、第十一届村民委员会选举调查

选举是民主的核心内容，没有选举就没有民主。江苏圆满完成了第十一届村民委员会选举，为了解选举的质量和成效，探索基层民主选举良性发展的路径，课题组在苏南、苏中、苏北农村地区进行了访谈和问卷调查，调查内容主要涉及受访者在基层选举中的态度和认知、具体选举行为、对基层选举的评价等方面。

（一）农村选举的积极进展

1. 村民对民主选举的重视程度有所提高

村民基本了解选举，认为选票重要，选举态度积极。数据显示，49.90%的受访者表示很关心选举和43.23%的受访者表示不太关心，65.89%的受访者表示参加了选举（表2-2）。在参加选举的被访者中问及“您的一票重要吗”，有84.82%认为“重要”，只有15.18%认为“不重要，选了也白选”；问及去参选的原因，认同“这是我的权利，我是主动去的”的受访者达68.89%，认为“选谁与我利益密切相关”为9.60%，选择“镇、村干部动员我去”为9.48%，回答“大家都去，我不去不好”为7.75%，表示“家人、邻居、朋友劝我去的”受访者为2.69%，选择“有误工费或礼品”仅占1.60%，可见参选的选民保持着较高的投票热情；进一步问及选举态度，选择“认真投票”者为1 067人，占比82.52%，而认为选举就是“为了完成任务”者156人，占比12.06%，2.17%的受访者选择“把自己的意见告诉别人，委托别人代投”，2.78%的受访者则是“让别人代投，选谁无所谓”，这一数据说明相当高比例的村民对自己的投票行为态度更趋于严肃认真（表2-3）。

表2-2　您参加这次村民委员会选举了吗

	频率	比重（%）
参加了	1 296	65.89
没有	671	34.11
合计	1967	100.00

注：农户调查的参选率与前文官方数据有出入。

数据来源：根据课题组实地调查问卷整理所得。

表 2－3　您的选举态度

	频率	比重（%）
认真投票	1 067	82.52
主要是为了完成任务	156	12.06
把自己的意见告诉别人，委托别人代投	28	2.17
让别人代投，选谁无所谓	36	2.78
其他	6	0.46
合计	1 293	100.00

注：缺失数据 3 个。
数据来源：根据课题组实地调查问卷整理所得。

2. 农村民主选举操作渐趋规范

中央和地方层面对于村民委员会选举的具体程序、内容规定详细，江苏省修订了《江苏省实施〈中华人民共和国村民委员会组织法〉办法》，细化并出台了《江苏省村民委员会选举规程》、新修订《实施办法》解读、《村（居）委会换届选举工作手册》等规范性文件或学习读本，各市、县（市、区）都结合实际制定选举细则或实施办法。

选举宣传力度较大，村民基本了解选举程序，选举基本是按照相关规定执行的。在选举开始前，村民选举委员会应通知村民参加投票，78.32%的受访者表示收到正式通知，仍有 21.68%表示自己没有被通知（表 2－4）；村民选举委员会还应以公告形式公布候选人名单、选举日期、投票时间及地点等内容，高达 87.89%的受访者表示村内公告栏张贴了选举公告（表 2－5）；了解选举规则和程序，才能实施高质量的选举行为，数据显示，仅有 17.56%的受访者表示完全不了解村民委员会选举程序，其余表示“了解一点”“比较了解”或“非常了解”的人为 82.44%（表 2－6）。

表 2－4　村民委员会选举前是否有正式通知你参选或参与投票

	频率	比重（%）
有	1 539	78.32
没有	426	21.68
合计	1965	100.00

注：缺失数据 2 个。
数据来源：根据课题组实地调查问卷整理所得。

表 2-5　村民委员会选举前是否在村内公告栏张贴选举公告

	频率	比重（%）
是	1 727	87.89
否	225	11.45
不了解	13	0.66
合计	1 965	100.00

注：缺失数据 2 个。
数据来源：根据课题组实地调查问卷整理所得。

表 2-6　您对村民委员会选举程序了解的程度

	频率	比重（%）
非常了解	556	28.30
比较了解	420	21.37
了解一点	644	32.77
完全不了解	345	17.56
合计	1965	100.00

注：缺失数据 2 个。
数据来源：根据课题组实地调查问卷整理所得。

选民要通过各种途径了解候选人及其治村理念，反复比较后慎重作出自己的选择。调查结果，表示自己“了解候选人”的受访者为 915，占比 46.52%；选择“了解程度一般”为 515，占比 26.18%；而回答“不了解”为 409，占比 20.79%；表示“不关注”为 128，占比 6.51%。候选人如何与选民沟通，19.98%的受访者表示候选人与自己没有任何沟通；选择“选举大会演讲”这一沟通方式的人比例最高，占 32.99%；选择“村民大会发表治村方案”为 397，占比 20.18%；选择“登门拜访”为 277，占比 14.08%；选择“海报或小册子宣传”则占 7.83%（多选）。

3. 村民对民主选举的成效持积极评价

村民对选举的合法性、公开公正程度、实际效果等问题的认同，直接关系到选举的有效开展，关系到农民对村民自治的信心，关系到农村政治文明建设的稳步推进。在村民委员会选举的作用问题上，75.14%的受访者表示有“促进作用”（表 2-7），这说明农民是高度认可基层民主选举的。在对选举过程的评价方面，78.28%的受访者认为选举依法，74.78%表示选举公正，80.17%表示选举公开。在是否碰到过贿赂选举的问题上，71.78%的受访者表示“没遇过”（表 2-8）。

表 2-7 村民委员会选举对村庄发展有作用吗

	频率	比重（%）
有促进作用	1 475	75.14
有妨碍作用	15	0.76
没有什么作用	291	14.82
不清楚	182	9.27
合计	1963	100.00

注：缺失数据4个。
数据来源：根据课题组实地调查问卷整理所得。

表 2-8 您是否遇见过贿赂选举的情况

	频率	比重（%）
遇过	66	3.36
没遇过	1 409	71.78
没留意	488	24.86
合计	1963	100.00

注：缺失数据4个。
数据来源：根据课题组实地调查问卷整理所得。

（二）农村选举存在的问题

1. 选举动力机制不足

选举行为的被动性、消极性仍然存在，“我要投票”和“要我投票”并存。调查显示，有34.11%的受访者没有参与投票（表2-3），其中有10.43%的受访者表示不参加选举是因为“都是上面定好的，选了也白选，所以我不去”，还有12.01%的受访者则认为“选谁都一样，与我没什么关系”。参与意识的欠缺也说明现实农村生活中能够激发村民参与选举的动力机制尚不充足，导致一些村民产生政治无力感。

2. 认识误区制约了选举质量

乡镇政府是村民委员会选举的组织者和指导者，可以施加实质性的主导权和控制权。现阶段的“乡政村治”治理格局下，在自治权与行政权的博弈、自治与控制的博弈中，村民委员会呈现出了“附属行政化”倾向，加之目前推行的“村财镇管”更加剧了这一倾向。行政权的扩张性、扶植村庄“代理人”的行为逻辑容易使乡镇政府对村民委员会选举不当干预。一些乡镇干部表示，村民委员会选举 3 年 1 次，“为此伤透脑筋”，怕选出一些“不合适的人”，难以开展工作。基层政府的过多干预被诟病，反之放任不管，“烂摊子让农民自己去处理”又可能导致选举局面失控，也会对村民委员会选举产生不利影响。

3. 高参选率下的有限参与

农村选举走过场、流于形式化现象存在。在村民自治框架下，村民委员会一定程度掌握着村庄利益资源及分配权，村民委员会选举实质是村民对村庄公共权力的争夺。村民参与选举的主要意图就是通过维持或改变村庄公共权力的分配来维持或改变既定的利益分配格局和分配方式以维护或实现自身利益。在调研中发现，因村民生产生活的自主性、独立性日益增强，大多与村级组织的利益关系相对弱化，导致有的村民参选意识不强；在参选的村民中很多表示选举是其应有的权利，但是同时也表示不了解候选人的施政理念和纲领，而且对村民而言选谁都一个样，也就是说村民对谁能当选并没有强烈的指向。在 1 967 份问卷中，有 15.91%表示不满意，在回答对村民委员会选举不满意的原因时，认为“不真实”的受访者占比 24.28%、“不公平”占比 17.57%、“不公开”占比 14.38%、“形式化”占比 24.60%、“没有自主选择权”占比 14.06%（表 2－9）。

表 2－9　不满意的原因

	频率	比重（%）
不真实	76	24.28
不公平	55	17.57
不公开	45	14.38
不合法	16	5.11
形式化	77	24.60
没有自主选择权	44	14.06
合计	313	100.00

数据来源：根据课题组实地调查问卷整理所得。

4. 存在少量违反操作规程现象

有的地方出现了本可以避免的问题，如提名程序不严密、流动票箱使用不严谨、委托投票手续不齐全、投票或唱计票环节出错等，经各级民政部门认定后，通过重新或另行选举，得到了妥善解决。在调研中，30%的被访者表示不清楚选举委员会、候选人如何产生，很多村民对候选人的产生程序表示不清楚或者质疑；在统计选票的方式上，受访者回答“在全体选民面前公开计票”有695人，占比35.37%，回答“在村民代表面前公开计票”有562人，占比28.60%，回答“选举委员会单独计票”有233人，占比11.86%，而表示“不知道”选票统计方式的为475人，占比24.17%；在选举结果的公布问题上，受访者回答“选举结束后立即公布”为1 016人，占比51.73%，而回答“选举结束以后没有立即公布结果但是在选举日当日公布结果”为269人，占比13.70%，回答“第二天或更晚才公布”为208人，占比10.59%，表示自己“不知道”选举结果公布方式的为470人，占比23.93%。可见，在选举实践中公布选举结果的方式与程序规定存在差距，当然村民自身不重视不关注也是出现这一现象的原因。

（三）提高农村选举质量的路径选择

1. 切实发展农村经济，为选举的稳健发展提供物质条件

缺乏物质基础的支撑，必然难以实现有效的民主选举活动。只有农村经济发展了，农民生活水平得到切实提高，在温饱和生存问题完全解决的基础上，真正过上有尊严的生活，农民才能更好地表达自身的利益诉求，理性地投身民主选举。

2. 提升村民综合素质，为选举的质量提升奠定主体基础

提升村民选举行为水平和层次的当务之急是提高村民文化素质和政治认知水平。一方面，加强农村文化建设，完善农村文化服务机制和机构，丰富村民的文化生活；另一方面，培育和增强村民的公民意识，基于许多村民对民主选举的内涵、外延、原则、方法、步骤等缺乏足够的认知和了解，要以喜闻乐见的形式来开展公民权利和义务教育、公民意识教育，提高村民的政治认知水平和政治行为能力。

3. 推进农村法治建设，为选举的有序开展营造社会环境

农村法治是全面依法治国的重要基础，如果缺少健全的法制和高效的法治，民众难以树立稳定的社会预期。当前紧要的是在农村开展普法教育，构建农村法律服务体系，培养出大批尊法、学法、懂法、守法的农村干部，培育出信法、学法、用法、守法的新型农民，让法治思维、法治方式成为乡村生活的一种常态，按照法律的规定和要求去调节利益关系、化解社会矛盾，真正还权于民，把村民自治落到实处。

4. 加大监督查处力度，为选举的公正公开构建保障机制

第一，建立多方监督机制加强对基层选举操作过程的监督，可以尝试建立基层民主选举观察机制，以各级人大代表为主体，在基层民主选举过程中，他们以观察员的身份对选举的整个过程进行监督，一旦发现违规现象，可以要求选举委员会进行整改；条件允许的村可以建立针对村民选举委员会的监督机制，由全体选民选出办事公道、关心集体的代表组成监督小组，让村民切实地参与到基层民主选举的事务中去。第二，确保选举信息公开透明化，特别是实行公开提名，有效提高选民对候选人提名的参与度，以改变"领导内定、群众陪演"的做法，避免上级政府或党支部对选举的操纵。第三，严格制定并实行责任追究制度，对破坏基层民主选举正常进行、违反选举法的行为必须依法查处。

二、村民小组自治制度建设情况调查

村民小组是相对于行政村的一个次级组织，是村民委员会下设的一个非独立性的自治组织，是介于行政村和家庭之间的一个较为基本的生产和生活单位，是农村基层组织服务和联系村民的重要纽带与桥梁，它经由人民公社时期公社体制中的"生产小队"演变而来，"生产大队"则演化为行政村。

村民小组自治，是相对于行政村自治的一个次级或终极微观组织的自治，是村民自治的载体和实现形式，具有鲜明的直接性自治特性；它负责处理纯属于本村民小组范围内的公共事务，将村民自治延伸到"小组"，最大限度地推动乡村治理体系向末端延伸，以解决乡村治理中"最后一公里"的治理难题。

（一）问题的提出

近年来村民自治所暴露出的问题引起了学术界和管理层的高度关注和深刻反思，如村民自治被异化为村官自治和村民委员会自治，而村民委员会的自治功能又被进一步异化，成为国家行政权力末梢的衍生工具。而且长期以来，乡镇行政权力对村民自治权的过渡挤压和蚕食，使得村民委员会的行政功能色彩浓厚，村官的官僚作风盛行，村民的认同感低下。加之 2006 年取消农业税后，村组合并带来的行政村自治单位规模过大，自治管理的半径扩大，村民与村民委员会之间联系的空间隔离等，导致村民自治在实践过程中面临着村民难参与、自治难形成、干部乱作为、成效难显现等问题，导致村民自治难以真正落地，且日益陷入困境。因此，村民自治如若真正运转起来、落地坐实，就必须努力克服行政倾向不断扩张、自治属性日益萎缩的弊端，在社会内部探索并找寻村民自治的社会基础和内在动力。

在村民小组自治的实践中，制度建设是关键。村民小组自治发展的整个过程其实就是一个制度设计与创新的过程，是一个在《村民委员会组织法》等基本法律制度的指导下，对村民小组自治的具体微观制度进行不断设计、建构与创新的过程。本研究主要从民主选举、民主决策、民主管理和民主监督等四个方面的制度建设来考察江苏村民小组自治制度建设的情况。

（二）调查现状描述

1. 村民小组民主选举制度

村民小组治理中的民主选举制度还不够健全。数据显示，近60%的受访者表示有相关小组长产生的规章制度，接近45%的受访者表示村民小组有相关小组长产生的选举制度。在问到村民小组的小组长是如何产生的这个问题时，有386位受访者表示是由“行政村直接任命”，占19.69%，44.85%的受访者回答“行政村提名，小组村民选举产生”，14.03%的受访者回答“村民自己商议决定”，另有21.43%的受访者表示“不知道”（表2-10）。

表2-10　村民小组长是如何产生的

	频率	比重（%）
行政村直接任命	386	19.69
行政村提名，小组村民选举	879	44.85
村民自己商议决定	275	14.03
不清楚	420	21.43
合计	1960	100.00

注：缺失数据7个。
数据来源：根据课题组实地调查问卷整理所得。

2. 村民小组民主决策制度

村民小组自治中的民主决策，是一种最直接的民主决策。组级决策的基本民主协商形式是召开村民小组会议和村民小组代表会议。调查显示，只有三成的受访者表示，在小组事务治理中，遇事愿与村民或村民代表协商，比较重视听取他们的意见或建议，形成了遇事协商的工作方式和机制，经常召开本组村民大会和村民代表会议。另外三成左右的受访者表示偶遇事关村民小组大事时才会召集村民或村民代表开会。还有相当比例的受访者表示村民小组从来也不开会，更别说制定相应的规章制度了。

"本村民小组在事关全村村民利益的重大事项如修桥修路、集体土地的使用等是如何决策的?"有 29.08%的受访者回答"召开本组村民大会讨论决定"，20.03%回答"召开本组村民代表大会讨论决定"，另有 2.35%回答"通过本组专门的民主议事机构讨论决定"，三项之和仅为 51.46%。这表明，在事关全体村民利益的重大事项的决策上，村民小组的民主决策程度还不够高，许多村民小组还缺乏相应的民主决策机制，他们或由村民小组长等少数村务管理者说了算，或被行政村越俎代庖。"行政村会干涉本村民小组内的事情吗?"在有效回答此问的 1 960 位受访者中，19.03%选择了"大小事情都有村民小组决定"，26.73%回答行政村"只是对重大事项提出指导性意见"（表 2-11）。

表 2-11　行政村会干涉本村民小组内的事情吗

	频率	比重（%）
不会，大小事情都由村民小组决定	373	19.03
不会，只是对重大事项提出指导性意见	524	26.73
会，对重大事项有决定权	407	20.77
会，大小事务都会插手	82	4.18
不清楚	574	29.29
合计	1960	100.00

注：缺失数据 7 个。

数据来源：根据课题组实地调查问卷整理所得。

3. 村民小组民主管理制度

有超过五成的村民小组建立了议事协商制度。问及"本村民小组有成文的会议章程或议事规章等自治制度吗?"在有效计数的 1 960 位受访者中，回答"有"的占 53.27%，17.19%回答"没有"，另有 29.54%表示"不清楚"。

只有一成多的村民小组将村民参与小组事务协商加以制度化，并成为常态。

问及“最近一年里，您是否被要求参与村中事务商讨?”在有效计数的 1 960 位受访者中，回答“只有 1 次”的比例为 8.11%，回答“参加过 2 次”的比例为 8.88%，“参加过 3 次以上”的比例为 14.18%，只有 12.09%的受访者回答“要求定期参加”，高达 56.73%的受访者表示从未被邀请参与村中事务商讨。

当问及“本村民小组有村规民约吗?”在有效计数的 1 957 位受访者中，回答“有”的占 48.65%，19.47%的回答“没有，用行政村的村规民约”。这与上述调查结果大体相符。

自治组织、机构或平台是乡村自治得以顺利实施的保障条件，否则自治就会形同空中楼阁，因没有相应的自治载体而不能有效开展。当问到“本村民小组有没有以下自治组织（可多选)?”时，34.12%的受访者回答有“民主评议小组”，回答有“民主理财小组”的比例为 31.87%，当然也有 11.88%的受访者表示什么自治组织也没有，高达 35.34%的村民表示“不清楚”。当问到“本村民小组有下列哪些自治平台（可多选)?”45.77%的受访者回答有“村民小组会议”，回答有“村民小组代表会议”的占比为 44.95%，19.18%的受访者回答有“村民小组议事会”，另有 18.01%的受访者回答有“民主评议会”。可知，村民小组自治所必需的组织和平台建设还比较欠缺，一定程度上反映出江苏村民小组的自治组织还不够健全。

此外，调查发现，接近三成的受访者表示村民小组有独立管理收支的权限，其他表示村民小组的收支由行政村统一管理；有五成左右的受访者表示村民小组没有独立管理本组土地和其他财产的权力，接近两成的受访者表示村民小组能够独立管理一部分宅基地和公用财产，其他表示“不清楚”；有将近三成的受访者表示村民小组能够支持和组织村民依法发展各种形式的合作经济和其他经济，承担本组生产的服务和协调工作；在公共服务方面，如修建道路和垃圾处理，大多数受访者表示村民小组是能够自行提供的，比例分别达到 53.56%和 64.56%。

4. 村民小组民主监督制度

民主监督就是村民通过组务公开、民主评议小组和村小组定期报告工作等形式监督村小组中重大事项的实施、小组管理机构的工作及村小组管理者的行为。就“本村民小组对于组中重大决定及其实施情况会及时向村民公布吗”一问的回答，在有效计数的 1 961 位受访者中，66.85%回答“会，本村组里有布告栏”，说明多数村民小组在村务公开方面的制度还是比较健全的。就“涉及本组村民切身利益的重大事项的实施情况是否会主动接受组内村民的监督”一问，在有效回答此问的 1 960 位受访者中，有 66.48%回答“会，村民如有质疑可向小组长等村务管理者或部门反映情况”，说明许多村民小组的管理者会将村小组重大事项的实施情况及时告知村民，以发挥村民对村小组的民主监督作用。

对于“本村民小组的财务情况，村民是否有权过问”的问题，在有效回答的 1 957 位受访者中，53.14%回答“有，村小组会计有义务解释”，18.04%回答“没有，问了也不会知道真实情况”，另有 28.82%表示“不清楚”，表明超过五成的村民小组对于财务收支情况有明文的规定，要接受村民监督。

综上，江苏农村的村民小组自治制度建设情况主要是：(1) 多数村民小组的民主选举制度还不健全，通过民主协商产生村组管理者，尤其是村民小组长的做法也不多见，行政村直接任命村小组管理者的现象还占一定比例；(2) 多数村民小组的民主决策制度缺失；(3) 民主管理制度相对滞后，绝大多数村民小组未将村民参与小组事务管理制度化、常态化，多数村民小组的自治组织还不健全，相应的制度平台建设较为滞后；(4) 较之于其他三类民主制度，民主监督制度相对完善，大多数村民小组将村务公开，尤其是对村小组重大事项的实施情况、村民小组的财务收支情况实行公开常态化，主动接受村民监督。

(三) 对调查结果的原因分析

当前江苏农村村民小组自治制度建设呈现出较为积极健康的面相，但值得注意的是，当前江苏农村村民小组自治制度化程度的滞后与目前农村村民自治面临的尴尬窘境存在着较为突出的矛盾，村民小组自治推进较为缓慢。

1. 制度变迁下村民小组自治初见成效

从制度变迁的类型看，主要有诱致性制度变迁和强制性制度变迁。强制性制度变迁往往要改变现存的根本制度，实现制度的转轨，表现出突发性、强制性、被动性特征，一般由政府命令和法律引入和实行。就江苏农村的村民小组自治而言，更多的是贯彻中央关于村民小组自治试点的精神，在农村地区强行推进村民小组自治试点，并且主要集中在作为苏中地区的南通市。其他地区，如南京市六合区的马鞍街道，在村民小组自治试点方案中，要求试点村民小组不断完善村民小组自治机制，加强村民小组党组织建设，参与试点工作的村民小组建立党小组或党支部；健全村民理事会载体，建立村民理事会的规章制度，明确村民理事会的功能等。这些强制变迁型村民小组自治制度，是在村民小组自治正式试点之前已经确立。

当然，强制变迁型村民小组自治制度的确立和实施，往往是其他地区诱致性制度变迁结果的经验借鉴和再造。诱致性制度变迁往往由个人或一群（个）人，在响应获利机会时自发倡导、组织和实行，具有渐进性、自发性、自主性的特征。如同样是六合区，在八百桥镇新光村赵坝组，农民们创建了自治性组织——农民议会，定期召开议员会议讨论集体事务，实现自我管理和自我服务。其产生的缘由则是村组合并、规模扩张，村民小组与行政村之间在管理空间上的隔离，激发赵坝村 34 户在 2007 年召开户代表会议，以解决组内事务。这一后来被称为“赵坝现象”的村民小组自治组织制度的创建和实施，为其他地区村民小组自治提供了重要的经验借鉴和观念启迪。

因此，江苏农村村民小组自治制度化一定程度的实现，目前主要集中于某一区域（如南通各县市区）和零星散落于某些地区（如南京六合、苏州太仓等）。它们是自上而下政府部门强制性制度变迁（自治制度较为完备）和自下而上农民自发探索（自治制度较为松散）的结果。

2. 村庄的自然特性和经济社会发展使村民小组自治不够普及

有学者研究认为，自治基本单元只能根据产权相同、利益相关、血缘相连、文化相近、地域相同来确定自然形成的群体。但这更多地适用于以农业种植为主且土地产权归村民小组或自然村（一般情况下，自然村为一个村民小组）的乡村。对于经济发达的农村如苏南，尤其是城郊村，或已无土地，形成较大的农村社区，或将土地以行政村集体所有的名义搞旅游开发、办企业或租赁等，即集体土地所有权在行政村的，村民小组之间的经济和社会生活界限趋于模糊。而且公共服务在社区或行政村已一体化，如修建道路、水渠等都由行政村统一管理。如此，既无很强的产权利益关联也无很强的产业关联，不适宜村民小组自治。

改革开放以来，我国现行的行政村经过多次调整，许多村已相对稳定，并且形成了以行政村为组织载体的农村集体经济利益。那么村民小组因为单位过小而缺乏共同利益和共同资源，自治不是增加而应该是向社区或行政村转移。

因此，就可以理解为什么作为经济发达省份的江苏，其农村村民小组自治制度化程度不如经济欠发达省份。但是，村民小组自治在经济发达的江苏省没有普及的原因，并不能成为苏北广大农村和部分苏中农村地区村民小组自治发展不足的借口。以强制性制度变迁方式，在以种植业为主、显见的利益关联度较高且土地产权在村民小组的广大苏北农村和部分苏中地区推行村民小组自治，实为必须。

（四）解决问题的对策建议

虽然作为生产共同体的村民小组确实在走向弱化，但是作为治理单元的村民小组仍然需要从制度框架的层面重建和强化，其内在的治理能力和治理潜力之于基层治理的意义值得开掘。因此，在江苏有实际需要的地方，如苏北大部和苏南、苏中局部农村，推行村民小组自治势在必行。一是要将非正式的村民小组自治纳入体制内，并加以制度化；二是要总结省内外试点村民小组自治的经验教训，采取强制性制度变迁的方式，在全省范围内结合实际加以推广，并完善相关制度。为此，可从以下方面加强村民小组自治的制度建设。

1. 在村民小组建立和完善党组织

在村民自治原有的治理结构中，村民小组不仅责权不够明确，而且没有相关的自治机构，尤其是党的领导核心作用发挥不够。因此，强化党在基层的领导核心作用，应考虑将支部建在村民小组，从而使党的工作重心进一步下移，实现党员与群众的亲密接触。

2. 恢复民主推选村民小组长的规则

在 2006 年税费改革前，乡镇和行政村因需要村民小组管理者协助完成诸如税费征收、计划生育等任务，对于村民小组的治理比较重视。但税费改革后，乡镇和行政村感觉没有什么事情需要下放给村民小组来完成，因此，为减少财政开支，弱化了村民小组的治理，一些地方甚至撤销了村民小组长。但农民日常生产和生活中，尤其是在调节村民之间的矛盾纠纷中，村民小组作为一级公共组织具有不可或缺的作用。《村民委员会组织法》明确规定，村民委员会可以按照村民居住状况分设若干村民小组，村民小组长由村民小组会议民主推选产生。虽然没有必要像选村民委员会成员那样严格，但至少应杜绝由村民委员会主任或村党支部

（或总支）书记直接任命的现象。否则村民小组长就成了村民委员会主任或村支书的代理人，而不是村民的代理人，从而不能为维护村民小组利益而服务于村民。

3. 探索村民小组治理的民主方式

村民小组治理，需要村民小组自治的经常化、规范化、制度化，切实维护和不断扩大农民对村民小组公共事务的决策权、管理权和监督权。为此，其一，可考虑建立村民小组会议制度。可效仿行政村的村民会议制度设立村民小组会议制度，其成员应由年满18周岁的全体村民小组的村民组成，通过直接民主的方式管理村民小组内的公共事务，尤其是对于村小组中的，如村民小组长的推选、集体土地及其他资产的经营管理、公益事项的开展等，都应召开村民小组会议依照有关法律讨论决定。其二，可考虑探索村民小组自己的自治组织。如当下在广西、广东、湖北、四川等地出现的村民小组理事会、议事会等这种自治组织，可有效解决村民以主体身份对村小组事务的自我管理和自我服务。此外，还可考虑在村民小组内积极发展各类专业合作社和志愿互助社，以充分发挥村民在发展生产、兴办公益和互帮互助等方面的主体作用，调动村民参与管理和服务的积极性。

4. 推动村务公开向组务公开延伸

根据目前江苏农村的发展状况，在村民自治工作中，在建立健全村务公开的基础上，考虑将公开事项和范围延伸至村民小组尤为重要。各村民小组都应设置组务公开栏，将事关村民小组全体村民切身利益的重大事项、村民小组民主协商决定的事项及其执行情况、其他小组村民要求公开的事项等，在小组范围内全面如实地公开，从而真正实现全体村民对村小组公共事务的知情权、参与权和管理权。同时应考虑建立村民小组监督委员会，对本村民小组内各项事务的决议和执行情况进行监督，从而保障村民直接行使监督权。

三、乡村自治文化基础调查

乡土文化是乡村治理的重要影响因子，它们构成了超越村民个体、家庭、宗族、村落等的公共领域，成为社群内聚力认同的基础。乡土文化的意识形态功能，起着调解纠纷、化解矛盾的作用，实现了乡村社会的自我调和，维持乡村的稳定。乡土文化的裂变，在一定程度上影响了村民自治的发展以及村民自治的实践绩效，本次调查从村庄归属感、农民身份认知、乡风民俗、人情观等指标系统了解影响乡村自治的乡土文化因素，考察其对乡村自治的影响。

（一）村庄归属感认知

村庄归属感能够有效地把村民凝聚在一起，降低村庄内部运作和组织成本，反之，如果村民对村庄产生心理上的疏离、集体感的缺失，找不到村庄共同体的感觉，就会弱化村庄内部的凝聚力和资源动员能力，从而影响乡村自治效能的发挥。

村民对村庄关联度高。当被问及“您关心村庄的未来和发展吗”，回答“关心”的受访者占比为72.34%，“一般关心”为21.25%，“不关心，无所谓”为6.41%（表2－12），表明绝大多数的村民关心村庄的未来和发展。当被问及“您是否认为你的命运和村庄的兴衰有关联”，回答“是”的受访者占比为71.57%，回答“否”为28.43%。当被问及“您遇到本村人，您是否感到很亲切”，回答“是”的受访者占比为84.09%，回答“一般”为15.10%，回答“否”为0.81%，表明村民彼此之间认同感较强。

表2－12　您关心村庄的未来和发展吗

	频率	比重（%）
关心	1 423	72.34
一般关心	418	21.25
不关心，无所谓	126	6.41
合计	1967	100.00

注：缺失数据7个。

数据来源：根据课题组实地调查问卷整理所得。

（二）自我身份认知

身份理论认为人们是在人际交往中获得角色，个体依据这些角色形成自我观念，并按照特定的角色来规定自我的言行，换一句话说，社会认同就是个体对其所从属的特定社会群体的感知，以及群体成员资格对于自己的情感和价值意义等。调查设计了三个因子，以了解农民对自我身份的认知。

第一因子涉及的是农民对自我身份的表述，即“自我归类”。关于“我认为我是一个真正的农民”这个问题，回答“是”的占比为75.14%，回答“否”的占比为 24.86%，表明大多数农民认同对其农民身份的归类。再用“我喜欢农村生活”这个问题来验证江苏农民对其身份的认同，回答“是”的受访者比例为 84.43%，回答“否”的比例为 15.57%，同样表明了大多数农民对其农民身份的认同感比较强。

第二因子涉及的是农民对其身份信息的关注。当被问及“我很关心关于农民的消息”时，回答“是”的受访者占比为 69.40%，回答“一般”的占比为 28.06%，回答“否”的占比为 2.54%，表明农民对其身份信息很关注。

第三个因子涉及的是农民对农村生活的参与，即“行为投入”。问“您愿意种田吗?”回答“愿意，我喜欢”的受访者比例为 39.83%，回答“不愿意，但不得不种，种田不赚钱”的比例为 28.56%，回答“我不愿种田，也没有田种”比例为 30.29%，回答“我有田但是不愿意种”的比例为 1.33%。问“如果能够选择，您愿意到城市生活还是在农村生活?”回答“城市”的受访者比例为 63.34%，回答“不关心，无所谓”的比例为 36.61%，回答“不知道”的比例为 0.05%。数据表明，农民对农村生活的参与意愿、行为投入度不高。

总体而言，江苏农民自我承认与社会承认的冲突并不激烈，村庄归属感较强，农民身份认同度较高，身份关注度也较强，但行为投入度不高，究其原因，与农民种田收入不高、农村发展不足有关，这种情形在一定程度上限制了农村自治水平。

（三）伦理观念与习俗惯例

伦理观念与习俗惯例确立的认知基础是关于人性的看法。关于“人性本善”问题，回答“是”的受访者比例为 94.86%；关于“你认为乡邻和睦很重要吗”这一问题，回答“是”的受访者比例为 99.24%；关于“您所在的村组里一家有困难，其他人家会伸手帮助”问题，回答“是”的受访者比例为 96.84%；关于“你是否赞同‘只扫家里门前雪，哪管他人瓦上霜’的观点”，回答“非常同意”的受访者比例为 5.24%，回答“有点同意”的比例为 9.87%，回答“有点不同意”的比例为 25.94%，回答“非常不同意”的比例为 55.29%，还有 3.66%表示“说不清”。数据表明，农民对人性本善持基本肯定态度，这为形成互助合作、和睦相处的习俗惯例打下了良好基础，依然存在守望相助的情结。

在传统伦理观念中，家庭责任感是其重要内容之一，它对乡村自治有积极影响。在问卷调查中，设计了你是否同意“家人的利益第一，我的利益应该排在家人利益之后”问题来衡量农民的家庭责任感状况，回答“非常同意”的受访者比例为 31.79％，回答“有点同意”的比例为 27.06％，回答“有点不同意”的比例为 19.18％，回答“非常不同意”的比例为 14.80％，还有 7.17％的表示“说不清”。数据表明，有一半以上的农民有比较高的家庭责任感，与传统农村社会相比，家庭责任感有所减弱，这在一定程度上削弱了乡村自治的基础。

第四节　以“村民理事会”为自治载体的横梁探索

一、横梁村民小组自治的背景

横梁街道坐落于江苏省南京市六合区，经过两轮街镇、村组的合并，目前街道共有土地面积 148 平方公里，下辖 5 个社区和 7 个行政村。户籍人口 6.9 万人，其中农业人口 6.1 万人。2015 年，横梁街道实现公共财政预算收入 1.3 亿元，较 2014 年增长 16.6％；城镇居民可支配收入 4.2 万元，较 2014 年增长 8.1％；农民人均可支配收入 1.9 万元，较 2014 年增长 10.1％。现有的村居“两委”成员共有 115 名。横梁推行村民自治的主要背景包括三点：

（一）乡村社会趋于“空心化”

随着土地确权的完成，农村土地的所有权、承包权、经营权三权实现分置，为农村的土地经营权有序流转奠定了坚实的基础。从横梁街道的土地流转现状来看，大部分土地已经交由大户承包，很多青壮年都从土地中解放出来。南京地区工厂多、工资高，就业机会和工资待遇吸引了村民到城里去打工，而且越来越多的人到城里买房，并逐渐落户南京。这一推一拉，使得农村的空心化问题十分严重。就横梁而言，目前人口的就业可以分为三个年龄段：20～50 岁，外出务工；50～60 岁本地就业；60 岁以上在家种田。

（二）乡村基础设施和公共服务事业亟待建设

目前，街道各村组已经基本实现道路组组通，自来水、家庭用电基本实现了全覆盖。近两年也规划打造了 10 个美丽乡村建设点。接下来，计划进一步实现道路户户通，整治各组的人居环境，但就各街镇的整体财力情况来看，并不足以支持新一轮大规模的乡村基础设施建设。

（三）干群比例需要进一步优化

由于编制限制以及交叉任职等情况的存在，在村级层面，干部群众比大概在 1∶600 左右，仅从管理数量这一方面来看，村居干部日常工作量是十分巨大的。从街道自身实际来看，2015 年街道开始谋划三大项目建设，到现在为止总投资 112 亿的三大项目即将启动。如此大的投资总额、如此多的工程量，如果没有一个良好的村级管理体系，更进一步说，如果仅仅依靠现有的街道和村居“两委”成员来做工作，那将是不堪重负。

二、横梁村民小组自治的经验特色

横梁 2016 年 9 月先选定 3 个村民小组进行试点，经过近 6 个月的摸索和不断调整适应，2017 年 3 月起，全面启动以村民小组为单元的自治工作，制定了《村民小组自治工作实施办法》《村民小组自治选举办法（草案）》等相关文件用于指导村民理事会开展活动，要求各村组规范相关程序，不以流动票箱代替大会直选，对理事会成员的候选人采取户代表海选的方式，让村民选出心目中合适的人选。经过 72 天，到 5 月 19 日，共成立了 505 家村民理事会，选举产生了 2 272 名党员，实现了在横梁街道 148 平方公里的土地上村民小组自治组织的全覆盖。

按照计划，横梁今后的村民小组自治工作共分为三个阶段：第一阶段，街村两级主导，成立工作组，提供技术上的支持，帮助搭建自治组织平台；第二阶段，农村党员发挥先锋模范作用，带动自治组织成员发挥先锋模范作用，推动自治组织发挥作用；第三阶段，回归村民，理事会各项活动正常开展，由村民接力参与村组的日常事务，发挥主体作用。

（一）着力共建共享

村民理事会最大的特色是：以经济建设为抓手，将农村基层治理与农村新一轮的发展进行有机结合。2017 年 3 月，包含了“e 田园”、江苏农业科技大市场、雨花石特色小镇 3 个子项目的“南京中以农业科技城项目”被正式列入省财政支持的 PPP 项目名单。作为一项总投资过百亿元，涵盖农业、旅游、商业等多领域的重大产业类项目，该项目落户在横梁街道。项目落地了，如何能最大限度地尊重农民的意愿、保障农民的利益，并让他们也能参与建设，达到共建共享？

6 月 12 日，“e 田园”试点工作动员大会在山东社区前林村民小组举行，改造项目组向全组 79 家农户介绍了村组改造规划和“e 田园”项目的总体情况。会议结束后，该组 5 名理事会成员一一上门征询了村民们对项目的意见，以及是否有出租意愿。全组 79 户中有 20 户表示想把房子整租出去，40 户表示出租部分，剩下 19 户表示还在考虑。村民理事会理事长林德潮表示，对于不愿出租的村民，村民理事会也会充分尊重他们的意见，他们将继续居住在老宅中。

在“e 田园”项目实施过程中，村民理事会为农民与资本的合作创造了基层的基础，接下来的农房析股、租金定价以及相关细则的制定还需要他们继续发挥作用，从而打造真正有利于农民的“e 田园”，实现农民与资本方的双赢。

（二）着力加强基层党组织建设

结合村民小组自治，街道还在各村组成立了 288 个党小组，引导村民将党员团员、村庄“五老”、致富能手、返乡大中专毕业生、名人能人等政治素质好、群众基础硬、带富能力强、协调能力强的村民选入理事会，更好地发挥党员先锋模范作用。

（三）着力推动村民诉求的解决

村民理事会在开展公共服务、调解矛盾纠纷等方面发挥着重要作用。通过理事会这个平台，让理事会成员把本村村民的意见、建议带到会上来，说一说、摆一摆、议一议，搭建一个诉求的交流、处置、落实的工作机制，确保村民话有地方说、理有地方讲、困有人帮、惑有人解，让理事会成为基层的减压器。

扬州化工园建设化工管道阀室，征用了王子庙社区王西组 2.4 亩土地。令小组居民不解的是，全组共有 30 多户人家，但此次社区征地代劳只有 1 个人口。为此，村民多次通过 12 345 热线反映，村干部上门解释数次却始终无用。2017

年 4 月 12 日，王西组村民理事会成立后，受村民委托，理事会成员到市国土资源局就 2.4 亩征地代劳人口进行了咨询，得到同样答复。回来后，理事会成员将咨询的政策作了解释，村民这才放心。

（四）着力加强组务监督

有了理事会以后，本组的财务开支、公益建设、集体经济、产业发展、农地管理、社区股份合作等涉及村民利益的重要事项都要到理事会讨论，理事可以代表群众反映相关利益诉求。而且，本组涉及国家的、集体的和村民群众利益的事务和活动情况，都要对理事会公开，理事可以对组务进行监督。

推动组务公开，500 多个自治组织都设立了公示栏，对老百姓感兴趣的事情和问题都进行公示和解释。比如说针对低保、救助，告知村民低保的条件、边缘户的门槛条件、什么样的人可以救助。在把政策宣传到位的同时，把一些思路、条件、事务向百姓公开。这样，既实现了知识的二次普及，又强化了村民对政策的理解。

（五）着力推动自我管理、自我服务

村民理事会的建立推动了农民自我管理、自我服务的积极性，克服了以往政府大包大揽地进行管理与供给的弊端。石庙社区江庄组的地势较低，加之穿过宁通高速公路的涵洞被淤泥和杂草堵塞，每年汛期极易出现淹水。理事会成立后，根据村民意见，理事会第一次会议就把疏通涵洞列为梅雨期来临前的为民服务工作。随后，理事长戴学贵带领 4 名理事连续奋战 3 天，将涵洞污泥全部清除干净。

三、村民小组自治的价值、制度困惑和解决之道

（一）横梁探索的价值

一是自治更有活力。通过权力下放，村组居民之间的利益关联更加紧密，进一步激活了村组居民的自我管理、自我服务意愿。

二是决策更有效率。各村组内部的事务由村组居民自我决议，避免了村组事务村庄决议下的烦琐与低效。

三是形成了“协同共治、多元自治”的治理模式，拓展了村民自治参与的新渠道。一方面，架组织，让自治“软着陆”。另一方面，搭平台，让协商更有效。无论是村干部、村民群众，还是外出谋生的乡贤，都能通过平台参与村组自治，扩大了村组自治主体，为村组公共事务集思广益，使村组的决议更加科学、更有成效。

（二）横梁探索的制度困惑

横梁的初步尝试在创新之余也留有下了不少的难题和困惑，主要表现在：

1. 村民对理事会的预期存在偏差

部分村民认为，理事会就是缩小一级的村民委员会，可能拥有一定的行政权力，能够申请上级资金，进行道路维修、环境整治和道路维修等功能。然而村民理事会的定位是讨论村组的各项事务但不执行，讨论结果交由村“两委”进行研究，从而决定是否实施。这种“只议不做”的做法，让部分理事会成员觉得理事会并不能决定什么，只是个谈天说地的地方，并不能解决实际问题，从而丧失积极性。

2. 村民的政治参与积极性不高

随着社会的不断发展，更多的人开始关注提升自己的生活水平，对公共事务的管理并不是很关心。目前，大部分外出务工人员的月收入都能达到 3 000～6 000元/月，与此相对的是，每亩土地年租金也就 600 元左右，村庄公共事务的管理对年轻人失去了吸引力。青壮年大多进城务工或者本地务工，参与集体管理的意愿并不是很强烈。

（三）政策建议

第一，做好三个结合，即村民理事会的工作要与街道项目建设相结合、与部门日常工作相结合、与农民切身利益相结合。需要进一步激发县乡政府的创新动力，通过外部的系统性改革支持、保障村庄协商民主的机制或模式创新，整合资源输入对接支持“理事会”。

第二，将村民理事会的日常制度进一步完善。包括每个村组找出一个特色亮点，各村（居）民委员会将案例收集上报，每个季度一次日常例会等。

第三，按照创新、有效的原则，以制度化和机制化为保障。一是创新自治运行机制，探索出从提议、审查、执行到监督的政策运转体系。首先由村民理事会成员提出议题，村党组织召开联席会议进行审查，再由理事长负责组织实施通过的决定，最后村民理事会负责监督决策的实施。二是创新激励机制，村民理事会可通过发放奖金、荣誉证书和纪念品的方式，对村组农户进行奖励，以激发村组居民参与活力。

参考文献

程同顺，赵一玮，2010. 村民自治体系中的村民小组研究 [J]. 晋阳学刊 (2).

陈忠明，张建平，2015. 海门创新社区民主治理："试水"村民小组自治 [N]. 中国社会报，11-06.

邓大才，2014. 利益相关：村民自治有效实现形式的产权基础 [J]. 华中师范大学学报：人文社会科学版 (4).

邓大才，2016. 中国农村村民自治基本单元的选择：历史经验与理论建构 [J]. 学习与探索 (4).

侯学元，2016. 创新驱动 转型升级 着力推进社区治理现代化 [J]. 中国民政 (9).

李景鹏，2002. 政治文明与政治发展 [N]. 学习时报，10-14.

李宁，龚源远，2013. 新农村建设中自然村落村民自治类型的探索：以南京市六合区两个自然村为例 [J]. 学术界 (12).

李永萍，慈勤英，2017. 村民小组：乡村治理的最小单元 [J]. 武汉大学学报：人文社会科学版 (5).

林毅夫，1994. 关于制度变迁的经济学理论：诱致性变迁与强制性变迁 [M] //R 科斯，A 阿尔钦，D 诺斯. 财产权利与制度变迁：产权学派与新制度学派译文集. 上海：上海三联书店，上海人民出版社.

罗伯特·A 达尔，1987. 现代政治分析 [M]. 王沪宁，译. 上海：上海译文出版社.

唐鸣，陈荣卓，2014. 论探索不同情况下村民自治的有效实现形式 [J]. 当代世界社会主义问题 (2).

唐玉玺，2014. 开展以社区、村民小组为基本单元的村民自治试点 [N]. 中国社会报，03-21.

余林媛，等，2013. 中国农村政治文明建设理论研究 [M]. 广州：中山大学出版社.

张茜，2014. 在共同体视阈下寻找有效的村民自治单元 [J]. 华南农业大学学报：社会科学版 (3).

第三章 <<<

2017 江苏农村社区建设发展状况

农村社区是农村地域范围内，人们基于共同的利益和需求，在长期的互动过程中形成的具有较强认同感和归属感的社会生活共同体。加强农村社区建设，既是推进农村社会建设的重要内容，也是实现乡村振兴的重要途径。

江苏省作为全国经济社会发达省份，早在 20 世纪 90 年代就开始推进农村社区建设工作。在长期的探索和实践中，形成了农村社区建设的特色和模式，为全面推进农村社区建设积累了丰富的经验。为了深入了解江苏农村社区建设的状况，课题组运用统计数据和问卷调查数据，总结江苏农村社区建设的成就，分析农村居民参与社区建设的意愿、农村居民对社区建设的需求和满意度，进而探讨江苏农村社区建设存在的问题和不足，提出加快和完善农村社区建设的对策思路。

第一节　江苏农村社区建设的成就与进展

一、江苏农村社区建设的发展概况

江苏省农村社区建设一直处于全国领先地位。早在 1999 年，江苏省就开始推进农村社区建设。此后，江苏省采取政策引导、资源整合、试点探索和典型示范等措施，加大农村社区建设的力度，取得了显著的成效。

（一）江苏农村社区建设的发展进程

1. 江苏农村社区建设的萌芽阶段

20 世纪 80 年代到 20 世纪末，社区服务和社区建设主要集中于城市社区，全国农村社区建设尚未起步。江苏是全国最早开展农村社区建设工作的省份。早在1999年，张家港市在全省率先开展农村社区建设工作，各村都增挂社区管理委员会牌子，实行两块牌子一套班子，村民事务和居民事务一并由社区负责①。通过两块牌子一套班子，打破了社区建设之间的城乡差别，也打通了城乡社区建设的经验交流和沟通，使得江苏农村社区建设站在较高的起点上。随后，农村社区服务成为江苏民生工程的重要内容。

2. 江苏农村社区建设的试点阶段

21世纪以来，江苏农村社区建设进入快速发展时期。2006年，《中共中央关于构建社会主义和谐社会若干重大问题的决定》提出积极推进农村社区建设，健全新型社区管理和服务体制，把社区建设成为管理有序、服务完善、文明祥和的社会生活共同体。随后，民政部下发了《关于做好农村社区建设试点工作推进社会主义新农村建设的通知》（民函〔2006〕288号），对农村社区建设的试点工作进行了部署②。2007年3月，民政部印发了《全国农村社区建设实验县（市、区）工作施方案》（民函〔2007〕79号），要求通过开展实验，探索农村社区建设思路，逐步完善农村社区建设的组织管理体制和运行模式。2007年10月，民政部在南京市举办第1期全国农村社区建设实验工作讲习班，800名来自全国农村社区建设实验县（市、区）的代表参加学习，并实地察看南京市江宁区、栖霞区的农村社区建设实验成果③。

在此背景下，江苏省积极推进农村社区建设。2006年5月，江苏省在吴江市召开和谐村镇社区建设经验交流会，研究部署村镇社区建设工作。

2007年11月，江苏省人民政府出台《关于加强社区服务促进和谐社区建设的意见》，指出要打造各具地方特色、覆盖社区全体成员，服务主体多元、服务功能完善、服务质量和管理水平较高的社区服务体系。这是江苏推进城乡和谐社区建设的指导性文件，为全省城乡和谐社区建设确立了指导思想、目标任务和基本原则。此外，积极参加全国农村社区建设试点申报工作，在民政部公布的全国296个农村社区建设实验县（市、区）中，南京市的江宁区、栖霞区、雨花台

① 吴洪彪，2008. 民政30年·江苏卷（1978—2008年）[M]. 北京：中国社会出版社.

② 中华人民共和国民政部，2011. 中国民政年鉴2006 [M]. 北京：中国社会出版社.

③ 中华人民共和国民政部，2009. 中国民政年鉴2007 [M]. 北京：中国社会出版社.

区，苏州市的相城区、吴中区、张家港市、太仓市、吴江市、昆山市、常熟市，无锡市的锡山区、惠山区，常州市的武进区、金坛市，扬州市的维扬区、广陵区，镇江市新区、扬中市、丹阳市，南通市的启东市、海门市、通州市，泰州市的姜堰市、靖江市，淮安市的淮阴区、清浦区，盐城市的盐都区、大丰市、东台市，连云港市的赣榆县，宿迁市的宿城区、沭阳县，徐州市新沂市 33 个县（市、区），被民政部确定为“全国农村社区建设试验区（市、县）”。

2009 年 3 月，民政部印发了《关于开展“农村社区建设实验全覆盖”创建活动的通知》（民发〔2009〕27 号）。经实地评估、问卷调查、专家评审、媒体公示等程序，授予海门市、张家港市首批“全国农村社区建设实验全覆盖示范单位”，而全国首批示范单位仅有 7 个。这是江苏不断推进农村社区建设的成果，也是对江苏在农村社区建设方面积极探索的肯定。

3. 江苏农村社区建设的推进阶段

在农村社区建设取得初步成果之后，江苏省采取多种政策和措施，推广农村社区建设的经验，夯实农村社区建设成果。具体表现在以下三个方面：

（1）制定政策，指导农村社区建设有序开展

2011 年 9 月，江苏省在全国率先出台《关于加强新形势下城乡社区建设的意见》（苏发〔2011〕15 号），指出要切实加大对农村社区的支持力度，统筹推进城乡社区协调发展，对制约城乡社区建设发展的“人、财、物”等突出问题作了硬性规定，提出 2015 年实现全省 80%的农村社区达到省级和谐社区标准的目标。2013 年，省政府办公厅出台的《关于在全省推行“政社互动”推动社会管理创新的意见》，2014 年省委办公厅、省政府办公厅出台的《关于减轻城乡社区负担提升为民服务效能的意见》，推动了基层政府转变职能，推进了社区治理创新。

2015 年 5 月，江苏省民政厅出台了《关于贯彻落实〈关于深入推进农村社区建设试点工作的指导意见〉的通知》（苏民基〔2015〕4 号），指出农村社区建设试点工作要围绕“迈上新台阶，建设新江苏”的总要求，以全面提高农村居民生活质量和文明素养为根本，以增强服务功能、创新治理机制、完善村民自治、推进“智慧社区”建设为重点，积极试点。2015 年 12 月，江苏省委办公厅、省政府办公厅颁发了《关于加强城乡社区协商民主建设的实施意见》。2016 年 12

月，江苏省民政厅制定了《关于深化“三社联动”创新城乡社区治理的意见》和《关于加快推进社区社会工作服务的实施意见》。这些政策的制定和推行，为全省城乡社区建设提供了强有力的保障。

（2）制定规划，把社区建设纳入考核体系

2012年，江苏省委、省政府研究制定了《江苏省城乡和谐社区建设发展“十二五”规划》，指出要将苏南95％的城市社区、90％的农村社区，苏中93％的城市社区、85％的农村社区，苏北90％的城市社区、80％的农村社区创建成省级和谐社区。

2013年，江苏省发布《江苏基本实现现代化指标体系》。该体系包括经济发展、人民生活、社会发展、民主法治和生态环境5大类30项53个指标，其中第19个指标为和谐社区建设水平，要求城市和谐社区建设达标率的基础线为98％，农村和谐社区建设达标率的基础线为95％。

2014年启动江苏现代民政示范县（区）评选工作，社区建设成为一个重要指标，该指标中包括3个具体指标：城乡和谐社区建设合格率、城乡社区综合服务中心建设合格率、乡镇（街道）“政社互动”运行机制建设覆盖率。

2015年发布的《省级和谐社区建设示范社区（村）考评标准》中，将组织建设、设施完善、信息化管理、队伍建设、机制创新、居民自治、服务管理、成效显著8个方面的指标，并将城乡居民对社区（村）服务管理满意率低于80％作为一票否决的标准。

2016年发布《江苏省国民经济和社会发展第十三个五年规划纲要》（苏政发〔2016〕35号），明确提出要加强县（市、区）、乡镇（街道）、社区（村）三级社会服务管理平台规范化建设，完善“一委一居一站一办”社区服务管理体制，强化社区、社会组织和社会工作专业人才“三社联动”效应，建设社区治理和服务创新实验区。同时，要借鉴城市社区治理模式，建立新型村级治理平台，创新农村基础设施和公共服务设施决策、投入、建设、运行管护机制。

（3）树立典型，发挥示范带动作用

近年来，江苏省不断开展城乡和谐社区建设的评选工作，通过以评促建、典型示范的方式，推动全省农村社区建设的发展。2013年，江苏省民政厅评选出20个县（市、区）“江苏省和谐社区建设示范县（市、区）”、163个“江苏省和谐社区建设示范乡镇（街道）”、350 个“江苏省和谐社区建设示范社区”、693 个“江苏省和谐社区建设示范村”。

2014 年 9 月，江苏省民政厅颁发《关于建设全省现代社区治理创新实验区的通知》，确定南京市鼓楼区、无锡市崇安区（后并入梁溪区）、徐州市云龙区、溧阳市、苏州市姑苏区、南通市通州区、连云港市海州区、淮安市清河区（后并入清江浦区）、大丰市、扬州市广陵区、镇江市润州区、泰州市海陵区、宿迁市宿豫区 13 个县（市、区）为首批“全省现代社区治理创新实验区”，入选“全国社区治理和服务创新实验区”的南京市玄武区、雨花台区、秦淮区和常州市天宁区、苏州市工业园区 5 个区以及无锡市，共同参与实验区建设工作。

2015 年，江苏省民政厅授予 121 个乡镇（街道）为“江苏省和谐社区建设示范乡镇（街道）”，授予 689 个城乡社区为“江苏省和谐社区建设示范社区”。在江苏省和谐社区建设示范社区中，农村社区占比接近一半。2016 年，江苏省发布 2015 年度江苏基层社会治理创新成果，确定“社区协商‘六化’模式”等 10 项成果为“江苏基层社会治理十大创新成果”。

（二）江苏农村社区建设的成就

农村社区建设主要包括农村社区基础设施、农村社区公共服务、农村社区治理、农村社区文化、农村社区环境五个方面内容，本节就从这五个方面介绍和分析江苏农村社区建设的成就。

1. 农村社区基础设施逐渐完善

农村基础设施是农村社区建设的物质基础，江苏省不断夯实农村基础设施建设，为农村社区建设打下了坚实的基础。2016 年，江苏省民政厅、江苏省质量技术监督局出台《江苏省民政标准化建设三年行动计划（2016—2018 年）》（苏民发〔2016〕6 号），对民政公共服务基础设施和民政信息化建设的标准化提出了新的要求。2017 年，江苏省委、省政府在全省基础设施建设推进会上发布了《关于加快新一轮基础设施建设为推进“两聚一高”提供坚强保障的意见》（苏发〔2017〕9 号），旨在为基础设施建设提供物质保障和资源支持，加大基础设施建设财政投入，提升江苏基础设施建设现代化水平。基础设施的标准化建设，有效地提升了农村基础设施的均等化水平。

表 3-1　江苏农村社区基础设施建设发展状况

年份	电视人口覆盖率（%）	乡村每百户家用电脑拥有量（台）	邮路及农村投递路线总长度（万公里）	农村用电量（亿千瓦小时）
2007	99.86	5.5	38.38	1 159.03
2008	99.90	6.6	39.40	1 234.14
2009	99.88	8.2	40.42	1 316.62
2010	99.90	11.0	32.64	1 472.89
2011	99.90	15.8	33.00	1 606.83
2012	99.88	24.9	33.32	1 696.41
2013	99.88	36.5	32.98	1 801.86
2014	99.88	37.7	34.90	1 834.93
2015	100.00	42.3	35.15	1 836.19
2016	100.00	45.0	37.17	1 869.27

数据来源：历年《江苏统计年鉴》。

从表 3-1 可以看出，江苏农村社区的基础设施建设正不断推进。从邮路及农村投递路线总长度来看，2007 年为 38.38 万公里，到 2016 年下降到 37.17 万公里，表明农村便捷的交通设施降低了邮递业务里程。从电视人口覆盖率来看，2015 年已实现全省覆盖。从乡村每百户家用电脑拥有量来看，2007 年为 5.5 台，而 2016 年已增至 45 台。从农村用电量来看，2007 年，农村用电量为 1 159.03 亿千瓦小时，10 年后的 2016 年农村用电量为 1 869.27 亿千瓦小时。

2. 农村社区公共服务不断优化

农村社区公共服务是保障农村居民基本生活的公共产品。江苏省是首批开展农村公共服务运行维护建设的试点省份。2012 年，江苏省在 10 余个县（市、区）、3 608 个行政村开展农村公共服务运行维护建设试点工作。2016 年，省委农工办和省农委等多部门联合发布江苏省农村公共服务运行维护地方标准，内容涉及村庄基础设施、环境卫生、综合服务中心、信息化建设和文体设施五个方面。

加强农村社区公共服务中心建设，是开展农村社区公共服务的重要平台。近年来，江苏积极推进农村社区综合服务中心建设，2016 年面积在 400 平方米以上的农村社区综合服务中心有 12 997 个，占全省农村社区的 90%。南京、无锡、泰州等地还积极探索整合各类公共服务资源，构建综合性社区管理服务平台，村村设立社会事业工作站，把就业、社保、民政、计生、残疾人服务等信息网络全部延伸到村，形成“市—区县—乡镇—村”四级公共服务链。2017 年，江苏省有 965 个乡镇（含涉农街道）、14 477 个村民委员会，设有 919 个乡镇社区服务中心和 13 178 个村社区服务中心，配备农村社区专职工作人员 80 664 名。

在信息化建设方面，2012 年，江苏省人民政府办公厅发布《关于加快推进城乡社区信息化的意见》。提出要基本建成覆盖全省城乡社区，集行政管理、社区事务与便民服务为一体，纵向贯通省、市、县（市、区）、街道（乡镇）、社区（村）的社区综合信息平台。该文件的出台，推进了江苏农村社区信息化建设的步伐。2017 年，睢宁县沙集镇东风村、新沂市墨河街道、泗阳县高渡镇等 15 家单位被认定为 2016 年度"江苏省农村信息化应用示范基地"。

在完善农村社区服务中心建设和信息化建设的同时，江苏省积极推进农村社区公共服务均等化。2016 年，江苏省政府办公厅印发了《江苏省"十三五"基本公共服务均等化规划》。2017 年，江苏省委、省政府先后印发了《江苏省"十三五"时期基本公共服务清单》（苏政办发〔2017〕65 号）、《江苏省"十三五"时期基层基本公共服务功能配置标准（试行）》（苏发〔2017〕14 号），明确提出农村公共服务的 10 个服务类别和 22 个具体服务项目，为农村社区公共服务均等化建设提供了政策指导。

表 3-2　江苏农村公共医疗、卫生、文化等方面的发展指标

年份	设卫生室的村数占行政村数比重（%）	平均每千农村人口村卫生室人员（人）	卫生厕所普及率（%）	乡镇文化站（个）
2006	73.10	0.90	56.91	1 145
2016	100.00	1.38	97.40	909

数据来源：《中国农村统计年鉴 2007》《中国农村统计年鉴 2017》。

表 3-3　2016 年江苏农村公共服务发展指标与全国平均水平的比较

	平均每千农村人口村卫生室人员（人）	卫生厕所普及率（%）	养老机构数（个）	乡镇文化站（个）
全国平均	1.49	80.30	15 398	34 240
江苏	1.38	97.40	1 271	909

数据来源：《中国农村统计年鉴 2017》。

随着农村社区公共服务建设步伐的推进，江苏农村社区公共服务体系逐渐得到完善。2006 年，江苏省设卫生室的村数占行政村数比重为 73.1%，平均每千农村人口村卫生室人员为 0.9 人，卫生厕所普及率为 56.91%，乡镇文化站有

1 145个。到2016年，江苏省设卫生室的村数占行政村数比重为100%，平均每千农村人口村卫生室人员为1.38人，卫生厕所普及率为97.4%。可以看出，江苏省农村卫生室基本实现了全覆盖，卫生厕所普及率也有很大的提高，说明农村社区医疗卫生服务体系建设取得了显著的成效。

3. 农村社区治理快速推进

农村社区治理事关农村居民的切身利益，事关农村社会的和谐稳定。2016年，江苏省在无锡召开创新社区治理工作推进会，提出“十三五”期间，全省各地要围绕“民本、法治、创新、融合、共享”的社区治理现代化的核心理念，抓住社区治理关键环节，深化改革创新，力争通过五年的时间，全省90%的城市社区、80%的农村社区基本实现社区治理现代化，达到“治理主体多元化、治理方式法治化、服务体系社会化、协商民主制度化、治理手段信息化、社区文化特色化”的发展目标。为此，江苏省民政厅出台《关于深化“三社联动”创新城乡社区治理的意见》，提出积极推进社区治理主体多元化，健全以社区党组织为核心、基层自治组织为主导、居民群众为主体、社区社会组织和驻区单位共同参与的社区治理体制。目前，全省共建立社会组织孵化基地323个，其中乡镇、村级206个，依托孵化基地对社会组织给予资金、项目、人才、场所等方面的扶持，有效地促进了农村社会组织的快速发展。

基层自治组织是农村是社区治理的重要基石。江苏省人大常委会通过的《江苏省实施〈中华人民共和国村民委员会组织法〉办法》，明确提出村民委员会应当根据完善基本公共服务、加强基层社会治理、发展农村社区居民自治的需要，推动农村社区建设。近年来，江苏各地依托农村社区建设实验试点工作，探索出符合各地特色的农村社区治理模式。2016年，苏州市出台《关于加快推进城乡社区治理现代化的意见》，提出建立健全社区行政性事务职能上收镇（街道）、服务管理资源下沉村（社区）、社区服务外包的“一上、一下、一包”模式，强化镇（街道）社会服务管理“中心化”的功能作用。此外，徐州沛县的“1+5”机制、邳州市的“四权”工作机制、宿迁市的“勤廉双述制度”、溧阳市“三制”民主管理制度、连云港海州区“一委三会”模式、盐城市“一核四翼五联”体制、镇江“135”民主议事制度、泰州“村（居）民直评村（居）官”活动等，都是江苏农村社区治理的重要创新。

江苏农村社区治理多有创新之举，社区治理水平持续提升，因而获得很多全国性表彰和奖励。2016 年，太仓市申报的《“政社互动”开创社会治理新格局》，获“2015 年度中国社区治理十大创新成果”。2017 年，全省有 16 个县（市、区）获得“全国村务公开民主管理示范”称号，12 个县（市、区）获得“全国村民自治模范”称号。

4. 农村社区文化建设不断加强

农村公共文化服务体系是满足农村群众的精神文化需求，促进社会主义新农村建设的重要工作内容。2012 年，江苏出台《江苏省农村公共文化服务管理办法》，指出在地市层面设立农村文化建设专项资金，扶持引导农村文化建设。2015 年，江苏制定了《江苏省公共文化服务促进条例》，旨在促进公共文化服务发展，构建现代公共文化服务体系。

农村公共文化服务是由县及县以下公益性文化事业机构，包括县（市、区）图书馆、文化馆、博物馆和乡镇综合文化站以及村文化活动室，面向农村群众提供的公共文化服务活动。“十二五”期间，江苏在全国率先建成“省有四馆、市有三馆、县有两馆、乡有一站、村有一室”五级公共文化设施网络体系①。至 2016 年，江苏有 114 个公共图书馆，藏书 6 664.757 万册；有 113 个文化馆，组织品牌节庆活动 392 个；有 317 个博物馆；有文化站 1 282 个，提供文化服务次数 71 713 次。

从公共艺术表演团体提供的文化服务来看，江苏有公共艺术表演团体 443 个，2016 年各地区艺术表演团体演出场次达 8.814 万，其中农村演出场次达 3.908 万，农村观众人次达 1 664.779 万。

从文化馆提供的公共文化服务来看，2016 年，江苏文化馆提供文化服务次数 23 198 次，文化服务惠及人次达到 1 124.16 万，文化活动观众人次达 852.114 万；组织文艺活动 11 970 次，其中为农民工组织专场文艺活动达 1 113 次。

从乡镇文化站提供的公共文化服务来看，2016 年，江苏有乡镇文化站 912 个，比 2012 年减少了 57 个，但社区文化活动室增加了 2 705 个，村文化活动室

① 《江苏省文化厅“十三五”文化发展规划》。

增加了 1 125 个。2016 年江苏乡镇文化站服务了辖区内 14 338 个行政村，建成村文化活动场所 24 104 个，村文化活动室 16 682 个。

表 3-4　2012 年、2016 年江苏乡镇综合文化站发展情况

相关指标	2012 年	2016 年
乡镇文化站（个）	969	909
社区文化活动场所（个）	—	13 672
社区文化活动室（个）	6 335	9 040
村文化活动场所（个）	—	24 104
村文化活动室（个）	15 557	16 682
辖区内社区个数（个）	—	6 920
辖区内行政村个数（个）	—	14 338

数据来源：江苏省文化厅网站，《2012 年江苏文化发展现状统计分析》《2016 年度全省文化发展相关统计报表》。

加强农村社区文化服务中心建设。2016 年，江苏出台《省政府办公厅关于推进基层综合性文化服务中心建设的实施意见》（苏政办发〔2016〕98 号）提出，到 2020 年，实现乡镇（街道）综合性文化服务中心全覆盖，村（社区）综合性文化服务中心覆盖率达到 98%以上。乡镇（街道）和村（社区）综合性文化服务中心要配套建设文体广场、体育公园和广播站（室），并配备阅报栏、公益广告牌、科普文化设施、体育健身设施和灯光音响设施等，有条件的可搭建戏台舞台和科普服务站等。

开展农村社区、农民文体活动。2017 年，江苏省第六届农民体育节在江苏省云台农场隆重举行。江苏 13 市的 13 支农民体育代表队，150 名运动员进行了健身落子操、鞭龙共舞、连厢舞、五行拳、空竹、柔乐球、可乐球、董王高跷等 13 个农民特色体育项目展示。各地市也积极开展农村社区文体活动探索。宿迁实施“全市农村文化广场建设工程”，2015 年底，宿迁市 115 个乡镇、街道和 221 个社区、村居已经建成文化广场。泰州开展“文化惠民券”工程，文化惠民券发放对象为乡镇、行政村（社区），根据辖区人口数量，按照 3 元/人的标准发放，所需资金实行市财政统筹，市乡分级负担。

开展文明村、文明家庭创建活动。《江苏省精神文明建设指导委员会关于进一步加强农村精神文明建设加快推进城乡一体文明的实施意见》发布后，江苏不断深化文明户、文明村镇创建。不断丰富文明户创建的内涵形式，深入开展“文明信用户”“文化中心户”“学习型农户”“乡风文明岗”“四好农家”“五好文明家庭”等创建活动，扎实推进“文明村”“文明生态村”“文明小康村”“全民健身村”“科普示范村”“民主法制村”等创建活动，推动富村帮穷村、强村带弱村，扩大文明村创建覆盖面。《江苏省文明村创建管理规定》将积极开展群众性文化体育活动，村建有“一室多用”的文化活动室，扎实推进“农家书香”工程和农民体育健身工程作为“文明村”的重要评价指标。

5. 农村社区环境建设全面展开

十九大报告指出，建设生态文明是中华民族永续发展的千年大计。近年来，江苏省积极推进城乡社区生态文明建设。2013 年，江苏省被财政部、环保部确定为全省覆盖拉网式农村环境综合整治试点工作全国试点省份之一。随后，江苏省出台《关于做好全省覆盖拉网式农村环境综合整治试点工作的通知》，提出试点工作的具体内容为“四个建设、两个推动”，即推动开展村庄绿化、立面出新、河道清淤、道路硬化等村庄环境综合整治工作，推动建立落实农村环境基础设施长效运行管理制度，要求全省所有涉农县（市、区）、涉农乡镇（街道）全部参与试点工作。2016 年，江苏农村建成 1 100 多套污水处理设施，铺设污水管网约 2 800 公里；建成垃圾转运站 65 座，购置垃圾转运车、清运车 1 000 多辆；建成非规模化畜禽养殖污染集中处置中心 4 座，蓄粪池 2 000 多个。①

提高沼气和太阳能等清洁能源的使用率，是农村社区环境建设的重要工作。2016 年沼气池产气总量达 37 197.3 万立方米，建成太阳能热水器 906 万平方米，太阳房 0.9 万平方米，有生活污水净化沼气池 30 027 个。② 与此同时，农村自来水的覆盖率和卫生厕所普及率均接近 100%。清洁能源加上改水改厕，使得农村社区环境有了更好的保障。

改水改厕是江苏农村社区环境建设的亮点工作。从农村改水情况来看，2006 年，江苏省农村改水累积受益率为 96.87%。2014 年，江苏省农村改水累积受益率为 99.05%，即将实现全覆盖。从农村改厕情况来看，2006 年，卫生厕所普及

① 数据来源：《江苏省环境状况公报 2016》。
② 数据来源：《中国农村统计年鉴 2017》。

表3-5　2016年江苏农村清洁资源利用情况

指　　标	发展状况
沼气池产气总量（万立方米）	37 197.3
太阳能热水器（万平方米）	906.0
太阳房（万平方米）	0.9
生活污水净化沼气池（个）	30 027.0
自来水的覆盖率（%）	100.0
卫生厕所普及率（%）	100.0

数据来源：《中国农村统计年鉴2017》。

表3-6　农村改水改厕情况

年份	区域	累计改水受益率（%）	卫生厕所普及率（%）
2006	全国	91.06	54.95
	江苏	96.87	56.91
2016	全国	95.76	80.30
	江苏	99.05	97.40

注：改水数据为2014年度数据，因报表主管机关调整，改水部分缺少2015年、2016年度数据。
数据来源：《中国农村统计年鉴2017》。

率仅高于全国2个百分点，到2016年，已远超全国平均水平，并超过97%。改水改厕工作的推进，极大地改善了农村社区环境，为农村社区建设奠定了基础。

人文环境建设也是农村社区环境建设的重要内容。2017年，江苏省委、省政府启动了江苏省特色田园乡村建设，印发了《江苏省特色田园乡村建设行动计划》，提出“十三五”期间，省级规划建设和重点培育100个特色田园乡村试点，具体目标是生态优、村庄美、产业特、农民富、集体强、乡风好。目前，南京市已建成美丽乡村示范村（特色村）203个、示范片区1 800平方公里。江宁黄龙岘等12个村先后被农业部、环保部、住建部及国家级新闻媒体授予中国最美村镇（乡村）、中国最美田园等荣誉称号①。

综上所述，江苏省启动农村社区建设以来，经过将近20年的努力，取得了显著的成就，农村和谐社区、农村幸福社区的数量不断上升。2016年，全省

① 佚名，2017. 南京市建成203个示范村［EB/OL].（07－05)［2017－12－20］. http://www.js.gov.cn/gzdtrd/201707/t20170705_484269.html.

80%的农村社区达到省级和谐社区标准，共有1个设区市、10个区获评“全国社区治理和服务创新实验区”[①]。2017年，民政部确定首批全国农村社区建设示范单位23个县（市、区、旗）、7个乡（镇）104个村（农村社区），江苏省2个县区（南京市江宁区、江苏省太仓市），1个乡镇（南通市海安县曲塘镇），2个农村社区（江阴市周庄镇山泉村、盐城市大丰区大中镇恒北村），获得首批农村幸福社区建设示范单位。

二、2017年江苏农村社区建设的重点工作

农村社区建设是推进江苏现代民政建设的重要工作内容。2017年，江苏省大力推进农村社区建设，在战略规划、制度设计、财政投入和资源配置等方面多有举措，提升农村社区建设水平质量，加强农村社区建设机制体制创新。

1. 加强农村基层社区建设，提升农村社区建设活力

农村社区治理是激发农村社区建设主体活力，发挥农村合力的重要工作内容。江苏省着力打造以社区党组织为核心、基层自治组织为主导、居民群众为主体、社区社会组织和驻区单位共同参与的社区治理体制机制，推动形成和谐善治的社区治理结构。2017年，江苏农村基层社区建设工作中，着重开展“减负增效”和“三社联动”两项工作。

一是推进“减负增效”工作。社区“减负增效”是推进社区治理创新、提升社区治理水平的重要抓手。2017年，社区“减负增效”作为考核指标，被列入省政府2017年度十大主要任务百项重点工作内容。严格实施社区工作准入制度，完善社区事务准入清单，形成“减负增效”长效机制，确保不反弹、不回潮，真正抓出实效。

二是健全“三社联动”机制。社区、社工、社会组织是社会管理中最基础的元素，已经成为服务社会、促和维稳的重要载体和动力之源。[②] 2016年江苏省出台了《关于深化“三社联动”创新城乡社区治理的意见》，提出完善“三社联动”机制，加快形成以社区为平台、社会组织为载体、社会工作专业人才为支撑的高

① 资料来源：《江苏省民政事业发展第十三个五年规划》。

② 叶南客，陈金城，2010. 我国“三社联动”的模式选择与策略研究［J］. 南京社会科学（12）：75-80.

效联动机制，促进基层社会实现和谐善治。积极拓展“三社联动”内涵和外延，打造“社区＋”平台，优化各级各类资源在城乡社区的配置融合，促进社区服务提质增效。

2. 打造乡镇服务型政府，提升乡镇政府服务能力

乡镇服务型政府建设是发挥基层政府重要作用的举措，能够充分发挥乡镇政府在政府和人民群众中的纽带作用，更好地上传下达，引领农村社区建设。“政社互动”是乡镇服务型政府建设的重要内容。

一是推广“政社互动”。“政社互动”是从一元主体向多元共治转变，从管理职能向服务职能转变，从单向管控向良性互动转变①。“政社互动”作为考核指标，再次被列入省委全面深化改革领导小组 2017 年工作要点，以及省政府 2017 年度十大主要任务百项重点工作内容。全省 91%的街道（乡镇）推行了“政社互动”。江苏省提出，要确保 2017 年底前全省实现“政社互动”全覆盖的目标任务。

二是推动乡镇服务能力建设。乡镇政府是我国的基层政权组织，是党和政府联系人民群众的桥梁和纽带，是贯彻落实党和政府决策部署的战斗堡垒。乡镇政府在农村社区建设中发挥着重要作用。2017 年，中共中央办公厅、国务院办公厅印发《关于加强乡镇政府服务能力建设的意见》，民政部下发贯彻落实通知，对做好乡镇政府服务能力建设做出了部署安排。深入开展乡镇政府服务能力建设的调查研究，积极向当地党委政府提出意见建议，推动形成党委统一领导、党政齐抓共管、部门协同配合的工作机制。

3. 优化农村社区服务，提高农村公共服务水平

农村社区公共服务是惠及民生的重要工作内容。农村基础设施、环境卫生、综合服务中心、文体设施和社区信息化建设五个方面是与农村居民的日常生活息息相关的服务内容，也是江苏提高农村公共服务，惠及民生的重要抓手。

一是加强社区服务设施建设。省政府高度重视社区服务阵地建设，2017 年，再次将改造提升和新建 300 个社区综合服务中心列入为民办实事项目，重点加强街道（乡镇）和社区（村）服务用房达标建设，尽快彻底消除盲点。

① 龚廷泰，2016. 推进政社互动 实现社会治理精细化［N］. 新华日报，07－22.

二是提高社区服务供给能力。加快城乡社区公共服务体系建设，健全城乡社区服务机构，编制城乡社区公共服务指导目录，做好与城乡社区居民利益密切相关的劳动就业、社会保障、卫生计生、社会服务等公共服务事项。着力增加农村社区公共服务供给，促进城乡社区服务项目、标准相衔接，逐步实现均等化。将城乡社区服务纳入政府购买服务指导性目录，完善政府购买服务政策措施。创新城乡社区公共服务供给方式，推行首问负责、一窗受理、全程代办、服务承诺等制度。

三是推进社区信息化建设。按照“智慧江苏”建设要求和“互联网＋社区服务”思维，继续推进全省社区管理信息化建设。江苏省民政厅将努力完成覆盖省、市、县（市、区）、街道（乡镇）、社区五级的基层政权和社区建设系统。鼓励各地根据当地条件和需求，围绕社区管理信息系统，开发完善具有本地特色的社区管理服务统计功能（模块）；充分利用手机 APP、微信公众号等移动互联网技术，开发社区服务交互信息平台，进一步提升社区信息服务功能，完善社区信息系统体系。

4. 树立社区建设典型，发挥示范引领作用

“以评促建”是江苏民政建设的一大亮点工作。江苏积极参与全国社区建设方面的评比，也在积极加强省内典型示范评比。让工作成效显著、富于创新特色、引领带动性强的“典型”“示范”纷纷脱颖而出，努力形成比学赶超、力争上游、竞相绽放的良好氛围，推动江苏社区建设事业焕发出更加持久的生机与活力。

一是抓好实验区建设。目前，江苏省共有 11 家国家级实验区，数量位居全国第一。2017 年，南京市建邺区、鼓楼区、栖霞区和徐州市云龙区和苏州市姑苏区 5 家第三批全国实验区，将迎来民政部的中期评估。此外，省级实验区共有 15 家，其中绝大多数 2017 年也进入中期评估阶段。各国家级试验区和省级实验区的中期评估工作是检查江苏农村社区建设的一次检验，能敦促各方加强农村社区建设成果转化。

二是抓好社区治理创新成果申报评比。江苏省已经连续三年蝉联民政部举办的“中国社区治理十大创新成果”榜首，彰显了江苏省社区治理的先进水平。全省基层社会治理十大创新成果的开展，也为江苏省参加民政部评比提供了成果储备。各地进一步加强学习研究，认真梳理总结，精心归纳提炼本区域范围内的社区治理创新成果，探索形成更多可复制、可借鉴、可推广的“鲜活经验”，以期为全省乃至全国提供社区治理创新的“示范样板”。

三是抓好全省和谐社区建设示范单位创建。各地充分放大示范效应，总结推广示范经验，带动全市乃至全省社区建设整体提档升级。江苏省民政厅继续深化和谐社区建设示范单位创建活动，不断完善指标体系，改进评估方法，丰富内容手段，拓展途径渠道，努力实现和谐社区建设示范单位创建活动的科学化、制度化、规范化。

第二节　江苏农村社区建设的需求分析

为了全面了解江苏农村居民对社区建设的需求，课题组采用问卷调查方法，2017 年 7—9 月对江苏省 13 个市进行了问卷调查。基于代表性与经济性的考虑，具体采用多阶段分层抽样的方法：第一阶段，对省辖市进行整群抽样，按经济因素和地理位置两个因素分层，将江苏省划分为苏南（宁、苏、锡、常、镇）、苏中（扬、通、泰）和苏北（徐、淮、连、盐、宿）三个区域，对每个省辖市进行市辖县（县级市）的样本抽取；第二阶段，在每个市选择 1 个经济发展中等程度的县；第三阶段，每个县随机选取 1 个行政村；第四阶段，每个行政村内选取 115 名左右的居民发放问卷。按此方法，调查最终回收问卷 1 495 份，其中有效问卷 1 363 份，有效回收率为 91.2%。总体来看，苏南 532 份，苏中 323 份，苏北 507 份，分别占总样本的 39.0%、23.7%和 37.2%（表 3－7）。

表 3－7　样本城市分布

地区	城市	问卷数	比重（%）	地区	城市	问卷数	比重（%）
苏南	南京	108	7.9	苏北	徐州	97	7.1
	常州	102	7.5		连云港	96	7.1
	无锡	114	8.4		淮安	101	7.4
	苏州	104	7.6		宿迁	100	7.3
	镇江	104	7.6		盐城	113	8.3
苏中	南通	111	8.1				
	扬州	105	7.7				
	泰州	107	7.9				

根据问卷调查数据，农户性别、年龄、文化程度、婚姻状况、政治面貌、户口状况、宗教信仰、主要职业等信息，如表3-8所示。

表3-8 样本基本情况

样本特征		频数	比重（%）	样本特征		频数	比重（%）
性别	男	643	47.2	年龄	18～30岁	213	15.6
	女	720	52.8		31～40岁	191	14.0
婚姻状况	未婚	117	8.6		41～50岁	275	20.2
	已婚	1 170	85.8		51～60岁	286	21.0
	离婚	18	1.3		61～70岁	286	21.0
	丧偶	58	4.3		71岁及以上	112	8.2
文化程度	小学及以下	411	30.2	政治面貌	中共党员	207	15.2
	初中	485	35.6		民主党派	2	0.1
	高中或中专	284	20.8		共青团员	65	4.8
	大专及以上	183	13.4		群众	1089	79.9
户口状况	本地农业	1 133	83.1	职业	农业劳动者	499	36.6
	本地非农	145	10.6		乡镇企业管理者	21	1.5
	外地农业	61	4.5		乡镇企业职工	92	6.7
	外地非农	24	1.8		农村私营企业主	47	3.4
宗教信仰	无	1 098	80.6		农村企业工人	69	5.1
	佛教	131	9.6		农村个体户	162	11.9
	基督教	84	6.2		外出务工人员	137	10.1
	其他	49	3.6		村干部	35	2.6
打工经历	有	593	43.5		农村知识分子	96	7.0
	无	770	56.5		其他	205	15.0
居住时间	10年及以下	207	15.2	城市购房意愿	有	299	21.9
	11～20年	152	11.1		无	748	54.9
	21年及以上	1 004	73.7		已购房	316	23.2

表3-8显示，从性别来看，受访农户的女性所占比例稍高，占52.8%；从年龄结构来看，41～70岁的农户占总样本的62.2%；受教育程度方面，初中及以下文化水平的农户较多，占65.8%；政治面貌方面，群众占到将近8成；宗教信仰方面，超过八成的人无宗教信仰，另有9.6%和6.2%的农户声称有佛教信仰或基督教信仰；户口方面，本地农业户口者居绝大多数，占到受访者的83.1%，另外还有10.6%的本地非农户口，4.5%的外地农业户口和1.8%的外地非农户口；职业方面，占比最大的为农业劳动者，占总样本的36.6%；打工

方面，将近一半的受访者有打工经历；本村居住时间方面，超过七成的受访者已居住 20 年以上；问及今后到县城或市区买房意愿，超过一半（54.9%）的人并无此打算。

此外，在农户家庭年收入方面，年收入在 5 万元及以下的家庭超过一半，超过 5 万元但不足 8 万元的家庭将近两成，还有 26.1%的家庭年收入在 8 万元及以上。值得注意的是，有 29.1%的家庭无农业收入，即接近三成的农户家庭收入主要来自非农业产业的收入（表 3－9）。

表 3－9　江苏农户收入基本情况

家庭年收入	频数	比重（%）	家庭年农业收入	频数	比重（%）
2 万元及以下	277	20.3	0 元	396	29.1
2.01 万～5 万元	462	33.9	1～2 500 元	312	22.9
5.01 万～8 万元	268	19.7	2 501～5 000 元	261	19.2
8.01 万元以上	355	26.1	5 000 元以上	393	28.9

一、江苏农村居民对社区建设的需求状况分析

（一）江苏农村居民对各项社区建设需求分析

为了全面了解农村居民对社区建设的需求状况，将农村社区建设具体分成六个维度，分别是人居环境建设、公共服务供给、市场化服务、社区治理工作、法治建设与社区认同感建设，根据受访农户对需求程度的选择，对“非常不需要”“不太需要”“一般”“比较需要”和“非常需求”进行 1～5 分赋值，从而计算出农村居民对各项社区建设的需求程度（表 3－10）。

表 3－10　农村居民对各项社区建设的需求

社区建设维度	社区建设具体指标	非常需要	比较需要	一般	不太需要	非常不需要	均值	方差
人居环境建设	道路硬化或拓宽	50.0	30.7	11.8	6.9	0.6	4.2260	0.94659
	饮用水安全	55.1	25.2	11.2	7.2	1.2	4.2575	0.99875
	垃圾处理	49.3	32.4	11.2	6.3	0.7	4.2326	0.93287
	厕所改造	44.4	34.8	12.9	7.2	0.7	4.1511	0.94755
	植树绿化	43.3	32.6	17.3	6.1	0.7	4.1159	0.95019
	通信网络	42.9	28.3	18.6	9.1	1.1	4.0286	1.03814

（续）

社区建设维度	社区建设具体指标	非常需要	比较需要	一般	不太需要	非常不需要	均值	方差
公共服务供给	社区综合服务中心	35.7	30.2	27.2	6.2	0.7	3.9420	0.96580
	医疗卫生服务	51.2	30.6	12.2	5.24	0.6	4.2641	0.91364
	社会工作	35.9	31.2	25.8	6.5	0.7	3.9537	0.96485
市场化服务	快递物流	36.7	27.0	24.3	10.9	1.2	3.8716	1.06490
	超市	37.9	31.3	21.3	8.9	0.7	3.9663	1.00602
社区治理	民主选举	39.9	29.8	24.2	5.1	0.9	4.0279	0.96254
	政务公开	39.9	29.0	24.3	6.2	0.7	4.0125	0.97386
	财务公开	40.5	28.6	24.7	5.4	0.8	4.0257	0.97023
法治建设	法治宣传	39.8	35.8	19.1	5.0	0.3	4.0984	0.89771
	纠纷调解	42.1	31.8	19.4	5.8	0.8	4.0866	0.95562
社区认同感建设	文明家庭评比	30.1	26.7	33.3	8.6	1.4	3.7548	1.02148
	村运动会	22.9	20.3	36.8	17.2	2.7	3.4343	1.10095

1. 江苏农村居民对人居环境建设的需求

人居环境建设包括道路硬化或拓宽、饮用水安全、垃圾处理、厕所改造、植树绿化与通信网络6个指标。数据显示，农村居民对人居环境建设的需求程度普遍较高，均值均超过4分，从需求的迫切程度来看，村民对人居环境建设的具体需求从强到弱依次为：饮用水安全（4.26分）、垃圾处理（4.23分）、道路硬化或拓宽（4.23分）、厕所改造（4.15分）、植树绿化（4.12分）与通信网络（4.03分）。具体来看，饮用水方面，55.1%的农村居民表示非常需要，25.2%的村民表示比较需要，11.2%的村民表示一般，7.2%的村民表示不太需要，1.2%的村民表示非常不需要；垃圾处理方面，49.3%的村民表示非常需要，32.4%的村民表示比较需要，11.2%的村民表示一般，6.3%的村民表示不太需要，0.7%的村民表示非常不需要；道路硬化或拓宽方面，50.0%的村民表示非常需要，30.7%的村民表示比较需要，11.8%的村民表示一般，6.9%的村民表示不太需要，0.6%的村民表示非常不需要；厕所改造方面，44.4%的村民表示非常需要，34.8%的村民表示比较需要，12.9%的村民表示一般，7.2%的村民表示不太需要，0.7%的村民表示非常不需要；植树绿化方面，43.3%的村民表示非常需要，32.6%的村民表示比较需要，17.3%的村民表示一般，6.1%的村民表示不太需要，0.7%的村民表示非常不需要；通信网络方面，42.9%的村民表示非常需要，28.3%的村民表示比较需要，18.6%的村民表示一般，9.1%的村民表示不太需要，1.1%的村民表示非常不需要。

2. 江苏农村居民对公共服务的需求

公共服务供给包括社区综合服务中心、医疗卫生服务与社会工作3个指标。数据显示，农村居民对医疗卫生服务的需求程度最为迫切，得分超过4分，而对社区综合服务中心与社会工作的需求程度相对较低。具体来看，医疗卫生服务方面，51.2%的农村居民表示非常需要，30.6%的村民表示比较需要，12.2%的村民表示一般，5.24%的村民表示不太需要，0.6%的村民表示非常不需要；社区综合服务中心方面，35.7%的村民表示非常需要，30.2%的村民表示比较需要，27.2%的村民表示一般，6.2%的村民表示不太需要，0.7%的村民表示非常不需要；社会工作方面，35.9%的村民表示非常需要，31.2%的村民表示比较需要，25.8%的村民表示一般，6.5%的村民表示不太需要，0.7%的村民表示非常不需要。这说明农村居民对社区综合服务中心与社会工作的认知程度还有待进一步提高。

3. 江苏农村居民对市场化服务的需求

市场化服务包括超市与快递物流2个指标。数据显示，村民对市场化服务供给的需求一般，其中，对快递物流的服务需求得分为3.87分，对超市的服务需求得分为3.97分。具体来看，快递物流方面，36.7%的农村居民表示非常需要，27%的村民表示比较需要，24.3%的村民表示一般，10.9%的村民表示不太需要，1.2%的村民表示非常不需要；超市方面，37.9%的村民表示非常需要，31.3%的村民表示比较需要，21.3%的村民表示一般，8.9%的村民表示不太需要，0.7%的村民表示非常不需要。

4. 江苏农村居民对社区治理工作的需求

社区治理工作包括民主选举、政务公开与财务公开三个指标。调查结果显示，农村居民对社区治理工作的需求普遍较高，其中民主选举得分为4.03分，政务公开得分为4.01分，财务公开得分为4.03分。具体来看，民主选举方面，39.9%的农村居民表示非常需要，29.8%的村民表示比较需要，24.2%的村民表示一般，5.1%的村民表示不太需要，0.9%的村民表示非常不需要；财务公开方面，40.5%的村民表示非常需要，28.6%的村民表示比较需要，24.7%的村民表示一般，5.4%的村民表示不太需要，0.8%的村民表示非常不需要；政务公开方面，39.9%的村民表示非常需要，29.0%的村民表示比较需要，24.3%的村民表示一般，6.2%的村民表示不太需要，0.7%的村民表示非常不需要。

5. 江苏农村居民对法治建设的需求

法治建设包括法治宣传和纠纷调解 2 个指标。数据显示，村民对法治建设的需求程度比较高，均值超过 4 分。具体来看，法治宣传方面，39.8%的村民表示非常需要，35.8%的村民表示比较需要，19.1%的村民表示一般，5.0%的村民表示不太需要，0.3%的村民表示非常不需要；纠纷调解方面，42.1%的村民表示非常需要，31.8%的村民表示比较需要，19.4%的村民表示一般，5.8%的村民表示不太需要，0.8%的村民表示非常不需要。

6. 江苏农村居民对社区认同感建设的需求

社区认同感建设包括文明家庭评比与村运动会 2 个指标。调查结果显示，村民对社区认同感建设的需求程度不是很高。其中，对于“文明家庭评比”一项，有超过五成的村民表示需要，而围绕“村运动会”，只有四成村民表示需要。具体来看，文明家庭评比方面，30.1%的村民表示非常需要，26.7%的村民表示比较需要，33.3%的村民表示一般，8.6%的村民表示不太需要，1.4%的村民表示非常不需要；举办村运动会方面，22.9%的村民表示非常需要，20.3%的村民表示比较需要，36.8%的村民表示一般，17.2%的村民表示不太需要，2.7%的村民表示非常不需要。

7. 江苏农村居民对社区建设的整体需求

基于以上数据结果，可以得出农村居民对各社区建设项目的需求得分。结果显示，农村居民对人居环境建设的需求度为 4.17 分，对公共服务供给的需求为 4.05 分，对市场化服务的需求为 3.92 分，对社区治理工作的需求为 4.02 分，对法治建设的需求为 4.09 分，对社区认同感建设的需求为 3.60 分（表 3-11）。根据迫切度来看，农村居民对社区建设的需求依次为人居环境建设、法治建设、公共服务供给、社区治理工作、市场化服务及社区认同感建设。其中，均分超过 4 分的有人居环境建设、法治建设、公共服务供给和社区治理工作，说明村民对这几项社区建设项目的需求更为迫切，而对均分在 4 分以下的市场化服务供给与社区认同感建设的需求相对较低。

表 3-11　农村居民对社区建设的总体需求

	得分	排序
人居环境建设	4.168 6	1
公共服务供给	4.053 9	3
市场化服务	3.918 9	5
社区治理	4.023 0	4
法治建设	4.092 9	2
社区认同感建设	3.595 1	6
农村社区建设	3.977 2	

根据数据可以看出，江苏农村居民对社区建设的需求程度值为 3.98 分，介于“一般”与“比较需要”之间，且更接近“比较需要”。因此，接下来着重分析农村居民对社区建设需求的内在差异表现。

（二）江苏农村居民对社区建设需求的地区差异分析

采用单因素方差分析方法，可以发现农村居民对社区建设需求存在着一定的地区差异（表 3-12）。

表 3-12　农村居民对社区建设需求的地区差异

地区	人居环境建设	公共服务供给	市场化服务	社区治理	法治建设	社区认同感建设	总体
苏南	4.064 5	4.061 4	3.882 5	4.006 3	4.049 9	3.613 7	3.948 2
苏中	4.261 8	4.136 8	4.020 1	4.075 1	4.154 3	3.683 6	4.055 3
苏北	4.218 3	3.992 7	3.892 5	4.007 3	4.098 6	3.518 8	3.957 6
F	未通过方差齐性检验	3.476	未通过方差齐性检验	0.683	未通过方差齐性检验	3.050	2.542
显著性	未通过方差齐性检验	0.031	未通过方差齐性检验	0.505	未通过方差齐性检验	0.048	0.079

从社区建设总需求来看，苏南、苏北与苏中各地区不存在明显差异。但从地区内部来看，农村居民对社区建设的需求存在差异。苏南地区农村居民对社区建设的需求度由高到低依次为人居环境建设、公共服务供给、法治建设、社区治理工作、市场化服务和社区认同感建设。苏中地区农村居民对社区建设的需求度由高到低依次为人居环境建设、法治建设、公共服务供给、社区治理工作、市场化

服务和社区认同感建设。苏北地区农村居民对社区建设需求度由高到低依次为人居环境建设、法治建设、社区治理工作、公共服务供给、市场化服务和社区认同感建设。

从农村建设的具体项目上看，三大地区在公共服务供给和社区认同感建设两个方面呈现出地区差异，而在人居环境建设、市场化服务、社区治理工作与法治建设四个方面不存在显著的地区差异。具体来看，公共服务供给方面，苏中地区需求最高，为 4.14，苏南其次，为 4.06，苏北需求相对最低，为 3.99；社区认同感建设方面，苏中地区需求最高，为 3.68，苏南其次，为 3.61，苏北需求相对最低，为 3.52。

二、江苏农村社区建设需求的群体分析

（一）不同性别农村居民对社区建设需求的比较

如表 3－13 所示，虽然样本数据显示男性与女性在社区建设需求度上的得分存在区别，但通过检验发现，男性与女性仅仅在社区治理这一维度上存在显著差异，男性村民对社区治理的需求得分为 4.13 分，女性为 3.93 分。

表 3－13　不同性别的农村居民对社区建设需求的差异

性别	人居环境建设	公共服务供给	市场化服务	社区治理	法治建设	认同感建设	总体
男性	4.194 1	4.064 5	3.887 2	4.126 2	4.138 4	3.595 0	4.002 2
女性	4.145 8	4.044 4	3.947 2	3.930 9	4.052 2	3.595 1	3.955 0
F	1.343	0.227	1.453	15.471	3.608	0.000	1.460
显著性	0.247	0.634	0.228	0.000	0.058	0.998	0.227

具体考察不同性别的村民在社区建设具体指标上的差异，可以发现，围绕民主选举、政务公开与财务公开 3 个指标，男性的需求得分均比女性高（表 3－14）。具体来看，民主选举需求方面，男性村民得分为 4.12 分，女性为 3.95 分；政务公开需求方面，男性得分为 4.12 分，女性为 3.92 分；财务公开需求方面，男性得分为 4.14 分，女性为 3.93 分。由此可见，男性村民比女性村民在社区治理建设方面的关注更多，需求表达也更为明确。

表 3-14　不同性别的农村居民对社区治理需求的差异

性别	民主选举	政务公开	财务公开
男性	4.115 3	4.121 3	4.138 4
女性	3.950 0	3.915 2	3.925 0
F	10.072	15.370	16.623
显著性	0.002	0.000	0.000

（二）不同年龄农村居民对社区建设需求的比较

为了更清楚地识别出不同年龄段的农村居民在社区建设需求方面的差异，将受访居民的年龄合并成三段，分别是18～40岁，41～60岁，61岁及以上。通过统计分析可以发现，不同年龄段的农村居民在人居环境、公共服务、法治建设、认同感建设与社区建设总需求均存在显著差异（表3-15）。具体来看，人居环境建设方面，18～40岁的农村居民得分最高，41～60岁的农村居民得分居中，61岁及以上的农村居民得分最低；公共服务供给方面，18～40岁的农村居民需求最为强烈，41～60岁其次，61岁及以上的村民需求相对最少；法治建设方面，18～40岁的农村居民得分最高，41～60岁的农村居民得分居中，61岁及以上的农村居民得分最低；认同感建设方面，同样是18～40岁的农村居民需求得分最高，41～60岁次之，61岁及以上村民的需求得分相对最低。总体来看，不同年龄段的农村居民对于社区建设的需求度呈现随着年龄递增而需求递减的趋势。

表 3-15　不同年龄段的农村居民对社区建设需求的差异

年　龄	人居环境建设	公共服务供给	市场化服务	社区治理	法治建设	认同感建设	总体
18～40岁	4.296 6	4.150 2	4.121 3	4.033 8	4.162 1	3.728 3	4.082 9
41～60岁	4.213 6	4.102 2	3.975 0	4.139 3	4.149 7	3.664 9	4.042 2
61岁及以上	3.975 3	3.887 2	3.634 4	3.848 0	3.942 1	3.361 8	3.777 4
F	19.694	13.658	未通过方差齐性检验	未通过方差齐性检验	9.222	17.314	22.650
显著性	0.000	0.000	未通过方差齐性检验	未通过方差齐性检验	0.000	0.000	0.000

（三）不同受教育程度农村居民对社区建设需求的比较

农村居民的受教育程度分成小学及以下、初中、高中或中专、大专及以上四类。数据显示，不同受教育程度的农村居民，在市场化服务、社区治理与社区认同感建设方面的需求存在显著差异（表 3-16）。从得分来看，不同受教育程度的农村居民对市场化服务需求，从强到弱的排序为高中或中专学历、大专及以上、初中、小学及以下；对社区治理需求，从强到弱的排序为高中或中专、初中、大专及以上、小学及以下；对认同感建设的需求，从强到弱的排序为高中或中专、大专及以上、初中、小学及以下。整体来看，持高中及以上学历的农村居民对社区建设的需求程度要高于初中及以下的农村居民。

表 3-16 不同受教育程度的农村居民对社区建设需求的差异

受教育程度	人居环境建设	公共服务供给	市场化服务	社区治理	法治建设	认同感建设	总体
小学及以下	4.042 2	3.916 3	3.760 3	3.877 8	3.972 0	3.355 2	3.825 2
初中	4.185 2	4.058 4	3.975 3	4.044 0	4.135 1	3.628 1	4.004 9
高中或中专	4.327 5	4.254 4	4.010 6	4.230 0	4.237 7	3.820 4	4.147 2
大专及以上	4.162 1	4.040 1	3.983 6	3.970 9	4.027 3	3.696 7	3.980 1
F	未通过方差齐性检验	未通过方差齐性检验	6.022	8.634	未通过方差齐性检验	14.911	未通过方差齐性检验
显著性	未通过方差齐性检验	未通过方差齐性检验	0.00	0.000	未通过方差齐性检验	0.00	未通过方差齐性检验

（四）不同家庭年收入农村居民对社区建设需求的比较

为了更清楚地了解不同收入水平的农村居民对社区建设的需求差异，将家庭年收入合并为三个区间，即 2 万元以下、2 万～5 万元、5 万元以上。调查结果显示，不同家庭年收入的农村居民在公共服务、市场化服务、社区认同感建设与社区建设总需求四个方面存在明显差异（表 3-17）。具体而言，公共服务方面，家庭年收入在 5 万元以上的农村居民需求最为迫切，2 万～5 万元其次，2 万元以下需求相对最小；市场化服务方面，家庭年收入在 2 万～5 万元的农村居民需求最为迫切，5 万元以上其次，2 万元以下的农村居民需求相对最小；社区认同感建设方面，家庭年收入在 5 万元以上的农村居民需求最为迫切，2 万～5 万元其次，2 万元以下的同样需求相对最小；社区建设总需求方面，家庭年收入在

5 万元以上的农村居民需求最为迫切，2 万～5 万元其次，2 万元以下的需求同样相对最小。总体来看，收入越高，需求表达越强烈，家庭年收入在 2 万元以下的农村居民对各项社区建设项目的需求程度都不如更高收入水平的农户。

表 3－17　不同家庭年收入的农村居民对社区建设需求的差异

家庭年收入	人居环境建设	公共服务供给	市场化服务	社区治理	法治建设	认同感建设	总体
2 万元以下	4.016 8	3.915 8	3.731 0	3.931 4	4.018 1	3.420 6	3.842 1
2 万～5 万元	4.205 5	4.063 9	3.968 4	4.036 2	4.124 5	3.613 9	4.003 5
5 万元以上	4.207 8	4.114 5	3.963 3	4.056 6	4.097 0	3.667 6	4.019 3
F	未通过方差齐性检验	6.128	7.310	1.788	1.503	6.168	6.210
显著性	未通过方差齐性检验	0.002	0.001	0.168	0.223	0.002	0.002

（五）不同户籍农村居民对社区建设需求的比较

受访农户的户籍状态分为本地农业户口、本地非农户口、外地农业户口和外地非农户口。统计发现，不同户籍状态的农村居民在市场化服务、社区认同感建设两个指标存在显著差异（表 3－18）。其中，市场化服务方面，外地户口（包括农业户口与非农户口）的受访人需求比本地户口（包括农业户口与非农户口）的受访人需求更大，其中外地农业户口居民的需求最为迫切；社区认同感建设方面，外地户口（包括农业户口与非农户口）的受访人需求比本地户口（包括农业户口与非农户口）的受访人需求更大，其中外地非农业户口居民的需求最为迫切。

表 3－18　不同户籍的农村居民对社区建设需求的差异

户籍	人居环境建设	公共服务供给	市场化服务	社区治理	法治建设	认同感建设	总体
本地农业	4.159 2	4.040 0	3.895 9	4.028 3	4.084 8	3.563 2	3.964 1
本地非农	4.104 6	4.040 0	3.869 0	3.997 7	4.027 6	3.706 9	3.958 1
外地农业	4.459 0	4.278 7	4.319 7	3.912 6	4.418 0	3.811 5	4.199 9
外地非农	4.263 9	4.194 4	4.291 7	4.208 3	4.041 7	3.875 0	4.145 8
F	未通过方差齐性检验	未通过方差齐性检验	5.645	0.668	未通过方差齐性检验	2.764	未通过方差齐性检验
显著性	未通过方差齐性检验	未通过方差齐性检验	0.001	0.572	未通过方差齐性检验	0.041	未通过方差齐性检验

第三节　农村居民对农村社区建设的满意度

农村居民是农村社区建设的参与者，也是农村社区建设的受益主体。研究农村居民对于农村社区建设的满意度，有助于进一步推进农村社区建设的发展。基于此，课题组对江苏农村居民对于农村社区建设的满意度进行了问卷调查。通过对 1 363 份有效问卷数据进行统计分析，呈现出农村居民对农村社区建设的满意度。

一、农村居民对各项社区建设的满意度

（一）总体满意度

调查问卷将满意度做了李克特五分量表，其中“非常满意”赋值 5 分，“比较满意”赋值 4 分，“一般”赋值 3 分，“不太满意”赋值 2 分，“非常不满意”赋值 1 分。通过对总体满意度的频数统计，发现农村居民对社区建设的满意度较高，有 63.4%的调查对象选择了“非常满意”和“比较满意”，同时，总体满意度的均值为 3.78，介于“一般”和“比较满意”之间，但更接近于“比较满意”，说明当前江苏农村社区建设不论是在硬件建设还是在软件建设方面，都极大地缩小了城乡之间的差距，农村社区建设的工作取得了较好的成效（表 3－19）。

表 3－19　农村居民对社区建设的总体满意度

	频数	百分比（%）	有效百分比（%）	累计百分比（%）
非常满意	266	19.5	19.5	19.5
比较满意	598	43.9	43.9	63.4
一般	439	32.2	32.2	95.6
不太满意	49	3.6	3.6	99.2
非常不满意	11	0.8	0.8	100.0

此外，调查问卷针对社区建设满意度，设计了基础设施建设、公共服务供给、社区治理、人居环境建设、社区认同感建设 5 个一级指标，同时每个一级指标下分设了 2～4 个二级指标。从满意度的排序来看，农村居民对基础设施建设

的满意度最高，均值为 3.85 分，其次是社区认同感建设和人居环境建设，而对农村公共服务供给和社区治理的满意度则相对较低（表 3－20）。

表 3－20　农村居民对各项社区建设的满意度均值

社区建设维度	满意度均值得分	排序
基础设施建设	3.85	1
社区认同感建设	3.79	2
人居环境建设	3.76	3
公共服务供给	3.65	4
社区治理	3.55	5
总体满意度	3.78	

（二）社区建设具体层次的满意度

1. 基础设施建设的满意度

基础设施建设主要分为饮用水安全、垃圾处理、厕所改造、通信网络 4 个二级指标来进行测量。从表 3－21 可以看出，农村居民对基础设施建设大多数表示“比较满意”，各项指标的均值在 3.9 左右，居民满意度最高的指标依次是饮用水安全、垃圾处理、通信网络和厕所改造，可见农村社区的基础设施建设水平还是比较高的。从具体情况来看，在饮用水安全方面，有 26.1％的调查对象表示非常满意，有 47.5％的调查对象表示比较满意，也就是说，有七成以上的调查对象（73.6％）对饮用水安全表示满意；在垃圾处理方面，有 26.3％的调查对象表示非常满意，有 47.8％的调查对象表示比较满意，也就是说，有 74.1％的调查对象对垃圾处理表示满意；在通信网络方面，有 23.8％的调查对象表示非常满意，有 43.7％的调查对象表示比较满意，也就是说，有六成以上的调查对象（67.5％）对通信网络表示满意；在厕所改造方面，有 23.3％的调查对象表示非常满意，有 36.9％的调查对象表示比较满意，也就是说，有 60.2％的调查对象对农村的厕所改造表示满意，而 8.2％的调查对象表示不太满意，4.3％的调查对象表示非常不满意，也就是说，有超过一成的调查对象（12.5％）对农村厕所改造并不满意，其不满意率高于前面三项公共服务的不满意率，这也从侧面说明农村的厕所改造质量仍有待加强。

表 3-21 农村居民对各项社区建设的满意度

社区建设一级指标	社区建设二级指标	非常满意	比较满意	一般	不太满意	非常不满意	均值	方差
基础设施建设	饮用水安全	26.1	47.5	20.7	4.4	1.3	3.926 6	0.870 74
	垃圾处理	26.3	47.8	20.1	5.0	0.7	3.940 6	0.852 65
	厕所改造	23.3	36.9	27.4	8.2	4.3	3.666 9	1.107 76
	通信网络	23.8	43.7	28.5	3.4	0.6	3.866 5	0.834 15
公共服务供给	社区综合服务中心	18.9	42.8	33.5	3.9	0.8	3.612 6	0.895 19
	医疗服务	24.3	43.3	26.9	4.9	0.6	3.612 6	0.895 19
	农村新技术推广	17.4	25.0	47.8	7.6	2.2	3.477 2	0.939 69
社区治理	村民委员会工作	20.5	31.5	38.1	8.4	1.6	3.608 2	0.955 23
	民主选举	19.5	29.2	37.1	11.4	2.8	3.512 1	1.018 39
	政务公开	18.9	30.0	40.5	8.5	2.2	3.547 7	0.963 48
	财务公开	18.9	28.1	41.5	9.4	2.1	3.525 0	0.969 65
人居环境建设	村貌整洁	21.4	38.1	33.3	5.6	1.5	3.721 9	0.913 92
	植树绿化	23.1	40.9	29.7	4.1	1.2	3.795 3	0.895 37
社区认同感建设	社区治安	25.0	46.7	22.8	4.1	1.3	3.900 2	0.867 27
	纠纷调解	22.4	42.6	31.5	2.9	0.7	3.832 0	0.827 45
	邻里关系	26.6	48.6	23.0	1.5	0.4	3.994 9	0.766 66
	文明家庭评比	16.9	20.5	53.6	6.8	2.1	3.433 6	0.849 29

2. 公共服务供给的满意度

公共服务供给主要操作化为社区综合服务中心、医疗服务、农村新科技推广3个二级指标。相对于农村新技术推广这个指标，农村居民对社区综合服务中心和医疗服务的满意度更高，分别有18.9%和42.8%的居民对社区综合服务中心表示“非常满意”和“比较满意”，分别有24.3%和43.3%的居民对农村医疗服务表示“非常满意”和“比较满意”，由此可见，有超过60%的调查对象对社区综合服务中心和农村医疗服务表示满意，而只有42.4%的调查对象对农村新技术推广表示满意，这可能是由于农村职业分化明显，关注农村新技术推广的农村居民较少，同时也说明有关部门在农村新技术推广方面的服务仍需进一步完善。

3. 社区治理的满意度

社区治理主要是从村民委员会工作、民主选举、财务公开、政务公开这四个方面来衡量居民的满意度。农村居民对当前社区治理的满意度是比较低的，除了村民委员会工作这一项有 52%的居民表示“非常满意”或“比较满意”，对民主选举、财务公开、政务公开这三个方面表示满意的人数都没有超过总人数的 50%，特别是对民主选举这一项，分别有 11.4%和 2.8%的调查对象表示“不太满意”和“非常不满意”，可见虽然我们一直强调农村的民主选举，但实际工作的开展仍不尽如人意，说明社区治理的工作仍有待进一步加强。

4. 人居环境建设的满意度

人居环境建设主要分为村貌整洁和植树绿化两个维度。统计数据显示，农村居民对植树绿化的满意度要高于对村貌整洁的满意度，分别有 23.1%和 40.9%的调查对象对植树绿化表示“非常满意”和“比较满意”，即有超过 60%的调查对象对本村的植树绿化工作表示肯定，满意度评分均值为 3.795，略高于村貌整洁的评分均值（3.721 9），而 4.1%的调查对象表示“不太满意”，1.2%的调查对象表示“非常不满意”，总体而言，对植树绿化的不满意率很低。在村貌整洁方面，有 21.4%的调查对象表示“非常满意”，有 38.1%的调查对象表示“比较满意”，也就是说，有 59.5%的调查对象对村貌整洁表示满意，而 5.6%的调查对象表示“不太满意”，1.5%的调查对象表示“非常不满意”。

5. 社区认同感建设的满意度

社区认同感的建设主要是用社区治安、纠纷调解、邻里关系和文明家庭评比 4 个指标来进行测量。农村居民对邻里关系的满意度最高，满意度均值为 3.99，其次是社区治安和纠纷调解，满意度均值分别为 3.90 和 3.83，超过 65%的调查对象对这三项社区建设工作表示“非常满意”和“比较满意”。而对文明家庭评比工作表示满意的调查对象仅仅占总调查样本的 37.4%，此外，53.6%的调查对象对文明家庭评比的满意度一般，6.8%的调查对象对文明家庭评比表示“不太满意”，2.1%的调查对象表示“非常不满意”，也就是说，8.9%的调查对象对文明家庭评比的工作并不满意，其不满意率高于前面三项公共服务的不满意率，说明这一工作的开展未得到农村居民的广泛认可。

二、农村居民对社区建设满意度的地区差异

从总体满意度来看，不同地区的农村居民对社区建设的总体满意度存在着差异，总体满意度最高的五个地区依次是连云港（4.25）、无锡（4.15）、徐州

(4.14)、扬州(3.94)、南通(3.84)。从社区建设的不同维度来看，各地区之间的满意度也存在显著差异：对当地农村基础设施建设的满意度最高的五个地区依次是徐州(4.29)、连云港(4.24)、南通(4.16)、无锡(3.95)、泰州(3.88)；对当地农村公共服务供给的满意度最高的五个地区依次是徐州(4.26)、连云港(4.17)、南通(3.92)、无锡(3.88)、扬州(3.76)；对当地农村社区治理的满意度最高的五个地区依次是连云港(4.26)、徐州(4.22)、无锡(3.86)、泰州(3.85)、南通(3.80)；对当地农村人居环境建设的满意度最高的五个地区依次是徐州(4.27)、连云港(4.27)、南通(4.00)、无锡(3.95)、常州(3.92)；对当地农村社区认同感建设的满意度最高的五个地区依次是徐州(4.27)、连云港(4.23)、无锡(3.97)、扬州(3.91)、泰州(3.89)(表3-22)。

表3-22 不同地区农村居民对各项社区建设满意度差异

城市	基础设施建设	公共服务供给	社区治理	人居环境建设	社区认同感建设	总体满意度
南京市	3.75	3.29	3.31	3.31	3.57	3.53
常州市	3.81	3.46	3.59	3.92	3.75	3.83
无锡市	3.95	3.88	3.86	3.95	3.97	4.15
苏州市	3.59	3.54	3.31	3.41	3.51	3.64
镇江市	3.70	3.51	3.28	3.51	3.59	3.55
南通市	4.16	3.92	3.80	4.00	3.85	3.84
扬州市	3.68	3.76	3.63	3.85	3.91	3.94
泰州市	3.88	3.67	3.85	3.84	3.89	3.79
徐州市	4.29	4.26	4.22	4.27	4.27	4.14
连云港市	4.24	4.17	4.26	4.27	4.23	4.25
淮安市	3.82	3.33	3.20	3.66	3.68	3.72
宿迁市	3.67	3.33	3.09	3.52	3.62	3.67
盐城市	3.55	3.38	2.80	3.42	3.49	3.12
F	13.193	22.262	30.360	18.900	16.513	16.242
显著性	0.000	0.000	0.000	0.000	0.000	0.000

从三大地区来看，苏中地区的调查对象对农村社区建设的满意度最高，总体满意度为3.85，苏南地区的调查对象对农村社区建设的满意度最低，总体满意度为3.75。从社区建设的不同维度来看，苏南地区的调查对象对社区建设的满意度从高到低依次为：基础设施建设、社区认同感建设、人居环境建设、公共服

务供给、社区治理；苏中地区的调查对象对社区建设的满意度从高到低依次为：基础设施建设、人居环境建设、社区认同感建设、公共服务供给、社区治理；苏北地区的调查对象对社区建设的满意度从高到低依次为：基础设施建设、社区认同感建设、人居环境建设、公共服务供给、社区治理。

表3-23　不同地区农村居民对各项社区建设满意度差异

地区	基础设施建设	公共服务供给	社区治理	人居环境建设	社区认同感建设	总体满意度
苏南	3.77	3.54	3.48	3.62	3.68	3.75
苏中	3.91	3.78	3.76	3.90	3.88	3.85
苏北	3.90	3.68	3.49	3.81	3.84	3.76
F	6.324	11.109	11.562	14.058	11.816	1.787
显著性	0.002	0.000	0.000	0.000	0.000	0.168

三、农村社区建设满意度的群体分析

（一）不同性别的农村居民对社区建设满意度的比较

通过单因素方差分析，男性与女性在社区建设满意度的评价上并不存在显著差异，但女性对社区建设满意度的总体满意度（3.80）要高于男性（3.75）。除了基础设施建设的评价，女性在公共服务供给、社区治理、人居环境建设和社区认同感建设方面的评价都略高于男性，由此可见，女性对当前农村社区建设的接受程度相对较高（表3-24）。

表3-24　不同性别的农村居民对各项社区建设满意度差异

	基础设施建设	公共服务供给	社区治理	人居环境建设	社区认同感建设	总体满意度
男性	3.85	3.63	3.55	3.62	3.72	3.75
女性	3.85	3.67	3.54	3.90	3.79	3.80

（二）不同年龄段的农村居民对社区建设满意度的比较

从年龄段的分布情况来看，不同年龄段的农村居民对社区建设的满意度存在显著差异。60岁以上的老年人对社区建设的总体满意度最高（3.88），18～35岁的年轻人对社区建设的总体满意度次之，36～60岁的中年人群体对社区建设的总体满意度最低，由此可见，60 岁以上的老年人对当前农村社区建设水平的接受程度最高（表 3-25）。而从社区建设的不同维度来看，不同年龄段的调查对象在公共服务供给、社区治理和社区认同感建设方面的评价并不存在显著差异，只在基础设施建设和人居环境建设这两方面的评价上存在着显著差异，年轻人群体对基础设施建设和人居环境建设的评价最低，可能是这一群体对社区硬件设施的需求更高而导致的。

表 3-25 不同年龄段的农村居民对各项社区建设满意度差异

	基础设施建设	公共服务供给	社区治理	人居环境建设	社区认同感建设	总体满意度
18～35 岁	3.77	3.69	3.52	3.69	3.77	3.78
36～60 岁	3.84	3.64	3.53	3.73	3.78	3.72
60 岁以上	3.93	3.63	3.60	3.85	3.82	3.88
F	4.751	0.604	0.878	4.281	0.699	4.681
显著性	0.009	0.547	0.416	0.014	0.497	0.009

（三）不同文化程度的农村居民对社区建设满意度的比较

从文化程度上看，对社区建设的总体满意度最高的两个群体是大专（3.95）、本科及以上（3.88），说明越是文化程度高的人，越有可能对社区建设做出较高的评价（表 3-26）。

表 3-26 不同文化程度的农村居民对各项社区建设满意度差异

	基础设施建设	公共服务供给	社区治理	人居环境建设	社区认同感建设	总体满意度
没受过教育	3.91	3.54	3.38	3.81	3.77	3.79
小学及以下	3.87	3.60	3.51	3.75	3.74	3.67
初中	3.85	3.62	3.52	3.73	3.77	3.75
高中或中专	3.82	3.73	3.62	3.79	3.82	3.79
大专	3.89	3.84	3.77	3.90	3.95	3.95
本科及以上	3.78	3.69	3.66	3.73	3.87	3.88
F	0.657	2.390	2.560	1.505	1.674	1.99
显著性	0.685	0.027	0.018	0.173	0.124	0.063

从社区建设的具体内容来看，不同文化程度的群体对基础设施建设、人居环境建设和社区认同感建设不存在显著差异，但在公共服务供给、社区治理这两方面存在显著差异，越是文化程度低的群体，对公共服务供给、社区治理的评价越低，主要体现在对社区综合服务中心、农村新技术推广、村民委员会工作、民主选举、财务公开等方面，文化程度低的群体，相对而言，所做出的评价更低（表3-27），这可能是由于受农民自身素质和知识水平的限制，对农村社区建设处于被动接受的状态而导致的。

表3-27 不同文化程度的农村居民对公共服务供给和社区治理满意度差异

	公共服务供给			社区治理			
	社区综合服务中心	医疗服务	农村新技术推广	村民委员会工作	民主选举	政务公开	财务公开
没受过教育	3.36	3.87	3.40	3.46	3.36	3.38	3.32
小学及以下	3.50	3.92	3.40	3.51	3.42	3.56	3.51
初中	3.59	3.83	3.44	3.58	3.49	3.50	3.50
高中或中专	3.75	3.84	3.59	3.71	3.58	3.60	3.60
大专	3.87	3.94	3.71	3.84	3.79	3.72	3.71
本科及以上	3.75	3.72	3.60	3.72	3.61	3.67	3.63
F	5.795	0.800	2.790	2.932	2.660	1.825	2.173
显著性	0.000	0.570	0.011	0.008	0.014	0.091	0.043

（四）不同职业的农村居民对社区建设满意度的比较

从职业分布上看，不同职业的调查对象对社区建设的满意度存在显著差异。对社区建设的总体满意度最高的是村干部（4.49），其次是乡镇企业管理者（3.90），再次是农村知识分子（3.89），对社区建设的总体满意度最低的是农村私营企业工人（3.59）、外出务工人员（3.62）、农村私营企业主（3.70）。从社区建设的具体指标来看，不同职业群体的评价也存在显著差异，对基础设施建设的评价最高的前三名依次是村干部（4.55）、农业劳动者（3.89）和乡镇企业职工（3.88）；对公共服务供给的评价最高的前三名依次是村干部（4.38）、乡镇企业管理者（3.89）和农村个体户（3.72）；对社区治理的评价最高的是前三名依次是村干部（4.66）、乡镇企业管理者（3.95）和农村私营企业主（3.60）；对人居环境建设的评价最高的前三名依次是村干部（4.54）、乡镇企业管理者（3.90）

和农村私营企业主（3.82）；对社区认同感建设评价最高的前三名依次是村干部（4.44）、乡镇企业管理者（3.95）和农村私营企业主（3.94）。

表 3-28　不同职业的农村居民对各项社区建设满意度差异

	基础设施建设	公共服务供给	社区治理	人居环境建设	社区认同感建设	总体满意度
农业劳动者	3.89	3.62	3.54	3.82	3.79	3.75
乡镇企业管理者	3.87	3.89	3.95	3.90	3.95	3.90
乡镇企业职工	3.88	3.69	3.46	3.77	3.73	3.73
农村私营企业主	3.87	3.68	3.60	3.82	3.94	3.70
农村私营企业工人	3.73	3.49	3.40	3.50	3.62	3.59
农村个体户	3.86	3.72	3.56	3.71	3.82	3.81
外出务工人员	3.68	3.58	3.37	3.53	3.69	3.62
村干部	4.55	4.38	4.66	4.54	4.44	4.49
农村知识分子	3.73	3.67	3.54	3.73	3.77	3.89
其他	3.81	3.59	3.52	3.74	3.77	3.84
F	5.697	4.998	7.597	6.421	5.041	4.435
显著性	0.000	0.000	0.000	0.000	0.000	0.000

（五）不同家庭收入的农村居民对社区建设满意度的比较

从家庭收入上看，家庭收入处于 2 万元以下的农村居民对社区建设的满意度最高，家庭收入处于中间层次（2 万～5 万元）的农村居民对社区建设的满意度次之，而家庭收入在 5 万元以上的群体对社区建设的满意度最低。调查数据显示，不同家庭收入的调查对象对公共服务供给、社区治理、人居环境建设、社区认同感建设的满意度评价并不存在显著差异，而在基础设施建设方面存在显著差异，越是家庭收入高的调查对象对基础设施建设的评价越低。

表 3-29　不同家庭收入的农村居民对各项社区建设满意度差异

	基础设施建设	公共服务供给	社区治理	人居环境建设	社区认同感建设	总体满意度
2 万元以下	3.90	3.58	3.58	3.80	3.79	3.80
2 万～5 万元	3.88	3.66	3.55	3.78	3.81	3.78
5 万元以上	3.79	3.67	3.54	3.72	3.77	3.77
F	2.722	1.294	0.016	1.277	0.528	0.131
显著性	0.006	0.275	0.852	0.279	0.590	0.877

（六）不同户籍的农村居民对社区建设满意度的比较

从户籍上看，本地非农户口的农村居民对社区建设的总体满意度最高(3.94)，本地农业户口和外地非农户口对社区建设的总体满意度次之，外地农业户口对社区建设的总体满意度最低。从社区建设的具体维度来看，不同户籍的农村居民对基础设施建设、公共服务供给、社区治理等方面的评价并不存在显著差异，而在人居环境建设和社区认同感建设方面存在着显著差异，外地农业户口的农村居民对这两方面的社区建设评价最低，本地农业户口和本地非农户口的农村居民对这两方面的社区建设评价最高，这可能是因为本地户口的居民相较于外地户口的居民而言，对社区有更高的认同感。

表 3-30 不同户籍的农村居民对各项社区建设满意度差异

	基础设施建设	公共服务供给	社区治理	人居环境建设	社区认同感建设	总体满意度
本地农业户口	3.87	3.64	3.55	3.78	3.80	3.76
本地非农户口	3.83	3.76	3.67	3.76	3.82	3.94
外地农业户口	3.67	3.47	3.33	3.43	3.55	3.69
外地非农户口	3.61	3.81	3.49	3.60	3.60	3.75
F	2.452	2.567	2.122	3.869	3.541	2.205
显著性	0.062	0.053	0.096	0.009	0.014	0.086

第四节 江苏农村社区建设的问题和对策建议

20 世纪 90 年代以来，江苏省就开始推进农村社区建设，在政策保障、财政支持、资源配置和机制创新方面提供了强有力的保障，使得农村社区建设获得较快的发展，取得了显著的成效。但是，江苏是我国经济社会发展的发达地区，随着新型工业化、信息化、城镇化、农业现代化进程加快，农村基层社会治理出现了很多新情况和新问题：农村人口结构加剧变化，部分地区非户籍居民大幅增加，农村“三留守”群体持续扩大；农村利益主体日趋多元，农村居民服务需求更加多样，农村社会治理机制面临着新的挑战。因此，必须大力推进农村社区建设，为农村居民提供较好的生产和生活环境。

一、现阶段江苏农村社区建设存在的主要问题

（一）农村社区治理主体单一化，治理方式亟待优化

中共十八届三中全会提出创新社会治理体制，大力推动社会治理主体由一元向多元转变。但是，从当前农村社区建设和治理主体的现状上看，仍存在着主体单一化、多元主体缺失的问题。通过调研发现，目前农村社区的主要领导还是以党组织为主的村民委员会领导班子，其他治理主体缺位。具体表现为：

第一，农村社区社会组织发展滞后。社会组织是民间组织，是现代社会发展的重要标志，是社区治理的重要依托。虽然近年来江苏省农村社区涌现了一批农村专业合作社、敬老院等社会组织，但与农村经济发展的要求相比，无论在种类、数量和质量上，都存在一定差距。尤其是部分发展缓慢的农村地区，甚至没有社会组织。数据显示，受访村庄中，仅有 2 个农村社区拥有真正的社会组织，其余农村社区都缺少这类社会组织。

第二，农村居民参与社区公共事务的意愿有待提高。调研中发现，农村居民对社区建设的关注点和参与度，从基本生活转向发展性问题，对环境保护、合作组织发展的参与意愿更高。与此同时，农村居民在志愿服务、社区发展的参与意愿存在着地区差异，呈现出苏北、苏中和苏南从强到弱的趋势。

（二）资金来源单一，社区建设经费缺乏

调研发现，当前江苏农村社区建设存在着投入不足、缺少经费、社区建设发展不平衡等问题。尽管各地不乏成功的、典型的新型农村社区，但这些社区之所以能够快速发展起来，重要的原因之一就是因为有足够的资金支持。由于受到城乡二元体制的影响，政府用于农村社区建设的资金投入的力度较城市社区相比偏少，除了部分发达地区，部分农村社区建设资金来源单一，内部财政收入难以独自推进农村社区的建设进程。

通过对调研数据进行分析，发现受访的农村社区的党建经费平均为 7.14 万元；社区建设工作经费平均为 22.52 万元；基础设施建设经费平均为 58.83 万

元；综合服务设施建设经费平均为 29.74 万元；社区人员培训经费平均为 1.79 万元。不难看出，受访地区的农村社区建设经费总体来说是缺乏的。农村社区建设的资金需求很大，没有经济基础和收入来源，社区的生存和发展就难以维持。资金和资源的缺乏在客观上制约着农村社区建设，使其长期处于停滞不前的局面。特别是对于那些优势不明显、集体经济薄弱及发展较落后的地区而言，农村社区建设的推进显得比较缓慢。

（三）农村社区建设无法满足个性化需求，满意度呈现多维差异

第一，农村居民对社区建设的需求存在着差异。首先，苏南、苏北和苏中三大地区农村居民在公共服务供给和社区认同感建设方面存在差异，苏中地区需求最高，苏南其次，苏北最低。其次，农村居民对社区建设的需求呈现出人口学特征的差异。从性别上看，男性村民对社区治理的需求程度更高；从年龄上看，年龄越长，需求表达越弱；从教育程度上看，高中及以上学历农村居民的需求程度要高于初中及以下的农村居民；从家庭收入上看，家庭年收入越高，需求表达越强烈；从户籍上看，外地户口居民对市场化服务与社区认同感建设的需求更为迫切。再次，农村居民对社区建设具体领域的需求存在差异，从大到小依次为人居环境建设、法治建设、公共服务供给、社区治理工作、市场化服务及社区认同感建设。值得注意的是，调研中发现，虽然农村居民对公共服务供给的需求程度较高，但对社区综合服务中心、社会工作的认知程度却较低。

第二，农村居民对社区建设的满意度也存在着差异。家庭收入越高的农村居民对社区建设满意度越低；相较于 60 岁以上的老年人群体，中青年群体对社区建设的满意度更低；本地非农户口的农村居民对社区建设的总体满意度最高（3.94），本地农业户口对社区建设满意度次之（3.76），外地非农户口（3.75）和外地农业户口（3.69）对社区建设的总体满意度较低。特别是在社区认同感建设方面，本地农业户口和本地非农户口的社区认同感满意度均值分别为 3.80 和 3.82，而外地非农户口和外地农业户口对社区认同感建设的满意度分别为 3.60 和 3.55。

（四）公共服务供给不足，居民需求得不到满足

提供公共产品和服务，是农村社区建设的出发点和落脚点。近年来，国家在

农村社区基础设施建设、民生社会事业等方面持续发力，投入较多，但是由于受到各种客观因素的制约，公共产品和服务供给仍不能完全满足居民日益增长的美好生活需要。

第一，政府对农村社区基础设施建设的投入不足，造成公共服务和产品供给缺乏。调查数据显示，大部分农村社区在水、电、道路这部分基础设施方面做得较好，覆盖率很高。但是，在社区公共服务方面，受访农村社区的老年人照料服务设施、残疾人照料服务设施、儿童之家、物流网点等服务设施的覆盖率尚不足50%。受访居民对农村社区的基础设施建设（包括饮用水安全、垃圾处理、通信网络、厕所改造）的满意度均值是3.85，对社区公共服务供给（包括社区综合服务中心、医疗服务、农村新技术推广）的满意度均值是3.65。由此可见，虽然大部分农村社区能较好地提供部分生活基础设施，但是在社区公共服务供给方面还存在不足，有较大的提升空间。第二，已建成的公共基础设施和公共服务设施缺乏长效管理运行机制。当前农村社区公共基础设施维护和保养缺乏有效的保障机制。调查数据显示，受访村庄已有的服务设施，功能达标率平均为86.73%，最低的为20%。可见，在一些村庄，基础设施维护十分缺乏。

（五）农村基层干部队伍经验不足，专业社区工作人才缺乏

基层干部队伍的思想认识水平和建设经验，直接影响到农村社区的建设和发展。在农村社区建设过程中，不少基层干部观念未转换到位，工作职责认识不清，社区建设工作处于等待的被动状态，没有积极主动营造浓厚的社区建设氛围。这也是导致农村社区居民对社区建设满意度不高的原因之一。调查显示：在农村社区建设的五个维度中，农村居民对社区治理的满意度最低，主要体现在村民委员会工作、民主选举、财务公开、政务公开这四个方面，其中，仅有51.6%的农村居民对村民委员会工作表示“非常满意”或“比较满意”，对民主选举、财务公开、政务公开这三个方面表示满意的人数都没有超过总人数的50%，特别是对民主选举这一项，分别有11.4%和2.8%的调查对象表示“不太满意”和“非常不满意”，可见，农村居民对社区治理的认可程度并不高。

在农村社区建设的过程中，需要大量专业的工作人员。为了夯实农村社区建设的队伍，充分利用社区社会工作者的专业理念、知识和技能，2016年，江苏

省民政厅出台《关于加快推进社区社会工作服务的实施意见》，提出加快培养一支高素质的社区社会工作专业人才队伍，发展一批数量充足、服务专业的社区社会工作服务机构，到 2020 年农村社区社会工作专业岗位设置比例不低于岗位总量的 20%。但是，调研发现，目前大多数农村社区的工作人员均为原本的村民委员会工作人员，大学生村官的流动性比较强，专业人才极度缺乏。2017 年，受访农村社区拥有的社会工作专业人才人数平均为 2.88 人。总体而言，社区的治理和建设依然停留在传统的农村治理层面。新型农村社区建设的复杂性和难度远远大于传统农村，人才缺失阻碍了农村社区的建设进程，因而迫切需要大量高素质的、稳定的专业社区工作人员。

二、完善江苏农村社区建设的政策建议

（一）形成多元化建设主体，建立民主协商机制

农村社区建设主体多元化是社区发展的必然趋势。针对当前农村社区建设主体的缺位问题，关键是要大力实施建设主体的多元化。

第一，加强和创新社区党组织建设。农村社区多元建设主体的核心是党组织，应健全农村社区党组织体系、建设骨干队伍、创新活动载体、完善社区党建工作联席会议制度等。

第二，提升农村社区居民委员会自治能力。农村社区居民委员会作为基层自治组织，要改变对政府的依附思维，发挥治理主体的主观能动性，强化自我管理、教育、监督和服务能力。特别是要完善农村社区委员会选举和运作机制，健全社区居民委员会民主选举、决策的监督机制。通过建立健全农村社区治理制度，强化权利与义务意识，促进农村社区自主治理。

第三，大力培育农村社区各类社会组织，完善政府购买服务制度，适合专业化社会组织治理的职能交由其来履行。社区应有意识地将相关社区公共服务事项委托给社区民间组织，积极引导、帮助和支持社区相关民间组织的组建和发展。民间组织自身也要完善内部治理结构、组织体系、规章制度等，提高自我组织能力。此外，应建立志愿者制度和运作机制，培育志愿者社团组织。

第四，结合农村居民在社区建设不同领域的关注度和参与意愿的差异，关注

农村居民参与意愿较高的领域，鼓励开展相关活动。如鼓励和引导社区居民互帮互助，开展邻里乡亲互助等群众参与性强的集体活动；培育和建立农村专业技术指导协会等民间组织，为农村经济发展提供专业服务。同时，根据不同特征的农村居民在社区参与意愿的差异表现，充分调动参与意愿高的农村居民，如男性以及受教育程度较高、生活满意度高的人，发挥其主体意识。

在构建多元化治理主体的同时，农村社区应不断完善民主协商机制，就是要在党的基层组织领导下，强化各农村社区治理主体之间的协同性。为此，社区应完善农村社区党组织引导下的多层次、多渠道的农村社区协商民主机制。进一步完善或构建社区居民会议和居民协商议事会议制度，建立民事民议、社区听证、社区论坛、社区评议等对话机制，保证社区居民平等有序参与。例如，作为“社区协商民主示范点”的泰州靖江市新胜社区创造性地建立了以居民代表、社区党员、驻区单位代表、中心户长和志愿者为主体的社区“民主议事会”。按照民主议事有关程序和规则，社区收集群众日常反映的问题，定期召开民主议事会，把矛盾纠纷、百姓诉求等社情民意在议事会上提出来，居民共同商议办法，从而顺利解决了不少社区难题，社区环境得到了改善，居民的归属感和幸福感不断增强。

（二）拓宽资金收入来源，保证资金投入的持续性

解决农村社区资金短缺的问题，单靠国家财政投入显然是不符合实际的。社区必须拓宽资金来源，从而保证资金投入的可持续性。

第一，政府应加大经济扶持。农村社区承担着国家农村基层组织管理和服务的职责，因此政府应重视对农村社区建设的资金扶持，将农村社区建设全面纳入国家公共财政保障范围，列入财政预算，并建立相应的监督管理体系，确保建设资金的到位，加速完成相关的社区建设工程。

第二，大力扶持农村集体经济。农村的集体经济发展是促进社区组织运转、推动社区发展的有效保障。因此，政府应给予农村集体经济发展以必要的资金和政策支持，扶持农村集体经济的发展，强化其支持农村社区建设的能力。例如，宜兴市谈家干社区充分利用农村集体土地资源进行租赁，发展农村集体经济，为其社区发展提供充足的经济支持。

第三，鼓励民间资本投资，发展社区特色产业。政府应充分利用新兴城镇化的契机，根据社区的实际情况，确定社区产业发展方案。在此基础上，鼓励各类工商企业投资，大力扶持龙头企业，培育地方特色经济，大力推动社区产业发展，为农村社区建设和治理提供持续长久动力。

（三）重视农村居民需求，发挥农村居民在社区建设中的主体作用

第一，针对农村居民对农村社区建设的需求意愿，政府在制定农村社区建设规划时，要进行全面的需求调查，在此基础上确立农村社区建设的主要任务，确立农村社区建设项目的优先排序。调查数据显示，农村居民对社区建设的内容，需求度较高（需求度＞2）的分别为运动会（2.58）、文明家庭评比（2.27）、快递物流点（2.13）、社会工作专业人才（2.06）、综合服务中心（2.06）、农村新技术推广（2.05）、超市（2.03），因此，农村社区应加强与这些内容相关的设施建设和服务供给。在建设过程中，可以按照互惠互利的原则，组织超市、农技、电信、邮政、物流等商业企业到社区服务中心设立便民站点等。同时，加快“数字社区”建设，全面提升社区信息化水平，积极实现社区服务中心与县、乡镇为民服务中心的联网对接，形成一体化的网上服务体系。

第二，针对当地居民和外地居民之间的隔阂和差异，政府应完善公共文化服务建设，在农村社区建立文化活动场所，并实现公共文化设施免费开放，提高公共文化服务设施的利用率，从而为农村不同户籍的农村居民提供交流互动的场所，增进彼此之间的了解，提高对社区的认同感。同时，积极举办丰富多彩的文化活动，加强社区内不同户籍农村居民的关联度，鼓励和引导社区居民互帮互助，开展邻里乡亲互助等群众参与性强的集体活动，增进农村居民的情感交流。

（四）构建多元化供给机制，完善农村社区公共产品的维护机制

第一，构建多元化的社区公共服务资金投入机制。首先，完善各级政府公共财政支持农村社区发展的长效机制，加大对农村社区公共基础设施的投资。其次，要充分发挥农村集体经济的支持作用。促进集体经济发展，为社区公共服务的建设提供保障。再次，要通过招商引资的方式，积极吸纳企业投资、社会组织投入、个人赞助等社会资金、民间资本，鼓励社会组织团体、企事业单位、公益

组织和个人以捐赠、投资、参股或其他形式参与到社区公共服务的建设中来。

第二，探索建立农村社区公共服务的委托代理机制。通过政府购买服务，鼓励专业化的服务组织参与农村社区公共服务。调研发现，受访的农村社区中，社会组织承接政府购买项目数量平均为 0.39 项，社会组织承接政府购买服务项目经费平均为 0.84 万元。因此，在今后的工作中，需要改变原来社区基层组织和自治组织大包大揽的传统思路，构建多元化的社区公共服务供给体制，引导农村社区群团组织、专业化社会服务组织、志愿者等多元化的治理主体，参与公共产品服务供给，满足农村社区居民日益增长的公共产品和服务需求。

第三，完善农村社区志愿者服务机制。调研数据显示，在回答“假如要建立一支志愿者队伍，您是否愿意参加”这一问题时，67.9%的居民表示愿意或者非常愿意，仅有 10.5%的居民表示不愿意或非常不愿意。但是，目前受访者社区中志愿者注册人数，平均占常住人口比例仅为 6.7%，说明农村社区居民的志愿服务资源还没有得到很好的开发和利用。因此，农村社区应大力推动社区志愿服务的发展，构建志愿服务信息平台，整合农村党员、干部、中青年农民和留守妇女的力量，为农村特殊群体开展志愿服务。

第四，完善农村公共服务设施的维护机制。要重视农村社区公共服务设施的长期维护，延长使用寿命，提高农村社区居民对公共服务设施的使用率。

（五）大力引进专业人才，提高农村社区服务质量

第一，加强人才培训。有条件的社区，可以举办农村社区建设培训班，邀请专业社区工作者对社区工作人员进行指导培训，培训内容以法律、农业技术、民事纠纷调解为主。通过培训，让社区工作人员具有一定的社区治理理念和从事社区服务的能力及方法。

第二，加强专业交流。鼓励农村社区工作人员到典型社区进行学习和交流，使其掌握农村社区建设方面先进的知识和方法，从而更好地为本社区的居民服务，促进本社区的建设和发展。

第三，设立相应职位，聘请专业社区工作者。农村社区建设过程中需要一支高素质、具备专业知识、综合能力强的社区工作者队伍。专业社区工作者所具备的专业方法和能力，能够促进社区各种问题的解决，提高社区问题的解决效率。

但是，目前江苏省农村社区工作人员普遍存在着工资低、发展空间不足等问题。调研显示，受访的农村社区中，村主任（村支书）的工资待遇平均为44 776.92元/年，普通村干部的工资待遇平均为32 328.85元/年。这种工资待遇在一定程度上制约了专业社区工作者的引进。因此，政府应提高农村社区工作者的福利待遇，为农村社区工作者提供更多的发展空间，为农村社区工作者提供更多外出培训和交流的机会，在竞聘乡镇领导时给予农村社区工作者一定的政策倾斜。同时，制定合理的绩效考核制度，将基层工作者的薪资待遇与工作的完成度挂钩，对得分高者给予一定的物质和精神奖励，从而提高基层工作者的积极性和责任心，真正从源头上改善服务质量和工作效率。

第五节　2017江苏农村社区建设的典型案例评析

一、泰州新胜社区：以协商民主促进社区建设

（一）社区概况

泰州市海陵区新胜社区位于泰州市海陵区城南街道，东至东风南路，西至海陵南路，南至凤凰东路，北至永晖路，辖区面积约0.8平方公里。1997年，因地级泰州市组建，新胜社区开始被征地拆迁，目前仅剩26亩土地未被征用，是一个典型的“城中村”。2009年9月完成股份制改革，现有股民857人，同年12月完成撤村建居。社区目前共有6个居民小组，户数305户，人口1 266人。新胜社区为支部建制，现有党员34人，在职党员9人，工作人员11人，其中社保专管员1人。新胜社区集体收入来源包括房屋租金、外借资金利息以及其他收入。

（二）建设目标

过去，新胜“上访村”“落后村”的标签远近闻名，曾经因为合并行政村等矛盾引起几百名群众集体上访，封堵市政府大门，干部被指着鼻子骂、拦着不让走的情形，让很多上级领导“闻新胜而色变”。2005年以来，新胜以“严管理、强服务、惠民生”为核心，全面推进民主管理，加快社会治理创新步伐，一举摘掉了“上访村”的帽子，昔日的薄弱村变成了如今的先进社区和社区善治的样本。

（三）具体措施

第一，规范民主选举，配强带头人。对于转型中的撤村建居社区而言，面临的问题要比其他一般社区更多更复杂。合并行政村、发放劳力安置费、工程项目建设等重大事项在处理过程中如果背离群众意愿，往往会导致不满甚至集体上访。鉴于此，新胜社区在街道党委的指导下，通过民主选举，形成具备经济头脑、热爱新胜、为民服务意识强的“双强型”两委班子，班子成员共 9 人。同时，街道还遴选熟悉社区并具有丰富基层工作经验和智慧的老领导蹲点培养社区的领头人，手把手传授基层工作的经验和方法。几年来，社区干部坚持开展“入民户、访民情”活动，记录下《民情日记》和《中心户长手册》。社区干部还每月召开一次网格、片区、社区例会，及时征求居民对社区的意见建议。三年来社区共收集如增设路灯、拓宽道路、举办暑期儿童活动等建议 331 条，解答解决 326 条。平时，社区干部还乐于帮助特殊困难人群，常常自己慷慨解囊相助。在社区干部的带领下，居民对社区的认同度大大提高，社区民主自治也逐步走向规范。

第二，完善决策程序，坚持公开透明。社区所有涉及居民切身利益的重要事项都按规范程序，民主协商、民主决策，阳光操作，坚持党的领导，把居民自治、基层民主与居民主人翁地位融为一体，得到了党员、干部和群众的广泛拥护。社区重大事项首先由党支部、居民委员会、十分之一以上居民联名、五分之一以上居民代表联名提议，由社区党支部会形成议案，并由社区“两委”会形成初步方案。在此过程中，议案和初步方案都向居民群众公开，由监督委员会向居民收集意见建议。通过民主议事会，民主协商，进一步完善方案。由居民代表会议决议，决议公告公布，接受居民群众的监督。之后，由居民委员会组织实施，并将结果公示，接受居民群众监督，监督委员会可向“两委”提交书面建议。最后，对所办理事项进行整理存档。

第三，强调众评互议，形成“一心四翼五联”的工作格局。为提高管理效率，社区形成了“一心四翼五联”的工作格局，即以社区党组织为核心，以居民委员会、驻区单位、业委会、物业公司为主翼，以组织联建、工作联商、服务联办、责任联担、品牌联创为内容，推进社区治理难题的解决。社区党支部定期组织召开共商共建工作联席会议，对社区建设重要事项进行研究，对群众反映强烈的热点难点问题商量解决方案。同时根据议题适时邀请辖区范围内的党代表、人大代表、政协委员、行风监督员以及社会组织、居民代表列席参加讨论研究，并及时将结果通过公开栏、社区网站等进行公示。每年社区至少召开共商共建联席会议4次，“一心四翼五联”的工作格局充分发挥了凝聚共识、整合资源、多元治理的作用，大大提升了社区服务管理水平。

第四，健全制度建设，工作有章可循。社区要发展，离不开各项规章制度。新胜社区从社区居民需求和社区发展出发，针对社区中出现的问题和矛盾，通过民主讨论决议，制定和完善各项规章制度。社区因居民参与社区治理缺乏有效的方法指引和规则约束，而制定了《居民自治章程》；因在社区道德建设、治安管理、计划生育管理、鼓励服兵役等方面缺乏有效管理机制，而制定了《居规民约》；因社区卫生管理困难，而制定了《小区环境卫生长效管理制度》；因出租房缺乏有效管理，产生诸多安全隐患，而制定了《房屋出租和外来人口管理制度》；因车辆乱停乱放，而制定了《车辆管理办法》；因全村房屋拆迁自建，而制定了《居民房屋改建式样统一规定》；因加快发展集体经济，而制定了《股份制章程》；等等。

第五，规范监督程序，维护公平正义。社区从完善监督制度、监督组织、民主测评入手，保证监督规范运行。重点做好三项工作：公开、跟踪、理财。对居民普遍关注的热点、重点事项及时公开；对居民较为敏感的账目明细一一公开，并在社区公示栏附近设立意见箱，收集意见信息。增加社区事务的透明度，赋予群众知情权，促进“两委”班子清廉履职。社区基础设施建设项目较多，为确保居民的知情权和监督权，社区请居民代表全程参与项目建设。例如，在建设社区服务中心、小区大门头等工程实施过程中，从工程立项开始，到图纸设计、招投标、评标、施工、装修、决算审计等环节，经民主推选的居民代表与项目方同步工作，全程跟踪监督。在办公室、综合服务中心等场所装修时，社区干部带着居民代表分组调研装饰市场，综合比较质价，最后开会民主确定采购意向，让集体资产的去向明明白白，用途清清楚楚。

（四）取得成效

随着协商民主的深入推进，社区各项事业取得了跨越式发展。2016年社区集体资产总额达 1.2 亿元，年收入 990 万元，居民年底分红每人 6 050 元，人均年收入达到 23 300 元，福利水平大大提升。居民参与民主管理的热情高涨，社区环境明显改善，居民归属感、幸福感不断增强，对居委会干部的满意率在 97%以上。2011 年新胜社区被评为江苏省和谐社区建设“示范社区”；2012 年被评为海陵区“示范社区”；2013 年被评为泰州市小康示范村。除此之外，新胜社区还陆续获得江苏省民主法治示范社区、泰州市社区协商民主示范点、泰州市“绿色社区”等多项荣誉。

二、宜兴谈家干社区：以文化活动构建社区认同

（一）社区概况

谈家干村位于江苏省宜兴市宜城街道的西大门，位于城郊结合部，成立于 2006 年 10 月，是一个村、居混合型社区，也是个典型的拆迁安置型社区。社区交通便利、基础设施完善，有实验学校和大型超市。区域面积 2.4 平方公里，住户 5 930 户，常住人口达 21 026 人。该社区居民既包括原来村的部分居民，也包括新建造的商业小区里的外来人员。这些外来居民来自于各个乡镇，以流动人口和新市民居多。社区共有办公及服务用房 3 000 多平方米，有社区服务中心、文体活动中心及居家养老服务中心 3 个服务中心。

（二）建设目标

对于这样一个转型中的社区，居民来自不同地区，居民之间相互不熟悉、交流少，如何拉近社区与居民、居民与居民之间的距离，如何形成共同的社区认同，是社区面临的重要问题。谈家干社区以创建“幸福谈家干、和谐谈家干、文明谈家干、平安谈家干、魅力谈家干”为目标，以倡导“谈笑风生的邻里关系、家家幸福的社区氛围、干练高效的管理模式”为工作理念，通过各类社区文化及宣教活动，坚持以服务居民为工作重点不断提高社区的凝聚力和认同感。

（三）具体措施

第一，整合社区资源，打造文化活动空间。谈家干社区通过多次与街道、开

发公司、物业公司、业主委员会协商讨论，通过居民代表会议多次座谈商议，解决社区服务用房，收回占用房屋及公共场所，拓展社区活动空间，建成社区服务中心、文体活动中心和居家养老服务中心。社区综合服务中心面积 1 200 平方米，内设农家书屋、儿童妇女之家、青少年活动中心，藏书 3 万多册，与市图书馆实现通借通还。建有防灾减灾科普馆，内有微型消防站、红十字救援、食品药品、地震及自然灾害等科普器材，为社区各类人群普及科普与文化知识，提供一站式便民服务。社区文体活动中心面积 1 100 平方米，配备社区课堂、乒乓室、残疾人康复室、棋牌室、舞蹈室、图书阅览室、书画室、棋社、戏曲室等，为居民群众定期开展学习培训活动，成为居民的室内重要文体娱乐及培训教育场所。居家养老服务中心 700 平方米，为老年人在社区养老提供便利，打造十分钟健康生活圈，配置图书阅览室、棋牌室、书画室、休息室、舞蹈室、乒乓室等，为老年人老有所乐、老有所为、老有所学提供了休闲场所。

第二，以文化中心为阵地，组建各类文体团队。社区以三个中心为平台，不断发展和壮大社会组织，组建了 7 支文体队伍，即乒乓球队、舞蹈队、戏曲队、十番锣鼓队、气功队、柔力球队、书画队。这些文体团队，主要实行自治管理。例如乒乓球队现有队员 40 多人，自行成立乒乓球协会，协会成员 26 人，推选会长，由会长具体负责日常事务、协调联系以及分组比赛等事宜。会员自愿缴纳一定会费。从活动中心开放以来，乒乓球协会成员自筹资金近 3 万元，改善活动环境和条件，满足了居民的文化需求，为其他社会组织自治管理树立了榜样。再如，为了更好地发展自己的曲艺团队，社区戏曲爱好者组织召开了社区文艺座谈会，对如何发展壮大戏曲团队进行集体讨论，成立了社区戏曲队，并选出队长和具体工作负责人。队员们自己购买乐器，负责人组织外出交流。在这支队伍基础上又发展出了夕阳红十番锣鼓队，活动办得有声有色，吸引了大批戏迷和爱好者，为社区凝聚力和向心力的提高作出了贡献。

第三，开展特色服务，营造和谐社区氛围。谈家干社区以着力打造“文化型”“服务型”社区为目标，努力构建管理有序、服务完善、邻里和睦、文化繁荣、治安良好的新型示范社区。通过宜城街道“文化百千万工程”建设，涌现出一批特色文化楼道、特色文化家庭、特色文化标兵。为了加快社区转型发展，谈家干社区充分发挥社区、社会组织、社工的作用，实现“三社联动”，承接政府购买服务项目，开展社区特色服务。针对社区老龄化趋势明显，老年人问题越发突出，为了倡导社会参与关爱老年人行动，谈家干社区创建了“大家干——常回家尽孝心”为老服务品牌，做关爱社区老年人的领先者，弘扬了社会主义人道精神，发扬了社会主义尊老美德，倡导了社会主义孝老爱老新风尚。针对不同情况、不同需求的青少年开展多元化的公益服务项目和多样化的课外活动，以社区服务中心为平台，发挥社区教育的作用，整合社区资源，为青少年提供一个安全、绿色、健康的环境。

（四）取得成效

谈家干社区利用三大服务中心，免费开放给广大居民开展娱乐活动，内设戏曲室、文体室、康复室、农家书屋、书画室、党员工作室、社区课堂等。同时，定期开展各类文体活动，如运动会、广场舞、戏曲联唱等，为社区各类居民施展才艺提供平台。为小区广场配套安装健身器材供居民运动。利用街道邻居节、文艺汇演和传统节日，开展居民喜闻乐见的厨艺比赛、手工制作、文明知识有奖问答等活动，寓教于乐，增进居民与居民之间、居民与社区间的感情，使居民有归属感和幸福感。

三、江宁牌坊社区：多元协同打造美丽乡村

（一）社区概况

牌坊社区位于江宁街道东南部，东临横溪龙山水库，南邻朱门人家，西与花塘社区毗邻，北靠银杏湖高尔夫球场，南接337省道，西部旅游廊线穿境而过，山清水秀，环境优美，资源丰富，地理位置得天独厚。社区由原黄龙岘林场和牌坊村合并而成，占地面积8.2平方公里，下辖20个村民小组，总人口2 078人，耕地面积2 100亩，山林面积5 000亩。

（二）建设目标

中共十八大提出“建设美丽中国”号召后，江宁区及时启动了美丽乡村建设。江宁街道牌坊社区立足自身地域特色，依托自然禀赋优越的生态茶林环境，

重点对茶文化特色村黄龙岘进行了打造。黄龙岘村紧邻西部旅游道路联一线，南接汤铜公路，交通便利，区位优越；村庄东邻战备水库、西接牌坊水库，四周茶山、竹林环绕，环境优美，得天独厚；村内主产的黄龙岘茶叶更是茶香四溢，口味醇厚，深受南京及周边民众的喜爱。自2013年黄龙岘村被区政府确定为新一批“金花村”后，江宁街道按照“美丽中国”江宁示范区开发规划的总体部署和区委、区政府建设江宁新五朵“金花村”要求，以茶林环境优势为依托，通过“四变工程”环境综合整治，正确动员引导、推动创业扶持，充分挖掘茶文化内涵，积极拓展旅游产业，成功将黄龙岘打造成茶文化乡村旅游品牌景区。

（三）具体措施

第一，发挥党委政府的引领作用。一是找准定位。由街道、社区共同研究、确定村庄“茶文化”开发定位，着力打造集品茶休憩、茶道、茶艺、茶苑、茶俗体验，茶叶研发、生产、展销为一体的乡村特色茶庄。二是组织学习。为引导村民解放思想，社区组织了各类学习培训活动。由社区书记和主任分两批次带领村民到浙江龙井村、梅家坞和长兴村进行实地考察；积极联系区旅游局、商贸局等单位，请他们派出专业人员，对村民进行厨艺、服务礼仪等短期培训，提升群众创业技能。三是扶持创业。社区安排专人分析创业项目的市场行情和风险评估，为村民经营提供保障。在创业之路方面，社区提供组织外出参观学习、技能书籍借阅、协助办理手续等“一站式”服务，举办创业项目推介会、创业技能知识讲座，在社区网站上开通网络预约服务，对经营户进行网络宣传和预约推介，通过多样、贴心的帮扶保障、疏通农户的创业之路。在创业致富方面，给予政策鼓励、指导帮扶，对正常经营满半年的经营户提供创业基金补助。

第二，发挥园区企业的专业优势。在黄龙岘村被区政府确定为新一批“金花村”后，由江宁街道和江宁交通建设集团共同成立了“南京黄龙岘建设开发有限责任公司”，负责村庄环境改造、特色文化挖掘及后续运营管理工作。事实表明，这种街、企共建美丽乡村的新模式能取得较好的社会效益和经济效益。经过一年多的建设，昔日深藏在茂林修竹里的偏僻茶村，向世人撩开神秘面纱，吃住行游服务设施一应俱全。

第三，发挥村民群体的首创精神。为了吸引更多村民加入创业致富大军、分享美丽乡村建设成果，社区通过走访调研，充分倾听村民想法，在江宁街道首先成立“农民创业俱乐部”，让少数先富起来的村民为更多村民指点创业迷津。在社区服务中心，专门开辟一间面积达 120 平方米的办公用房用于打造创业平台。同时，紧贴农家乐、民宿、农产品加工等乡村创业热点，专门成立搭建“梦想茶社”创客中心，实施代购、代收发快递、代缴费、代培训、代办证、代运营“六代”服务，助推当地村民、返乡人群、大学生创客、乡贤等群体走上创业致富路。特别是以社区留守妇女为主体，打造“巾帼创梦小街”、巾帼电商服务站，助力社区女性发挥半边天作用、做创业致富的带头人。

第四，发挥社会组织的协调功能。在美丽乡村建设过程中，虽然村民们逐渐富裕了起来，但彼此间的利益矛盾并未因此减少。为化解矛盾纠纷、促进社区和谐稳定，由社区“五老人员”、乡贤能人牵头，成立了一批草根型矛盾调解社会组织，成为社区协商创新的实践典型。2017 年 6 月，社区着手引入专业社会组织，通过区公益创投项目的支持，承接社区治理体系和社区居家养老服务中心建设两项任务。同时，积极发动社会组织参与生态环保，联合南京大学大学生志愿者建立千百园环境教育基地，通过志愿活动引导和提升全体村民的生态环保意识。

（四）取得成效

经过建设，黄龙岘村已由过去封闭落后的小村落变为环境优美、富民效应突出的生态休闲农业旅游示范村。自 2014 年以来，黄龙岘村被国家农业部、住建部等单位授予“中国最美休闲乡村”“中国宜居乡村”和“中国旅游乡村示范村”等 20 多项荣誉称号。如今，黄龙岘“茶文化村”声名远播，旅游品牌效应不断放大，吸引了南京主城及周边地区大量游客前来观光，已成为都市人休闲放松的心灵驿站以及江宁区乡村建设的示范样板。

参考文献

蔡禾，2005. 社区概论［M］. 北京：高等教育出版社.

谷中原，吴晓林，2012. 农村社区建设与管理［M］. 北京：北京大学出版社.

韩芳，2017. 新型农村社区建设与管理研究［M］. 北京：知识产权出版社.

胡宗山，2007. 城乡社区建设概论［M］. 武汉：湖北科学技术出版社.
黎昕，2015. 新型农村社区建设研究［M］. 武汉：华中科技大学出版社.
吴洪彪，2008. 民政 30 年：江苏卷（1978—2008 年）［M］. 北京：中国社会出版社.
项继权，2016. 中国农村社区建设研究［M］. 北京：经济科学出版社.
于显洋，2016. 社区概论［M］. 2 版. 北京：中国人民大学出版社.
喻新安，刘道兴，2013. 新型农村社区建设探析［M］. 北京：社会科学文献出版社.
詹成付，王景新，2008. 中国农村社区服务体系建设研究［M］. 北京：中国社会科学出版社.

第四章 <<<

2017 江苏创意农业发展状况

第一节 江苏创意农业发展总体概况

一、创意农业基本概况及发展历程

（一）创意农业概念及特征

1. 创意农业的概念

创意农业的概念来源于创意产业。国外学者使用较多的术语是乡村创意产业（rural creative industries）与乡村创意经济（rural creative economics）两词，“创意农业（creative agriculture）”一词则主要出现在中文文献中。在中国，“创意农业”一词最早由全国政协副主席厉无畏在两会上提出，“创意农业的特色及其优势在于能够构筑多层次的全景产业链，通过创意把文化艺术活动、农业技术、农副产品和农耕活动以及市场需求有机结合起来，形成彼此良性互动的产业价值体系，为农业和农村的发展开辟全新的空间，并实现产业价值的最大化。”

学者们分别从不同的视角对创意农业进行了定义。厉无畏、王慧敏（2009）从创意产业的视角，认为创意农业应该不仅仅是指生产若干创意农副产品，而是要创新农业发展模式。秦向阳等（2007）根据创意产业的定义，同时结合农业生产经营特点，认为创意农业以创造财富和增加就业为目的，并将创意与设计融入到农业生产经营的每一环节。章继刚（2008）认为创意农业是以市场为导向，以农业生产为依托，以创意为核心，以知识产权为基础，充分应用不同学科的基本原理和方法，指导人们将农业的产前、产中和产后诸环节联结为完整的产业链条，将农产品与文化、艺术创意结合，以实现资源优化配置。除了上述三种被较多引用或较具代表性的观点，还有一些学者如王树进等（2009）、刘丽伟（2011）、张晓彤（2016）等，也依据自己对创意农业的理解进行了相关的界定和剖析，但其核心定义与上述三种观点在本质上并无多大差异，更多的只是分析视角不同。可见，我国学术界对创意农业概念的界定尚未形成统一意见，但从多个定义中可以看出，学者们基本赞同创意农业经营理念，即“生产、生活、生态”。

就创意产业的视角而言，创意农业不仅仅是指生产若干创意农副产品，而是要创新农业发展模式。结合农业生产经营特点，创意农业是一种新型农业生产方式，以创造财富和增加就业为目的，将创意与设计融入到农业生产经营的每一环节，这表明创意农业还是属于农业产业的范畴。因此，结合创意产业概念和创意农业产业特征，本章从生产方式、经营模式、发展理念三方面对创意农业概念进行把握，认为创意农业是农业产业的跨界融合，以“生产、生活、生态”为理念，以市场为导向，在生产过程中有效融入文化、艺术、技术等创意元素，力求解决农业、农民、农村问题的新型可持续现代农业生产方式。

2. 创意农业的特征

学界对创意农业特征的研究尚未形成统一意见，但独创性、产业融合、高附加值、高赢利性、风险性五项特征（表 4－1）得到了较多学者的认可。

独创性是创意产业的基本特征，对产品进行原创性设计、生产，是创意产品满足消费者需求、获取市场认可的重要途径之一，创意农业属于创意产业范畴，理应具有独创性，个性化设计是创意农业区别于具有一致属性的传统农业的显著特征。创意农业的生产过程是一个复杂的系统工程，需要有农业资源载体的投入、技术的应用、文化的融合，可以认为，创意农业的生产过程是一个产业融合的过程。传统农产品的生产过程融入了现代技术与当地文化后，脱胎换骨，使其产品变得新奇，极具个性，满足了消费者追求新鲜的心理，在销售过程中获取了较高的附加值。具备高附加值特征的创意农业使其在销售过程中取得了较高的利润，可见，创意农业具有较强的赢利能力。但是，风险与收益并存，创意农业属于新兴产业，还处于发展阶段，仍需要多领域技术和大量资金的投入，虽然创意农产品单价远高于传统农产品，但若不能取得足够的市场份额，创意农业的经营将面临较大的风险。

表 4-1　创意农业的特征

特征	具体描述	提出人
独创性	创意农产品以原有的农业资源为载体，辅以新的资源，通过重新设计、开发、包装等手段，获得其新颖、奇特的特征。独创性是创意农产品的主要特征之一，是创意农产品获得消费者认可、取得竞争优势的重要筹码。	秦向阳，2007；章继刚，2008；俞晓晶，2008。
产业融合	创意农业是现代工业技术、农业技术、信息技术等与文化、生活方式、经济高度融合的产物，具备多学科知识、多种现代技术、多种文化内涵，是农耕文化与现代都市生活的交叉，能够满足人们物质与精神双重需求，丰富人们的精神生活。	秦向阳，2007；杨良山，2007；李瑞芳，2010；张若琳，2012。
高附加值	创意农业将文化与技术融入到农业生产过程和农产品中，使产品具备智能化、特色化、个性化、艺术化，获取高文化附加价值。	秦向阳，2007；杨良山，2007；章继刚，2008；李瑞芳，2010。
高赢利性	创意农业通过技术创新手段改良品种，通过文化融合提高创意水平，通过营销方式提高品牌知名度，通过结构调整提升产业层次，以上方式使整个产业链的生产能力和产品综合竞争力得到了显著的提高，实现创意农业的高赢利性和可持续发展。	章继刚，2008；张若琳，2012；李瑞芳，2010。
风险性	创意农业作为一种新兴产业，具有广大的商机，但由于创意农业对农业科技要求高，生产过程投资大、见效慢，且创意农产品的市场认知度还不高，市场定位有待加强，使得创意农业发展面临较大的风险。	张若琳，2012。

（二）江苏创意农业发展历程

在市场拉动、政策推动、创新驱动和政府带动下，江苏省各地创意农业也悄然兴起。经过初步探索阶段、逐步兴起阶段、提质上升阶段到目前的快速发展阶段，涌现出一批发展典型，休闲农业、乡村旅游、创意园区、特色小镇等蓬勃发展。创意农业是农业产业的跨界融合，已经成为农业现代化建设的新趋势，显著提高了农业的综合效益。

1. 初步探索阶段

20 世纪 70 年代后期到 80 年代，江苏农村特别是苏南农村乡镇企业异军突起，一些经济基础较好和资源、区位、交通等优势明显的地区及著名风景区，如江阴县的华西村、丹阳县的界牌镇、苏州市的东山镇、西山镇等乡镇企业发达地区作为农村工作先进典型，接待了大量前来考察、观光、学习、培训的国内外宾客，成为农村旅游观光的雏形。20 世纪 80 年代后期，南京郊区和省内一些著名景区周边出现农家餐饮、住宿以及土特产经营，同期，省内一些主要国有果园场亦开始接待游客观光游览，这些都成为创意农业发展的基础。

2. 逐渐兴起阶段

创意提升休闲农业，经过大胆的创新和持续的实践探索，江苏创意农业发展模式于 90 年代初期初见端倪。江苏部分地区为宣传特色农副产品，打造特色农产品品牌，纷纷依托本地特色农业资源和自然资源策划举办各类农事节庆活动。如 1990 年开始举办的徐州丰县红富士苹果节，1991 年开始举办的溧阳茶叶节，1996 年开始举办的中国泗洪螃蟹节、射阳洋马菊花节、中国南京国际梅花节，1997 年开始举办的无锡阳山桃花节等近 20 项节庆活动。

与此同时，江苏部分地区村镇开始兴办农业旅游企业。1993 年，江阴县华西村成立省内第一家农民旅行社，标志着江苏省休闲观光农业市场主体开始形成。部分农村地区自发建设休闲观光农业园，相继建成了无锡民俗村、南京江心洲葡萄园、溧水傅家边农业科技园、苏州未来农林大世界和苏州丹桂园等一批观光农业园和农业主题公园，以集体经营的方式发展休闲农业，促进了休闲农业在农村逐步兴起。1998 年，国家旅游局开始倡导农业旅游，提出“吃农家饭，住农家院，做农家活，看农家景，享农家乐”的口号，1999 年推出“生态旅游年”主题活动。

3. 提质上升阶段

经过 20 多年的发展，江苏创意农业立足于本地资源优势，积极培育主导产业，其主要表现形式包括旅游农业、休闲农业、都市农业等。2001 年，国家旅游局将推进农业旅游发展列为当年旅游工作的重点，并通过对江苏、山东、浙江等省的调研形成了《农业旅游发展指导规范》，当年年底公布了首批国家农业旅游示范点候选名单。江苏省旅游局组织开展国家农业旅游示范点的申报创建工作，并向国家旅游局推荐南京江心洲、苏州未来农林大世界等16个农业旅游示范点候选景点。2002年，江苏省以创建“全国农业旅游示范点”为契机，开始从政府层面引导休闲观光农业发展。南京市率先通过对全市旅游农业资源的调查，编制了《南京市旅游农业发展规划》，提出了全市“一圈、三带、四区”的旅游农业发展布局，确立了旅游农业在南京农业发展中的战略地位。2004年，上述16个农业旅游示范点候选景点顺利通过国家级验收，被命名为首批“全国农业旅游示范点”，示范点数量居全国第三位。2005年7月，江苏省政府在溧阳市召开“全省加快发展现代农业工作会议”，将观光农业纳入现代农业发展范畴。2005年9月，江苏省农林厅制定了《江苏省休闲观光农业“十一五”发展规划》。至2008年，休闲农业已经成为全省推动农村经济结构调整、拓宽农民就业、促进农民增收的重要渠道，成为推进新农村建设的重要载体。

在这一阶段，江苏创意农业立足于本地资源优势，积极培育主导产业，充分整合城乡资源，延伸农业产业链，深入挖掘农业发展潜力，极大地促进了农民增收致富和农村经济又快又好发展。

4. 快速发展时期

为贯彻省委、省政府部署要求，深化农业供给侧改革，更好指导创意农业发展，2016年12月22日江苏省农业委员会办公室印发《关于加快发展创意农业的意见》，明确了创意农业发展的主要任务和目标，以推动全省现代农业建设迈上新台阶。2017年5月江苏省农委在金坛召开全省创意休闲农业工作推进会，决定从今年起实施“12311”创意休闲农业省级特色品牌培育计划，建设创意休闲农业强省。

根据全国休闲农业发展研究报告，江苏省创意农业综合发展指数与四川并列第一，休闲农业与乡村旅游示范县示范点、美丽休闲乡村、星级企业等国家级品牌创建数量居全国首位。在市场需求拉动和政府政策驱动下，创意农业蓬勃发展，成为农业转型升级、农民就业创业、农村融合发展的新型产业。生态观光、休闲度假、特色体验、科技教育、民俗文化等多种类型快速发展。创意农业鲜活典型陆续涌现，六合龙袍稻麦田艺术景观、大丰“荷兰花海”等美丽田园景观极具魅力，造型西瓜、阳台蔬菜、空气凤梨壁画和植物窗帘等创意农产品和手工艺品精彩纷呈，南京农业嘉年华等农事体验和农业节庆活动人气十足，江苏省在两届全国休闲农业创意精品大赛中均取得了优异成绩。

二、江苏创意农业发展现状

（一）江苏创意农业发展总体概况

江苏省的创意农业最初以休闲观光农业的面貌出现，起步较早。20 世纪 80 年代至 90 年代初，在城郊农村和景区周边萌发了一批农家乐雏形。此后 10 多年，逐渐进入快速发展期，各类农家乐、采摘园、休闲农庄等如雨后春笋般不断诞生，“十一五”时期，江苏省农委在国内省级层面上率先明确管理职能，有组织地推动休闲观光农业发展，指导各地建设农家乐、观光农园、休闲农庄，举办农事节庆活动，吸引城市居民下乡消费。目前，全省形成南京、苏锡常、徐州三大都市休闲观光农业圈，环湖泊和丘陵山区两大休闲观光农业区，沿江、沿海、沿运河、沿黄河故道四条休闲观光农业带的“三圈两区四带”点线面结合的发展格局。

在这一快速发展时期，江苏省创意农业逐步呈现产业规模日渐扩大、发展内涵不断提升、类型模式更加丰富、发展方式逐步转变、综合效益同步提高的特点，成为农业转型升级、农民就业创业、农村融合发展的新型产业。2016 年，全省已成功创建 41 个全国休闲农业与乡村旅游示范县和示范点，151 个休闲农业与乡村旅游星级企业，11 个中国美丽休闲乡村、17 个中国最美休闲乡村，国家级品牌创建数量居全国第一，兴化垛田农业系统、泰兴银杏种植系统被评为全球重要农业文化遗产、中国重要农业文化遗产。江苏溧水、兴化分别为全国休闲农业和旅游十强县的第一名、第八名。

2017 年，江苏省农委启动了“12311”创意休闲农业省级特色品牌培育计划，计划用 3～5 年时间，培育 100 个农业特色小镇、200 个休闲观光农业示范村、300 个主题创意农园，构建一个全国领先的创意休闲农业互联网平台，每年举办一次创意休闲农业设计大赛，全面推进江苏创意休闲农业的品牌发展，进一步提升江苏省创意休闲农业影响力，争创全国创意休闲农业工作排头兵。2017

年 1—5 月，江苏省已举办各类农事节庆或休闲农业推介活动 200 余场次，累计接待游客 6 000 多万人次，特别是清明、五一小长假期间，荷兰花海、千垛菜花等知名创意农业景点车水马龙，为景区农民带来了可观的收益，成为农业农村发展中的亮点。2017 年上半年全省新增休闲观光农业园区景点（包括农家乐）约 600 个，游客接待量达 7 000 万人次，综合收入超过 250 亿元，实现时间过半任务完成过半的目标任务。截至 2017 年年底，全省具有一定规模的创意农业园区景点（包括农家乐）增至 8 600 个以上，年接待游客量达 1.44 亿人次，综合收入超过 430 亿元，与 2016 年同比增长 22%。全省创意农业从业人员达 61.42 万人，其中农民 51.1 万人。

（二）创意农业发展主体

江苏省在发展创意农业过程中坚持以市场需求为导向，以农民增收为宗旨，以农村一二三产业融合发展为重点，对农业生产注入科技与文化“两大元素”，整合农村生产、生活、生态“三生资源”，与自然山水深度结合，与产业发展相互交融，绿色协调可持续发展，实现农业、农村的资源优化配置和农业产业链价值最大化。

创意农业发展至今，江苏省逐步培育出休闲农庄、农家乐、休闲农园、规模农业企业、现代农业示范园、农业主题公园、休闲农业示范村、创意农业文化遗产、特色农业小镇等创意农业发展主体。这些主体类型可集中概括为科技型、文化型、功能型、生态型、服务型五大创意农业发展类型，并围绕这五种类型结合具体案例进行了分析。

1. 创意农业发展主体的数量分析

从数量上看，各发展主体数量在江苏省创意农业发展中所占比例差别较大（图 4-1）。其中，农家乐占比最大，为 47.3%，是目前江苏省创意农业发展中体量最大的主体；其次为休闲农庄和休闲农园，二者比例比较接近，分别为 14.5%和 13.1%；再次为规模以上休闲农业企业，占比 8.6%；而现代农业园、主题创意农园、休闲农业示范村占比较低，分别为 6.4%、2.8%和 2.4%；其他创意农业发展主体总占比为 4.9%，主要包括民俗村、全国休闲农业与乡村旅游星级企业、森林公园和湿地公园。

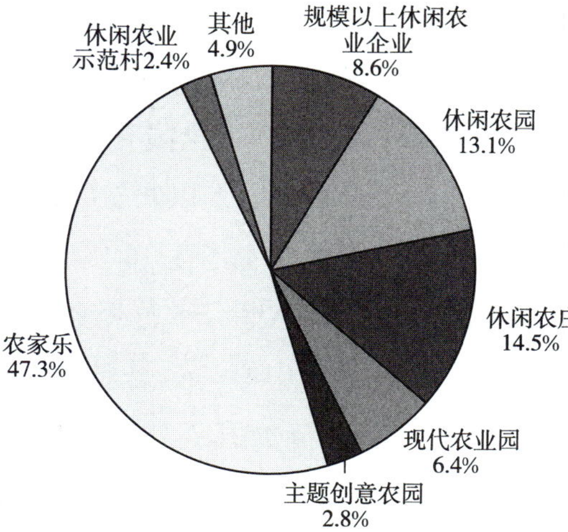

图 4－1　2017 年江苏省创意农业发展主体占比

数据来源：江苏省农业委员会。

2. 创意农业发展主体的地域分布分析

从地域上看，江苏省不同地区创意农业主体发展状况并不均衡（图 4－2）。从发展主体总量来看，第一梯队为南京、苏州、无锡和徐州四市。南京市创意农业发展势头强劲，发展主体数量在全省拔得头筹，占比 21.6%，远高于其他各个地级市；苏州、无锡和徐州三市跟随其后，创意农业发展主体数量分别占全省发展主体总量的 12.6%、9.3%和 8.4%，位于江苏省前列；盐城、泰州、镇江、淮安四市位于第二梯队，其创意农业发展主体数量占比为 6%～8%，居于全省中等水平；宿迁、南通、常州、连云港、扬州五市位于第三梯队，已培育的创意农业发展主体数量较其他地级市较少，占比均低于 6%。

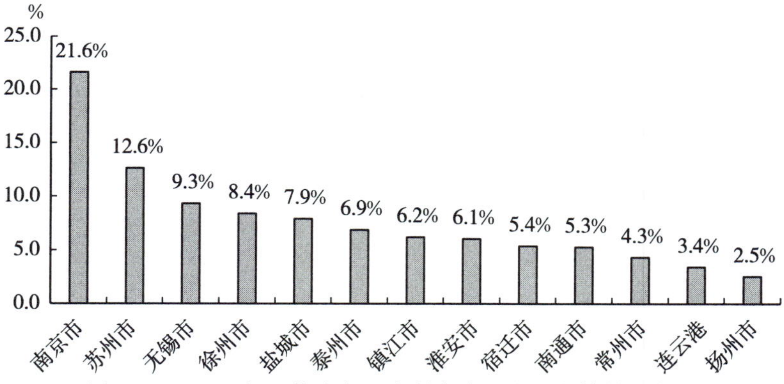

图 4－2　2017 年江苏省各地市创意农业发展主体数量占比

数据来源：江苏省农业委员会。

3. 创意农业发展主体的目标任务

在苏农园下发的《关于加快发展创意农业的意见》中，江苏省明确提出要进一步培育多元发展主体，全省每年创建 10 个全国有较高知名度的主题创意农业园，每个涉农县（市、区）每年培育 1 个以上以农旅融合为核心的省级创意农业示范镇、村，全省各类创意休闲农业发展主体达 10 000 个以上，争创 30 个全国休闲农业和乡村旅游示范县、200 个以上星级示范企业，建设一批畜牧文化园，争取将南京市打造成全国创意农业示范中心。这是对 2017 年中央 1 号文件关于“优化产品产业结构”“拓展农业产业链价值链”和“推进农业供给侧结构性改革”等重要部署的具体落实。随着国内经济的快速发展，农业的产业融合日益紧密，江苏创意农业的发展受到越来越多的重视。

（三）创意农业发展类型

在江苏省创意农业发展过程中，根据创意农业的发展特点和发展路径，将创意农业划分为科技型、文化型、功能型、生态型和服务型（表 4－2）。

表 4－2　创意农业发展类型

类型	具体描述
科技型	运用现代高新技术开发农业特色产业、发展农产品加工业、创新农村服务业，在科技应用中融入艺术元素，培育一批外形独特、工艺考究、具有内涵的创意农产品。 例：南京江宁区秣陵杏花村的开心农场用最新的农业物联网技术改造农业，从而实现生产自动化、数字化、智能化和远程控制，提高市民网上体验感，节水、节能、省工和省地。
文化型	突出文化元素在创意农业发展中的应用，挖掘利用地方农耕文化与农业资源，引导创意农业特色化发展，提升创意农业内涵。 例：泰州兴化垛田传统农业系统是中国重要农业文化遗产，将垛田地貌与传统的耕种相结合，培育了“春看菜花、夏观荷花、秋赏菊花、冬品芦花”的四季垛田美景。
功能型	培育出集旅游、养老、教育等多功能的创意农业精品，推进农业与旅游产业、健康养老产业、教育产业等产业深度融合，对农业全产业链及其经营场所等进行包装、设计、创意，推进创意农业产业化。 例：无锡宜兴的龙池山自行车公园以低碳出行、慢节奏生活、公益性健身活动与休闲观光相结合，充分利用现有茶园、竹海、水库等生态旅游资源，打造集自行车运动、山水风光以及阳羡茶文化等特色为一体的自行车健身运动主题公园。
生态型	把创意农业发展与美丽乡村建设有机统一，与农业生态建设协同推进，培育一批吸引眼球的创意农业景观，让绿水青山变成金山银山。 例：宿迁市三台山森林公园内衲田花海，区域主要是以花田和生态民俗村为主，实行“生态＋”发展模式，应用了绿色建材、可再生材料等新型建筑材料，田块边界及道路两侧利用渗透沟代替雨水管网，让雨水下渗至地表与园区水系连接，使景观成为绿色海绵来净化和储存雨水。

（续）

类型	具体描述
服务型	在农产品营销方式上创新创意，通过新奇别致的产品包装、友好亲切的品牌形象和丰富多彩的营销推介，促进产销对接、优质优价。 例：南京市江宁区横溪街道的石塘人家已建成全国第一家农业e+互联网小镇，全面打通创意景观、美丽乡村、乡村民俗、农村工艺品、优质农产品与市民消费通道，在市民与农村搭建便捷桥梁。

三、江苏创意农业发展成效

十八大以来，江苏省创意农业以培育新产业、新业态、新模式为着力点，紧紧围绕发展现代农业、促进农民就业增收、满足城乡居民消费需求、建设美丽宜居休闲乡村等目标任务，加快推进农业供给侧结构性改革，加快推进创意农业发展升级，推动全省创意农业强省建设，取得了显著成效。

（一）品牌创建数量全国领先

江苏省启动“12311”创意农业品牌培育工作，确立了105个江苏农业特色小镇和101个主题创意农园培育目标；继续在各涉农县市（区）培育了107个创意农业示范村，认定了71个江苏省创意农业示范村；继续开展全国创意农业和乡村旅游示范县（市、区）创建、中国美丽休闲乡村推介和全国创意农业与乡村旅游星级示范企业（园区）创建工作，其中贾汪区、宿豫区、东台市3个市（区）获得全国创意农业和乡村旅游示范县（市、区）认定，宜兴市张阳村等6个村获得中国美丽休闲乡村认定，仪征市江扬生态农业有限公司等52家企业创建成全国创意农业与乡村旅游星级示范企业，江苏高邮湖泊湿地农业系统和无锡阳山水蜜桃栽培系统获得第四批中国重要农业文化遗产项目认定，为江苏省获批中国（全球）重要农业文化遗产项目增添重要力量。

截至2017年年底，全省培育创建了20个全国创意农业和乡村旅游示范县，24个示范点，180家全国创意农业与乡村旅游星级示范企业，23个中国美丽休闲乡村，101个江苏最具魅力休闲乡村，20个省级农家乐集聚村示范村，121个江苏省创意农业示范村。认定了4项中国重要农业文化遗产（其中2项为全球重要农业文化遗产）、16 个中国美丽田园、4 条全国十佳创意农业精品线路和一批全国十佳休闲农庄、全国二十佳最美农庄等品牌，创意农业综合发展指数居全国领先地位。

（二）强化政策落实，积极推进创意农业发展

按照习总书记的“两山理论”以及首届全国创意农业和乡村旅游大会提出的“以农业为基础、以农民为中心、以绿色为导向、以文化为灵魂”的创意农业发展要求，在深入贯彻落实农业部《关于积极开发农业多种功能大力发展创意农业的通知》和《关于大力发展创意农业的指导意见》两个文件精神的基础上，江苏省先后印发了《关于创意农业强省建设的意见》《关于加快发展创意农业的意见》《关于加快发展创意农业示范村的通知》等文件，在创意农业基础设施和服务设施方面给予大力支持。同时，积极拓展农业多功能，召开全省创意农业工作推进会，推动创意农业发展。

（三）创意农业活动宣传推介有声有色

各地农事节庆活动丰富多彩，江苏省农委编排了 150 条江苏创意农业与乡村旅游精品线路，编印了 4 册创意农业景点和线路宣传册，举办了四届长三角创意农业博览会、首届江苏茶展暨创意农业博览会和首届江苏省创意农业设计大赛等活动，开展了省创意农业示范村微信公众号网络巡展和《扬子晚报》“春季赏花”电子地图推介等活动，具体表现如下：

支持各地举办梨花节、桃花节、樱花节、油菜花节、草莓文化节、茶叶文化节等农事节庆活动达 400 余个。为落实农业部“春季赏花”活动，江苏省在《扬子晚报》推介“春季赏花”电子地图，提高农村“春花经济”效益。在省电视台《走进新农村》栏目、省农委微信微博和江苏政务信息等平台宣传推介 50 个江苏省创意农业示范村、省内创意农业与乡村旅游精品线路，编制了《江苏省四季经典创意农业精品线路集萃》，并在全国创意农业和乡村旅游大会上进行宣传推介。

在首届江苏省创意农业设计大赛中，全省发掘了近 1 300 件园区与景观类、产品与包装类、营销与服务类以及其他衍生类创意农业设计作品，评选出 200 件创意设计获奖作品，同步举办了大学生创意农业线路创意设计竞赛、创意农业卡

通形象设计和创意农业微电影竞赛等活动，评选出 30 个获奖团队和 12 个卡通形象与微电影作品。同时举办了首届江苏省创意农业设计大赛精品展示活动，培育多元创意主体，健全创意产业体系，放大创意品牌影响，提升产业综合效益，为提升产业核心竞争力发挥了积极的推动作用。

第二节　江苏创意农业专题评述

一、江苏创意农业发展存在的问题

全省创意农业发展虽然取得了一定成效，但仍存在整体发展水平不够高、区域发展不平衡性较大、产业融合发展不够紧密、科技文化内涵不深、创新创意能力不足、产品市场竞争力不强以及从业人员素质有待提高、管理服务能力有待提升，相应扶持政策有待增强等问题，亟须着力加以解决。

（一）创意农业产业链松散，农户参与积极性不高

1. 初期效益不明显，农户参与积极性不高

农民是创意农业生产的主体，农户的参与积极性是创意农业得以快速发展的重要前提。但根据笔者对南京、盐城、徐州等地的农户走访来看，当地农户参与创意农业的积极性并不高。就增收角度而言，创意农业投入周期较长，与传统农业相比，短期内效益并不明显；就参与环节而言，当地农户主要集中在农业生产、采收、简单加工等环节，对产品的创意包装、创意体验营销、创意品牌推广及创意经营管理等环节的了解却处于空白状态，而这些环节正是创意农业溢价的关键环节。这些因素使得广大农户对创意农业的发展预期收益持怀疑态度，从心理上排斥“创意”带来的收入溢价效应。因此，广大农户并不愿意积极融入到当地创意农业发展的大潮之中。

2. 企业话语权集中，对农户参与积极性存在排挤效应

目前，江苏省规模较大、效益较好的创意农业项目的投资经营主体大多是集体企业或股份制企业。广大农户因受到产权规模小、股份少等因素的制约，项目的运营权、话语权、分配权都集中在集体、企业主及相关代理人手中。在收益分配时往往忽视农户的利益，这对农户参与创意农业的排挤效应大于辐射带动

作用。

3. 尚未构筑多层次的产业链和价值链

形成多层次的产业链和价值链，是创意农业发展的关键。要将创意融入农业产前、产中、产后的各个环节，实行“研产加销”一体化，提高创意农业与其他产业的关联度，推动一、二、三产业融合，形成彼此良性互动的价值体系。从南京、镇江、盐城等地的调研看，当前多数创意农业的产业链和价值链构筑都相当欠缺。要么仅停留于旅游观光、婚纱摄影、采摘垂钓、美食品尝等休闲活动上，要么仅侧重科普观察、户外教学、生态解说等教育层面，这使得游客对农业的体验深度不足，在精神创造层面的体验比较缺乏。

（二）创意农业品牌建设不足，影响范围小

1. 品牌建设能力较弱

江苏省创意农企对如何进行品牌建设普遍缺乏清晰的认识，对如何做大、做强现有品牌缺乏战略理论与实战经验。从大部分农企来看，既没有专门的品牌营销机构，也没有专门的人才负责品牌运营，因而很难进行高水平的品牌市场运作。这是江苏省许多优质创意农产品在省内声名鹊起而在省外却无人问津的症结所在。目前，创意农企品牌建设方面存在的问题主要有：一是品牌个性高度雷同，建设过程注重广告宣传、明星代言、终端促销，缺乏差异化的品牌价值和个性形象塑造；二是品牌没有带来销售，较多创意农产品品牌有一定影响力，却没能在消费者内心根植品牌的核心价值，无法给企业带来持续的预期销售。

2. 品牌整合营销能力不强

在互联网时代，信息的分享更为容易。当今创意产品竞争者的众多化、创意产业的多样化、分销渠道的多元化等，无不揭示这是一个买方市场的时代。而江苏省创意农业未从消费者需求出发，在全国范围内有影响力的创意农业品牌凤毛麟角。目前，存在的主要问题：一是不注重已有创意农产品品牌、创意农业园区品牌的推广；二是对创意农产品品牌整合营销能力有待加强。营销大师唐·舒尔茨教授提出要关注产品及顾客、潜在顾客的传播沟通，要重视顾客的认识和我们提供服务的能力，为此，需要全新的整合营销能力，来沟通创意农产品与客户之间的关系。从顾客的角度传达产品信息时，需要将相关性、感知性、反馈、认同

等信息分享给顾客，使大众更容易感知和接纳创意农业品牌，并建立强势和持久的顾客关系。

3. 品牌管理能力缺失

根据江苏省农委提供的数据，截至2017年，江苏省共有48个农产品商标被获评为中国驰名商标和地理标志。但从这些农产品品牌的实际运营来看，多数农企的品牌管理能力非常薄弱，处于无序或盲目状态。比如，有的企业虽然设置了市场或品牌管理部门，但没能建立系统科学的品牌发展战略和品牌运营模式；有的农企内部品牌众多，品牌架构体系管理混乱，难以形成有效的品牌协同；有些创意农产品品牌的传播策略时常发生摇摆，缺乏长期一致的品牌形象，难以向客户清晰传递企业的品牌价值；有的地理标志品牌缺乏有效的规制管理，“公地悲剧”无法规避。上述问题均制约着江苏省创意农业高附加值产品的产生，也使得现有的知名品牌难以持续获得高溢价和销量增长。

（三）融资管理机制不健全，资金扶持力度较弱

创意农业是新兴产业，也是一个系统工程。目前，江苏省对创意农业的服务与管理是粗放式的，各级管理体系尚不健全，在资金扶持力度、资金融入渠道、资金管理平台建设等方面存在不足。

1. 地方政府资金扶持力度较弱

政府的鼓励扶持是创意农业进一步发展壮大的基础，好的创意点子、创新技术，必须依赖于政府资金的支持，才能得以整合资源优势，形成规模效益。目前，江苏省创意农业的资金来源主要是农户、企业、农村集体等的投资。由于各种因素的制约，现阶段各投资主体对创意农业的投入存有观望心态。近年来江苏省财政对创意农业的重视和投入不断加大，但财政资金对创意农业投入结构不甚合理、对创意农业专项发展投入不足等问题依然突出，还需依靠当地政府出台各种扶持政策进行扶持。通过对泰州、盐城等地市农业龙头企业调查发现，当地地方政府有些尚未出台扶持发展创意农业的政策，有些扶持资金额度相对较低，客观上影响了农户、农企进一步发展创意农业的积极性。

2. 资本的多元化融入渠道不畅

由于江苏省农村金融机构建设尚不完善，农民贷款难度较大，融资渠道单

一、投入资金短缺，一直是创意农业发展的瓶颈。一方面，由于缺乏政府对农业贷款的引导和鼓励，商业银行因其贷款成本较高，流向农村项目的资金很少；农业银行更倾向于在农村吸资而非投资；其他的国有商业银行也因农业投资周期长、收益低而逐渐撤出农村市场。农业贷款基本上来源于农村信用社和农业发展银行，但由于存款规模及金融服务功能的限制，也无法发挥更好的作用。另一方面，由于政策和法律缺乏，农村金融服务体系和农业保险制度不够健全，社会资金通过股权、债权、结构性产品、信用衍生产品等融资工具，外资和私募股权基金等多元化的方式引入农业项目的难度较大且渠道不畅，难以切实有效地解决创意农业融资难的问题。

3. 融资信息服务平台不成熟

在市场竞争和金融市场不断变化的环境下，建立专项的“融资信息竞争平台”是提高创意农业融资效率的有效方法。江苏省的创意农业很少拥有自己的融资信息系统，大部分还处于信息搜集阶段。一方面，创意农业缺少专业的信息人员来积极推进融资信息服务与对接，缺少“融资信息沟通的平台”，创意农业无法公平公正的搜索、整理、跟踪和分析各项融资信息，因此很难真正降低融资成本。另一方面，缺少融资信息的配套服务平台，创意农业的中介服务、法律服务、技术服务、融资担保、资产评估、产权交易等服务尚未形成一个有效的服务体系。

4. 传播路径相对较窄，宣传力度不足

对于传统农业而言，创意农业是一个全新的农业概念，让这一新概念获得广大农业干群认可，需要经过大量的推广宣传。调研发现，江苏省地方农业干部和农企职工对创意农业信息的获取主要通过网络、节庆会展及电视创意农业节目，农户的信息来源主要包括电视、广播及农业简报。因此可见，网络、广播电视、会展活动是当前创意农业传播的主要媒介。从宣传形式看，江苏省地方农业相关部门对创意农业进行推广常以“搭便车”的形式，依托固定的节庆、会展、民俗等活动开展。虽然在一定程度上宣传推广了创意农业的产品和服务，但这种推广方式灵活性不足，期限较短且成本偏高，创意农业介绍在热闹的氛围中常被人们忽视，并且，此类活动往往是政府唱独角戏，可持续性和绩效方面均面临着挑战。

二、江苏创意农业发展的对策

江苏创意农业的发展要以党的十九大提出的乡村振兴战略为指引，以农业供给侧结构性改革为主线，以市场需求为导向、以农民增收为宗旨、以农村三产融合发展为重点，按照产业兴旺、生态宜居、乡风文明、治理有效、生活富裕的总要求，着力构建现代农业产业体系，培育农村经济新动能，深入推进创意农业发展和美丽休闲乡村建设。

（一）调动农户参与积极性，推动创意农业产业链融合

1. 合理进行农业产业布局，形成三产融合集聚区

在创意农业发展的过程中，注意对创意农业进行合理的产业布局，建设一批农业文化旅游“三位一体”、生产生活生态同步改善、三产深度融合的农业特色产业集聚区，引导和推动创意农业集聚效应的形成和良性发展。同时统筹全局，促使创意农业能够在江苏全域内实现均衡发展，使全体农民共享创意农业的发展红利。

2. 引导创意农业经营主体，构建不同类型的创意农业产业链

积极引导创意农业示范村和休闲农庄（农园）等创意农业经营主体围绕科技型、文化型、功能型、生态型和服务型五种类型，开发创意休闲产品，拓展农业多功能，形成创意农业产业链，促进农民创业就业。

具体做法：一是深入发掘农耕文化、乡风民俗、民间技艺、农业历史经典、农业文化遗产等，打造一批特色农耕文化园、经典文化创意园、民俗文化博览园、农业文化遗产科普园等文化型创意休闲农园；二是积极推进农业与旅游、康养、教育、科技、文化、动漫、时尚等产业的深度融合，培植打造一批美丽田园景观、主题创意农园、美丽休闲乡村、特色田园乡村等创意农业综合体，促进功能性创意农业全面实施；三是强化农村生态环保与综合治理和农业绿色发展与废弃物综合利用，打造一批香草爱情庄园、创意景观田园、特色花木农园等生态型创意农园，开发一批如稻麦秸秆画、编织品、植物干花饰品、粮食贴画、动物羽毛贴画等创意休闲产品，促进生态循环、绿色发展；四是创新创意农业营销与服务方式，每个创意农业经营主体创意设计一批组合包装产品，促进农特产品营

销，培植特色品牌，每个创意农业村镇设计 2 个以上农事节庆活动，集聚人气、打造地方名片。

3. 加大创意农业培训工作，提高农户的参与积极性

发挥省创意农业协会作用，结合农业部人才培训计划，建立健全培训机制，每年举办 2 期以上的全省创意农业管理人员和从业人员培训班，提高人员的创意素质，培训 3 800 名以上创意农业专门人才。加强与广告、建筑、艺术等领域的合作，在项目策划、价值分析、设计建造、招商营运等方面，为创意农业的发展提供智力支撑。

（二）注重品牌培育，提升创意农业市场竞争力

1. 鼓励企业开展品牌创建与培育工作

鼓励企业设立专门的品牌营销机构，吸引专门的人才负责品牌运营，从消费者需求出发，打造独具特色价值的商业品牌，关注和开发特色农产品，沟通创意农产品与客户之间的关系，清晰传递企业的品牌价值，打造差异化的竞争路线，形成鲜明有力的个性化品牌形象。

2. 提高品牌管理能力，开展品牌培育工程

着力开展“12311”创意农业品牌培育工程，重点在每个涉农县（市区）培育 1 个以上创意农业示范村，创建 50 个左右江苏省创意农业示范村，培育 100 个左右主题创意农园，建设百个农业特色小镇。深入开展全国创意农业和乡村旅游示范县（市、区）创建、中国美丽休闲乡村推介和全国创意农业与乡村旅游星级示范企业创建工作，创建 2 个左右全国创意农业示范县（市、区）、4 个左右中国美丽休闲乡村和 30 个左右全国创意农业和乡村旅游星级示范企业。

3. 融合其他相关农业产业，推动品牌建设进程

突出现代农业主线，是发展创意农业要坚持以农为本的原则体现。要紧紧围绕有利于解决“三农”问题来确定产业发展的目标、方向和重点，把创意农业发展与优势特色产业结合起来，与高效设施农业建设结合起来，与生态农业、循环农业、智慧农业建设等结合起来，充分利用各类资源和现有农业生产、生活设施，延展提升传统农业，积极推进农业现代化进程。

（三）健全融资管理机制，提升创意农业服务能力

1. 继续重点支持创意农业发展，加大资金扶持力度

继续在涉农项目中重点支持创意农业发展，着重对已获得认定的创意农业示范县示范点、创意农业星级企业、美丽休闲乡村、农家乐集聚村、创意农业示范村等经营主体给予财政补贴扶持。各地要积极争取当地政府增加财政投入，集聚多部门项目资源，鼓励和支持各类社会资本投资创意农业。

2. 疏通多元化融资渠道，推进创意农业发展的资本市场建设

通过政府引导、政策支持、市场激励等方式，积极引导工商资本、民间资本、金融产品等投资创意农业，加快支撑创意农业发展的资本市场建设。积极鼓励农村信用社、小额农业贷款机构、农业合作银行等“农字头”的金融机构业务下沉，支持各经营主体改善创意农业基础设施和服务设施，真正从投融资上支持创意农业的发展。

选择有一定规模与实力的创意企业，吸引农业科技企业组建创意农业投资有限公司，建设创意农业投融资平台，为中小创意农业企业投融资和咨询、评估、策划及运营管理提供专业服务；在投融资机制上，支持经营主体申报国家相关专项资金和省PPP融资支持基金等，鼓励与各类金融机构和社会资本开展战略合作，解决发展资金需求。

在经营模式上，引导帮助农民自主发展，鼓励以村集体经济组织、农家乐合作社或重点休闲农业企业为龙头，采取合作经营、股份经营等模式，带动农民在农业延伸产业链的各环节创业就业，构建工商资本与农民利益分享机制。

3. 建立创意农业服务体系，加强规范化管理

要加快构建以公共服务机构为依托，合作经济组织为基础，龙头企业为骨干，其他社会力量为补充，公益性服务和经营化服务相结合，专项服务和综合服务相协调的新型农业社会化服务体系。组建江苏省创意农业专家委员会，开展理论研究、规划编制、标准制定和星级企业评审等工作，合力推进全省创意农业规范化管理和标准化服务。

（四）运用多种传播途径，提升创意农业影响力

组建公益性的创意农业网，充分发挥网络传播范围广、传播速度快、传播成

本低、群众参与方便的优势，将网络作为创意农业宣传推广的主平台，开展创意农业信息发布、宣传推介、线上线下电子商务、行业统计、信息交流、理论研讨、政策咨询等工作，全方位、宽领域促进创意农业发展迈上新台阶。

一方面，加强对创意农业发展成果的推广展示，有序开展全省创意农业与乡村旅游精品景点和线路的宣传推介。比如组织全国创意农业和乡村旅游示范县（市、区）编排 20 条四季特色创意农业与乡村旅游精品线路，在全国和省内主流媒体集中宣传推介。

另一方面，通过网络对各级领导干部进行创意农业相关知识的培训，提高其对创意农业发展的领导水平。同时要加强电视等媒体对创意农业的宣传推广，比如组织 100 家全国创意农业与乡村旅游星级示范企业结成联盟，在南京电视台《农展新视野》栏目进行集中推介，开展丰富多彩的江苏乡村休闲大巡展活动。普遍提高社会各界对发展创意农业的认识，在不同层面形成重视创意农业、包容农业创意、扶持创意农业发展的社会导向和社会风气，为创意农业的发展提供良好的氛围，同时也吸引一批非农从业人员参与到创意农业的事业中来。

第三节　江苏创意农业典型案例

江苏省在发展创意农业过程中取得了显著成效，正如前文所述，在全省培育了一大批全国创意农业示范县、中国美丽休闲乡村、全国创意农业与乡村旅游星级示范企业、省级创意农业示范村、主题创意农园以及农业特色小镇等。为此，笔者选取有代表性的创意农业示范村、创意农园、创意节庆与文化遗产等为优秀发展示例，以展示江苏省创意农业发展建设成果。

一、创意农业示范村——无锡市惠山区阳山桃源村

（一）基本概况

桃源村位于江苏无锡市惠山区阳山镇东南部，2009 年 10 月，由原姚家桥村、大路头村合并，占地面积 4.1 平方千米，现有户籍人口 3 366 人，暂住人口 321 人。2010 年以来，村集体通过“双置换”方式流转了近 2 000 亩土地，采用

“公司＋种植大户＋合作社”模式，推动水蜜桃产业的规模化、专业化生产。同时，为大力推进农村三产融合发展，大力发展创意农园和乡村旅游，挖掘多种文化内涵，变单纯的“卖桃赚钱”为综合的“以桃兴业”，集体经济、农民收入稳步提升。先后获得了“全国文明村”“中国最有魅力休闲乡村”“中国十佳小康村”“江苏省最具魅力休闲乡村”等荣誉。

（二）具体做法

桃源村的创意思路主要体现在三大方面：一是三产融合，全力打造桃全产业链；二是绿色发展，推进宜居美丽乡村建设；三是与时俱进，创新产品流通方式。

1. 推进三产融合，全力打造桃全产业链

第一，实现水蜜桃的规模化生产

据资料显示，阳山镇现状农业用地总面积为 31 751 亩，其中粮食 0 亩、蔬菜 343 亩、园艺 28 690 亩、林木 765 亩、渔业 1 944 亩、牧业 9 亩，园艺占用最大比例，计 90%，其中绝大部分是桃树；其次为渔业，计 6%，主要集中在阳山镇北部。桃源村桃树种植面积达 2 800 亩，经营方式上将农户承包的土地分批流转至太湖阳山水蜜桃有限公司，再由公司承租给种植大户，实施水蜜桃的规模化、标准化生产，建立了水蜜桃种植专业合作社。现有个体桃农 480 户、水蜜桃专业合作社 16 家。1998 年起推广了水蜜桃标准化生产，2000 年制订了《无锡水蜜桃产品标准》《无锡水蜜桃生产技术操作规程》，加强新技术、新品种、新肥药的科研、开发，把两个标准贯穿到产、供、销全过程，实现了水蜜桃生产的无公害化和有机化，促进水蜜桃生产的可持续发展。目前阳山水蜜桃有 20 多个品种，早熟品种中以早红露、晖雨露、雨花露、银花露、京红为代表；中熟品种以白凤、新白凤、朝晖、湖景蜜露、阳山蜜露为代表；晚熟品种以白花、阳山大红花、晚湖景、晚白花为代表。现在，无锡阳山与山东肥城、浙江奉化、河北深州并称为国内四大著名桃产区，凭借其得天独厚的自然气候条件，加上科学精细、标准化的栽培管理，阳山水蜜桃具有果大色美、香气浓郁、皮薄肉细、汁多味甜、风味独特的特点。水蜜桃是阳山镇农业的主导产业，以水蜜桃为代表的高效农业占全镇农业的比重达到 98%，全镇水蜜桃种植面积达 21 000 亩。2015 年，阳山水蜜桃总产量 18 720 吨，总产值 3.3 亿元，桃树亩均产值 1.85 万元，桃农总人数 13 000 人，人均纯收入超 2.05 万元，本镇农民从水蜜桃产业中获得的收入占总收入的 80%以上。当前，阳山镇已形成从生产、贮运、加工到流通的产业链条并逐步拓展延伸，产品远销全国各大中城市，还走出国门，成功销往泰国等地。

第二，桃产品的深加工

在水蜜桃深加工方面，无锡市阳山桃园水蜜桃有限公司与常州大学合作研发的水蜜桃果酒，已获成功，将批量生产；无锡市太湖阳山水蜜桃有限公司与江南大学合作研发的水蜜桃汁已进入市场，得到了广大消费者的许可。除此之外，桃木工艺品等也在游客中声誉渐起。

第三，桃休闲旅游服务和桃衍生产品创意开发

为大力推进农村三产融合发展，打造桃全产业链，桃源村大力建设休闲农庄，开发乡村旅游，充分挖掘其亿年火山、万亩桃林、千年古刹、百年书院及地质科普文化、桃乡农耕文化、佛教禅宗文化、儒家书院文化等，形成了兼有火山迹地游、名胜古迹游、民俗风情游、生态农业游等多种旅游项目。2016 年，全村共创办了 10 余家农家乐、3 家民宿，尤其以隐居公司打造的“桃源·乡宿”“田园东方”创意农业最具创新价值。现在，阳山生态桃源景区已被列入“无锡旅游发展三年行动纲要”，将以更加完善的生态环境和美丽风光，迎接来自海内外的游客。

2. 绿色发展，推进宜居美丽乡村建设

在绿色发展中，桃源村紧紧围绕“提升农村公共服务水平、推进宜居美丽乡村”的建设目标，不断提升村民生活环境质量、加强公共服务建设。一方面，村庄加大环境整治力度，在惠山区星级社区评比中，桃源村曾被评为最高等级“五星级”，村民们切实享受着优美的生活环境所带来的幸福感。另一方面，桃源村依然坚持乐民育民，积极倡导健康向上的社会文明风尚，提高村民文明素质，打造乐活乡村，村老年舞蹈队、威风锣鼓队、太极表演队、拔河队和老年门球队等也丰富了村民生活。同时，以“醉美桃源·乐活无限”为主题的 2015 年桃源村休闲旅游节，开展了“魅力桃源”摄影、书画作品展，“舌尖桃源”阳山糕团制作、品尝活动，“欢乐桃源”垂钓体验、快乐采摘、娱情烧烤等。2016 年 3 月，在桃花盛

开时举办的首届农家特色菜厨艺大赛，更是吸引了来自全国各地的游客。此外，村庄还注重人文风物的挖掘和农耕文化与非物质文化的传承利用，将农耕文化作为发展乡村旅游业的魂，如该村的前寺舍自然村以“周氏文化”为基础，通过挖掘周氏的家规家训、历史遗存和村庄自古流传的酿酒文化、石器文化等，将其建设成农家乐专业村。这些举措正不断推动桃源村向绿色、宜居的美丽乡村迈进。

3. 与时俱进，创新产品流通方式

为顺应创新发展的时代旋律，桃源村积极创新产品流通方式，加大水蜜桃的营销力度，提升水蜜桃的市场竞争力。一方面通过参加各种展销会、推介会来扩大知名度，提升影响力；另一方面销售进入“互联网＋”时代，及时搭建电子商务平台，将桃源村的阳山水蜜桃卖到全国各地，甚至被美国《华尔街日报》誉为“世上最美味的桃子”，品牌知名度大大提升。

（三）发展瓶颈

1. 桃种植问题凸显

一是桃树重茬引起的危害逐年加重。重茬造成土壤毒素增加、酸化、缺钙。桃树表现为生长势弱，易流胶、寿命短、品质差、产量下降；二是栽培模式急需更新。随着阳山桃农老龄化现象逐步显现，阳山水蜜桃的规模化种植成为大势所趋，配套规模化种植的技术、农机具和人才与原先栽培模式发生了较大变化，需要加强规模化种植的技术储备和人才培养；三是专业技术服务力量薄弱。从事水蜜桃专业技术人员年龄老化、知识断层，镇、村从事果树技术研究、推广力量偏弱，人员稀少且身兼多职，没有过多精力从事水蜜桃栽培、植保、土肥技术的推广服务工作。

2. 旅游开发同质化严重，市场竞争激烈

近年来，桃源村十分注重三产融合，全力打造创意休闲农业。从生态景观、温泉度假、都市农业等多方面着手，丰富赏花踏青、采摘娱乐、互动观摩、吃饭住宿、休闲购物等旅游项目，实现多种产业竞相发展。但就活动形式而言，与其他景区相比，无法做到人有我优、人优我特，在市场化竞争越发激烈的背景下，如何通过更深层次的创意开发，把游客引过来、住下来，还能再次来，是值得深思的问题。

3. 缺乏复合型人才，且人才难留住

创意农业的开发核心在人才，而相关负责人表示，村庄引进的优秀人才因生活习惯及结婚等个人原因，很少能扎根农村，人才流动频繁，导致很多工作进展缓慢。且人才基本都是某领域的专项人才，复合型人才紧缺，这在一定程度上制约了乡村发展。

（四）发展路径

1. 加强桃种植管理，延长产业链

把单一的桃经济发展为桃产业。在桃种植方面，抓源头，从桃树生长最为紧密的土壤、用肥、水环境、田间管理等根源入手，把好“总开关”；强技术，切实解决科技推广、技术攻关、新品研发、人才培养等多种问题。一是成立专门的“阳山水蜜桃科技研究所”，形成“示范基地＋实验室＋专业研究室”的模式，针对桃树栽培、育种、病虫害防治等进行专业研究；二是进行高标准运作，全面实施桃品种改良工作，深入推进品种选育工程；三是高效率实施，培育技术骨干团队，带动并形成一支百余人的阳山本土型种桃队伍。在加工方面，推动水蜜桃深加工，如桃汁、桃罐头、桃花酒等；融合桃文化元素，建造桃木工艺品加工基地，有效延长产业链。

2. 延伸桃文化，走差异化路线

针对旅游开发同质化现象严重、市场竞争激烈的形势，通过衍伸桃文化，如长寿文化、美颜文化、桃核文化、饮食文化等，将其开发成一系列休闲体验项目，增强旅游的趣味性、知识性，不仅让游客享受眼球的愉悦，更能停下来切身感受，从而带动消费。此外，进行旅游地产建设，开发宜居养老项目，带动休闲旅游业长效增长。

3. 改革机制，解决人才少、留不住问题

针对缺乏复合型人才的问题，创新人才培育机制，通过对外交流学习、培训，与高校建立合作、搭建人才创意孵化基地等形式，建立人才智库；针对人才难留住的问题，力求通过一系列举措，如提高工资水平、解决家属就业及相关福利待遇和人才长效培育等，尽可能让人才留下来并待得住。

（五）经验启示

总结桃源村的成功经验，最大的亮点在于三产融合，打造全产业链。农业作为第一产业，其附加值较低，而通过与二、三产业融合，尤其是第三产业的融合，发展休闲农业、乡村旅游，不仅能够提高农业附加值，带动农业增产、农民增收，还能够实现农村增绿，进一步完善农村基础设施和公共卫生服务水平，从而提高人民生活水平。其次是农业经营方式的创新。在桃种植方面，将农户承包的土地分批流转至太湖阳山水蜜桃有限公司，再由公司承租给种植大户，建立了水蜜桃种植专业合作社实施水蜜桃的规模化、标准化生产，这也是未来农业生产的发展方向。

二、创意农业园区——南京雨发生态农业园

（一）基本概况

南京雨发生态农业园区坐落于浦口区星甸镇境内，北依老山，南临长江，宁合高速、绕城公路、沿山大道、京沪高铁穿境而过，与长江三桥相交会，距南京主城区 40 余公里，地理位置得天独厚，人居环境十分优美。

雨发生态农业园区成立于 2007 年 5 月，注册资金 1 200 万元，规划面积 10 000 亩，已建成面积 5 000 亩。2008 年由南京农业大学与南京雨发农业科技开发有限公司共同编制《园区发展总体规划》，整个园区规划设计为园艺产业区、生态水产养殖区、科技研发和综合服务区、农业观光休闲区、原生态民俗体验区、野外拓展训练营区、雨发物流区、生态缓冲区 8 大功能区。目前，园区建设累计投资 11 234 万元，已建成高效设施蔬菜示范区 400 亩；苗木、茶园及经济林果 1 800 亩；高效水产养殖 2 000 亩；万头生态猪场 1 个；休闲垂钓中心 300 亩；建设研发及综合服务中心大楼 8 000 平方米，内有客房 100 余间、大小会议室 10 间及配套餐饮和办公研发设施。

南京雨发生态农业园自然景观优美，休闲旅游配套设施完善，园区生产的各类蔬菜、林果、水产品品质优异，深受消费者喜爱，各项采摘、垂钓、乡村休闲体验活动开展得有声有色，园区各类现代农业设施可广泛用于农民专业技术培训

和中小学农业科普教育。为发挥龙头企业带动作用，园区以 5 000 亩核心区的产业化发展，助推周边 1 200 余户农民走上增收致富之路。南京雨发生态农业园已先后获得或通过无公害农产品产地认定与无公害农产品认证、ISO 9001：2008 质量体系认证、南京市重点农业龙头企业、南京市现代农业园、南京市休闲农业胜景、浦口区科普教基地。

（二）具体做法

南京雨发生态农业园于 2007 年 5 月开园，目前已建成 2.5 万平方米智能化玻璃温室、观光温室、防虫网及钢架大棚群等设施园艺展示区。包括茶园、樱桃园、梨园、桃园、板栗园、葡萄园、柿子园、草莓园、彩叶树种展示园等特色园艺展示区；600 亩休闲垂钓及水上游乐中心；1 万平方米五星级雨发小厨娘酒店，集餐饮、客房、商务、培训、会议接待等综合服务功能于一身。

雨发快乐田园旅游景区是以生态风光为基调、以设施农业旅游为基础，将逐步发展成为一个集生态休闲观光、农耕体验、果蔬采摘、嘉年华主题活动、亲子科普教育、机动游乐、水上乐园、婚纱摄影、拓展培训、美食购物、客房营地于一体的综合性旅游景区，着力打造成为华东一流、全国知名的休闲农业度假旅游目的地，并与老山旅游度假区和珍珠泉旅游度假区形成三位一体的旅游度假胜地，不断拓展浦口区旅游市场，形成汤泉街道北温泉南雨发的旅游新格局。

已有项目：四季花海（约 20 万平方米，常年鲜花不断）、生态乐园区（快乐田园 27 项大型游乐项目，包括摩天轮、大摆锤、太空飞车、旋转木马、滑翔飞艇等）、民俗表演区（包含地道战、民俗风情表演等）、塞外风情区（蒙古大营——20 个蒙古主题大营，塞外风光、特色餐饮）、现代农业博览园（拥有 8 000 平方米的农业展示馆和 25 000 平方米现代化农业体验馆以及 20 000 平方米葡萄园）、国际大马戏（拥有来自欧洲多个国家的 100 余名的马戏精英及多种珍稀动物同台演绎的超炫大马戏，5 月首演）、松果木屋度假村（180 栋各具特色的生态木屋，首批 65 栋 5 月迎客）。

特色项目：雨发直升机——南京唯一直升机空中观光项目；休闲垂钓——占地 100 亩，按园林标准建设 6 个标准化钓池；雨发生态园酒店——高端度假型生态酒店，餐饮、会务、住宿、娱乐；四季滑雪（两个尖峰赛道，近 90 度的坡道，最安全的“滑行驾校”）；冰雪大世界（不仅能欣赏到绝美的冰雕造型，还能体验刺激好玩的冰上项目）。

在建项目：民俗风情园，10 个主题特色民俗村寨，包含傣族、彝族、阿瓦族等少数民族，展示不同民族之间的特色文化和主题演绎，计划于 2018 年开放；环岛游览项目，来回 8 公里的环形水域，乘坐游船欣赏两岸自然风光和特色表演，计划于 2018 年年底开放。

（三）发展成效

雨发生态园是全国休闲农业与乡村旅游示范点、江苏省四星级乡村旅游区。目前，景区已建成雨发小厨娘、龙锦湖水上乐园、采摘果园、垂钓中心、观光茶园，配套了木栈道、观景亭、电瓶车、旅游厕所等，旅游产品以果蔬采摘、休闲垂钓为主。2014 年园区举办“中国·南京农业嘉年华”，规划建设了都市农业展馆、儿童乐园、乡村大舞台、雨发八景等项目。

目前，可接待游客 600 人次/日；住宿规模拥有 126 床位，可提供餐位 60 桌 600 人；会议室 10 个，容纳人数 400 人，带动从业人数 232 人，其中农民就业人数 226 人。带动农户数 1 200 户，年接待人次 200 000 人次。年营业收入 3 200 万元，其中农副产品销售收入 2 780 万元。年利润总额 487 万元，年上交税金资产总额 10 279 万元。

（四）发展瓶颈

雨发生态园目前以苗木种植、果蔬大棚为主导，辅以高效设施农业、茶园、渔业等，尚未实现农业经济效益的规模增长，亟须将农业产业拓伸、融合发展。具体表现为：生态环境较优，但景观环境偏于城市园林化，缺乏乡村田园氛围；农业产业基础较好，但产业链条不完善，农旅融合发展有待提高；旅游区位条件十分优越，但缺乏与周边景区的联动发展；旅游运营管理的组织架构已经建立，但体制机制尚不完善。

（五）发展路径

在现有农业产业优化基础上，高度重视规划先行，对重要项目地块进行建设方案的详细规划设计，并根据规划具体落实建设，促进规划区朝着清晰化、持续化、科学化、特色化方向发展。

重视农业产业链的延展，实现果蔬、茶叶、苗木的产业化开发，延长产业链条，带动农副产品加工、餐饮服务等相关产业发展，增加农业产业的附加值，实现产业的提档升级；继而全面加强产业横向拓展，加强农旅及其他关联产业的有机结合，实现共融与合作。

大力发展农业休闲旅游，对园区空间进行高效利用，将园区建设成环境风貌优美、景观丰富多彩、服务设施完善、旅游业态丰富、产品体系健全、综合效益较高的农业旅游园区。通过树立自身的旅游特色品牌，并针对细分市场，实施科学的旅游营销体系，加大宣传力度，逐步形成自身的市场知名度和美誉度；同时注重与周边旅游景点的整合营销、捆绑营销，提升市场影响力，切实引导园区农业旅游的规范化、标准化、优质化发展。

三、创意农业文化遗产开发与利用——江苏高邮湖泊湿地农业系统

（一）基本概况

江苏高邮湖泊湿地农业系统农业文化遗产保护区以江苏省扬州市高邮湖泊湿地整个区域作为保护区范围。高邮湖泊湿地位于江苏中部苏皖交界处，地理位置为北纬 32°42′～33°41′，东经 119°06′～119°25′之间。跨高邮、金湖、宝应、天长四市县，北与洪泽湖水系相连接，南与长江水系相连通，东临高邮，西接安徽省天长市。东西最大横距为 28 公里，南北最大纵距为 48 公里。湖水较浅，最大水深 2.04 米，平均水深仅 1.44 米。高邮湖总面积 780 平方千米，江苏省境内 710 平方千米，安徽省境内 70 平方千米，其中高邮境内 400 多平方千米，蓄水量约 10 亿立方米。

高邮境内湖荡连片，沟渠纵横，水质清澈、无污染，鱼、虾、蟹、蚬、螺、藻菜等水生动植物资源非常丰富。具有千年饲养历史的高邮鸭是勤劳、智慧的高邮人民经过长期选育和独特的人居环境共同造就的地方优良品种。另外，被列为国家地理标志产品的高邮湖大闸蟹亦是在北宋年代就颇有名气了，高邮湖优质蟹的养殖，是基于高邮湖湿地周围没有化工产业，大闸蟹完全生活在原生态

的高邮湖湿地环境里，高邮湖螃蟹肉肥且味道鲜美。高邮湖湿地农业系统促进“米业、鸭业、蟹业”等特色产业发展，从整体上为农业增产、农民增收创造了条件。

江苏高邮湖泊湿地既有天赋的自然美，也有许多美丽的传说。过去高邮八景中“甓社珠光”“耿庙神灯”“西湖雪浪”“邗沟烟柳”等均与高邮湖有关。“稻鸭共作”“鱼鸭混养”“鱼蟹混养”作为高邮湖湿地的一种特色农耕方式，如今也是世界农业文化遗产地的一种特有文化。这种系统在休闲农业上不但生产出优质的农产品，而且能够对乡村旅游起到促进作用。一方面，湿地水陆系统给游客提供了接触大自然、领略田园风韵、体验乡土气息的机会；另一方面，鱼、蟹、鸭、稻米、野生蔬菜等有机农产品为美食旅游提供了广阔的空间。独具本土特色的“稻鸭共作”“鱼鸭混养”不仅能带动当地农民致富，还让外地游客到高邮湖湿地公园游玩的同时，观摩“稻鸭共作”“鸭鱼共产”的场景，品尝原生态美食。高邮湖泊湿地农业系统已形成集田园风光、山水欣赏、文化体验为一体的多元化农业休闲与乡村旅游观光点。

（二）具体做法

1. 大力宣传，提高公众对高邮湖湿地的认识

高邮市政府与中央电视台《每日农经》以及地方电视台江苏公共频道《新@财经》、江苏国际频道《走读江南》等栏目多次合作，曾先后到高邮湖湿地拍摄节目，并对高邮湖湿地的高邮鸭进行宣传。市政府及相关部门还积极组织举办形式多样的节庆和宣传活动，如 1992 年、2002 年、2004 年、2006 年、2008—2015 年高邮市委市政府已成功地举办了 12 届中国高邮双黄鸭蛋节，进一步扩大了高邮鸭的对外影响力和对外知名度。“红太阳”“三湖”“秦邮”等鸭蛋品牌逐步在同行中脱颖而出，在全国市场占有重要份额。目前，高邮市鸭蛋、鸭肉制品拥有绿色食品证书 11 件，有机食品证书 2 件，拥有江苏省名牌产品 3 个。其中“红太阳”牌蛋品不仅通过了有机食品和绿色食品的双重认证，还获得了“江苏省著名商标”“江苏省名牌产品”和“江苏省免检产品”以及“中国名牌农产品”的荣誉称号。通过多种宣传途径让更多的人深刻了解高邮湖湿地农业这一生态健康的农业文化遗产系统。

2. 建立高邮湖湿地自然保护区

高邮湖属国家重要湿地，2005年高邮市人民政府已批准建立高邮湖湿地保护区，保护面积200平方千米，2006年扬州市人民政府将高邮湖及临近的宝应湖、邵伯湖一并纳入建立保护区，同年为加强对高邮湖和宝应湖、邵伯湖湿地的保护和管理，国家林业局又立项投资。一要建立高邮鸭自然保护区保种开发协作组织。建立高邮市高邮鸭自然保护区保种开发协作小组，研究、协调高邮鸭保种及开发利用问题。协作小组由高邮市农委、江苏高邮鸭集团、高邮鸭良种繁育中心、高邮市畜牧兽医站、扬州大学动物科学学院、江苏省家禽科学研究所等有关单位组成，负责高邮鸭长期保种计划、保种方法和保种方案的制订、修订；争取各级政府对保种工作及保种经费的支持，指导和督促各项保种开发工作实施。二是增加投入。各级政府都加大地方畜禽品种保护与开发的投入力度，并以此为导向，吸引企业、个人和社会资金，为这项事业提供雄厚的资金。同时，逐步建立健全保护开发管理体系和运行机制，确保鸭品种保护与开发能深入持久进行，促进农民增收和保种双赢。三是加强研究。各科研、教学单位的专家和技术人员积极开发高邮鸭的保护开发研究，不断引进保护开发的新技术、新成果，与技术推广部门、生产加工企业开展联合研究，实行优势互补，相互促进。

3. 制定相关法律法规保护高邮湖湿地农业系统

依照国家有关法律进一步强化高邮湖湿地保护的法律监督和管理。一是对各类开发活动和开发项目必须进行环境影响评价，严格管理，将开发利用的强度限制在湿地生态系统可承受的限度之内。二是采取行政干预和技术措施，对珍稀鱼类和其他水生或陆生动物栖息、繁殖场所进行重点管理，确保其生态环境处于正常状况。三是切实贯彻《中华人民共和国环境保护法》《中华人民共和国野生动物保护法》等法律法规，强化对湿地生物多样性保护的监督管理，将湿地生物多样性保护纳入法制化轨道。根据相关法规，高邮市政府还制定高邮湖湿地管理办法，禁止一切围垦或侵占湖滩湿地的行为，对非法围垦的，应限期退垦还湖；严禁非法围栏养殖和捕捞；禁止在湖区挖土罱泥；禁止向保护区内超标排放污水；严禁在保护区内进行机械化吸螺作业或拖网作业；严禁随意引入可能引起保护区水生植被组成与结构改变的外来物种，如水葫芦等；规范收获利用保护区内的水生植物资源行为，禁止使用铁耙等损伤植物根系的工具；对生产力下降，有可能造成二次污染的湖岸植被进行有计划收割，以复壮湿地及林带的净化能力；渔业生产要有序进行，禁渔区禁止使用任何妨碍湿地恢复与保护的动态渔具（包括吸螺船）和静态渔具（如地笼等）。

4. 实施地理标志产品保护与技术规范推广

"高邮咸鸭蛋"已获得国家地理标志产品保护，"高邮鸭蛋"获得国家证明商标，高邮也是全国唯一的"养鸭标准化示范县"，有世界唯一的"中国鸭文化博物馆"一座。2011 年 5 月"苏邮 1 号"蛋鸭通过国家品种委员会新品种审定（新品种证书号：〔农 09〕新品种证字第 44 号）。近几年来，"苏邮 1 号"蛋鸭每年推广量均在 300 万只以上。高邮鸭产业园区蛋品研究分中心和上海交通大学、南京农业大学等进行了合作研发，目前已研发出第二代用于纳米涂膜保鲜生产线，研发出 8 种配方的纳米涂膜液用于不同的蛋品涂膜保鲜，并已着手联合申报有关专利。蛋品纳米涂膜保鲜技术的应用提高了产品的正品率（正品率＞99%）和生产效率，降低了生产成本，无环境污染，目前市场销售前景看好。园区在郭集已建成了高邮鸭高效规模生态示范养殖基地 580 亩，郭集示范基地每年接待参观人员 20 多批次（500 人次），是高邮市农业推进会的现场和周边农民培训参观的基地。郭集基地开展养鸭模式和养鸭技术展示，同时开展科技服务超市展示，及时更新服务物资和展示内容，并有来人接待档案记录。为了带动农民养鸭致富，市农委大力推广"湖区天然放牧饲养""大群关养""笼上养鸭""发酵床养鸭""鸭稻共作""鸭鱼混养"6 种高效养殖模式。

5. 积极发展高邮湖湿地农业休闲旅游产业

高邮市政府对高邮湖湿地农业系统旅游业非常重视。目前主要有两个依托高邮湖湿地农业系统的旅游产业，分别是"高邮湖芦苇荡湿地公园"和"高邮湖滩郊野公园"。

高邮湖芦苇荡湿地公园于 2014 年 4 月 18 日正式对外运营，现为江苏省三星级乡村旅游区，在"畅游江苏·美丽江苏之网媒荐乡村——2015 年江苏首届网络乡村旅游征集评选活动"中获评"江苏最具特色乡村生态园"第一名，目前正在积极申报国家 4A 级旅游景区。以流传较广的《梦溪笔谈》中记载的"甓社珠光"，还有水下陈州城、飞碟来湖、海市蜃楼、蛟龙戏水等传说为背景，打造

“高邮湖界首芦苇荡生态休闲度假景区”，景区内以旅游为主导实现农业、渔业产业结构升级，将第二产业农产品、水产品深加工和第三产业旅游服务整合到一起，形成一个产业大格局，在休闲度假发展过程中坚持“低碳化、深生态，个性化、活人文，品质化、高标准，灵活性、农旅互促”的四大战略。以自驾游、自助游、近郊游休闲客源为基础，重点拓展家庭游、商务会务游等。2015 年以来，景区不仅扩大建设面积，增加了儿童游乐区、野营驻地区等参与性活动，还承办了“首届郎酒杯钓鱼比赛”“双十一高邮湖大闸蟹美食节”等活动，并与多家旅行社及网络平台签署战略合作协议，策划了“七夕情人节”“亲子假日游”等专项活动。

“高邮湖滩郊野公园”位于高邮湖中央的新民滩，依托新民滩良好的生态资源基础和高邮湖水环境，主要以油菜花胜境、天然马场、露营基地、休闲运动为重点，围绕“湖、岛、渔、花、禽”等地域特色，建设一个融生态观光、休闲娱乐、民俗体验、农业旅游、科普教育等为一体的综合性郊野公园。高邮湖滩郊野公园已于 2016 年 4 月 1 日正式免费对外开放。

6. 积极申报中国重要农业文化遗产

自 2015 年高邮湖泊湿地农业系统申遗工作启动以来，高邮市各级领导高度重视，成立了由高邮市农委牵头，市旅游局、市文广新局、市史志办、市水利局等有关部门主要负责人为成员的申遗小组，通过多次召开申遗工作交流会、举办有关农业文化遗产保护的培训班，保证了申遗工作的顺利开展。并积极参加“中国双黄鸭蛋节”等农业文化遗产活动，通过实物、图片和电视宣传片等手段向外界宣传介绍了高邮湖湿地农业系统，并深入学习和借鉴多个全球重要农业文化遗产保护试点和候选点的宝贵经验。

（三）发展成效

1. 成功申请为中国重要农业文化遗产

高邮湖泊湿地农业系统作为以农、林、牧、渔为核心的综合性农业生态系统，兼具丰富的生态系统功能和人文景观特征，是一个极富生命力的农业生态系统。在目前的全球农业文化遗产的浪潮下，保护好高邮湖湿地农业系统对于弘扬中华农业文化、增强国民对传统农耕文化的认同感具有重要意义。同时，将高邮湖泊湿地农业系统作为丰富休闲农业的重要历史文化资源和景观资源来开发利用，能够增强产业发展后劲，带动高邮地区农民就业增收，可以实现在发掘中保护，在利用中传承的目标，是发挥传统农业优越性、实现农业可持续发展的一个有效途径。

2. 高邮湖地区的生态功能优势明显

高邮湖地区的自然资源生态性较强，尚未遭到大规模的破坏，自然生态环境良好，水域面积广阔，拥有高邮湖、运河西堤等高质量的水体资源。同时，其农业系统所包含的高邮湖地带的湿地、芦苇荡、森林也是高邮的生态特色。界首芦苇荡是高邮湖地区较大的芦苇荡生长区，这里既有林鸟也有水鸟，夏冬季也有南北候鸟来此栖息，因此这片水域成为候鸟的常驻之地、鸟类的天堂。由此可见，高邮湖湿地农业系统不但具有较强的资源调节功能，而且具有重要的环境调节和生态效益功能，在提供水资源、调节气候、涵养水源、保护生物多样性方面发挥着重要作用。除此之外，高邮湖湿地农业生态系统具有较高生产力的生态系统，包含了渔业生产、工农业及生活用水、航运、旅游、泄洪行洪等多种重要功能。

3. 独具特色的旅游业蓬勃发展

高邮具有发展旅游业的众多优势。从区位交通方面看，高邮位于长三角区域，水陆交通畅达，从高邮港口码头到京沪高速公路出口不足 5 分钟车程，车道宽阔、路况优良。重要的地理位置、便捷的交通、丰富的资源及悠久的历史均使得高邮具备发展旅游业的潜质，高邮旅游业蓄势待发。与此同时，高邮政府确立了“以观光、休闲、度假为主题，以古文化、邮文化、民俗文化、生态文化、水文化为特色，以景区建设为载体，以功能配套、设施完善、点线一体为核心，大力发展旅游业”的高邮旅游发展方向，并将给予众多支持。作为古文化、邮文化、水文化等众多文化的集聚区，又具有极为优良的生态性及产业基础极为优良的规划区，高邮湖泊湿地无疑将成为高邮市发展旅游业最有价值的地区，湿地休闲旅游农业必将有广阔的前景。

4. 以“高邮鸭”为主的特色农产品提高了地区知名度

高邮湖地区的“四水”是其整个农业系统的特有标志，主要包括水禽、水产品、水生经济作物和耐水林木。目前，高邮地区现已形成以高邮鸭、扬州鹅、罗氏沼虾、有机稻米、花木果蔬、高邮湖蟹为主的系列特色农产品，其中以高邮鸭的知名度最高，鸭文化也成为整个农业生态系统中最为独特的文化产业。“不识高邮人，先知高邮鸭”，高邮麻鸭是全国三大名鸭之一，是我国江淮地区名种，属肉蛋兼用型地方优良品种，尤以善产“双黄蛋”而驰名中外，高邮鸭与高邮湖相伴而生，目前高邮鸭系列产品畅销全国，发展潜力巨大。2002 年，高邮鸭蛋被列为地理标志产品，成为世界级的地方特产。以高邮鸭命名的高邮鸭集团成为农业产业化国家重点龙头企业，鸭蛋品牌“红太阳”也被认定为江苏省著名商标，2007 年又被国家评为“中国名牌农产品”，进一步打响了高邮鸭的知名度。

（四）经验启示

湿地农业资源是我国主要粮食作物水稻、许多农产品尤其是水产品的重要生产基地，为农业生产提供保持水源、净化水质、蓄洪防旱、调节气候和维护生物多样性等多项生态服务功能。

1. 生产与资源保护协调发展

农业生产与湿地资源保护存在一定的矛盾关系。湿地保护是为了保持生物多样性，维持生态系统的平衡，促进生态环境的改善。实践证明，只要遵循自然规律，在保护生态环境和湿地资源的前提下，合理开发和利用湿地资源，不仅能提高周边地区农民的收入，而且能促进地方经济的可持续发展。高邮湖湿地的稻田养鸭农业系统作为一种传统农业家庭经营的小农经济，通过合理布局、农牧结合、立体种养的途径，形成了物质循环和能量转化效率较高的农业生态系统，达到了与经济水平相适应的“区域分异、良性循环、整体优化”的效果。作为一种优秀的传统农业文化遗产，稻鸭共作系统具有高度的科学性和实用性，从某种意义上说，它也是一种先进、新型的生态农业模式。农民通过稻田与鸭之间或与周围的生物系统形成内部的良性循环，保持了土壤肥力，控制了病虫侵害，加强了水稻作物的基因，极大限度地保护了生物的多样性，符合我国发展可持续农业、构建环境友好型和资源节约型社会的基本政策，对社会主义新农村建设也具有十分积极的意义。

2. 特色生产，完善产业结构

高邮湖湿地农业生产独具特色，产业结构完整。高邮自然资源丰富，农业生产条件优越，素称“鱼米之乡”。历史的呼唤，自然的造化，营构了高邮的煌煌鸭业。独特的鸭业、新兴的鹅业、特色水产业、规模化林业和传统的优质粮油业，构成了高邮地区大农业的“绿色五业”。高邮湖特色农产品发展迅速，种类众多，尤以水产品、家禽和土特产品为甚。高邮麻鸭、高邮咸鸭蛋、松花蛋、菱塘鸡、菱塘鹅、珠光大米、高邮湖大闸蟹等名优产品闻名遐迩。高邮鸭蛋悠久历史，形成了特有的高邮鸭蛋文化。历代文人雅士留下了诸多美丽诗句，如“鹅鸭烟中乱，鱼虾雨里腥”，“人家苇花里，放鸭满陂塘”，“百六十里荷花田，几千万家鱼鸭边”等。清明时节家家忙腌蛋，礼尚往来赠送双黄蛋，春夏吃咸蛋，秋冬食皮蛋，已成为当地重要的饮食文化事项。以鸭为题材的文艺作品《水乡鸭童》《鸭乡飞歌》等，层出不穷，享誉中外。“天上月亮太阳，高邮鸭蛋双黄”；“好事成双，一蛋双黄”已成为耳熟能详的企业广告语，妇孺皆用的互致问候语。高邮已经举办了12届双黄鸭蛋节，旨在以驰名中外的高邮鸭蛋、尤其是双黄蛋为媒介，开展重大经济活动，对促进地方经济发展，铸塑高邮形象具有重要意义。近年来，高邮充分挖掘高邮鸭的品种、品牌、资源等诸多优势，着力发展鸭业经济，已初步形成了炕孵、饲养、肉制品加工、蛋制品加工一条龙产业链，对高邮综合经济发展具有重要的促进作用。

3. 农业生产与文化相结合

悠久的历史和丰厚的文化底蕴，配合稻鸭共作生态景观和优越的自然条件，赋予高邮湖湿地完备的农业文化遗产旅游资源体系，包括水文景观、动植物旅游资源、历史遗存资源、稻鸭文化资源、田鱼文化资源、民俗文化资源等。重要的地理位置、便捷的交通、丰富的资源及悠久的历史，均使得高邮具备发展旅游业的潜质。高邮湖地带的水、湿地、芦苇荡、森林是高邮的生态特色，极具旅游开发价值和市场潜力，大面积芦苇荡是开发生态休闲度假产品的独特资源。高邮湖畔也已有多家渔家乐、农家乐等乡村旅游接待设施。通过充分挖掘高邮湖的渔文化，打造具有生活气息的湖畔渔家，通过“衣、食、住、行、学、俗”六大体系缔造一个真正的休闲渔家，把渔业旅游打造成高邮湖农业休闲的拳头产品。将高邮湖的湿地文化与高邮的邮文化（盂城驿站、邮驿博物馆、邮驿礼俗、邮驿旅游等）、古文化（古南门大街、镇国寺塔等）以及绿文化（运河西堤风光带、蝶园广场等）、鸭文化（高邮麻鸭及其制品）有机结合，带动社会经济的高效发展。

附录 1　2017 年江苏创意农业发展政策文件

- 《国务院办公厅关于加快推进农业供给侧结构性改革大力发展粮食产业经济的意见》（国办发〔2017〕78 号）
- 《关于开展农业结构调整三项示范建设的通知》（苏农园〔2017〕4 号）
- 《中共江苏省委　江苏省人民政府关于深入推进农业供给侧结构性改革促进农民持续增收的意见》（苏发〔2017〕1 号）
- 《转发农业部农村社会事业发展中心中国旅游协会休闲农业与乡村旅游分会关于开展 2017 年全国休闲农业与乡村旅游星级示范创建工作的通知》（苏农观光函〔2017〕2 号）
- 《省政府办公厅关于推进农村一二三产业融合发展的实施意见》（苏政办发〔2017〕4 号）
- 《省政府办公厅关于印发江苏省“十三五”旅游业发展规划的通知》（苏政办发〔2017〕20 号）
- 《省政府办公厅关于进一步加快农产品加工业发展的实施意见》（苏政办发〔2017〕63 号）
- 《关于江苏省人民政府办公厅关于加快发展健身休闲产业的实施意见》（苏政办发〔2017〕74 号）
- 《关于报送春季赏花活动的函》（农加休闲函〔2017〕7 号）
- 《培育创建江苏省休闲观光农业示范村的通知》（苏农办园〔2017〕2 号）
- 《2017 年南京市农业服务业工作意见》（宁农办服〔2017〕1 号）
- 《关于开展 2017 年到期全国休闲农业与乡村旅游星级示范创建工作的函》（社会事业中心休函〔2017〕54 号）

- 《关于开展2017年到期全国休闲农业与乡村旅游星级示范企业（园区）复审工作的函》（苏农观光函〔2017〕3号）
- 《关于开展2017年全国休闲农业与乡村旅游星级企业（园区）示范创建实地考评验收工作的函》（苏农观光函〔2017〕5号）
- 《农业部关于公布第四批中国重要农业文化遗产名单的通知》（农加发〔2017〕2号）
- 《关于报送第四批中国重要农业文化遗产项目的函》（苏农观光函〔2017〕1号）
- 《关于重点培育农业供给侧结构性改革“六个100”示范典型的通知》（苏农办〔2017〕5号）
- 《省政府办公厅关于印发江苏省旅游风情小镇创建实施方案的通知》（苏政办发〔2017〕36号）
- 《关于公布2017年江苏省主题创意农园名单的通知》（苏农园〔2017〕8号）
- 《关于参加创意休闲农业高峰论坛的函》（苏农园艺函〔2017〕13号）

附录2 2017年江苏创意农业发展大事记

- 2016年12月—2017年9月，为认真贯彻落实《国务院办公厅关于支持返乡下乡人员创业创新促进农村一二三产业融合发展的意见》（国办发〔2016〕84号）中关于“广泛开展创业大赛”要求，树立农村创业创新先进典型，总结宣传农村创业创新实践成效，提升农村创业创新能力水平，促进农村经济社会协调发展，组织举办全国农村创业创新项目创意大赛。
- 2017年2月19日，句容市农委召开创意农业启动会。

- 2017 年 3 月 28 日，百余位专家学者齐聚昆山，共同发起当代田园乡村建设江苏倡议。
- 2017 年 3 月 31 日上午，中国南京休闲农业创意大赛在南京雨发生态园正式开幕。本次大赛以“创意农业，诗意生活”为主题，旨在搭建联系农业与文化、艺术、教育、体育、健康等社会各个领域之间的桥梁，既为南京休闲农业的发展注入新的活力，进一步促进南京农业增效、农民增收，也为有志于美丽乡村发展的各界人士提供良好的平台。
- 2017 年 4 月 20 日，中国·南京休闲农业创意大赛首场宣讲会在南京农业大学召开。
- 2017 年 4 月 27 日，江苏省农委发出通知决定在全省培育建设一批主题创意农园。
- 2017 年 6 月 1 日，开展南京市休闲农业优秀宣传推广活动项目征集评选。
- 2017 年 6 月 5 日，江苏省创意休闲农业工作推进会在常州市金坛区召开。
- 2017 年 7 月 17 日，江苏省助陈店村打造创意农业——“稻米+休闲农业”示范基地。
- 2017 年 8 月 7 日，江苏省农委公布了江苏百个主题创意农园名单。
- 2017 年 6—9 月，开展江苏首届创意休闲农业设计大赛。
- 2017 年 9 月 13 日，第十三届中国·南京农业嘉年华和第十九届江苏农业国际合作洽谈会工作对接会在江苏省栖霞现代农业产业园区公共服务平台会议室召开。
- 2017 年 9 月 30 日，南京乡村民宿品质提升工程暨金秋美丽乡村旅游直通车发班仪式在江宁区秣陵街道乡伴·苏家举办。
- 2017 年 10 月 12 日，首届江苏省创意休闲农业设计大赛精品展示活动在省国际农业展览中心开幕。
- 2017 年 10 月 28 日，第十三届中国·南京农业嘉年华系列活动——首届八卦洲陌上花渡帐篷音乐节上演。

- 2017 年 10 月 30 日，在南京农业大学胡锋副校长、刘志民院长的带领下，参加第五届世界农业奖颁奖典礼暨第九届 GCHERA 世界大会的与会学者前来陌上花渡园区，参观第十三届中国南京农业嘉年华主展馆，并在陌上花渡园区会议室，同栖霞现代产业园区的主要领导围绕农产品安全、休闲创意农业、农业科技创新等主题开展了深入的座谈。
- 2017 年 11 月 2 日，《南京市田园综合体建设指南》正式出炉，该指南从规划编制、田园社区建设、农业功能拓展、特色风光塑造及旅游产业开发等方面对田园综合体建设列出了 25 项要求，例如需以田园为本、富民优先，探索“旅游＋”“生态＋”等模式，打造产村融合示范区。
- 2017 年 11 月 9—12 日，由农业部和江苏省人民政府主办的首届全国“互联网＋”现代农业新技术和新农民创业创新博览会（简称“双新双创”博览会）在苏州国际博览中心举办。

参考文献

陈宏毅，王刚清，刘杰，2008. 创意农业发展的动力要素分析及对策研究 [J]. 现代农业科技（24）：291 - 292，294.

方中友，储健，郭艳鸽，2010. 南京创意农业发展探讨 [J]. 农产品加工：创新版（1）：33 - 35.

冯建国，杜姗姗，陈奕捷，2012. 大城市郊区休闲农业园发展类型探讨：以北京郊区休闲农业园区为例 [J]. 中国农业资源与区划（1）：23 - 30.

厉无畏，王慧敏，2009. 创意农业的发展理念和模式研究 [J]. 农业经济问题（2）：11 -15，110.

廖军华，屠玉帅，简保权，2016. 国外创意农业对中国发展创意农业的启示 [J]. 世界农业（2）：16 - 20.

林炳坤，吕庆华，2015. 创意农业合作绩效实证研究 [J]. 山西财经大学学报（3）：

70－81.

刘丽伟，2011. 我国发展创意农业转变农业经济发展方式的路径研究［J］. 农业经济（7）：12－13.

马俊哲，2010. 对北京发展创意农业的若干思考［J］. 北京农学院学报，25（1）：57－59.

秦向阳，王爱玲，张一帆，周连第，2007. 创意农业的概念、特征及类型［J］. 中国农学通报（10）：29－32.

司训练，李婷，朱承亮，2010. 西部地区创意农业竞争力实证研究［J］. 科技进步与对策（3）：34－39.

王树进，张志娟，2009. 创意农业的发展思路及政策建议：以上海为例［J］. 中国农学通报（11）：264－270.

王志成，谢佩洪，陈继祥，2007. 城市发展创意产业的影响因素分析及实证研究［J］. 中国工业经济（8）：49－57.

严安，2015. 国内外创意农业的主要发展模式［J］. 经济研究导刊（16）：30－31.

杨良山，王丽娟，章伟江，胡豹，2012. 浙江创意农业发展路径选择与对策探讨［J］. 浙江农业科学（9）：1229－1234.

杨良山，胡豹，2013. 发展创意农业的意义、路径与对策思考［J］. 农业经济（1）：15－17.

俞美莲，张晨，张莉侠，马莹，俞菊生，2012. 关于上海创意农业的调查与思考［J］. 上海农业学报（4）：119－122.

张若琳，连丽霞，2012. 影响中国创意农业发展的主要因素分析［J］. 山东农业大学学报：自然科学版，43（1）：105－109.

张晓彤，郭明艳，牛宜生，2016. 江苏创意农业的实践与思考［J］. 农业科技管理（3）：72－74，78.

章继刚，2008. 中国创意农业发展报告［J］. 柴达木开发研究（6）：47－51.

Amsden B，Mcentee J，Sharpe E，et al，2011. Agrileisure：Re-imagining the relationship between agriculture，leisure，and social change. ［J］. Leisure/loisir，35（1）：37－48.

Farmer J R，Chancellor C，Robinson J M，et al，2014. Agrileisure：Farmers' markets，CSAs，and the privilege in eating local. ［J］. Journal of Leisure Research.

Guerrieri P，Meliciani V，2005. Technology and international competitiveness：The interdependence between manufacturing and producer services [J]. Structural Change & Economic Dynamics，16 (4)：489-502.

Richard F，2002. The rise of creative class [M]. New York：Basic.

第五章 <<<

2017江苏农村土地市场发展状况

第一节 江苏省承包地市场发展分析

一、调研区域与研究方法

本节按照一般划分方法将江苏省划分为苏北、苏中、苏南三大区域，然后按照分层抽样的方法在每个区域分别选择2～3个典型城市进行调查研究，在地级市层面上，苏北选择淮安、盐城、宿迁，苏中选择泰州、扬州、南通，苏南选择镇江、南京、常州，然后在每个市选择2～3县（区），每个县（区）选择2～3的乡镇开展实地调研。研究方法选择主要包括问卷调查法、案例分析法、访谈法等，其中承包地市场发展相关数据的收集主要通过实地问卷调查的方式获取，对当前学界和政策制定部门关注较多的承包地退出、地方政府土地流转行为、新型经营主体土地利用等热点、焦点问题，本研究主要通过对相关经营主体及地方政府部门进行结构式访谈法来完成数据及信息的采集，然后采用案例分析的方法进行典型案例的呈现和深入挖掘，总结出可复制、可推广、可实行的普适性经验。此外，本节数据来源除了三个区域的实地调查外，还有通过座谈以及从政府部门获取的统计资料。

表5-1 承包地流转调研地点安排

区域	城市	调查地点
苏北	徐州	新沂、贾汪
	淮安	涟水、洪泽、金湖
	盐城	东台、亭湖

（续）

区域	城市	调查地点
苏北	连云港	东海、灌云
	宿迁	泗阳、泗洪
苏中	泰州	兴化、靖江
	扬州	高邮、宝应
	南通	海安、如皋
苏南	南京	八卦洲、溧水
	苏州	常熟
	无锡	宜兴
	常州	新北、金坛
	镇江	扬中、句容

二、承包地市场特征分析

2017 年江苏省承包地市场在延续 2016 年承包地流转参与主体多元化、流转方式多样化、流转租金区域差异化、流转合同趋于规范化、流转期限短期化等特征的基础上，又呈现出新的内容和特征。因此，本节主要从承包地流转纠纷、流转去向、流转后经营内容、新型经营主体发展几个方面对 2017 年江苏省承包地市场所呈现的新的特征进行总结概括。

（一）不同视角下土地流转率绝对量存在差异，但相对趋势不变，由北向南土地流转率呈上升趋势

根据相关部门统计资料计算可知，从整体层面而言，江苏省土地流转率已经达到 60%以上，显著高于全国平均水平（2016 年全国土地流转率超过 35%）；但分区域看，三大区域间存在着较大差距，苏北地区土地流转率为 55.94%，低于江苏省平均发展水平，苏中、苏南土地流转率分别达到 60.19%和 71.68%，苏南显著高于江苏省平均水平；从转出户的视角看（转出户流转比例＝承包地转出农户数/家庭承包经营的农户数），土地流转比例的绝对量存在着差异，但是从趋势来看，流转率仍遵循苏北、苏中、苏南依次上升的趋势，从中可以看出，土地流转率与地区经济发展水平具有较为紧密的联系，流转率往往伴随着经济发展水平的提高而不断提高。

表 5－2　三大区域不同视角下土地流转率比较分析

单位：%

区域	土地流转率（流转面积/承包地面积）	土地流转率（转出户/承包户）
江苏省	60.19	51.74
苏北	55.94	42.49
苏中	60.19	54.73
苏南	71.68	65.49

（二）农户间承包地流转纠纷发生率高，且不同主体间流转纠纷占比存在差异

从江苏省总体来看，承包地流转纠纷发生在农户之间的占比最大，高达82.8%，农户与村集体之间次之，农户与其他主体之间的流转纠纷占比最小；从三大区域流转纠纷在总纠纷中所占的比重来看，苏南、苏北在2016年江苏省土地流转总纠纷、农户之间流转纠纷数中占比相当，大体在36%左右，而在农户与村集体之间以及农户与其他主体之间，苏北和苏南差异较大，表现为苏南两类占比均高于苏北，苏中无论是总流转纠纷在江苏省2017年流转纠纷中占比，还是农户之间、农户与村集体之间流转纠纷都较苏南和苏北低，但农户与其他主体的流转占比要较苏北和苏南高（表5－3）。

表 5－3　承包地流转纠纷在三大区域不同主体间分布状况分析

单位：%

区域	三大区域间	农户之间	农户与村集体之间	农户与其他主体之间
江苏省		82.8	11.4	5.8
苏北	35	36	31	23
苏中	28	28	29	40
苏南	37	36	40	37

从三大区域内部来看，农户之间土地流转纠纷在三大区域均占有很大比例，达到了80%以上，苏北最高为87.11%；从农户与村集体之间流转纠纷来看，三大区域差距不大，保持在11%左右；从农户与其他主体之间流转纠纷来看，苏中占比较高（表5－4）。

表5-4　承包地流转纠纷在区域内部不同主体间分布状况分析

单位：%

区域	农户之间	农户与村集体之间	农户与其他主体之间
苏北	87.11	9.02	3.87
苏中	80.33	11.47	8.20
苏南	81.42	12.75	5.83

承包地流转纠纷在某种程度上反映的是承包地流转行为的规范化程度，而流转合同通常是流转规范化、契约化程度的重要表征，农户之间的土地流转通常是发生在村集体内部，或者邻里乡亲、熟人之间，基于地缘、血缘、亲缘关系的土地流转通常是采用口头协议的方式进行，土地流转的规范化、契约化程度低，流转双方的权益得不到保障，这为土地流转纠纷多发、高发留下隐患。而农户与村集体及其他主体之间的土地流转，多是土地规模经营背景下新型经营主体参与农地流转行为驱动的结果，新型经营主体文化程度较高、维权意识较强，其通常会与农户签订正规的书面合同，这将降低农地流转纠纷发生风险，降低流转纠纷发生率。

（三）承包地转入主体呈多元化趋势，农户、专业合作社是重要的转入主体

当前，农村承包地流转转入主体日益从普通农户单一主体向农户、专业大户、家庭农场、专业合作社、农业企业等多元主体并存、共生、互促的局面演变，流转主体多元化已经成为农村承包地市场发展的一大显著特征，从表5-5可以看出，无论是从整体还是分区域的层面，承包地流转转入主体多元化的趋势日益明显，但从江苏整体来看，流转到农户、合作社仍是流转去向的主要构成，从区域层面看，在吻合江苏一般特征的同时，也呈现出较为明显的地域差别：苏北流向农户的比例达到56.53%，明显高于苏中（41.35%）、苏南（29.00%）；但苏中、苏南流转到合作社的比例达到了30%以上，显著高于苏北（18.92%）；而从流入农业企业所占的比例看，苏南占比达12.08%，明显高于苏北（8.39%）和苏中（6.88%）。

表 5-5　承包地转入主体状况分析

单位：%

区域	普遍农户	专业合作社	农业企业	专业大户与家庭农场
江苏省整体	48.19	25.33	8.21	18.27
苏北	56.53	18.92	8.39	16.16
苏中	41.35	31.11	6.88	20.66
苏南	29.00	33.62	12.08	25.30

（四）承包地流向新型经营主体的比重随着经济发展水平的提高而增加

市场经营主体的经营内容与地区经济发展水平和阶段是息息相关的，地区经济发展会对经营主体的市场定位、发展预期产生重要的影响。苏北、苏中、苏南经济发展水平依次呈阶梯形上升趋势，而经营主体的经营内容和发展定位也会随着经济的发达程度和市场的完善程度而“水涨船高”。普通农户的功能主要是产品的初级生产者，与相对较低的经济发展水平相适应；合作社除了初级的生产功能，还具有简单的服务功能，与较为中等的发展水平相适应；而农业企业因为具有在资本、管理、技术、人才等方面其他主体无法比拟的优势，其市场适应性、竞争力更强，与发达的经济发展阶段相吻合。因此，随着经济分化程度的提高，承包地流转去向主体分化也会更为明显，且在局部地区流入合作社、农业企业的比例呈现扩大的趋势。

（五）承包地流转方式多元化，但转包、出租仍为主要的流转方式，苏中和苏南土地入股呈现加速态势

与全国其他地区土地流转特征相似，江苏省土地流转也呈现转包、转让、互换等多元方式共生共存的局面，但是不同流转方式所占比重存在着较大差异。从整体来看，转包和出租仍是土地流转的主要方式，其次为入股、互换，通过转让方式进行土地流转的占比很小；从区域的层面看，三大区域之间也存在着较大的差异，苏北转包和出租两种方式占据明显的优势，而苏中和苏南转包方式所占比重稍有弱化，但仍是土地流转的重要方式，值得注意的是，苏中、苏南土地入股的流转方式所占比重已经超过转包，成为继土地出租之后的第二大流转方式（表

5－6)。合理的解释是，苏中、苏南地区第二、三产业发达，非农就业机会多，农户采取土地入股的形式进行土地流转既可以获得“土地租金＋股份分红”的财产性收入，同时又可以通过非农就业获得工资性收入，这对农户选择入股方式进行土地流转构成了较强的吸引力和动力。

表 5－6 不同区域间承包地流转方式情况分析

单位：%

区域	转包	转让	互换	出租	入股	其他形式
苏北	46.06	2.34	3.20	39.46	6.22	2.72
苏中	20.30	2.16	2.26	48.99	24.64	1.65
苏南	17.54	1.60	0.46	42.49	32.10	5.81

（六）承租者来源主要以本镇域内生化为主，但内生化与外部化相结合将是未来的发展趋势

诸多研究及实践表明，出租在当前土地流转方式中占有重要地位，但承租人的来源却很少受到关注，本节在对苏北、苏中、苏南三大区域土地流转中出租方式占比进行面上分析的同时，还从乡镇维度对承租人的来源进行了考察。从表 5－7 可以看出，苏北土地流转中承租人来源于乡镇以外的占比为 9.18%，显著低于苏中的 18.72%和苏南的 17.12%，这说明在当前土地流转实践中，随着流转门槛的降低，虽然内生化的承租者仍占据主导地位，但承租者来源外部化趋势也愈加明显，且随着“三权分置”改革的深入实施、农村产权制度改革的深入推进，从长远角度来看，内生化和外部化相结合将会是未来土地流转中承租者的重要特征。此外，苏北、苏中、苏南外来承租者所占比例的差异也能够说明，随着经济发展水平的提高，外来承租者在土地流转中的参与度和参与积极性会逐步提高，从而其所占比例也会呈现增加趋势。

表 5－7 承租者来源状况分析

单位：%

区域	乡镇内部	乡镇以外
苏北	90.82	9.18
苏中	81.28	18.72
苏南	82.88	17.12

（七）承包地流转后非粮化现象突出，发达地区更为明显

流转土地非粮化是当前政策制定部门以及学术界关注的热点和焦点问题，同时，也是地方土地流转实践中普遍存在的共性和突出问题。江苏省作为我国东部经济发达的省份之一，其流转土地非农化，尤其是非粮化现象也较为突出。从整体层面看，流转土地粮食作物种植比例仅为49.9%，近一半的流转土地出现了非粮化的现象；分区域看，苏北、苏中流转土地粮食种植比例分别为54.64%和52.23%，明显高于高于苏南的35.05%，说明地区经济发展水平与流转土地粮食种植比例存在着负相关关系，因为随着经济发展水平的提高，流转租金、生产成本等费用也会“水涨船高”，经营主体在利润最大化原则的导向下，往往会选择比较收益较高的非粮化经营，从而加速了土地非粮化趋势。

表 5-8　三大区域承包地流转经营内容分析

单位：%

区域	流转土地粮食作物种植比例
江苏省	49.90
苏北	54.64
苏中	52.23
苏南	35.05

（八）新型农业经营主体呈快速发展态势

近年来，全省将培育发展新型农业经营主体作为一项重要任务，加大工作推进、政策扶持和机制创新力度，有力促进了家庭农场、专业大户、农民合作社、农业企业等新型农业经营主体提升发展。

第一，家庭农场方面，重点培育以家庭成员为主要劳动力、以农业收入为主要收入来源，从事专业化、集约化农业生产的家庭农场。加大项目扶持力度，2015—2017年省级家庭农场扶持资金每年投入9 000万元，较2014年提高8 000万元。出台《全省“智·能”家庭农场主培训行动计划》，部署近3年家庭农场主培训工作，2016年、2017年省级完成对900家省级示范家庭农场主的培训。加强家庭农场运营监测。开发省级家庭农场运营监测系统，全面跟踪监测家庭农

场的劳动力结构、收入构成、经营品种、经营规模、财务管理等情况，及时掌握家庭农场发展动态，提出完善扶持家庭农场发展的政策建议。到 2017 年年底，全省农经农业部门认定的家庭农场近 4 万家，较 2014 年增加 1.82 万家，年均增加 6 000 多家，认定总数位居全国第二；培育省级示范家庭农场 1 142 家，家庭农场初步成为建设现代农业的有生力量。

第二，合作社发展由规范建设向“规范、提升、创新”发展推进。一是注重规范基础。全省合作社总数由 2014 年底的 7.01 万家提升到 2017 年 9 月的 8.42 万家，农户入社比重由 72.2%提升到 77.9%，合作社年度报告公示率由 2014 年度的 59.6%提升到 2016 年度的 78.3%。二是注重提质增效。建立健全国家、省、市、县四级合作社示范社联创机制，加大示范社培育力度，国家示范社由 187 家增加到 496 家，增长 165%，省级示范社由 712 家增加到 1 650 家，增长 131%。三是注重创新发展。自 2014 年起支持合作社探索发展生产、供销、信用“三位一体”综合合作，开展合作社综合社试点。当前，试点合作社由 2014 年的 13 家增加到目前的 76 家。

第三，农业企业方面，以鼓励农业企业向农业输入现代农业生产要素和经营模式为中心，强化发展引导，做大做强一批农业龙头企业，重点培育优质粮油、规模畜禽、果蔬园艺、特色水产、木材加工等农产品加工主导产业。到 2016 年底，全省县级以上农业龙头企业达 6 200 家（其中国家级 61 家，省级 637 家），实现销售（交易）收入 7 600 亿元，带动省内外农户 1 290 万户，分别同比增长 9.7%和 5.9%。农业龙头企业的快速发展，对促进江苏省从传统农业向现代农业迈进起到了至关重要的作用。

三、承包地市场发展存在的主要问题

（一）土地流转不规范

农村承包地流转不规范主要表现在流转合同签订不规范和流转门槛设定不规范两个方面，由此导致土地流转纠纷以及流转土地“非粮化”现象多发。中国农村特殊的人地关系与情感交易，使得农民的农地流转合约交易往往呈现出明显的特征：第一，在交易对象的选择上主要是以亲友邻居为主；第二，在达成合约的形式上大多采用口头协议；第三，在合约的维护上主要依靠于亲情、人情构建起来的关系网及所内含的村庄“声誉”机制，而这增加了农地流转合约的不稳定性，进而增加了农地流转的风险和纠纷发生的可能性。流转土地“非粮化”主要表现在当前我国的农业经营主体已经逐步完成从生计型向谋利型的转变，其势必会按照利润最大化的原则进行经营内容的比照和选择，而粮食产品市场需求的低弹性以及市场的不确定性，使得其比较劣势明显，由此导致新型农业经营主体在转入土地后非粮化现象凸显。此外，流转合同以及流转门槛设定不合理、不规范、流转后监管缺失等也对农地“非粮化”起到了推波助澜的作用。

（二）流转中政府行为失当

工商资本参与农地流转往往会委托基层政府充当代理人避免与数量众多的、分散的小农户打交道来降低交易成本，同时，现阶段土地流转、集中与规模经营也成为政府政绩的重要考量等，这些因素在很大程度上形成了政府主导农地流转的格局。政府主导农地流转有其正效应，表现在：增加土地集中度、提高耕地质量、减少谈判环节、节约时间成本等优势和便利。但由于地方政府在土地流转中职能定位不当，造成政府行为的越位、缺位和错位，产生了地租乘数效应、提高承包户“询价地位”、提高农地经营成本、挤压农地经营利润等负面影响，影响了农地流转的公平性和效率。江苏省在农地流转中，一些基层地方政府对流转政策把握不清、对上级精神理解不透，对自身功能定位不准，导致行政力量过多的干预农地流转过程，造成了土地流转中的诸多地方问题和难题。

（三）农地流转中介组织不健全

农地流转中介组织作为在农村土地流转中沟通各方关系、协调各方利益，并保障农村土地高效有序流转和维护土地流转当事人利益，而依法成立的社会自律性组织，其一般具有三大主要功能和优势，一是土地流转前的土地使用权供求登记与信息发布；二是土地流转中的中介协调和指导签证；三是土地流转后的跟踪服务和纠纷协调。土地承包经营权在新型农业经营主体之间进行流转时往往涉及估价、谈判、签约、登记、纠纷处理等多个方面，中介组织可以凭借其特有的专业化职能在农地流转中大施拳脚。然而，由于当前我国仍然存在着制度环境、政策措施、人力资本等方面的约束和短板，使得我国农地流转中介组织发展参差不齐，整体水平不高。发展不健全、不完善的农地流转中介组织，抑制了其在农地流转中应有作用的发挥。

（四）承包地流转价格形成机制不完善

农村承包地流转价格机制是农村承包地流转市场机制运行的重点和核心，然而在当前的承包地流转市场中，价格机制并没有发挥应有的核心主导作用，流转价格机制常常处于“失灵”状态。目前大部分农地流转价格是集体组织或农民个人与交易方协商达成的协议价格，两种都不是健康市场根据供需竞争形成的价格，同时，承包地流转市场中还缺乏与市场价格相协调的农地基准地价，更缺乏地价评估与管理监督制度。因此，农户无法获得判断承包地流转市场价格的基础和依据，必然导致市场价格机制不健全，流转市场价格失真，阻碍承包地流转市场的发展。市场信号失真主要表现在农用地流转市场的价格并非完全由市场内部因素决定的，其中既有垄断方面的原因，也有承包地流转市场发育缓慢的原因，这导致市场价格信号紊乱，农用地流转参与主体很难根据市场信号做出正确的市场决策。

四、优化江苏省承包地市场发展的对策建议

（一）积极防范承包地流转风险

要在原“普惠”基础上突出“精英”扶持，新型农业经营主体是当前及未来政策扶持的重要对象，同时经营主体发展不规范也是导致农地流转风险的重要诱因。因此，新增农业政策应向新型农业经营主体适度倾斜，主要用于建立适应规模经营主体需求的保险产品、设备更新、技术提升等方面；设立土地流转风险基金，在土地租金得不到及时支付时，实行垫资先期支付，保障流转双方的土地权益，相关的资金可来源于城乡建设用地增减挂钩产生的土地增值收益；充分利用财政投入撬动社会金融和社会资金。积极探索利用PPP、基建贷款贴息和政府购买服务等多种形式，开展农村土地整治和农业基础设施建设。同时，为了减少土地流转风险，政府也需要从资金、技术人员和信誉等方面，对从事规模经营的新

型经营主体设置门槛。另外，对于进城就业农民退出承包地的探索应审慎进行，现阶段不得以退出农民土地承包权、宅基地使用权、集体收益分配权作为农民进城落户的条件，应充分尊重农民意愿，切实维护进城落户农民土地承包权、宅基地使用权、集体收益分配权，保障其合法权益，以防止潜在的社会风险增加。

（二）正确定位农地流转中政府角色

农地流转中政府角色定位不当，突出表现为政府职能的“错位”“越位”“缺位”现象，因此完善承包地流转市场，加速农地流转必须将优化政府职能，正确定位农地流转中政府角色结合起来。具体而言，针对“越位”问题，政府应该主动进行权力约束，减少甚至停止行政力量强制推动农地流转、主导农地价格形成等行为；针对“缺位”问题，政府部门应该积极“查缺补漏”，强化中介组织培育、流转信息发布、合同签订咨询、流转纠纷处置、经营行为监督等方面的服务职能，扮演好土地流转服务者的角色；“错位”问题，通俗地讲，即“该管的不会管”，因此，针对“错位”问题，在做到政府职能正确定位的同时，应该主动增强自身能力建设，综合提高管理能力、服务能力、执行能力、协调能力等方面的内容。

（三）加快培育农村土地流转中介组织

农地流转中介组织健康发展首先应对其性质进行准确定位，农地流转中介组织应该是一个服务性的、市场性的、法制性的、负责任的组织；其次，构建完善和健全的农村土地流转中介组织的法律法规体系，建议尽早研究制定农村土地流转中介组织法、农村土地流转协会条例等相关法律法规；再次，加强对土地流转中介组织运行机制和诚信机制的建设，政府应根据实际情况对中介组织加强微观性管理和指导，对其经营权限、业务范围、内部结构和自治规程等作出必要的规定，探索建立行业信用档案，开展信用等级评定，使土地流转中介组织的诚信逐步走向制度化。同时应加强中介组织自身建设，可以从加强中介组织行业自律，加强中介组织成员的整体素质，规范内部结构，强化自我管理等方面开展；此外，不可忽视的是，转变政府职能，优化政府服务和管理，对于中介组织的健康发展同样具有重要的意义。

（四）合理构建农村承包地流转价格机制

建立健全承包地评估制度，完善承包地价格流转体系。从市场经济的发展历程可以看出，引入第三方评估机构和评估人员对流转交易价格进行评估，发表独立的专业意见是必然趋势。政府要大力开展农地分等定级工作，建立科学的承包地等级、价格体系，为将来农地流转价格的合理确定提供理论依据；构建以农民为核心的承包地流转价格定价机制。必须把农民定价权作为土地流转的核心，改变由村、乡镇基层政府或少数干部擅自决定承包地流转价格的方式；建立健全承包地价格信息机制。承包地价格信息透明、公开是价格机制发挥作用的前提，建立承包地流转价格体系，定期公布农地质量基准地价，并根据市场变化情况及时进行更新；探索实现承包地使用权证券化。承包地证券化就是把承包土地或者承包土地所能得到的收益成为资本市场上可销售和可流通的金融产品的过程。具体来讲，农户可凭借所拥有的承包权或长期使用权作为抵押向金融机构申请贷款或对外发行抵押债券。

第二节　江苏集体经营性建设用地市场分析

一、研究区域选择

2013 年中共十八届三中全会在《中共中央关于全面深化改革若干重大问题的决定》中提出，要“建立城乡统一的建设用地市场。在符合规划和用途管制前提下，允许农村集体经营性建设用地出让、租赁、入股，实行与国有土地同等入市、同权同价。”“农村集体经营性建设用地”一词被明确提出，这是市场在土地资源配置中起决定性作用的重要体现，也是保障农民平等参与改革发展进程、共同享受改革发展成果的主要手段。众多研究也表明，集体建设用地流转可以降低经济发展成本；有利于缓解城市用地压力；有利于改变农民的社会、经济和文化环境，保障农民土地权益的实现。

本书选取了江苏省常州市武进区开展实证分析。研究尝试通过研究典型区域，来分析江苏集体经营性建设用地市场发展建设情况。之所以选择武进区，主要出于以下三个方面的考虑：一是，2016 年 9 月，根据中央深改组的最新要求和国土资源部的统一部署，武进区作为 15 个宅基地制度改革试点地区之一，允许开展农村集体经营性建设用地入市改革试点，集体经营性建设用地入市流转具有合法条件；二是，作为农村土地制度的改革试点地区，武进区近年来按照三项改革试点的新要求，集中出台了 7 个纲领性文件，率先进行了 6 个方面的有益探索（率先编制了空间全覆盖的规划体系，率先建立了城乡全覆盖的基准地价体系，率先开展了集体与国有土地的同网交易，率先实现了资本市场上集体与国有土地的同权同价，率先实践了所有类型的入市试点，率先发放了农村“三权”抵押贷款）；三是，武进区在集体经营性建设用地入市改革方面取得了丰硕的成果，已完成集体经营性建设用地一、二级市场所有类型入市 1 006.5 亩，交易总额 3.69 亿元，集体土地入市增值收益 2.57 亿元，惠及农民 42.5 万余人。

二、研究区域集体经营性建设用地地块使用情况

（一）研究区域集体经营性建设用地地块总体情况

经调查，武进区集体经营性建设用地共计 6 861 宗，占地总面积 3 777.66 公顷。地块分布如下：高新区 512 宗，占地 381.79 公顷；湖塘镇 885 宗，占地 458.11 公顷；湟里镇 543 宗，占地 321.26 公顷；嘉泽镇 261 宗，占地 167.06 公顷；经济开发区 172 宗，占地 124.57 公顷；礼嘉镇 857 宗，占地 402.07 公顷；洛阳镇 1 142 宗，占地 549.53 公顷；牛塘镇 589 宗，占地 339.55 公顷；前黄镇 766 宗，占地 427.95 公顷；雪堰镇 1 134 宗，占地 605.77 公顷（图 5－1）。从集体经营性建设用地宗数和地块面积分布来看（图 5－1、图 5－2），武进区的经济开发区与嘉泽镇最少，洛阳镇和雪堰镇最多，其余乡镇分布相对均匀，都在 10％左右。

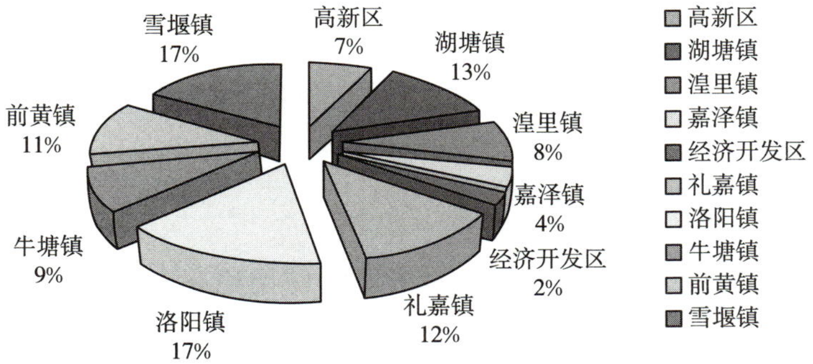

图 5－1　武进区集体经营性建设用地宗数分布

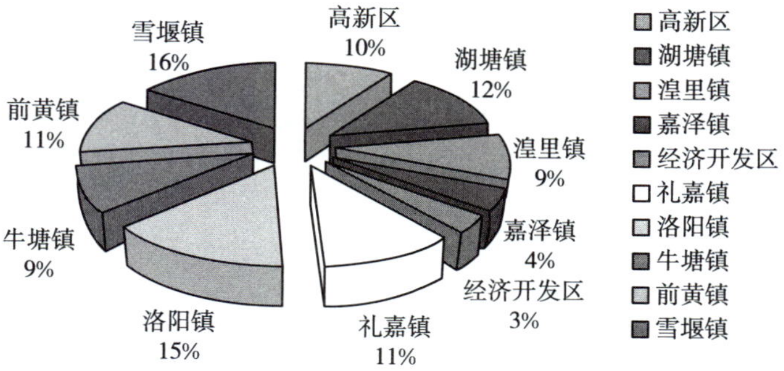

图 5－2　武进区集体经营性建设用地面积分布

（二）研究区域集体经营性建设用地地块建设情况

武进区 6 861 宗集体经营性建设用地，平均建筑密度 0.50，平均容积率 0.76（表 5－9）。分乡镇来看，湖塘镇的建筑密度最高，容积率也最高。相比而言，湟里镇和嘉泽镇的建筑密度和容积率较低，表明这两个镇集体经营性建设用地的集约利用程度不高。洛阳镇和雪堰镇作为实际占地面积最多的两个镇，其集体经营性建设用地的集约利用程度低于全市平均水平，容积率分别只有 0.75 和 0.64。

表 5－9　武进区集体经营性建设用地地块建设情况

行政区	实际占地面积（公顷）	建筑基底面积（公顷）	建筑总面积（公顷）	建筑密度	容积率
高新区	381.79	186.92	327.21	0.49	0.86
湖塘镇	458.11	288.57	460.74	0.63	1.01
湟里镇	321.26	134.92	166.87	0.42	0.52
嘉泽镇	167.06	69.35	88.16	0.42	0.53
经济开发区	124.57	52.01	87.38	0.42	0.70
礼嘉镇	402.07	206.6	328.25	0.51	0.82
洛阳镇	549.53	294.75	412.97	0.54	0.75
牛塘镇	339.55	157.59	317.43	0.46	0.93
前黄镇	427.95	210.88	303.77	0.49	0.71
雪堰镇	605.77	300.8	385.48	0.50	0.64
合计	3 777.66	1 902.39	2 878.26	0.50	0.76

（三）研究区域集体经营性建设用地土地用途分布情况

目前，武进区集体经营性建设用地共有 6 861 宗地块，土地用途主要分为工矿仓储与商服用地，分布情况如表 5－10 所示，武进区集体经营性建设用地多以工矿仓储用途为主，占比达到 98%，另外还有少量的商业服务业用途。

表 5－10　武进区集体经营性建设用地用途情况

行政区	工矿仓储	商服用地	合计
高新区	504	8	512
湖塘镇	883	2	885
湟里镇	523	20	543
嘉泽镇	259	2	261
经济开发区	165	7	172
礼嘉镇	851	6	857
洛阳镇	1 123	19	1 142
牛塘镇	586	3	589
前黄镇	738	28	766
雪堰镇	1 104	30	1 134
合计	6 736	125	6 861

三、研究区域集体经营性建设用地入市情况调查分析

（一）农户对集体经营性建设用地入市的认知和意愿调查

目前，针对集体经营性建设用地入市的调查研究主要集中于从政府的视角出发，围绕入市的理论与实际操作展开，而基于入市权益主体之一——农户的调查研究并不多。如果民意驱动支持不够，即使政府有意推动集体经营性建设用地入市，也势必会影响入市的进程与效果。因此，本次调查首先从农户的视角出发，设计了问卷（调查地点及问卷发放回收情况如表 5－11 所示），分析当前农户对农村集体经营性建设用地入市的认知，以及农户在入市过程中的意愿与想法。

表 5-11　调查地点及问卷发放回收情况

行政村	发放数量（份）	回收数量（份）	回收率（%）
潘家村	50	48	96
雪西村	50	49	98
谢家村	50	47	94
共建村	50	46	92
王允村	50	50	100
合计	200	190	98

本次调查选取的地点是武进区雪堰镇的 5 个村庄，分别是潘家村、雪西村、谢家村、共建村和王允村。无论是从集体经营性建设用地占地面积还是总的宗数来看，雪堰镇都名列前茅。调查的形式以问卷调查为主，访谈为辅。本次调查共发放问卷 200 份，最终回收有效样本 190 份，回收率为 95%。

调查内容分为两大部分：一是有关“农户基本信息”，包括性别、年龄、受教育程度、户口、职业、家庭收入和家庭支出等基本情况；二是有关“对集体经营性建设用地入市的认知、意愿及期待”，包括农户对入市基本情况、风险、意愿等的认知，以及农户对入市后增值收益分配主体、比例、用途方面的想法。

1. 对集体经营性建设用地入市的认可程度

这一方面主要调查农户对集体经营性建设用地入市政策、实施效果预期以及可行性方面的认知。对于国家现行的土地制度及法律，只有 9.47%的农户选择了比较了解，还有 26.32%的受访者表示对这方面完全不知情。这说明，农户对当前农村土地政策法律的了解不够，农户在土地制度的改革中处于被动状态。在回答“农村集体经营性建设用地入市是否有利于农民增收改善生活”时，190 名受访者中，有 148 人选择了有利，这也就表示对于集体经营性建设用地入市这一政策，绝大多数人还是乐意接受的，民意驱动支持足够。在入市可操作性调查中，66.32%的农户对集体经营性建设用地入市制度的实施持乐观态度，在入市过程中的各式各样的问题都可以被解决。

2. 对集体经营性建设用地入市风险的认知

对于“入市是否会引发风险”的调查中，69.47%的农户认为政策施行的风险目前难以预测，25.26%的农户认为集体经营性建设用地入市存在必然的风险，仅有5.26%的受访者认为不存在风险。这表明了农户对入市风险普遍持认同态度，集体经营性建设用地入市风险现实存在。当被问及“入市存在哪些风险”时，有超过90%的受访者选择了“不利于保护耕地”和“导致经济建设的短视和投机”此类风险，表明在当前农村土地改革中，农民对关乎切身利益的耕地保护与土地可持续利用方面的关注度非常高。在风险预防应对调查中，有超过半数的农户选择了“完善法律堵住制度漏洞”“统一城乡土地权利，实现同地同权”“建立统一城乡土地流转市场”这三项作为应对集体经营性建设用地入市风险的措施，其中“完善法律堵住制度漏洞”项的选择率将近2/3，这表明完善法律法规是受访农户普遍认同的主要风险防范手段，也是入市过程中保障农户权益的根本举措。

3. 对集体经营性建设用地入市收益分配的认知

只有建立合理的收益分配及管理机制，才能真正达到保护农民利益、规范土地流转、优化资源配置、提高土地利用效率的目的，从而为集体经营性建设用地流转提供不竭的动力。因此，集体经营性建设用地入市核心问题之一是如何实现收益的合理分配。有关土地入市增值收益受益群体和分配主体的认识，通过“您认为集体建设用地入市流转的过程中，政府应该享有其中一部分收益吗”，“政府直接对土地价格按多少比例和分成比较合理”和“针对集体收取的那部分经营性建设用地收益，您认为应该怎么处置”来反映。超过80%的受访者表示政府在公共设施建设上需要大量的资金，并且政府作为国家的公共管理者，可以合理地得到一部分入市收益。在政府收益分配比例上，接近60%的农户选择了政府得到10%以下的收益比较合理。对于集体获得的那部分收益，多数人支持一部分留在集体，一部分分发给村民。

4. 对集体经营性建设用地入市的参与意愿

“是否愿意本村农村集体经营性建设用地入市”，用于测试农户对集体经营性建设用地入市的意愿。结果显示，有152名受访农户表示支持在其行政村实施集体经营性建设用地入市，占总的受访人数的80.00%。总体上看，集体经营性建设用地入市的民众意愿较强，支持率高。

5. 调查结果分析

尽管当前受访群众对土地法规和农村集体经营性建设用地入市改革缺乏充分

的了解，但绝大多数农户对农村集体经营性建设用地入市后可能带来的增收与农村发展方面的利处持乐观态度。农户对集体经营性建设用地入市制度的出台有着迫切的需求。另外，当前农户对维护自身土地财产权相当重视，增值收益的妥善分配成为入市过程中的一项重要议题。

（二）研究区域农村集体经营性建设用地入市分析

1. 研究区域 2017 年农村集体经营性建设用地入市概况

2017 年，武进区在集体经营性建设用地入市方面成效显著，共有 39 宗集体经营性建设用地入市交易，交易面积达到 824.12 亩，交易总额 2.94 亿元。平均每亩交易价格达到 35.65 万元。39 宗入市交易的集体经营性建设用地中，工业用途有 36 宗，占比为 92%，商业用途有 3 宗，占比为 8%。集体经营性建设用地入市交易方式形式多样，交易方式最多的是协议租赁，达到 19 宗；其次是挂牌出让和协议出让，均为 9 宗；作价出资入股方式最少，仅有 2 宗。

2. 农村集体经营性建设用地入市途径

当前，武进区农村集体经营性建设用地入市可分为就地入市、调整入市、整治入市三种途径。企业使用的现有存量用地，符合土地规划和城乡规划的，就可以通过就地入市办理土地手续，申请不动产权证。

就地入市，是指依法取得、符合规划的工矿仓储、商服、旅游等用途的农村集体经营性建设用地，具备开发建设所需基础设施等基本条件、明确在本村直接使用的，可采取协议、招标、拍卖或者挂牌等方式直接就地入市。

调整入市，是指根据土地利用总体规划和土地整治规划，经试点地区上一级人民政府批准后，在确保建设用地不增加、耕地数量不减少、质量有提高的前提下，对村庄内零星、分散的集体经营性建设用地先复垦后，可按计划调整到本县（市、区）域范围内的产业集中区入市；到产业集中区入市，涉及农村土地产权关系调整的，县（市、区）人民政府要做好政策指导。调整入市有利于优化用地空间布局、改善用地区位条件，有利于促进产业集聚发展、提高用地效益，有利于保护生态环境、促进绿色发展，这些都是就地入市所不具备的。

整治入市，是指对历史形成的城中村集体建设用地，按照政府主导、多方参与的原则，依据经批准的规划开展土地整治，对规划范围内各类土地统一进行复垦、基础设施配套，重新划分宗地和确定产权归属；对不予征收的，在优先保障城中村居民住房安置等用地后，属于经营性用途的集体建设用地，由农民集体入市。

当前，武进区农村集体经营性建设用地流转基本上都是采用就地入市途径。这是因为就地入市成本低，土地产权关系一般比较明晰，借助国有土地交易平台就可开展入市交易。

3. 农村集体经营性建设用地入市主体

根据《中华人民共和国宪法》和相关法律，我国农村土地所有权的主体为农民集体，分为乡(镇）农民集体、村农民集体、村内农民集体（村民小组农民集体或生产队农民集体）三级。目前有关武进对于入市主体的规定可以归纳为以下三种情况：

第一，农民集体是农村集体经营性建设用地的入市主体并享有其所有权。鼓励农民集体以合理方式委托代理主体代为管理入市相关事务。

第二，集体经营性建设用地属镇集体经济组织的，可以由镇资产管理公司或其代理人作为入市代理实施主体。

第三，集体经营性建设用地属村集体经济组织的或者村内其他集体经济组织的，可以委托镇资产管理公司作为入市代理实施主体。

4. 农村集体经营性建设用地入市方式

当前，武进区农村集体经营性建设用地可按出让、租赁、作价出资（入股）等有偿使用方式入市。依法取得的集体经营性建设用地使用权，在使用期限内可以转让、出租、抵押。

集体经营性建设用地出让，是指集体经营性建设用地所有权人将一定年限的集体经营性建设用地使用权出让，由集体经营性建设用地受让人向集体经营性建设用地所有权人支付土地出让金的行为。

集体经营性建设用地租赁，是指集体经营性建设用地所有权人将集体经营性建设用地一定期限内的使用权租赁给土地使用者，由土地使用者根据合同约定支付租金的行为。

集体经营性建设用地作价出资（入股)，是指集体经营性建设用地所有权人以一定期限的集体经营性建设用地使用权作价，作为出资与他人组建新企业或增资入股到已有企业的行为，该土地使用权由企业享有。集体经营性建设用地的土地使用权作价出资入股形成的股权由集体经营性建设用地所有权人或其委托的主体单位享有。

集体经营性建设用地使用权转让，是指集体经营性建设用地使用权人按照集体经营性建设用地出让合同的相关规定，将集体经营性建设用地使用权再转移的行为。

集体经营性建设用地使用权出租，是指集体经营性建设用地使用权人作为出租人，按照集体经营性建设用地出让合同的相关规定，将集体经营性建设用地使用权出租，由承租人向出租人支付租金的行为。

集体经营性建设用地使用权抵押，是指将集体经营性建设用地使用权作为债券担保的行为。以出让、作价出资（入股）、租赁和转让方式取得的集体经营性建设用地使用权可按照相关规定办理抵押。

5. 农村集体经营性建设用地入市程序

武进区农村集体经营性建设用地的入市程序包括：（1）集体经营性建设用地原则上应当采用招标、拍卖和挂牌形式交易。（2）集体经营性建设用地入市应经本集体经济组织集体研究决定，并依法形成《集体经营性建设用地入市决议》。（3）区国土管理部门要建立城乡统一的建设用地基准地价评估体系。研究制订建设用地基准地价评估标准，实行动态调整，及时向社会发布。（4）集体经营性建设用地使用权入市地价应当选择有资质的评估机构评估或参照建设用地基准地价标准来确定。（5）区规划管理部门、各镇政府（开发区管委会）分别按照经依法批准的城区、集镇区的控制性详规和传统农区的村庄规划，确定入市土地的规划条件或规划指标，办理相关规划许可。（6）区国土管理部门定期召集相关镇（开发区）和部门，对提出入市申请的地块进行联合会审。（7）集体经营性建设用地入市由实施主体向区国土管理部门提出入市申请。（8）集体经营性建设用地入市由区国土管理部门拟定入市方案报区政府批准后，发放《常州市武进区农村集体经营性建设用地入市核准书》。（9）集体经营性建设用地使用权出让、租赁交易完成后，由出让方与竞得人签订《常州市武进区农村集体经营性建设用地成交确认书》。交易结果应在区公共资源交易中心网络平台和村务公开栏等进行公布，接受社会和群众监督。（10）集体经营性建设用地使用权作价出资（入股）完成后，其交易信息应在村务公开栏、区公共资源交易中心官方网站等进行公布。新组建的企业或增资入股后的企业在完成工商登记后，应当申请入市土地的使用权登记。（11）集体经营性建设用地使用权交易双方应签订《常州市武进区农村集体经营性建设用地使用权出让（租赁、作价出资）合同》。（12）集体经营性建设用地使用权入市交易完成后，办理不动产登记；有地上建筑物的，同时申请登记。办理不动产登记时，应向区不动产登记交易中心提交土地登记申请书、申请人身份证明材料、合同、地价款、土地增值收益调节金缴纳证明和税收完税、免税或不征税证明等资料。

6. 农村集体经营性建设用地入市收益分配

《常州市武进区农村集体经营性建设用地入市管理办法（试行）》（武土改〔2017〕1 号）对农村集体经营性建设用地入市收益分配进行了系统性的规定。具体包括：（1）集体经营性建设用地入市，应承担相应的基础设施建设等开发成本。集体经营性建设用地使用权发生出让、租赁、作价出资（入股）和转让等交易行为的，交易双方都应当按照规定缴纳土地增值收益调节金。（2）土地增值收益调节金主要用于统筹城镇和农村基础设施建设、农村生态补偿、被征地农民保障、风险基金等。（3）农村集体经济组织获得的集体经营性建设用地入市增值收益，归农村集体经济组织所有，在集体经济组织内部合理分配。主要用于量化股权、社会保障、完善基础设施和提升农村公共服务等公益事项。建立集体经营性建设用地入市增值收益辅助账户，纳入农村集体三资平台统一管理。

《常州市武进区农村集体经营性建设用地入市收益调节金征收和使用管理暂行办法》（武土改〔2017〕2 号）对保障国家公平分享土地增值收益进行了相关规定，对调节金的使用作出了规定，规定调节金主要统筹用于城镇和农村基础设施建设、农村环境整治、生态补偿、土地复垦、失地农民保障以及对农村经济困难群众的社保补助和特困救助等。征收的调节金全部由区级统一安排使用，使用时按照区与镇（开发区）各 50％安排使用，实行财政专户管理，其中镇分成部分的 20％由区统筹用于扩充设立农村“三权”抵押贷款风险补偿资金。

《常州市武进区农村集体经营性建设用地入市净收益管理办法（试行）》（武土改〔2017〕3 号）对保障集体、个人公平分享土地增值收益进行了相关规定，具体包括：（1）镇级入市净收益应由镇（街道）集体经济组织（资产办）统一管理，未建立或不健全的由镇（街道）财政代管，并设立专户实行单独核算管理，可用于本镇（街道）农村基础设施建设、农村居民民生项目和农村公共服务运行维护等支出。（2）村入市净收益作为集体积累，列入村集体公积公益金管理，可以折股量化到本集体经济组织成员，但不得直接分配，可用于发展生产、壮大村集体经济等有稳定收入来源的项目，改善本集体组织成员的生产和生活配套设施等农村公共服务，以及教育奖励、贫困户和老年人补贴等民生项目的支出。（3）村入市净收益按照《中华人民共和国村民委员会组织法》中规定的程序，可通过区、镇两级资产抵押等方式，分期分批拆借到区、镇两级政府，定向用于农村公益事业及公共服务基础设施的建设，但不得用于投资股市、民间借贷等高风险业务。拆借到区、镇两级政府，资金收益率原则上不低于央行同期贷款基准利率，确保集体资金保值增值。

四、江苏农村集体经营性建设用地市场发展存在的主要问题

（一）入市法律机制不健全，制度困境阻碍法律变革

相对于城市建设用地拥有一套完整的流转系统和流转制度，在正式的法律界定范畴内，农村集体经营性建设用地的入市流转机制还不健全。尽管江苏各试点区域出台的相关政策文件、办法在一定程度上为集体建设用地市场化奠定了基础，但是缺少正式法律方面的支持仍然阻碍了入市进程的推进，诸如集体土地入市的供方主体、使用权的期限续期、地上建筑物的处理、使用权抵押融资等问题在我国法律体系内至今都没有被清晰的定义。这将无形中导致集体经营性建设用地的价值不能显化，既给农民群众带来损失，又容易造成社会的不稳定。

农村集体经营性建设用地入市的目的就是与国有土地同权同价，但我国在法律方面的直接制约因素有三个方面：第一，要求非农建设所需土地必须是国有土地才能入市，使得集体土地必须转变为国有土地才能够对接城市开发性质的土地需求方；第二，对集体土地严格的用途管制和权利限制；第三，现行的征地制度使地方政府能够获得大部分利益。而造成上述各制约因素出现的根本原因在于我国长期以来形成的导致贫富差距过大的城乡二元制度，其促使国家通过法律的形式对集体土地的流转权和发展权施加限制和侵蚀，导致经济社会发展过程中城市

攫取了大部分农村的利益，阻碍城乡统一建设用地市场建立，使生产要素在城乡间的自由流动不能实现，无法激活农村资源和发挥市场机制对农村发展的促进作用。制度上的困境将会阻碍法律上的变革。

农村集体经营性建设用地入市引发的不只是法律上的困境，更有经济、政治、社会等多重问题，处理稍有不甚，便可能会出现严重的社会矛盾和冲突。如何在新常态经济背景下，在城乡社会所能承受的范围内，对法律规范进行有效的突破和改进，从而协调和保障农村集体经营性建设用地入市中的各方利益，将是未来工作的重点。

（二）开发地块面积有限，难以形成整合效益和规模效益

土地适度规模经营要求土地与劳动、资金、设备等生产要素搭配时，必须保持一定的规模程度才能取得最佳的经济效益，由于以往农村建设普遍缺乏长期规划和管控，导致农村土地利用情况不佳，随意占用建设、闲置、浪费等违规使用土地情况突出，导致农村的集体经营性建设用地往往较为分散，土地经营规模较小，开发利用过程中难以形成规模优势，这既造成了对其开发利用难度大、成本高，又限制了在土地上的投资规模和程度，在市场化的经济竞争过程中集体土地难以形成比较整合效益和规模效益。在武进入市的集体土地中，企业的占地面积大于 10 000 平方米的地块数还是较少，这将会导致将来生产过程中难以扩大生产规模，缩小了企业自身的发展空间和竞争力。某些地区集体组织或个人出于眼前利益将农用地非法流转给企业用于扩大经营规模，这种非法、隐形的集体土地流转市场极不规范，发生纠纷的风险较高。

（三）入市流转收益分配机制不完整，农民处于弱势地位

收益分配机制是农村集体经营性建设用地入市机制公平与效率原则的集中体现，涉及地方政府、农村集体、农民个人等多方利益主体之间的博弈。如何协调多方利益，使得各方共同积极参与农村集体经营性建设用地入市，保证土地资源得到合理优化配置，是收益分配机制根本目的所在。目前江苏省各地因实际发展情况不同，对集体建设用地入市流转收益在政府、集体和个人的分配比例上有所差异，全省没有一个统一完整的分配方法和标准，各地政府的话语权普遍很大，

而农村集体经营性建设用地入市是一个涉及多方参与的程序，但在流转过程中对政府、集体和个人的权利和义务往往分工不清，管理混乱，没有明晰的法律法规进行界定。分配机制的不完整，将导致在实际入市收益分配过程中普遍存在不公平、不公开的现象。

在武进实地调研中发现，绝大部分农民对集体入市收益的具体分配比例不清楚，推进集体建设用地入市流转的原因之一就是打破城乡二元土地市场，使农民群体能够分享土地改革的成果，然而实际情况是农民在收益分配机制中处于弱势地位，没有任何决策权、参与权，只能“听命行事”。农民作为“集体土地”的实际拥有者没有合理的收益，长期下去将会降低农民对集体土地入市流转参与的积极性。在目前我国的经济水平和农地制度下，作为农民最基本生活保障的土地，农民对其依赖程度还很高，某些地方政府以公共基础设施建设为名义，过多地分割或者强占农村土地流转所得的收益，农民的收益受损，失地农民的就业和社会保障都会出现安全隐患。

（四）市场服务体系建设不成熟，发挥能力有限

市场调控与管理体系建设不成熟。市场有其自身的缺陷和局限性，城乡建设用地使用权市场也不例外，在其运行过程中同样存在着市场自我调节失灵的危机，这种市场的缺陷和不足靠自身的力量无法得到解决，它常常借助于外部力量来协调和纠偏。农村集体经营性建设用地的产权主体是农村集体，表现为农村集体经济组织，作为市场参与者即市场主体之一，农村集体经济组织的具体法人缺失，没有专业的经营管理团队，目前江苏农村集体经营性建设用地的调控和管理者通常是少数村干部，经营的成效往往取决于少数人的个人能力和素质。缺少科学合理的调控管理体系以及普通农民的集体支持，将会使流转难以达到所期望的经济效益和优化配置土地资源的目的，市场机制的正常发挥将受到严重影响。另一方面农村集体经营性建设用地市场化过程遭到的行政干预太频繁，供求双方的正常博弈受影响，相关利益方的举动将降低市场化效率。目前江苏集体经营性建设用地市场的发展还处于起步阶段，政府的协调和扶持将有助于市场的完善，当市场逐步发育成熟后，过度的政府干扰将增加交易费用，有损市场效率。

市场监督体系建设不成熟。农村集体经营性建设用地入市在具体实施过程

中，因为配套制度和设施不完善，从出现流转开始，就一直缺乏市场监管。集体建设用地入市的前提就是必须符合规划和用途管制，但是在实际运行过程中，从获批到投产有一定时间差，真正投入使用后的土地用途是否仍然与申明时保持一致需要进行后续跟踪监督管理，特别是集体土地发生再次流转时土地用途改变的可能性更大。在集体土地入市的巨大利益驱动下，不排除会有一部分人偷换集体经营性建设用地的概念，违规操作将经营性建设用地范围扩大到宅基地、公益性事业用地甚至农用地，在18亿亩耕地红线的压力下土地监管的重要性不言而喻。另一方面，由于缺乏社会监督，在遭受行政干预或者其他干预时，农民由于自身获取信息能力差，很难维护自己的权益。集体建设用地入市是一个涉及多方的过程，不仅要有政府监管，社会监管和民间监管也必不可少，而目前江苏省集体建设用地的市场监管体系还处于不成熟阶段，政府在城乡统一建设用地市场体系中的职能定位不准确，存在着错位、缺位与越位现象，权力过分集中在政府手上将对集体土地市场监督体系的完善构成阻力。

五、推进江苏农村集体经营性建设用地市场发展的对策建议

（一）完善入市法律法规体系，深化土地产权制度改革

修改和制定相关法律条款文件。鉴于我国当前与土地交易相关的某些法律法规不利于农村集体经营性建设用地市场的发展和城乡统一的土地交易市场的形成，可以在武进、宜兴、昆山等试点城市先行的基础上，提出修订《中华人民共和国土地管理法》《中华人民共和国物权法》等法律的相关规定。针对现行不完备、无法适应农村市场经济发展新形势的法律法规，可以制定和新增相关的法律条款对农村集体建设用地的入市原则、入市条件、入市范围、入市期限、入市方式、入市路径、入市流程、收益分配、司法裁判等内容进行规范和调整，使农村集体经营性建设用地入市流程和细节有法可依。完善集体建设用地入市的相关法律法规体系，将有助于其入市流转机制的健康有序运行和城乡统筹的一体化土地要素市场的实现。

集体土地入市流转实质就是一场土地制度的改革和创新，以打破我国以往分割的城乡二元体制为目的。而这场农村土地制度变革中，最核心和最基础的部分

在于深化农村土地产权制度的改革，其中明确产权主体和赋予集体土地更加完整的所有权权能更是当务之急。明晰的土地产权是市场化的重要标志，也是土地市场健康运行的最基本条件，目前，由于法律法规的相关规定导致集体经营性建设用地所有权主体存在模糊地带。由于在土地市场进行交易的是土地的各种权利，如果土地产权主体界定不明、归属不清，土地的交易就无法进行，并且容易引发利益纠纷，扰乱市场秩序。我国目前集体土地产权权能与城市土地产权权能有着极大的不对等，集体土地产权权能残缺不全，随着市场经济的不断深入发展，土地的资产属性逐渐显露，对集体土地发展权以及处分权的不当限制已经成了农村生产力进一步发展的掣肘因素，因此根据现代产权理论，通过赋予集体土地更加完整的土地财产权利，具体包括占有权、使用权、收益权、发展权、处分权等，将对统一城乡建设用地市场、促进其健康发展发挥积极作用。通过深化农村土地产权制度的改革，从而制定出平等对待两类建设用地的相关制度，这将对破解城乡二元体制差异起到关键作用。

（二）科学规划，强化土地用途管制，推进农村土地确权登记

科学合理的城乡规划体系，对城乡统一建设用地市场的建立和发育具有重要影响。针对目前集体建设用地地块分散、面积较小的问题，需要健全城乡规划体系，在乡镇土地利用总体规划、小城镇规划控制下，由农村集体经济组织主导编制农村建设用地开发规划，重点明确集体经营性建设用地内涵、类型、边界、增减挂钩范围以及入市的时序安排等，通过充分发挥规划的治理和管控功能，引导农村集体建设用地由分散、凌乱、无序状态到集中合并，扩大集体建设用地有效规模。统一的城乡土地利用规划将各个地块的土地用途进行统一的限定，明确了可以入市的土地范围，维护了农村的农地安全，使国家耕地保护政策能够顺利落实。同时，土地监察部门打击土地违法违规案件的重要依据也依赖于土地规划，通过规划遏制私占农村集体建设用地、闲置浪费土地的现象，优化农村空间布局，从而有助于农村集体建设用地的整合。

坚持土地用途管制是农村集体经营性建设用地入市的必要条件。产权界定不清、农民法制意识淡薄和适时监督的缺陷，都会造成建设用地利用状态的改变，导致能够利用的农村集体经营性建设用地规模缩减。土地用途管制有利于从源头

上保证集体土地不被任意侵占，保证符合条件的农村集体经营性建设用地入市，并利用产业的集聚带动区域发展，引导经济活动、产业布局、项目建设，实现乡村发展规模和空间布局的调整优化。强化土地用途管制，不仅要求对土地进行分类管理，编制土地利用总体规划，还要求严格按照用途审批用地，对违反规划用地的行为严厉处罚，维护农村土地市场秩序。同时，还要为更好地落实土地的用途管制，搞好农村集体建设用地管理和土地使用权市场的运作而加强地籍管理。

农村集体经营性建设用地入市，必须让每一块土地有明确的产权主体。以“权属合法、界址清楚、面积准确”为原则，完善农村土地确权登记制度，对土地的具体信息进行详细登记备案，把农村集体土地所有权确认到每个具有所有权的农民集体，并在所有权主体确权后颁发农村集体经营性建设用地产权证书，努力做到使每一块土地都有“身份证”，权属明晰，为土地使用权的权证交易和所有权的界定提供科学依据，入市才会真正有效率；同时也能防止集体建设用地被私自占用，擅自改变用途，有助于集体建设用地规模的形成和整合。通过推进农村土地确权登记，从而理清农村财产权利界限，才能构建起完整的农村资产财产权益体系，盘活农村生产要素，解放农村生产力。

（三）从上至下逐级倾斜，切实保护农民集体权益

农村集体经营性建设用地入市改革能否成功的关键，在于收益如何分配，这也是今后全省各地开展农村集体经营性建设用地入市改革试点所要面临的重要难题。当前，农村集体经营性建设用地收益分配应当是：中央政府与地方政府的收益分配向地方政府倾斜，地方政府与村集体经济组织的收益分配逐步向村集体倾斜，村集体经济组织与农户的收益分配逐步向农户倾斜。

首先，虽然中央政府并不直接参与集体经营性建设用地增值收益分配，但并不意味着中央政府不需要参与这一过程。相反，中央政府需要对集体经营性建设用地增值收益的分配进行宏观指导和顶层设计，必须明确分配原则和分配办法，以免发生地方政府侵害村集体经济利益的情况。

其次，需要加强对农民集体资产和农民权益的监督与保护。当前，农民集体发展尚未成熟，对于集体资产、流转收益都还缺乏规范的管理和科学的监管，监

管的主体不明确，集体土地资产被侵吞或挪用的风险较高。对集体资产的管理可以尝试确立专门负责管理农民集体资产的行政管理部门，加强对农民集体改制、集体资产经营管理、集体资产监管与审查等公共事务的指导。但需对该部门的职责范围进行严格界定，并对其权力进行约束，以免出现政府干预农民集体合理自主组织与自主治理的现象，反而侵害农民集体财产。对于农民权益的保护，要建立能够快速反应的申诉机制，并制订相应的权益保护制度以及惩处条例，对于侵犯农民权益的行为进行严厉处罚，有效保护农民权益。

（四）完善土地市场宏观调控体系，加强执法监督力度

在城乡统一建设用地市场建立方面，政府要承担责任，弥补市场的缺陷，综合运用各种手段，对土地市场进行科学的宏观调控。

首先，制定市场规则，建立统一、完善的城乡建设用地市场体系。在渐进式改革中，地方政府应该成为新制度供应的主体，在构建城乡统一建设用地市场中，地方政府理应根据地方实际情况，认真研究构建城乡统一建设用地市场的实施规则和办法，并以地方政府法规的形式予以颁布实施。地方政府还需要进一步厘清政府职能的范围，社会主义市场经济条件下政府的基本职能是“社会服务与公共管理”，主要职责是弥补市场的缺陷，而地方政府大肆经营城市的做法，实际上是以市场主体的身份参与了经济活动，这与其职能相去甚远。因此，要在理论上明确城市经营与城市管理之间的区别，将地方政府职能明确定位于公共管理与服务范畴之内。

其次，培育市场中介组织，完善城乡统一土地市场的配套机构。市场中介组织发育的完善程度，关系到城乡统一建设用地市场能否健康运行。土地市场中介组织是构建城乡统一建设用地市场进程中连接政府与农民、政府与用地企业、农民与用地企业之间关系的重要纽带，是促进城乡统一建设用地市场健康发展的润滑剂，而市场中介组织的发育离不开政府的支持与扶持。因此，在构建城乡统一建设用地市场中，政府要培育大量市场中介组织，比如城乡土地地价评估机构、土地开发与整理机构、土地使用权交易所等中介组织，给予必要的经费和政策支持。

最后，任何改革的健康长远发展都需要相关的监督管理作保障。政府不仅需

要从源头的准入机制做好把关工作，对信息的发布、土地的交易、违法的查处等各个环节进行监督管理，保障入市交易的公平有序进行，还要在其交易机制过程中做好监督工作，并在交易进行后做好后续保障工作。与此同时，更需要做好与其相关的配套设施制度的保障。这就不仅需要政府相关部门的相关政策作为标杆为其提供参考，使各项工作有据可依，还需要政府加强执法力度，对投机倒把的违法行为给予严厉的惩处。同时，因为集体经营性建设用地入市涉及多方利益，特别是集体组织作为土地所有者的利益，因此，人民群众也要充分使用自己的权利，在整个过程中使用自己的知情权等全程监督其交易行为。

第三节　江苏省农村宅基地有偿使用与流转分析

一、研究区域选择

政府主导模式的宅基地流转在江苏省内各个地区均有发生，村民主导模式的宅基地流转则主要发生在经济发达程度较高的苏南地区。本节选取了常州市武进区、南京市江宁区及淮安市洪泽县、金湖县作为研究区域。常州市武进区被列入全国农村宅基地制度改革试点，在该区行政区域内暂时调整实施《中华人民共和国土地管理法》《中华人民共和国物权法》等有关法律规定，可研究该地区宅基地制度改革背景下的宅基地有偿使用和自愿有偿退出机制。南京市江宁区及淮安市洪泽县、金湖县则可作为考察宅基地流转的研究区域。

二、调查统计与分析

课题组对常州市武进区、淮安市洪泽县和金湖县农村宅基地使用和流转情况、农民宅基地权利认知与流转意愿开展了问卷调查，共回收有效问卷 170 份（其中常州市武进区 71 份，淮安市洪泽县和金湖县分别为 73 份和 26 份），调查结果主要包括如下几个方面。

（一）宅基地使用情况

在被调查农户中，宅基地面积为 0～150 平方米者占 14.2%，为 150～300 平方米者占 31.6%，在 300 平方米之上者则高达 54.2%（图 5－3）。根据《江苏

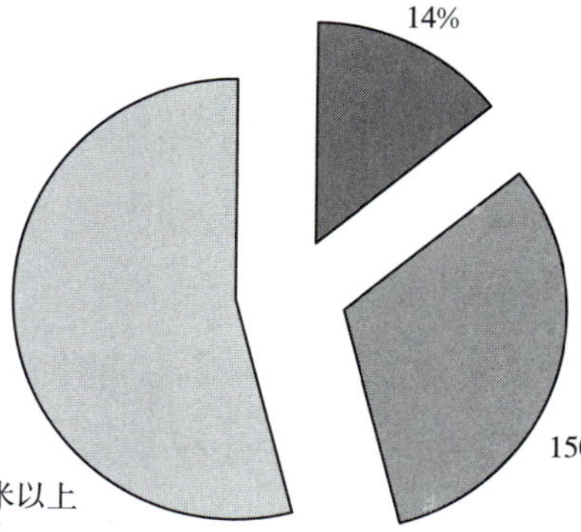

图 5－3　被调查农户宅基地面积分布情况

省土地管理条例》设定的宅基地面积标准，城市郊区和人均耕地在十五分之一公顷以下的县，每户宅基地不得超过 135 平方米；人均耕地在十五分之一公顷以上的县，每户宅基地不得超过 200 平方米。因而相当比例的被调查农户的宅基地面积超过了江苏省省控标准，具有较大的集约利用和流转潜力。大多数农村居民家庭（87.0%）只拥有 1 处宅基地，少部分（9.5%）拥有 2 处宅基地，而闲置宅基地的比例也相对较低（4.1%）。值得注意的是，由于存在部分农户隐瞒真实情况的可能，因而实际的宅基地闲置比例可能高于这一数值。被调查农户中有城镇住房的占 33.3%，没有城镇住房的占 66.7%，表明城市和农村“两头占地”的情况在受访地区较为普遍，农村宅基地有较大的节约集约利用潜力。住房建设年份在 1990 年以前的占 33.3%，在 1990—2001 年的占 30.1%，在 2001 年以后的占 36.5%。说明农村居民住房的整体成新度并不是很高，相当比例的住房可能需要翻修和改建。关于宅基地的确权登记颁证情况，17.5%的农户只颁发了宅基地使用权证书，2.4%的农户只颁发了建设许可证，而 61.5%的农户既颁发了宅基地使用权证书也颁发了建设许可证。没有颁发相关证件的农户占比较低（16.9%），1.8%的农户反映对相关情况不了解。上述结果表明大多数农户的宅基地使用权有较好的法律保障，宅基地确权登记颁证工作取得了较好的成果，为宅基地有序高效流转奠定了基础。

（二）宅基地流转情况

研究区域中政府主导的宅基地流转普遍开展，10.1%的农户所在村庄已经完成了宅基地退出、宅基地置换或集中居住，80.5%的农户所在村庄已经开展了一部分上述工作，而余下的 9.4%的村庄也准备开展相关工作。具体到农户层面，33.5%的被调查农户已经退出或置换了原有宅基地。在宅基地退出/置换的信息来源方面，村干部介绍是最主要的政策信息发布渠道（50.3%），其次是告示或其他公开渠道（21.3%）以及村民介绍（9.3%），自己打听的仅占 7.7%（图 5－4），表明在政府主导的宅基地流转中农村居民的知情权得到了较好的保障。在宅基地退出/置换的合同形式方面，书面协议并公证是最主要的形式（50.3%），其次是书面协议未公证（17.0%），而 21.4%的被调查农户对相关情况不了解，说明政府主导宅基地流转的规范性已有了较大提升。相对于政府主导模式的宅基地流转，村民主导模式的宅基地流转发生频率相对较低。仅有 5.4%的被调查农户将宅基地及其上房屋出租，大多未签订正式的租赁合同，租金的确定也以当事人双方协商形式为主。村民主导模式的宅基地流转发生频率较低，既与现行法律、法规相关规定较为模糊有关，也存在被调查农户担心租金收入受影响而刻意隐瞒相关情况的可能。

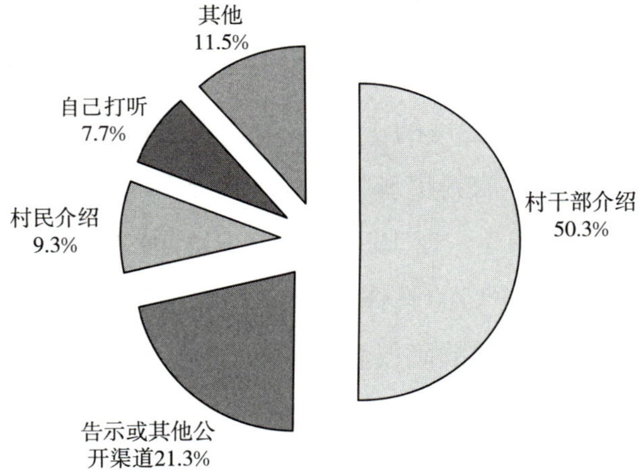

图 5－4　宅基地退出/置换的信息来源

（三）宅基地权利认知与流转意愿

大多数被调查农户认同每户只能占有 1 处宅基地的政策安排（非常同意的占 32.7%，同意的占 48.8%），而认同“如果多占宅基地，可以付费使用”的被调查农户所占比例也较高（非常同意的占 16.9%，同意的占 46.5%），表明宅基地

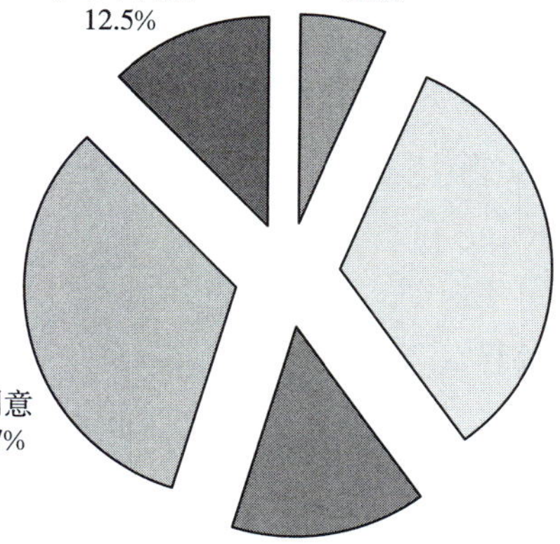

图 5－5　被调查农户对宅基地流转（集体内部）的认同情况

有偿使用制度的推行具备较好的民意基础，在配合必要约束措施的情况下有望取得较好的政策效果。在宅基地流转意愿方面，较高比例的被调查农户认同自家使用的宅基地可以转让给本集体经济组织其他成员（非常同意的占 6.6%，同意的占 33.3%），也有一定比例的被调查农户认同宅基地可以转让给村外的人或企业（非常同意的占 5.4%，同意的占 28.6%）。57.8%的被调查农户认同宅基地可以长期出租（非常同意的占 12.7%，同意的占 45.1%），47.6%的被调查农户认同可用宅基地抵押贷款（非常同意的占 8.9%，同意的占 38.7%），而 32.4%的被调查农户认同可用宅基地入股与他人或企业合作建房，上述结果表明农村居民希望充分行使宅基地权能，宅基地流转意愿较高。

三、典型案例调研与分析

南京市近年来在交通、水利工程、农村土地综合整治、城乡建设用地增减挂钩工作中发生了较大规模的农村宅基地流转，在流转方式、补偿标准制定等方面具有一定的代表性，因而针对南京市江宁区外港河社区政府主导模式的宅基地流转进行案例分析。

（一）案例区域概况与宅基地退出总体情况

外港河社区位于南京市江宁区东山街道。流经社区的外港河于 1972 年人工开挖而成，主要功能是汇集上游两条撇洪沟行洪水进入秦淮河，是江宁区的重要防汛通道。河汇水面积约 15 平方米，全长 6.5 千米，河两岸人口众多。由于外港河综合整治工程项目建设需要，由政府组织开展了宅基地退出工作。该地区政府主导模式的宅基地流转中，除注重保障农民的土地财产权益，还兼顾了社会保障、就业保障等其他方面。

（二）宅基地退出房屋补偿

产权明晰是宅基地顺畅流转的基础，而退出补偿对象的认定也是宅基地退出顺利开展的先决条件。外港河社区在开展相关工作时，对持有房屋产权证、集体土地使用权证或建房许可证的，将证载登记的产权人认定为补偿对象。世居房由街道、社区确认，经公示无异议后其所有人被认定为补偿对象。符合建房条件，未办理相关手续的住宅房屋，依据村镇房屋建设相关规定，经街道、社区初步认定，由区征收办牵头相关部门进行联合确认并公示无异议后，其所有人被认定为补偿对象。其次，需要解决补偿对象家庭人口的认定问题。根据该地区的相关规定，补偿对象家庭成员中虽无常住户口，但根据情况和实际情形，经街道、社区确认并公示无异议后，可计入家庭人口。例如：原常住户口在征收区域内符合规定的现役士兵；原常住户口在征收区域内符合规定的在校大、中专学生；原常住户口在征收区域内符合规定的服刑人员。此外，该地区对补偿对象的家庭分户问题也做出了明确的规定。补偿对象的父母、已婚子女，符合家庭人口认定条件的，可自然分户。达到法定婚龄的未婚子女，可照顾分户。家庭分户应当在审定总面积中按自然间分割，分割面积原则上不少于 30 平方米。世居房、遗产继承的不予分户。

在宅基地退出补偿方式上，充分尊重补偿对象的意见，由其自主选择货币补偿或房屋产权调换方式。住宅房屋实行货币补偿的，其补偿款由原房补偿款和购房补偿款两部分组成。原房补偿款由确定的评估机构进行评估。购房补偿款标准按照征收安置房安置价格的一定比例确定。放弃申购征收安置房的，应当在补偿安置协议中予以明确，协议公证后，方可领取货币补偿款。放弃申购部分，给予适当奖励，具体标准由实施单位在实施方案中明确。在补偿标准方面，原房补偿款由具备评估资质的房地产评估机构对不同建筑结构的房屋按照重置价格结合成新度评估确定。对于购房补偿款，征收安置房安置价格低于 4 000 元/平方米的，按其价格的 80%确定；4 000（含）～5 000 元/平方米的，按其价格的 82%确定；高于 5 000（含）～6 000 元/平方米的，按其价格的 84%确定；高于 6 000（含）元，按其价格的 86%确定。

（三）宅基地退出安置补助和奖励

宅基地退出过程中，搬迁补助费按退出房屋建筑面积每平方米 50 元计算，每个权证（房屋所有权证或其他合法房产凭证）不足 1 000 元的补足至 1 000 元。临时安置费按被征收房屋建筑面积计算，每月每平方米 18 元，每个权证（房屋所有权证或其他合法房产凭证）不足 1 200 元的补足至 1 200 元。在征收决定规定的征收签约期限内签约并搬迁交房的，另给予每月每平方米 10 元的临时安置补助费。实行货币补偿方式的，一次性发放 12 个月的临时安置费。实行产权调换的，按照产权调换协议约定的过渡期限发放，逾期按月双倍发放。补偿对象选择货币补偿的，按其房屋评估价格 7%的标准给予一次性特别奖励补助。无合法手续的房屋被征收的，不享受一次性特别奖励补助。补偿对象在区政府下达的征收决定规定的签约期限内完成搬迁并按规定办理房屋交接手续的，给予一次性提前搬家奖励补助，每个权证（房屋所有权证或其他合法房产凭证）奖励补助 50 000 元。

（四）宅基地退出中农民社会保障和就业保障

宅基地退出过程中，除按规定进行房屋补偿和安置补助，还注重建立城乡一体的基本生活保障体系，提高宅基地退出农民的保障水平和补偿标准，解决宅基地退出农民的后顾之忧。出台城乡居民基本医疗保险政策，将城乡居民纳入统一医保体系。同时建立城乡基本医疗保险与城镇职工医疗保险互转通道，鼓励参加城镇职工养老保险的宅基地退出农民参加城镇职工医疗保险，提高保障待遇。实行城乡统一的最低生活保障标准，并与市区接轨，进一步保障困难群众的生活。在养老保险方面，根据年龄段对宅基地退出农民进行分类，提高养老金发放标准。实施积极的就业政策，促进宅基地退出农民就业。及时、动态发布用工信息、人才信息，对宅基地退出农民实行免费职业推介，实现用工需求和人才信息的双向互动。依托职业技能培训中心，对宅基地退出农民实行培训。政府从资金、政策等方面给予扶持，公益性岗位如绿化养护、河道保洁、道路养护与保洁等用工服务，优先提供给年龄较大、职业技能较弱的宅基地退出农民。

四、农村宅基地流转的主要特征和规律

（一）政府主导模式是宅基地流转的主要形式，村民主导模式规模相对较小

农村宅基地流转主要有村民主导和政府主导两种模式。由于宅基地使用权是基于集体经济组织成员创设的，福利色彩浓、收益功能弱，因而其使用权权能存在不完整性，在客观上限制了村民主导模式的宅基地流转。调研发现，政府主导模式的宅基地流转规模较大、出现频率较高；而村民主导模式的宅基地流转规模较小，主要发生在城中村、城郊村和城乡结合部等流动人口较多、住房需求较为旺盛的地区。这些地区的农户在宅基地上建造多层住宅，用于出租，满足快速工业化下大量外地农民工的居住需求。政府主导模式的宅基地流转又可细分为多种形式：一是因基础设施建设、土地收储等原因而进行的农村土地征收中涉及的宅基地流转；二是因农业项目建设而进行的农村土地租用、整理、置换等所涉及的宅基地流转；三是农村土地综合整治、增减挂钩项目中涉及的宅基地流转。

（二）政府主导模式的宅基地流转规范化程度更高

相较于村民主导模式的宅基地流转，政府主导模式的宅基地流转在信息发布渠道、合同形式等方面的规范化程度更高。调研结果表明，在政府主导模式的宅基地流转中，大多数农民通过村干部介绍、公告、村民介绍等形式获取相关信息，知情权得到了较好的保障。书面协议是政府主导模式的宅基地退出/置换的主要合同形式，而且有相当比例的书面协议经过了公证。与此相比，村民主导模式的宅基地流转大多未签订正式的租赁合同，租金的确定也以当事人双方协商形式为主。此外，在政府主导模式的宅基地流转中，农民除土地权利外的其他各项权利也得到了一定的保障。例如，常州市武进区西湖街道聚新家园社区在推进政府主导模式的宅基地流转过程中，除注重保障农民土地财产权利，还构建了多方

式、自由组合的住房保障机制，实现了城乡养老保险、医疗保险、最低生活保障一体化，并强化了农民的就业保障。

（三）农村宅基地流转仍具有较大的潜力

虽然各地均出现了一定规模的政府主导或村民主导模式的宅基地流转，农村宅基地流转仍具有较大的潜力。从调研结果看，在被调查农户中，有83.9%的户宅基地面积超过《江苏省土地管理条例》规定的200平方米的省控标准上限，69.9%的农户人均宅基地面积超过60平方米/人。相较于苏南地区，苏北和苏中地区的宅基地使用更加粗放、户宅基地面积更大。一方面，在农村劳动力转移、城镇化进程加速推进的背景下，城市和农村"两头占地"的情况在调研地区较为普遍，被调查农户中有城镇住房的占到了33.3%。这些都表明，现阶段农村宅基地流转和集约利用具有较大的潜力。通过构建市场化机制、促进宅基地有序高效流转，可以提高宅基地利用效率、优化宅基地资源配置。另一方面，被调查农户也希望充分行使宅基地权能，宅基地流转意愿较高。相当比例的被调查农户认同自家使用的宅基地可以转让给本集体经济组织其他成员或本集体经济组织以外的人或企业，认为宅基地可以长期出租或抵押贷款。

五、农村宅基地有偿使用与流转中存在的主要问题

（一）宅基地有偿使用推行面临农民接受度低、集体积极性不高等困难

调研中发现，试点地区宅基地有偿使用多是针对新建和翻建农民住宅，对历史上形成的"一户多宅"和"超占面积"实施有偿使用还没有形成十分有效的改革措施。究其原因主要有三个方面：一是针对历史遗留问题收费，农民接受度相对较低。武进区大部分宅基地在1998年完成确权发证，建房多年后农户家庭成员通常发生了较大变化，有外出工作、婚嫁、老人过世等情况发生，与审批宅基地时的人员状况有明显不同。针对历史遗留问题实施宅基地有偿使用，农民容易产生抵触情绪。二是集体积极性不高。每年村集体用于环境卫生和基础设施的支出较大，通过征收有偿使用费获取的收入相对有限，对集体的吸引力不够。三是

集体经济组织缺乏强制约束力。由于村民自治达成的集体意见和村规民约并没有强制约束力，在试点地区有偿使用费的收缴上，出现了某些农户不遵守、不执行的现象，而集体经济组织对此缺乏约束手段。

（二）农民主动退出宅基地的意愿相对较弱

调研中发现，虽然宅基地自愿有偿退出是试点地区宅基地改革的重点内容之一，政府着力推进，但实践中其实际规模仍然相对较小。究其原因主要有三个方面：一是传统上的叶落归根思想。很多农民进城不落户，认为最终仍会回到农村生活，或是对祖宅、祖屋有着难以割舍的感情，对老房子即使不居住也不会轻易退出。二是退出标准与农民期望值有差距。目前房价与农民收入相比处于较高水平，退出的收益对农民的吸引力不强。加之近年来农民对宅基地财产价值的认知程度不断加深，宅基地在一定程度上已被农民视为防范未来生存风险的重要资产。农民往往也难以区分退出与征收的差异，宅基地退出中期望得到的补偿要与拆迁标准一致。三是资金平衡难。宅基地退出需要大量的回购资金支持，无论是政府还是集体主导退出时，都存在资金筹集问题。

（三）宅基地转让限定在集体内部阻碍了土地财产权利的实现

试点地区宅基地改革的相关规定要求宅基地转让在集体经济组织内部进行，这在一定程度上限制了宅基地流转的规模，影响了农民土地财产权利的实现和宅基地资源的优化配置。事实上，在城中村、城郊村和城乡结合部等流动人口较多、住房需求旺盛的地区，外来务工人员往往是住房需求的主体，而这些人员由于不具有本地户籍身份无法通过宅基地转让满足住房需求。另一方面，宅基地转让限定在集体经济组织内部进行，也在客观上造成了农房抵押贷款抵押物处置困难、抵押物价值难以实现的问题。在宅基地抵押担保实现债权时，如探索两权抵押变现的集体经济组织回购机制，则可起到维护抵押权人合法权益的缓冲作用。即当农户宅基地抵押时，农村集体经济组织与农户签订预回购协议，一旦发生贷款风险、银行处置抵押物时，集体经济组织将执行预回购协议。

六、优化农村宅基地有偿使用与流转的对策建议

（一）宅基地有偿退出中应充分发挥集体经济组织的作用

土地整治、城乡建设用地增减挂钩中发生宅基地有偿退出的，在补偿方式、补偿标准和增值收益分配上，应充分发挥集体经济组织的作用，保障农民的土地权益。遵循农民意愿为先的原则，重点在于弥补农民退出宅基地后遭受的损失。制定宅基地退出补偿标准时应充分考虑地区间差异，并将退出农户的房产合法状况、集体成员资格等情况纳入考虑。宅基地增值收益分配方案充分发挥村民自治的作用，增值收益的分配可以对农民进行一次性货币补偿，也可通过股份合作社配股，以分红的形式发给农民。

（二）宅基地有偿使用推行过程中应根据具体情况差别化处理

宅基地有偿使用推行过程中应具体情况具体分析、差别化处理。宅基地在审批时面积不超标，但由于后期婚丧嫁娶造成农户家庭人数减少而形成了事实上的面积超标，与宅基地审批后人为超占、钻执法监管空子，在有偿使用上应有差别化政策。对于建新不拆旧形成的一户多宅，目前宅基地闲置不用的情况一般比较少，尤其是在外来人口较多的村庄，村民大多把旧的房屋用于出租创收，应慎重处理农民建新不拆旧形成的利益关系与农民增收问题。

（三）宅基地有偿使用和退出中应充分体现村民自治

村民自治在宅基地有偿使用和流转过程中职能丰富，涵盖了集体成员资格界定、宅基地分配等多项内容。但需注意的是，建立在土地集体产权和户籍身份基础上的村民自治制度是特定经济社会条件下的产物。随着城市化、工业化发展和人地流动，出现了“人—地—籍”分离的现象，村民自治赖以生存的经济和社会基础出现了动摇。在新的历史时期，基层地方政府应起到动员、组织引导、规划和推动等作用，充分保障集体的自主治理性，例如村集体可以自由选择宅基地推出后的多元补偿方式；政府在改革过程中也应充分尊重集体意愿，并提供政策咨询及配合等其他辅助服务。

第四节 江苏农村征地市场调研与分析

一、调查研究区域

本研究延续一直以来的研究区域划分思路，参照江苏省征收补偿标准四类地区划分。考虑到不同地区在土地征收补偿方面的具体差异，主要采用调查问卷与案例研究相结合的方法，研究区域力求覆盖不同地区。

前期问卷调研已覆盖区域：宿迁市宿城区双庄镇靳塘社区和白堡村，龙河镇陈林村龙集村；宿迁市泗阳县来安街道下属的东安社区、东和平村，众兴镇的周庄村和西康社区；苏州市下属吴中区胥口镇马舍村、箭泾社区；用直镇长巨村、甫南村，苏州市下属昆山市花桥镇天福社区；千灯镇陶桥村、石北村；南通市通州区兴仁镇土山村、杨世桥村，十总镇的十总社区、骑北村，西亭镇的西亭居委会、西禅寺村，东社镇的新街村、滥港桥村，石港镇的渔湾村、石西居村，二甲镇的袁南社区、定心桥村；南通市下属如皋市，城南街道的育华村、建设社区，如城街道的城东村、新民村，如皋市开发下属的太平村社区、城北社区。

后续的问卷调研对宜兴市高塍镇的塍西村、梅家渎村，常州市武进区西湖街道聚新家园社区，针对征地补偿具体执行标准与多元化补偿安置进行了剖析。2017 年在原有研究区域基础上，对常州市武进区进行补充问卷调研与典型案例分析，重点放在探索公共利益土地征收范围的如何界定及其存在的问题、市场化征收补偿价格的形成机制上面，力求为下一步改革提供思路。

二、典型案例分析

（一）土地征收的“正面清单”与“负面清单”

2017 年武进区顺利地在湟里镇 7 个行政村进行了土地征收以及房屋拆迁工作。比如：为了满足国家重大水利工程“新孟河延伸拓浚工程”的需要，在湟里镇进行土地征收以及房屋拆迁，共涉及 7 个行政村的 300 户农民。村民们在了解了相关的保障政策后，短期内全部完成了签约。在缩小征地范围、优化征地程序、保障失地农民利益等方面，武进区开展了一系列的创新，并取得显著成果，近年来完成的征地拆迁面积超过了 1 000 万平方米。

首先，武进区通过建立“正面清单”和“负面清单”的方式，明确界定公共利益征收范围，实现全面缩小土地征收范围的目标。在《划拨用地目录》《国有土地上房屋征收与补偿条例》基础上，按照改革的具体要求，结合武进区的实际并经过了多层次、全方位的政策研讨，最终出台了《关于印发〈常州市武进区土地征收范围（试行）〉的通知》（武土改〔2017〕4 号），列出了土地征收的“正面清单”和“负面清单”，并采用打补丁的方式不断优化和补充清单。通知规定以用途作为界定公共利益用地的主要参考标准，只有 6 大类 21 个具体类别的项目建设才可以征收土地。这 6 大类项目建设，主要包括国防和外交方面的工程建设、由政府组织实施的基础设施建设、各类公共事业项目建设、保障性安居工程建设、为实施城市规划而进行的成片开发建设、综合保税区建设等。这一做法既可以保障涉及国家安全、国民经济和社会发展等公益性项目用地需要，同时又符合缩小征地范围的目标。此外，该通知还严格界定了公共利益用地范围，对于未列入征收范围的项目，原则上不再办理集体土地征收为国有土地的手续；而是引导项目主体以出让、租赁、作价出资入股等改革试点允许的方式，取得农村集体经营性建设用地使用权，解决用地问题，实现项目正常落地。例如：2017 年 9 月湖塘镇一家汽车零部件制造厂，申请征收 40 000 多平方米土地，结果这个项目因为不在 6 大类中的任何一类，而被当地土地管理部门“一票否决”。与 2016 年武进区办理 7 宗土地征收，总面积 11.11 万平方米相比，截至 2017 年 11 月全区只办理了 2 宗土地征收，总面积只有 3.85 万平方米。

表 5-12　武进区 6 大类土地征收范围

一类	二类	三类	四类	五类	六类
国防和外交用地	由政府组织实施非经营性的能源、交通、水利等基础设施建设用地	由政府组织实施的科技、教育、文化、卫生、体育、环境和资源保护、防灾减灾、文物保护、社会福利、市政公用等公共事业用地	由政府组织实施的保障性安居工程建设用地	由政府在土地利用总体规划确定的城镇建设用地范围内为实施城市规划进行的成片开发建设用地	综合保税区建设用地的

（续）

一类	二类	三类	四类	五类	六类
（一）军事用地 （二）外事用地	（一）能源类 （二）交通类 （三）水利设施用地 （四）电力设施用地	（一）公益性科研机构用地 （二）公益性教育设施用地 （三）公益性公共文化设施用地 （四）公益性医疗卫生设施用地 （五）公益性体育设施用地 （六）环境和资源保护用地 （七）防灾减灾 （八）文物古迹用地 （九）公益性社会福利设施用地 （十）公益性城市基础设施用地 （十一）特殊用地	（一）棚户区改建项目用地 （二）保障性安居工程用地		

（二）让农民“点菜”，贴近需求的征地补偿

不同于以前由政府先集中建房再统一安置拆迁户，武进区创新住房安置方式，当地管理部门形象地描述为由农民“点菜”，再由政府“下厨”，充分考虑农民的实际需求。在这种方式下，农民可以自主地选择三种安置方式中的任意一种：接受货币安置，进城买房定居，转为城镇居民；或接受实物安置，住进农民公寓；或者选择留地安置，在新批的宅基地上建造新居。

按照先补偿后搬迁、居住条件有改善的原则，对包括宅基地及地上房屋在内的征收，将征收宅基地的补偿安置和户有所居保障相结合。结合武进区实际，出台了《关于调整征地房屋拆迁补偿安置有关政策的通知》（武征办发〔2017〕5号），一是适当提高了房屋重置价格及附属物补偿标准（住宅的重置价格在原有的基础上约增加55%、非住宅约增加20%、附属物补偿标准增加约40%、集体工矿用地补偿标准上浮2万/亩）；二是调整了中心城区货币安置的标准，根据不同区域及周边房地产市场合理确定购房补贴，有效化解安置房选址布点难、安置小区长效管理难、中心城区商品房房源不足等矛盾；三是实行货币补偿购房奖励制度；四是建立对于中心城区货币补偿标准建立动态调整机制，由相关部门核准每年调整公布一次。

以“三区三类”规划为引领，将征收农民住房补偿和确保农民户有所居保障相结合，围绕“留、聚、转”三种模式制定引导激励政策，构建区域差别化、形式多样化的农民住房保障制度体系，户有所居保障率达100%。此外，在安置过程中，安置小区基本生活设施建设全面与城市接轨，户户喝上自来水，用上天然气、数字电视，社区光缆全覆盖，供电设备完全按照城市小区标准统一建设，社区周边路网发达，设有多个公交站，居民生活质量明显提升。小区内绿化、雨污管线规划建设到位，污水直接收集处理，改变了分散居住生活污水直排的状况。安置小区纳入海绵城市建设试点，水利工程建设全面实施，抗涝标准达到城市同等水平。

三、江苏农村征地市场的主要特征和规律

江苏在缩小征地范围、优化征地程序、保障失地农民利益等方面进行了一系列的探索，农村征地市场的特征和规律体现在以下方面：

（一）征地范围进一步缩小，公共利益征收范围日趋明确

征地制度改革的重点亦集中在如何缩小土地征收范围，探索制定土地征收目录，严格界定公共利益用地范围。在征收目录之上的土地利用，可以通过土地征收来实现；征收目录之外，基于非公共利益用地占用集体土地的可以通过集体经营性建设用地入市来解决。

（二）征地程序日趋完善，更加注重社会风险防控及提升农民的话语权

在征收过程中，全面优化征收程序，创新预征地制度及风险评估机制，完善土地征收社会稳定风险评估制度。结合社会稳定风险评估工作的具体要求，规范土地征收中的社会稳定风险评估，区分风险等级，提出风险防范、化解矛盾和调处纠纷的相关措施，并以风险评估报告作为实施土地征收的重要依据。

同时，按照“加强批前民主协商，优化批后实施程序”的思路，严格履行征前告知、确认、听证程序，用法制保障民主协商，以农民参与的全程性体现征收决策及执行的透明性，保障被征地农民的知情权、参与权和监督权。2017年4月10日开始，江苏省土地征收信息查询系统试运行，由省、市、县三级国土资

源主管部门通过征地信息查询后台管理系统分别录入和发布征地相关信息，创新征地信息公开渠道，保障征地信息依法、全面、及时、准确公开。

创新预征地制度，在已纳入土地利用年度计划的前提下，积极开展先补偿安置、后征收报批试点工作。对已实施补偿安置，经集体经济组织申请，按照区被征地农民保障制度整村或整组进入被征地农民保障体系的，所涉及的集体土地由镇集体经济组织行使权能。以常州市武进国家高新技术产业开发区为例，辖区 15 个行政村，11 个行政村已经整村办理预征地程序，剩余个 4 行政村共 91 生产队，其中 41 个生产队均办理了预征地程序。

（三）征地补偿标准和补偿价格逐步提高

为确保被征地农民原有生活水平不降低、长远生计有保障，江苏省适时动态调整农民征地补偿标准，逐步提高并保障及时的足额发放。以南京市江宁区为例，逐步建立征地补偿标准动态调整机制，根据经济发展水平、当地人均收入增长幅度等情况，每 2～3 年对征地补偿标准进行调整，逐步提高征地补偿水平。如按规定支付的土地补偿费、安置补助费尚不能使待安置农民保持原有生活水平的，可增加安置补助费。

（四）补偿方式与失地农民需求更加贴合，注重提升集体经济组织效益

注重被征地农民再就业培训，以常州市为例，其每年提供财政支持 4 000 多万元，专门用于失地农民再就业工程。下属的武进区经常组织被征地农民参加技能培训，做好与产业园区、企业对接，为农民就业创造条件，96%的全区被征地农民中劳动年龄段人员实现了再就业；此外，还通过留用物业，壮大集体经济，提高集体组织经济收益，2016 年底，村组二级集体留用房，出租房屋面积 1 718 603平方米，年租金 1.25 亿元，合同租金 5.39 亿元，壮大集体经济组织成员股本，真正实现被征地农民生活水平有提高、长远生计有保障。

四、江苏农村征地市场发展存在的问题

一直以来，现有征地制度为我国快速城镇化、工业化提供了保障，但其弊端也日益突出，如强制性的征用方式、不完善的甚至是粗暴的征地程序以及单一的

补偿方式、过低的补偿标准与“三农”、耕地保护、城镇化、社会财富分配等问题交织在一起，由此衍生的土地权益矛盾日益突出，加剧社会财富分配不公，影响了社会稳定。现行的土地管理制度牺牲农民土地发展权而未进行补偿，城乡差距越来越大，由此带来的社会福利损失难以估量。江苏土地征收过程中存在的问题，主要集中在：

（一）公共利益界定存在困难，土地征收范围难以明确，征收清单不够完善

现实中，由于公共利益界定困难，有些项目打着公共利益征收的名义，实际却以追求经济利益进行商业开发。同时，既然是为了公共利益征地，那么被征收人的补偿权益就应当依法保障。如果不能保障，则说明相关项目的建设未能完全契合“公共利益”，因而得不到足够的补偿资金支持。公共利益作为土地征收的前提，为了公共利益需要才可以征收土地，否则便不应该征收土地。

（二）征收程序亟待完善，农民缺少话语权和讨价还价的空间，由此带来的社会矛盾突出

问卷调查结果显示，农民普遍反映当前的补偿金额太低了，农民的知情权、参与权、谈判权很难保障，主要靠政府主导分配，农民处于被动地位，缺乏合理的维权渠道。江苏现行的补偿方式和标准已不能完全体现被征地农民的权益。江苏省虽然近年多次提高征地补偿标准，改善征地补偿方式，但是补偿标准总体上仍然偏低，尤其是与市场价相比仍存在很大差距。现有补偿仍然是基于原用途的补偿，农民利益难以保障。农民更期待的是，按照征地时的实际土地用途进行补偿，以市场价格作为参考来制定补偿标准。

（三）征地补偿政策宣传不到位，农民的知情权很难保障

被征地农民享有的土地补偿知情权表现为征地公告发布后，国土部门以公告形式告知被征土地的农民土地补偿标准、数额；安置补助费的标准、数额、支付对象和支付方式等。由于补偿政策每年都在变化，内容比较繁多，政府对每一项补偿款都应当说清明细。现实中，由于政策宣传不到位，农民知情权难以保障。

（四）补偿标准细则不清，补偿标准不统一，存在暗箱操作可能

如规定补偿标准按照区片综合地价和征地统一年产值计算，但具体执行时，同一区片内补偿标准不一致，补偿数额不够透明，暗箱操作可能带来补偿不公的问题。同时，补偿标准中对集体和个人的比例不够明确，集体经济组织内部存在分配不公的问题。补偿标准不够细致，比如，对每亩青苗和地上附作物的补偿价格未做详细说明，就会有村干部虚报青苗或地上附作物，或突击抢种、抢搭等种种问题，也造成了资源的浪费。

（五）由于历史遗留问题，存在批而未征、征而未用的情况

如连云港市 2017 年上半年对 3.06 万亩土地征收情况进行全面检查，核实土地补偿资金 9.83 亿元，完善了 3 798 亩土地征收手续，拨付土地补偿资金 1.64 亿元，推动落实被征地农民入保 8 855 人，解决历史遗留问题，保障了被征地农民的合法权益。根据《江苏省国土资源厅关于通报土地计划执行及土地利用情况的函》（苏国土资函〔2017〕373 号）；泰州市征而未供土地 43 996 亩，供而未用土地 28 755 亩。

（六）地方政府面对单纯的征地改革积极性不高

地方政府依靠土地财政收入进行城市基础设施建设，而缩小征地范围与快速的城市化进程很难平衡。现行的土地征收割制度已经成为地方政府财政收入的重要来源；地方政府在征地过程中掌握主动权，可以自主安排和配置土地。随着征地范围的缩小，一些严重依赖土地财政的地方政府将缺少改革的动力和积极性。当前的征地改革目标是在逐步缩小征地范围与征地规模，在这一趋势下建设用地供给势必会减少，土地拉动型的地方经济难免会受到影响；与此同时再进一步提高补偿标准的话，政府可能会面临更大的经济压力。

五、对策建议

基于以上分析，在征地制度改革过程中，要切实注重维护农民土地权益。缩小征地范围，明确公共利益征收范围，规范征地程序，加强社会风险防控，确保

农民知情权。在制定征地补偿标准方面，秉着公平合理补偿的思路，力求建立多元保障机制，使其长远生计有保障。合理分享土地增值收益，尤其是协调好集体经营性建设用地入市收益分配问题。

（一）明确何为“公共利益”，探索公共利益的界定思路

大多数国家和地区的立法普遍认可的是公共利益至少应该满足两点：一是要有公共使用的性质，二是须符合公共利益的用途。国家动用征收权必须同时满足“公用”和“合理赔偿”的两个要求。详细来说，国家征地权的本质属性包含以下几点：首先，征地权是通过法律来赋予的，是服务于国家机器的，国家或者政府有权利征收私人土地满足公共事业需要；如果出于公共目的，那么征地权处在土地所有权之上，可以对抗私人产权，这在土地私有制国家尤其明显；征地权可以看做是法律赋予政府的一种“特权”，但是政府只有基于公共目的时才能行使；此外政府行使这一特权不应以盈利为目标，不能为了经济利益滥用土地征收权；国家一旦动用土地征收权，那么对私人的合理补偿是必需的。

合理界定公共利益时，应充分考虑到用地主体、用地类型、是否以盈利为目的以及规划管制等要求综合考量。如用地主体完全出于公共目的，就通过用地主体来确定；如用地主体存在多种类型的，无法按照用地主体来确定的，可以通过投资建设主体结合“非盈利”要求来确定。例如：用地主体属于典型的公共与公益事业主体的用地，国家、政府机关军事用地等，这类用地应首先纳入公共利益征地范围内；此外，还应包含非盈利性的公共设施与公益事业用地，包括城市基础设施用地，交通、水利设施用地等。如果这类用地涉及盈利性与非盈利性并存的，只将非盈利性的用地纳入征地范围。再次，基于完善基础设施建设，加强管理、集约、合理用地的角度，城市规划区范围内满足成片开发要求的用地也应纳入征地范围。

什么情况下国家或政府可以行使征收权呢？可以考虑经济价值与交易费用的原则，例如有些项目的落地对落后地区经济发展有着很大的推动作用，但交易费用巨大，谈判周期很长，则征收的方式是相对合理的，如高铁、轨道交通等项目。此外，还可以考虑损失原则、分配原则等，权衡是否应当行使征收权。

（二）探索市场化征地补偿价格的形成机制

欧美国家土地发展权制度运行很大程度上依赖于私有土地产权和自由市场交易机制，如果不考虑我国公有制的现状和国情，强行引入土地发展权制度则可能导致相关公有制政策调整的制度成本远超其红利。当前不少学者提出了借鉴欧美土地发展权制度、运用市场机制、基于土地权益价值来确定征地补偿标准的思路。例如：借鉴欧美发达国家的土地发展权制度，引入其产权价值衡量的基本思路，但不是照搬发达国家的土地发展权制度。如何在中国土地公有制框架内借鉴土地发展权制度，指导土地补偿价值评估，才是问题的关键所在。可以考虑在土地公有制环境下，采用替代市场交易机制的“征后补偿型”土地产权价值，也即征地补偿定价理论方法。改革征地补偿的根本途径在于用市场机制替代土地利用强制性干预和交易壁垒，建立和完善集体土地产权交易制度和市场平台，利用市场机制的价值发现功能，厘清土地要素的充分实际价值。

目前，借鉴发展权制度运用市场化手段确定征地补偿标准的代表性思路包括：一是，采用意愿调查法（CVM）和选择实验模型法（CE），通过对集体土地权利人对土地最佳用途期望还原其土地要素收益意愿，将其作为征地补偿标准制定的依据。二是，可以采用案例比较的方法，通过对实证区域单位面积农用地现阶段利用条件的研究，将其与最接近于该利用条件的土地在实际经营过程中的单位面积最高经济效益（工业或商业用途收益）相比较，作为集体土地产权的实际利用收益进而征地补偿的参考值。

初次补偿，我们可以考虑通过案例比较确定农村集体自主经营土地所能获得的最高净收益，对农村集体给予初次补偿。第二次补偿时，是在征用土地再开发并投入经营一段时期后，通过生产调研获取数据，构建土地价值生产函数，求得该土地要素收益净值；经过前后比较，对农村集体实施二次补偿。而土地规模报酬超额利润分成，则可通过征地后的其他安置措施，如给予失地农民工作机会、购买社会保险等加以实现。

（三）制定合理的土地增值收益分配机制，平衡国家、集体、个人利益

目前关于土地发展权归属及增值收益分配的研究中：一种观点是“土地发展

权国有论”，认为土地发展权在理论上源于国家土地管制而非土地所有权，因此作为土地发展权的自然延伸，土地增值收益也应归国家所有，之后的二次分配可以通过转移支付实现地利共享。国有论下，土地增值收益分配遵循“土地管制权—土地发展权—土地增值收益一次分配归公，二次分配归私”。另一种观点是“土地发展权私有论”，认为土地发展权是土地所有权的附属，土地发展权所有者享有一次分配的增值收益，之后国家可以通过税收的方式在二次分配时分享部分增值收益。这一观点下，土地增值收益分配遵循“土地所有权—土地发展权—土地增值收益一次分配归私，二次分配归公”。不论哪一种观点，一致的地方在于都把土地增值收益看作土地发展权的延伸，发展权的归属一定程度上决定了增值收益的分配。同时，也有一类观点认为土地发展权属于土地所有权固有内容，如果土地增值要征税，土地贬值同样需要补偿。在征收过程中，合理的土地增值收益分配机制可以通过“承认土地发展权＋市场价格补偿＋合理征税”机制来实现。认为政府首先应当承认并尊重土地所有者的土地发展权，在征收过程中应当按照市场价格给予公平补偿而不是低价甚至无偿剥夺非国有土地的发展权；之后再通过征税的方式，来调节和平衡国家、集体、个人以及不同区域在土地增值收益分配的比例，二次分配注重公平。涉及基本农田、自然环境保护区为了维护公共利益时，合理的土地增值收益分配机制还应通过“承认土地发展权＋规划管制＋发展权市场化交易”机制来实现。在尊重发展权的基础上，将管制性征收与市场化补偿结合起来，既维护公权，又保障私权。

（四）细化并实行差别化补偿标准，建立稳定的补偿增长机制

征地补偿资金的高低，对于失地农民的就业创业、社会保险和生活质量都有重要影响。应以农业年产值为依据确定补偿标准，同时，综合考虑市场定位，土地本身价值、用途、基础设施建设开发程度，区位条件等因素，3～5 年调整一次土地补偿标准。在合理定价的基础上，逐步提高征地补偿标准。同时还要注意不可频繁地大幅地提高征地补偿标准，否则有可能会造成对已征地农民的不公，也会造成未征地农民的等待观望，增加未来征地难度。考虑到物价上涨的幅度，城镇居民生活水平的提高等因素解决农民的后顾之忧，应当建立起征地补偿标准逐年增长的长效机制。

总之，征地过程中，国家应该在运用公权力和保护财产权私权利之间保持平衡，促进资源利用的效率和社会财富分配的公平正义。征地制度改革的方向应该是发挥市场配置资源的主导作用，减少土地利用强制性干预和交易壁垒，逐步建全集体土地产权交易制度，利用市场机制的价值发现功能，厘清土地要素的充分实际价值。首先，充分地考虑到土地发展权，全面评估土地价值，注重土地非市场价值，提高土地征收补偿标准。其次，国家不仅应该对土地利用的负外部性进行纠正，还应该对公益性土地利用和公共品供给目的下的土地准征收行为对公民造成的损害进行补偿。第三，明确公共利益征收范围，建立征收清单，减少征地对象，缩小征地范围，统筹城乡用地需求和制度供给，科学划定征地范围，制定征地项目目录，确定将国防、外交、能源、交通、水利及科、教、文、卫、体育和其他公共事业和政府性工程用地列入征地范围；将土地利用总体规划确定的城镇建设用地范围内开展的土地成片开发纳入征收范围。同时，还应正确认识与处理土地征收与集体入市的冲突问题，将三项改革统筹推进。

参考文献

蔡瑞林，陈万明，朱雪春，2015. 成本收益：耕地流转非粮化的内因与破解关键［J］. 农村经济（7）：44－49.

陈姝洁，马贤磊，陆凤平，蓝菁，石晓平，2015. 中介组织作用对农户农地流转决策的影响：基于经济发达地区的实证研究［J］. 中国土地科学，29（11）：48－55.

董祚继，2017. 为什么农村土地征收与集体经营性建设用地入市改革需要统筹推进（稳中求进——农村土地制度改革进行时：二十三）［EB/OL］.（06－14）［2017－12－20］. 政之本，http：//mp. weixin. qq. com/s/61XNpZCE1f8a4EG3IpgDrw.

韩世军，2014. 推进新型农业经营主体发展的战略举措［J］. 中国党政干部论坛（12）：97－98.

韩松，2016. 城镇化进程中入市集体经营性建设用地所有权归属及其与土地征收制度的协调［J］. 当代法学（6）.

金丽馥，冉双全，2011. 农村土地流转的风险及防范机制研究［J］. 理论与改革（5）：69－70.

廖富洲，廖婧怡，杨程，2015. 耕地流转中的“非粮化”问题及对策研究［J］. 学习论坛，31（7）：37－40.

刘双良，2010. 集体土地流转中的政府角色检讨与定位思考［J］. 甘肃社会科学（4）：74－77.

罗必良，刘茜，2013. 农地流转纠纷：基于合约视角的分析：来自广东省的农户问卷［J］.广东社会科学（1）：35－44.

马贤磊，仇童伟，钱忠好，2016. 农地流转中的政府作用：裁判员抑或运动员：基于苏、鄂、桂、黑四省（区）农户农地流转满意度的实证分析［J］. 经济学家（11）：83－89.

涂遥，付聪，2010. 农村土地承包经营权流转纠纷问题研究［J］. 求实（7）：82－84.

汪晖，陶然，2009. 论土地发展权转移与交易的“浙江模式”：制度起源、操作模式及其重要含义［J］. 管理世界（8）：39－52.

汪思冰，2016. 金融支持新型农业经营主体发展研究：以江苏省为例［J］. 商业经济研究（21）：173－174.

王守智，2010. 农村土地流转中的地方政府、农民与中介组织［J］. 北京工业大学学报：社会科学版，10（3）：13－19，80.

王永慧，严金明，2007. 农地发展权界定、细分与量化研究：以北京市海淀区北部地区为例［J］. 中国土地科学（2）：25－30.

夏涛，谢德体，2012. 引入中介组织的农地流转动态博弈分析［J］. 农机化研究，34（6）：230－235.

徐凤真，2011. 农村土地流转纠纷及其解决机制［J］. 理论学刊（3）：72－76.

臧俊梅，王万茂，陈茵茵，2008. 农地非农化中土地增值分配与失地农民权益保障研究：基于农地发展权视角的分析［J］. 农业经济问题（2）：80－85.

张海鹏，曲婷婷，2014. 农地经营权流转与新型农业经营主体发展［J］. 南京农业大学学报：社会科学版，14（5）：70－75，83.

张鹏，高波，2015. 土地准征收与补偿：土地发展权视角［J］. 南京农业大学学报：社会科学版，15（2）：64－72.

钟涨宝，狄金华，2005. 中介组织在土地流转中的地位与作用［J］. 农村经济（3）：35－37.

朱一中，曹裕，2012. 农地非农化过程中的土地增值收益分配研究：基于土地发展权的视角［J］. 经济地理，32（10）：133－138.

朱忠贵，2011. 农村土地非粮化与粮食安全问题研究［J］. 安徽农业科学，39（16）：10025－10026.

第六章 <<<

2017江苏普惠金融发展状况

第一节 江苏普惠金融发展现状和问题概述

2014年7月，江苏省委省政府出台《关于加快推进金融改革创新的意见》，明确提出将“创新体制机制，发展农村普惠金融”作为推进金融改革和全面深化改革的工作要点。2017年全省金融工作会议指出，将江苏打造成为新金融高地的出发点和落脚点，在于创新金融服务模式服务实体经济，引导更多金融资源流向经济社会发展的重点领域和薄弱环节，满足实体经济多样化金融需要。从金融规模角度来看，2016年末，江苏全省金融机构人民币存款余额121 106.6亿元，贷款余额91 107.60亿元，仅次于广东省；全省社会融资规模增量为16 758亿元，较2015年增多5 364亿元。但是，若从金融资源分配的角度来看，整体而言，江苏金融发展的普惠程度如何？考虑到江苏省经济金融资源在省内不同区域（苏南、苏中和苏北）发展和分布非常不平衡，同时不同区域的城乡差距亦非常明显，那么，江苏普惠金融发展的区域差异如何？进一步地，就全国范围而言，农村家庭、低收入家庭、城乡流动人口以及小微企业等主体受到传统金融体系的排斥程度较高，金融满足程度不高，那么江苏不同区域的各类微观主体金融需求满足程度如何？

本章从宏观和微观两个层面揭示江苏普惠金融发展的现状、特征和问题：

（1）近年来，江苏省政府出台一系列普惠金融改革政策，譬如，放宽县域农村金融市场准入以增加农村金融机构网点覆盖、实施农村支付结算“快通工程”、推进“农村金融综合服务站全覆盖”计划以及持续支持面向农村贫困家庭的扶贫贴息贷款项目等。目前江苏县域商业银行网点密度、ATM机密度、POS机密度及金融服务人员密度均有所增加，且已实现乡镇银行网点的全覆盖。截至 2016 年底，县域各类银行网点共计 6 758 个，平均每个县（市）有 135.16 个银行网点。经济发达的苏南地区，商业银行网点和相关支付终端密集，经济欠发达的苏北地区，政府通过实施助农取款代理点或农村金融综合服务站等方式，短期内迅速提高基础性金融服务的覆盖面。

银行分支机构和服务网点的覆盖面增加，使得城镇和农村家庭能够更为方便地获得基本的金融服务。2016 年，江苏县域银行账户使用数量、农户和小微企业贷款获得率等均稳中有升。2016 年，江苏县域银行个人结算账户人均开户量均值为 3.22 个，同比增加 19.26%。拥有银行卡的成年人比例均值为 88.18%，这一比例接近于国际上高收入国家的平均水平。电子银行人均开通账户数均值为 1.63 个，同比增长 7.48%。

为更好地拓展金融服务，信用体系等金融基础设施建设至关重要。近年来，江苏大力发展县域金融基础设施，努力优化县域金融生态环境，江苏县域企业及个人信用档案建档率逐年提高。截至 2016 年年底，江苏县域城镇地区个人信用档案建档率均值为 77.98%，同比上涨了 0.96 个百分点；县域农村地区个人信用档案建档率均值为 82.26%，同比增加了 1.06 个百分点；县域企业信用档案建档率均值为 83.17%，同比增加了 2.03 个百分点。

本章综合金融服务可获得性、金融服务使用情况和金融服务质量 3 个层面的多项指标构建江苏县域普惠金融发展指数，以全面反映江苏普惠金融发展水平。经测算发现，江苏省县域普惠金融发展水平存在较大的地区差异，同时表现出与县域经济发展水平呈现正相关关系的特征。全省普惠金融发展指数最高的县域是江阴市，最低是滨海，两者相差近十倍。普惠金融发展指数排名在前 10 位的均是苏南地区的经济发达县域，欠发达县域的排名则相对靠后。这意味着，一方面，推进普惠金融发展一定程度上需要经济投入；另一方面，迅速提高经济欠发达地区的金融普惠程度还需要相关的制度创新和金融创新。

（2）一直以来，农户、低收入工人、中小微企业和失业人员这四类群体，在中国的金融体系内最难以获得充分的金融服务。发展普惠金融的重要目标之一，是解决各类金融需求主体在获得金融产品或服务的过程中“机会”均等化的问题。课题组通过实地调查，分析江苏城镇和农村家庭基础性金融服务（银行账户、银行卡等）和拓展性金融服务（如信贷、保险等）的获得情况，银行账户和银行卡的持有是促进金融普惠的一个重要步骤。

首先是城镇家庭的基础性金融服务获得情况。近年来，江苏城镇地区银行服务质量迅速改善，银行网点覆盖面不断提高，同时，政府要求使用银行账户进行政府对个人（G2P）转移支付，并推荐使用银行卡来进行个人对政府或公共服务（P2G）的支付（譬如公共交通、医疗就诊等），因而基础性的金融服务已经实现了全覆盖和均等化。整体上，江苏城镇家庭基本银行账户的普及率较高，但随着银行账户实名制新规定的出台，个人所拥有的银行账户开始部分合并。城镇家庭平均每户拥有基本银行账户为 3.56 个，平均每个成年人拥有银行账户数量为 1.48 个，每户家庭每月使用基本银行账户 9.90 次。同时，江苏省区域间城镇家庭银行账户的拥有量和使用率之间差异较小。

其次是城镇家庭拓展性金融服务获得情况。近 3 年来，江苏超过三成的城镇家庭通过民间借贷获得资金，其主要用途是购房、买车等家庭消费。受访城镇家庭正规借贷市场参与率平均达到 30.95%，苏北地区城镇家庭正规借贷参与率最高。此外，江苏城镇家庭信用卡的拥有率较高，各地区均超过六成，平均达 63.99%，反映出信用卡在经济发达的江苏城镇地区已非常普及。但是，随着手机支付的兴起，家庭消费使用信用卡的占比有所下降，仅为 12.63%。

关于农村家庭的金融普惠情况，从基础性金融服务来看，江苏农村家庭户均银行账户数上升为 3.28 个，成年人平均拥有的银行账户数为 0.97 个，即使是低收入家庭，平均拥有银行账户数也达到 2.29 个，这与江苏省政府一直要求使用银行账户进行政府对农户的转移支付（如粮食直补等）密切相关，2012 年以来通过农村商业银行、农业银行等金融网点覆盖较广的金融机构，为农户开通惠农补贴“一卡通”或“一折通”账户。从使用情况来看，农户家庭基本账户的月平均使用次数为 6.72 次，较 2015 年调查的 3.02 次提高了一倍，说明在农村家庭生活质量不断提高的同时，银行卡的“一卡多用”功能也在增加，一个银行账户能满足家庭更多的日常需求。手机银行的使用占比也有所增加，样本平均达到 39.33%，但是，不同收入水平之间差异较为显著，说明信息技术的接受和熟练使用仍然是横跨在不同收入水平和知识水平的家庭之间的一道鸿沟，这对未来数字普惠金融的拓展提出了很大的挑战。

从拓展性金融服务来看，随着农户分化的出现和传统农业经济结构的变革，农村家庭的生计开始向多样化转型，对于融资的需求也在增加，超过三分之一的农户家庭向正规金融机构申请过贷款。而尚未申请过正规贷款的农户家庭中，大部分尤其是高收入农户目前并没有贷款的需求，自有资金能够基本满足除扩大生产、转型创业外的生活所需，说明农村家庭已经向着“乡村振兴”战略中“生活富裕”的方向迈出了坚实的一步。自银监会要求“农村合作银行全部改制为农村商业银行”，并“鼓励有条件的农信社改组为农村商业银行”以来，农村商业银行已经承担起农村金融市场发展的重要责任，成为服务农村家庭正规信贷的最主要金融机构。样本显示，77.55%的农户家庭正规借贷来源于农村商业银行，低收入家庭这一数据均超过80%。与此同时，农村地区仍然有40%左右的家庭参与了民间借贷，但是受到家庭收入的影响在逐渐缩小，表明农户非正规借贷市场的二元结构已经逐渐被打破。

农村金融产品和贷款技术创新对农户信贷可获性已产生较大影响。传统的担保贷款比例维持在30%左右，且多在低收入家庭在难以满足其他类型贷款条件时发生。抵押贷款和信用贷款的占比上升，尤其是信用贷款，2017年的占比已达38.78%。与此同时，在精准扶贫、全面脱贫的政策引导下，扶贫小额贷款申请占比不断降低，样本平均仅占3.06%，且全部集中在低收入及中低收入农户家庭。

（3）小微企业是经济增长的重要引擎，但却面临着银行融资难题。作为普惠金融的重要组成部分，小微企业融资一直是政府和社会关注的重点问题。江苏省政府及相关金融管理部门高度重视小微企业融资问题，通过出台多项政策促进金融机构支持小微企业发展。2010年底，全省小企业贷款余额占银行业金融机构贷款总余额的14%。截至2016年年底，江苏省县域地区银行类金融机构累计向27.13万家小微企业发放41.19万笔贷款，累计贷款余额0.76万亿元，苏南地区小微企业贷款余额最多。全省小企业贷款余额占银行业金融机构贷款总余额的26.57%，苏中地区小微企业贷款占比最高。

江苏小微企业基础性金融服务的覆盖水平较高。银行账户普及率达到100%，存取款业务和支付结算业务普及率也分别达到97%和90%。同时，网上银行普及程度上升较快，58%的企业开通了网上银行，其中使用网上银行和手机银行的企业占比 71.55%。

但是，如何解决小微企业融资难和融资贵问题是普惠金融发展真正的难点。从调查情况来看，近 3 年有过借款经历的小微企业占比 72.18%，2015 年有借款的样本企业占比为 51.71%。但是，近七成小微企业的融资需求没有得到满足或完全满足。2005 年以来，政府出台大量鼓励银行支持中小企业发展的指南、政策、法规和意见，总体而言，政府政策在增加提供中小企业融资服务的机构数量和多样性方面都发挥了重要作用。随着市场竞争加剧，城市商业银行、大型商业银行、新型农村金融机构及部分股份制商业银行都成为小微企业融资的对象。但是，从调查结果来看，仍有接近一半的小微企业借款来源于农村商业银行，2011 年 41.48%的小微企业来源于农村商业银行，到 2015 年该比例增加到 53.85%。从贷款方式上看，小微企业的贷款方式仍以传统的抵押和担保为主，质押贷款、信用评分贷款和信用贷款占比均不足 5%。融资贵是小微企业贷款过程中面临的另一个主要难题。调查结果显示，江苏省近 4 年内贷款利率分布在 10%以下的小微企业占 78.48%，超过两成的小微企业融资成本大于 10%，且新型农村金融机构和民间借款的成本则要显著高于传统银行机构的借款。

第二节　江苏县域普惠金融发展进程

目前，江苏县域[①]已实现了银行网点乡镇全覆盖，截至 2016 年底，县域各类银行网点共计 6 758 个，同比增长 1.81%。随着新型城镇化建设的逐步推进，以及城镇、农村家庭收入水平的不断提高，对金融服务的需求也不断增加和逐步多元化。截至 2016 年年底，县域金融服务人员数目达 161 570 人，同比增长 8.33%；POS 机和 ATM 机数目同比增长 4.89%和－2%，数量分别达到了 478 914台和27 597 台。为了便利农户，截至 2016 年年底，江苏县域已设立农村金融综合服务站 17 601 个，分布密度达到了 0.6 个/村，显著高于 2015 年底密

① 本章中，县域包括 50 个县，其中苏南地区是金坛、溧阳、武进、高淳、溧水、常熟、昆山、太仓、张家港、江阴、宜兴、丹阳、句容、扬中；苏中地区有海安、海门、启东、如东、如皋、通州、靖江、泰兴、兴化、宝应、高邮、江都、仪征；苏北地区包括洪泽、金湖、涟水、盱眙、东海、赣榆、灌南、灌云、沭阳、泗洪、泗阳、丰县、沛县、邳州、睢宁、新沂、阜宁、滨海、大丰、建湖、射阳、响水、东台。

度0.3个/村。此外，为了降低中低收入农户融资成本，江苏县域扶贫贴息贷款余额逐年增加，2016年末数值达到了34.38亿元；其中，苏北地区达到24.26亿元。

为了评价县域普惠金融发展水平，我们从金融服务可获得性、使用情况和服务质量3个维度构建了指标体系（表6－1）。本节将在所构建的指标体系基础上，运用县域经济金融数据，评估县域普惠金融发展水平，计算县域普惠金融发展指数，并进行县域间的比较，以客观和科学地反映江苏县域普惠金融发展的实际状况。

表6－1　普惠金融发展水平评价指标体系

评价维度	指标名称	指标说明
可获得性	每10万人拥有的商业银行网点数	商业银行网点数/县域人口数（单位：个）
	每1 000平方公里的商业银行网点数	商业银行网点数/县域土地面积（单位：个）
	每10万人拥有的ATM机数	ATM机数/县域人口数（单位：个）
	每1 000平方公里的ATM机数	ATM机数/县域土地面积（单位：个）
	每10万人拥有的POS机数	POS机数/县域人口数（单位：个）
	每1 000平方公里的POS机数	POS机数/县域土地面积（单位：个）
	每10万人拥有的金融服务人员数	金融服务人员数/县域人口数（单位：个）
	助农取款代理点覆盖率	设助农取款代理点村数/县村总数（单位:%）
	银行卡联网通用率	县域银行卡跨行通用比率（单位:%）
使用情况	银行个人结算账户人均开户量	个人结算账户开通数/县域人口数（单位：个）
	拥有银行卡的成年人比例	有银行卡成年人数/县域成年人数（单位:%）
	电子银行人均开通账户数	电子银行开通数/县域人口数（单位：个）
	电子银行人均活动账户数	电子银行活动数/县域人口数（单位：个）
	农户正规贷款获取率	获取正规贷款的农户数/农户总数（单位:%）
	小微企业正规贷款获取率	获得正规贷款企业数/企业总数（单位:%）
	农户贷款户均贷款额	农户贷款额/农户总数（单位：万元）
	小微企业贷款户均贷款额	企业贷款额/农村企业总数（单位：万元）
	农业保险覆盖率	参保农户数/县域农户总数（单位:%）
服务质量	城镇地区个人信用档案建档率	城镇个人信用档案建档数/总人数（单位:%）
	农村地区个人信用档案建档率	农村个人信用档案建档数/总人数（单位:%）
	企业信用档案建档率	企业信用档案建档数/企业总数（单位:%）
	金融服务投诉率	投诉次数/县域人口数（单位：次/万人）

注：电子银行包括网上银行、电话银行和手机银行。

一、县域普惠金融发展概况

以下从金融服务可获得性、使用情况和服务质量 3 个方面分析江苏县域普惠金融发展概况。

（一）金融服务可获得性

截至 2016 年年底，江苏县域商业银行网点密度、ATM 机密度、POS 机密度及金融服务人员密度均有所增加；基于对江苏 50 个县域金融服务可获得性指标均值的统计，每 10 万人拥有的商业银行网点数为 14.22 个，同比增长 1.61%，每 1 000 平方公里的商业银行网点数为 115.92 个，同比下降 4.81%；每 10 万人拥有的 ATM 机数为 54.81 个，同比下降 4%，每 1 000 平方公里的 ATM 机数为 446.26 个，同比下降 10.81%；每 10 万人拥有的 POS 机数为 962.58 个，同比上升 6.52%，每 1 000 平方公里的 POS 机数为 9 285.80 个，同比上升 9.0%；每 10 万人拥有的金融服务人员数为 325.03 个，同比增长 7.52%（表 6－2）。然而，由于经济发展水平差异较大，商业银行网点密度、ATM 机密度、POS 机密度及金融服务人员密度在县域间的差异也非常大。例如，滨海县每 10 万人拥有的商业银行网点数仅 4.72 个，而太仓达 28.05 个；盱眙每 1 000 平方公里的商业银行网点数仅 34.44 个，而张家港达 308.09 个。

2016 年，江苏 50 个县域助农取款代理点覆盖率均值为 99.59%；银行卡联网通用率均值为 98.27%，其中，苏南县域均值较高，为 98.55%，苏中、苏北县域均值较低，依次为 98.44%和 98.00%。

（二）金融服务使用情况

2016 年，江苏县域金融服务使用程度明显上升，银行账户使用数量、农户和小微企业贷款获取率，以及农业保险覆盖率均有所上升或基本稳定，然而，与电子银行人均开通账户数相比，电子银行人均活动账户数偏低，县域之间金融服务使用情况差距较大。

基于对江苏 50 个县域金融服务使用情况指标均值的统计，截至 2016 年年底，江苏县域银行个人结算账户人均开户量为 3.80 个，同比增加 2.25%；拥有银行卡的成年人比例为 87.92%，与 2015 年持平；电子银行人均开通账户数为 0.85 个，同比增长 11.77%，电子银行人均活动账户数为 0.25 个，同比增长 8.86%；农户正规贷款获取率为 16.58%，比 2015 年下降了 1.71 个百分点，小微企业正规贷款获取率达 29.51%，同比增长 15.32%；农户户均贷款额为 4.92 万元，同比上升 6.00%，小微企业户均贷款额为 79.90 万元，比 2015 年略有下降；农业保险覆盖率为 70.59%，比 2015 年增加了 1.8 个百分点。

表 6-2　江苏县域普惠金融指标描述性统计（2016 年）

指　　标	观测数	平均值	标准差	最大值	最小值	中位数
每 10 万人的商业银行网点数（个）	50	14.22	6.18	28.05	2.42	13.12
每 1 000 平方公里商业银行网点数（个）	50	115.92	79.64	487.50	5.65	71.68
每 10 万人拥有的 ATM 机数（个）	50	54.81	44.09	315.16	19.42	42.50
每 1 000 平方公里的 ATM 机数（个）	50	446.26	463.15	2076.20	101.87	264.10
每 10 万人拥有的 POS 机数（个）	50	962.58	941.90	4 408.14	33.78	571.28
每 1 000 平方公里的 POS 机数（个）	50	9 285.80	12 081.37	52 369.12	177.60	3 580.44
每 10 万人拥有的金融服务人员（个）	50	325.04	304.29	1 634.28	72.20	214.23
助农取款代理点覆盖率（%）	50	99.59	1.25	100.00	91.00	100.00
银行卡联网通用率（%）	50	98.27	3.64	100.00	83.00	100.00
银行个人结算账户人均开户量（个）	50	3.80	2.97	14.06	0.00	3.12
拥有银行卡的成年人比例（%）	50	87.92	14.12	100.00	15.00	94.65
电子银行人均开通账户数（个）	50	0.85	0.73	4.41	0.00	0.66
电子银行人均活动账户数（个）	50	0.25	0.50	2.59	0.08	1.10
农户正规贷款获取率（%）	50	16.58	8.13	47.32	3.65	15.66
小微企业正规贷款获取率（%）	50	29.51	27.17	163.99	2.70	20.59
农户贷款户均贷款额（元）	50	49 212.80	58 584.99	398 994.6	2 332	37 273.10
小微企业贷款户均贷款额（元）	50	799 027	619 019.10	799 027	1 385	581 741.00
农业保险覆盖率（%）	50	70.59	21.78	100.00	15.96	69.22
城镇地区个人信用档案建档率（%）	50	77.98	25.06	100.00	18.21	89.16
农村地区个人信用档案建档率（%）	50	82.26	20.64	99.51	23.00	86.51
企业信用档案建档率（%）	50	83.68	15.39	100.00	25.12	84.16
金融服务投诉率（次/万人）	50	0.42	1.42	10.00	0.00	0.06

数据来源：人民银行统计数据。

由于居民收入及金融服务可获得性差异较大，江苏县域间金融服务使用情况相差较大。例如，昆山银行个人结算账户人均开户量达 14.06 个，而兴化仅 0.10 个；苏南大部分县域成年人银行卡持有实现全覆盖，而苏北部分县域拥有银行卡的成年人比例尚未超过 60%，邳州仅为 15%。

（三）金融服务质量

由于农村金融市场信息不对称程度较高，个人及企业信用档案建设显得尤为重要，江苏县域企业及个人信用档案建档率逐年提高。基于对江苏 50 个县域金融服务质量指标均值的统计，截至 2016 年底，江苏县域城镇地区个人信用档案建档率为 77.98%，同比上涨了 0.96 个百分点；县域农村地区个人信用档案建档率为 82.26%，同比增加了 1.06 个百分点；县域企业信用档案建档率为 83.68%，同比增加 2.03 个百分点。随着县域居民受教育水平的不断提高，金融服务需求者利用法律维护自身权益的意识不断加强。2016 年，江苏县域金融服务投诉率为 0.42 次/万人，低于 2015 年均值 0.72 次/万人。

二、普惠金融发展指数构建及县域间比较

（一）指标权重确定方法：变异系数法

变异系数法（coefficient of variation method）是直接利用各项指标所包含的信息，通过计算得到指标的权重，是一种客观赋权的方法。在评价指标体系中，指标取值差异越大的指标，也就是越难以实现的指标，这样的指标更能反映被评价单位的差距。

选用变异系数法来确定各指标在普惠金融指数中所占的权重，具体方法是：首先用变异系数来衡量各指标取值的差异程度，以消除不同指标量纲不同的问题，而变异系数是标准差与平均数的比值，分别计算第 i 项指标的平均数 $\overline{X}_i$ 和标准差 δ_i（$i=1, 2, 3, \cdots, n$），则其变异系数为 $V_i=\delta_i/\overline{X}_i$；然后，加总求其和 $\sum_{i=1}^{n}V_i$；由此，得到各指标的权重 $w_i=V_i/\sum_{i=1}^{n}V_i$。

表 6-3　计算所得指标权重

指　标	维　度	权重
可获得性（总权重 0.336 8）	每 10 万人拥有的商业银行网点数	0.029 0
	每 1 000 平方公里的商业银行网点数	0.055 9
	每 10 万人拥有的 ATM 机数	0.031 2
	每 1 000 平方公里的 ATM 机数	0.068 0
	每 10 万人拥有的 POS 机数	0.060 8
	每 1 000 平方公里的 POS 机数	0.084 5
	每 10 万人拥有的金融服务人员数	0.064 1
	助农取款代理点覆盖率	0.001 2
	银行卡联网通用率	0.002 9
使用情况（总权重 0.442 8）	银行个人结算账户人均开户量	0.053 0
	拥有银行卡的成年人比例	0.013 3
	电子银行人均开通账户数	0.057 5
	电子银行人均活动账户数	0.070 8
	农户金融服务获取率	0.033 6
	农村企业金融服务获取率	0.062 1
	农户贷款户均贷款额	0.080 0
	农村企业贷款户均贷款额	0.050 7
	农业保险覆盖率	0.021 8
服务质量（总权重 0.159 8）	城镇地区个人信用档案建档率	0.021 5
	农村地区个人信用档案建档率	0.016 7
	企业信用档案建档率	0.012 3
	金融服务投诉率	0.109 3

（二）指数计算方法

在指数权重确定的基础上构建普惠金融指数。由于各评价指标的计量单位和经济意义不同，不具有直接可比性，故而使用线性阈值法对其进行无量纲化处理，得到普惠金融指数中第 i 个指标 d_i 的计算公式为

$$d_i = w_i \times (A_i - MIN_i)/(MAX_i - MIN_i) \qquad (6-1)$$

其中，w（$0 \leqslant w \leqslant 1$）即为利用变异系数法所求得的指标权重，$A_i$ 为第 i 个指标的实际观测值，MIN_i 为第 i 个指标样本中最不利的观测值，MAX_i 为第 i 个指标样本中最有利的观测值。

由此可知 $0 \leqslant d_i \leqslant w_i$，$d_i$ 越大则在该指标所代表的普惠程度越高。如果用以衡量普惠金融的指标为 n 个，则普惠金融状况可以表示为 n 维笛卡尔空间中的点 $D=(d_1, d_2, d_3, \cdots, d_n)$，这个空间中的点 $O=(0, 0, 0, \cdots, 0)$ 是可能出现的最坏情形，即完全的金融排除，而点 $W=(w_1, w_2, w_3, \cdots, w_n)$ 表示在普惠金融发展的所有层面上均达到最高水平。由此，普惠金融发展指数 IFI 可以表示为点 D 与点 W 之间的归一化的反欧几里得距离，其公式表示为：

$$\mathrm{IFI} = 1 - \frac{\sqrt{\{(w_1 - d_1)^2 + (w_2 - d_2)^2 + \cdots + (w_n - d_n)^2\}}}{\sqrt{\{w_1^2 + w_2^2 + \cdots + w_n^2\}}} \tag{6-2}$$

（三）县域普惠金融发展指数排名

1. 县域普惠金融发展总指数排名

计算结果表明，江苏各县域普惠金融发展水平存在较大差异。其中，江阴普惠金融发展指数最高，为 0.486 5，滨海最低，为 0.050 7，两者相差约 0.435 8。此外，排名较前的县域依次为昆山、常熟、太仓和张家港等苏南发达县域，排名较后的为阜宁、东台、大丰、滨海等苏北欠发达县域（图 6－1）。

2. 县域普惠金融发展各维度指数排名

（1）可获得性指数

分维度看，江苏各县域可获得性指数差距较大，全省平均得分为 0.187 7，昆山最高，为 0.666 6，是平均得分的 3.55 倍左右，滨海最低，为 0.025 2，只占平均得分的 13%，前者为后者的约 26 倍，相差约 0.64（图 6－2）。昆山、常熟、江阴、溧水和太仓 5 个县（市）排名较前，这主要得益于其经济发展水平较高，能够吸引资金流入，同时，居民收入水平较高，对金融服务需求旺盛，引致供给增加。

（2）使用情况指数

使用情况指数县域两极分化严重，但是中间区间分布较为密集，平均值为 0.18。其中昆山最高，为 0.641 9，邳州最低，为 0.072 4，两者相差 0.579 5。昆山、太仓和常熟的使用情况指数远高于其他县域，其中，昆山地区主要得益于“小微企业贷款户均贷款额”这项分指标数值较高。盐城县域金融服务使用情况指数较低，如阜宁、东台、滨海（图 6－3）。

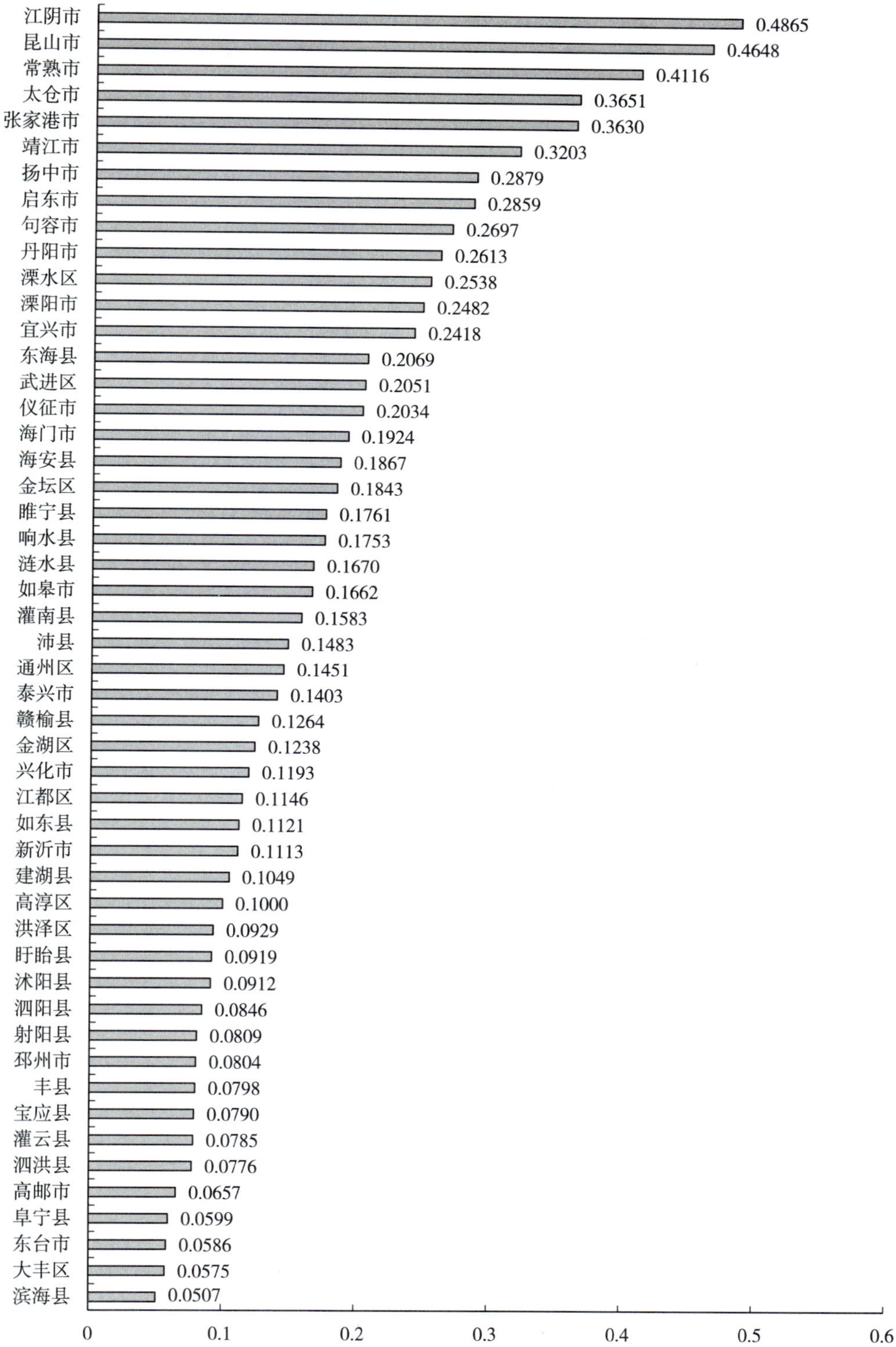

图 6－1　县域普惠金融发展总指数（2016 年）

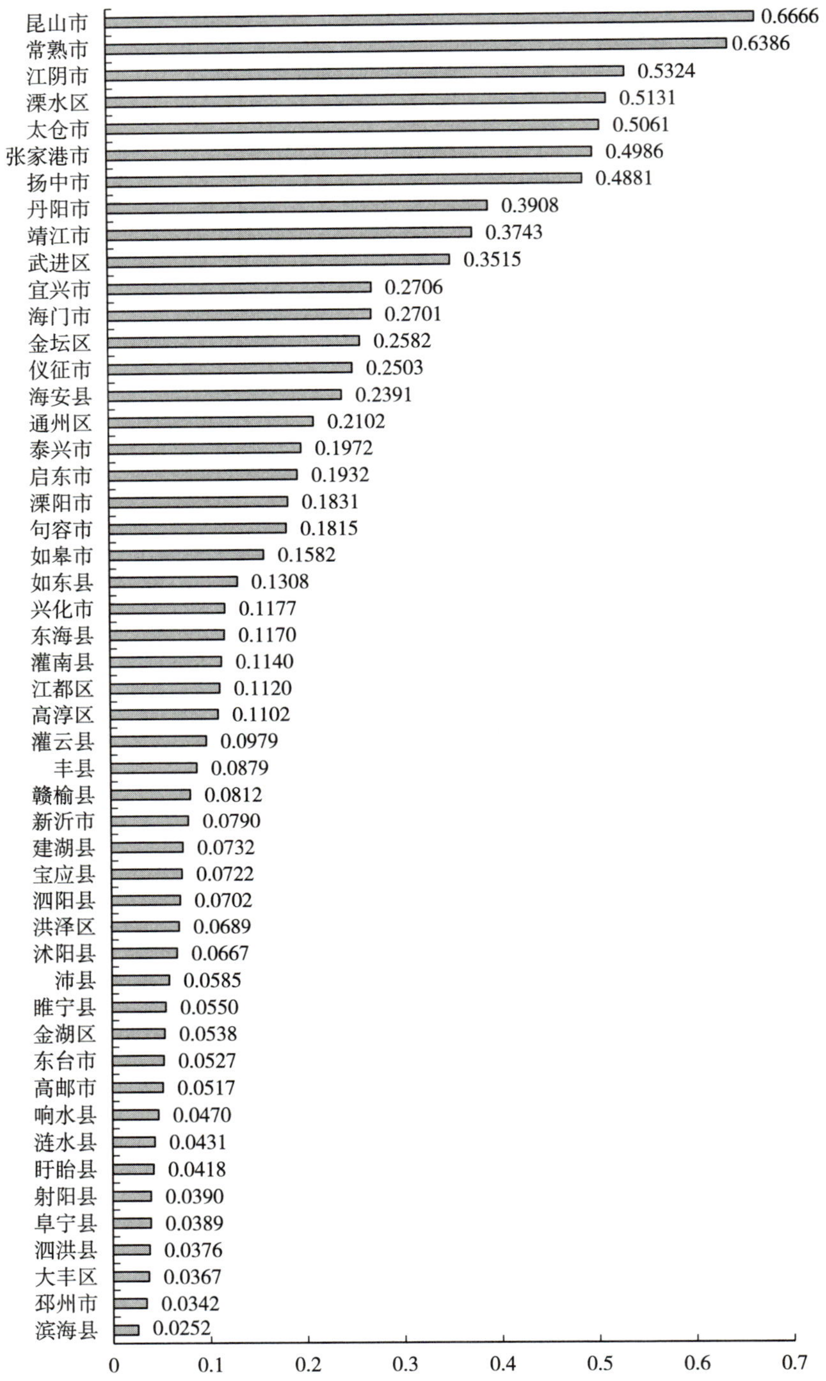

图 6－2　县域金融服务可获得性指数（2016 年）

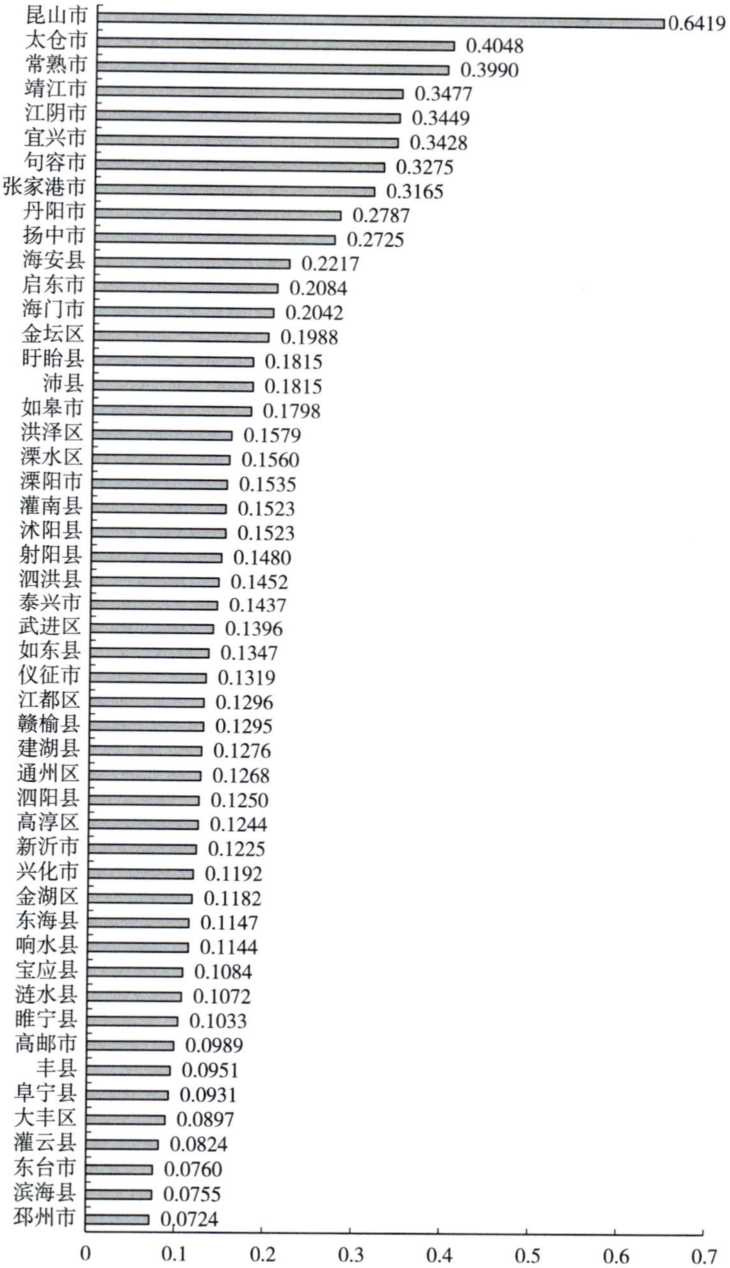

图 6-3　县域金融服务使用情况指数（2016 年）

（3）服务质量指数

金融服务质量指数在各县域间分布两级差异较大，但是各梯度内差异较小。指数最高的是启东，为 0.919 4，最低的是洪泽区，数值为 0.017 0，相差约

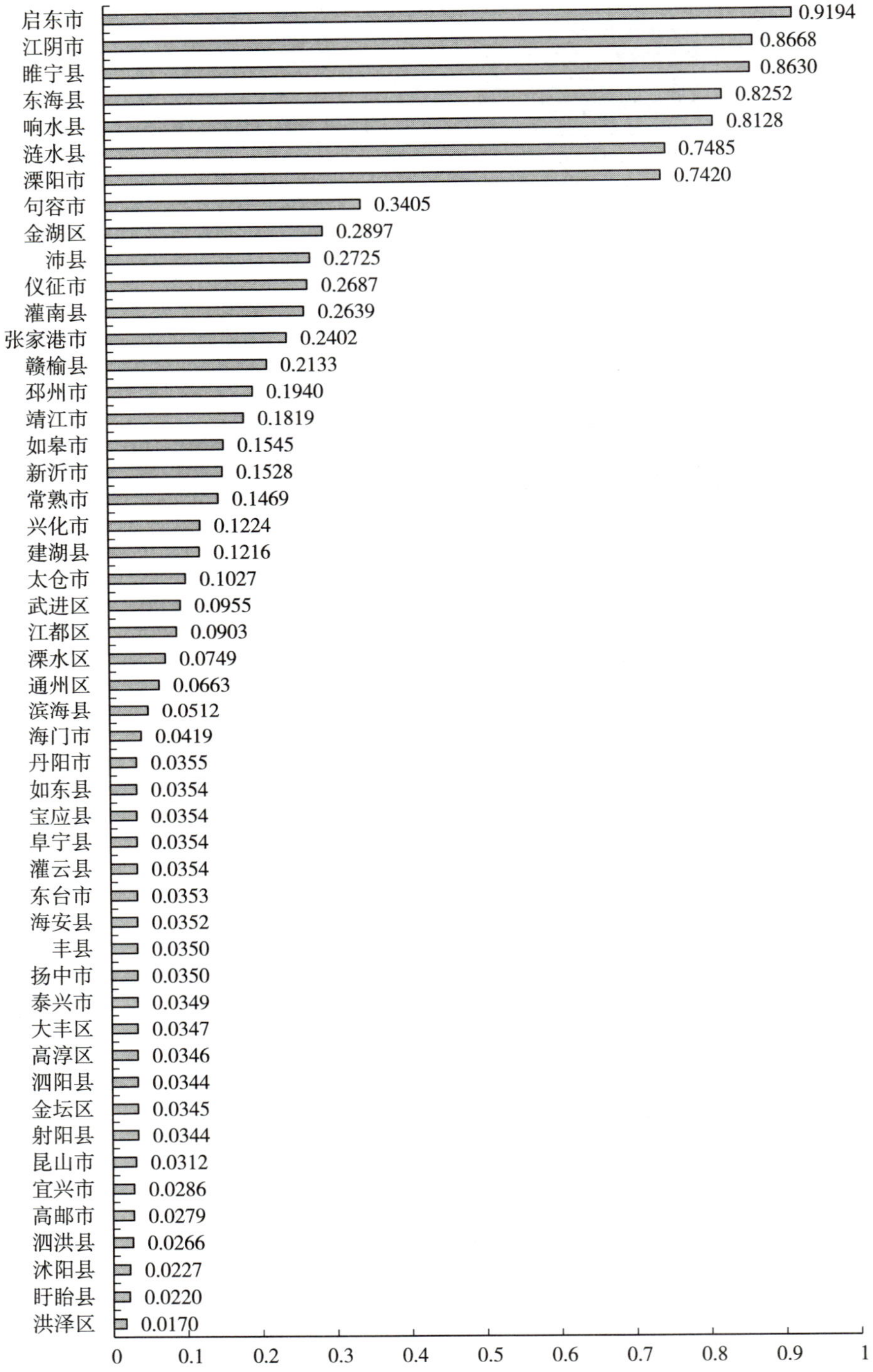

图 6-4　县域金融服务质量指数（2016 年）

0.912 4。启东、江阴、睢宁、东海、响水、涟水、溧阳 7 个县域的金融服务质量指数较高，均高于 0.74，但差异不大；海门、丹阳、如东等 23 个地区指数值都较小，均在 0.05 以下，差异甚微（图 6-4）。

三、小结

本节首先从金融服务可获得性、使用情况和服务质量 3 个维度构建了县域普惠金融发展评价指标体系，然后在此基础上，运用县域经济金融数据，分析了江苏县域普惠金融发展情况，计算了县域普惠金融发展指数，并在各个县域间进行了比较。主要得出以下结论：

（一）金融服务可获得性

截至 2016 年底，江苏县域商业银行网点密度、ATM 机密度、POS 机密度及融服务人员密度均有所增加；然而，由于经济发展水平差异较大，商业银行网点密度、ATM 机密度、POS 机密度及融服务人员密度在县域间的差异也非常大，苏南、苏中和苏北三地区依次递减。

2016 年，江苏县域助农取款代理点覆盖率均值为 99.60%；其中，苏北、苏中县域基本实现行政村全覆盖，苏南县域由于商业银行网点密度较大，基本能够满足农村居民日常金融服务需求，助农取款代理点覆盖率均值相对较小。全省县域银行卡联网通用率均值为 98.27%。

金融服务可获得性指数，昆山、常熟、江阴、溧水和太仓 5 个县（市）排名较前，这主要得益于其经济发展水平较高，能够吸引资金流入，同时，居民收入水平较高，对金融服务需求旺盛，引致供给增加。

（二）金融服务使用情况

2016 年，江苏县域金融服务使用程度明显上升，银行账户使用数量、农户和小微企业贷款获取率，以及农业保险覆盖率均有所上升或基本稳定，然而，与电子银行人均开通账户数相比，电子银行人均活动账户数偏低。县域之间金融服务使用情况差距较大。截至 2016 年年底，苏南县域银行个人结算账户人均开户量较大、农户正规贷款获取率较高；苏中县域拥有银行卡的成年人比例较高；由于信息不对称和规模不经济问题较为突出，苏北县域上下游小微企业之间非正规融资较多，正规贷款获取率较低。统计农户及小微企业贷款规模，苏南县域显著大于苏北和苏中县域。

金融服务使用情况指数县域两极分化严重，但是中间区间分布较为密集，平均值为 0.180，其中昆山最高，邳州最低，两者相差 0.5795。昆山、太仓和常熟使用情况指数远高于其他县域，其中，昆山地区主要得益于“小微企业贷款户均贷款额”这项分指标数值较高。盐城县域金融服务“使用情况”指数较低，如阜宁、东台、滨海。

（三）金融服务质量

由于农村金融市场信息不对称程度较高，个人及企业信用档案建设显得尤为重要，江苏县域企业及个人信用档案建档率逐年提高。截至 2016 年年底，江苏县域城镇地区个人信用档案建档率均值为 77.75%；县域农村地区个人信用档案建档率均值为 82.45%；县域企业信用档案建档率均值为 83.68%。随着县域居民受教育水平的不断提高，金融服务需求者利用法律维护自身权益的意识不断加强。

江苏县域个人及小微企业信用档案建档率逐年提高，2016 年，大部分县域信用档案建档率超过 50%，个别县域达到 100%。苏南和苏北县域城镇地区个人信用档案建档率较高，分别为 86.92%、86.41%；然而，苏中县域农村地区个人信用档案建档率较苏南、苏北县域更高，苏南和苏北县域数值依次为 75.76%和 80.61%。

金融服务质量指数在各县域间分布不均衡。启东、江阴、睢宁、东海、响水、涟水、溧阳 7 个县域的服务质量指数较高，都高于 0.74，差异不大；海门、丹阳、如东等 23 个地区指数值较小，均在 0.05 以下。

（四）县域普惠金融发展指数排名

江苏各县域普惠金融发展水平存在较大差异。指数排名前 5 的县域依次为江阴、昆山、常熟、太仓和张家港等苏南发达县域，排名较后的为高邮、阜宁、东台、大丰和滨海等苏北欠发达县域。其中，江阴普惠金融发展指数最高，滨海最低，两者相差约 0.4358。

第三节　江苏家庭金融服务的调查与分析

普惠金融旨在实现各类群体获得金融服务的“机会”均等化，以可负担的成本为有金融服务需求的社会各阶层提供适当、有效的金融服务。目前，我国普惠金融重点服务的对象包括了农民、城镇低收入群体、小微企业以及失业、残疾人等特殊群体。虽然在政策的支持下，他们中的大多数已经拥有了银行账户，但是受文化程度、收入水平、地理位置、机构偏向等内外部因素的限制，他们很难获得充分的金融服务，获取贷款困难重重，家庭理财等业务更是鲜有参与。

本节基于课题组 2017 年 7 月对江苏省城乡家庭金融可获得性所开展的调查，通过分析需求主体的金融服务获得现状，发现普惠金融发展过程中存在的区域差异及个体差异，评价金融产品和服务是否平等地惠及社会各个群体。其中，城镇数据来源于南京、无锡、苏州、南通、泰州、扬州、淮安、盐城、宿迁 9 个大市①；农村数据则来源于丹阳、句容、灌云和东海 4 个县市。

一、城镇家庭金融可获得性

（一）城镇家庭基本账户与银行服务使用情况

随着江苏城镇地区银行网点覆盖面的不断扩大，以及银行卡越来越多的成为政府与个人之间转移支付的工具，城镇家庭银行账户的持有量逐年增加，已经基本实现了基础性存取款等金融服务的全覆盖和均等化。

继央行发布《关于加强支付结算管理防范新型违法犯罪有关事项的通知》，进一步加强银行账户实名制管理以来，2016 年 12 月 1 日，银行业开始全面实施“同一个人在同一家银行只能开设一个Ⅰ类账户”的新规定。目前，城镇家庭拥有的银行账户数量开始趋于稳定，甚至随着部分账户的合并和注销略微有所下降，平均每户家庭拥有的银行账户数量为 3.56 个，成年人人均拥有 1.48 个银行账户。省内区域之间银行账户的拥有量差异较小，但出现了苏北地区家庭拥有银

① 本节将调研地中南京、苏州、无锡归为苏南地区；南通、扬州、泰州归为苏中地区；淮安、盐城、宿迁归为苏北地区。

行账户数超过苏南地区家庭的现象，这一方面源于银行网点近两年在苏北地区的扩张更为迅速，另一方面由于受到互联网金融的影响，苏南地区家庭可能更早地开始使用线上的金融产品和服务。

表 6-4　江苏城镇家庭存款账户拥有量及使用情况

基本账户情况	苏南	苏中	苏北	全省平均
平均每户家庭拥有的银行账户数量（个）	3.34	3.39	3.94	3.56
每个成年人拥有的银行账户数（个）	1.37	1.24	1.82	1.48
平均每户家庭每月使用账户的次数（次）	10.86	9.19	9.64	9.90

数据来源：课题组 2017 年农村家庭金融调查。

随着社保、交通、医疗等逐渐被整合入一张银行卡，使得银行卡的使用频率大幅提高，平均每户家庭每月使用银行账户的次数也持续增长，全省平均达 9.9 次。

作为使用频率及使用占比最高的存取款服务，不同家庭会根据各自的需要选择不同的银行。实地调研结果显示，城镇家庭在选择储蓄银行时较为简单理性，超过一半的家庭会优先考虑是否是工资发放银行和网点地理位置，认为业务办理好、存款利率高很重要的家庭占据了三分之一，而是否有熟人推荐则相对并不重要（表 6-5）。

表 6-5　江苏城镇家庭选择储蓄银行的影响因素

单位：%

	苏南	苏中	苏北	全省
工资发放银行	68.69	50.00	67.79	64.00
业务办理质量	32.24	47.32	42.95	39.16
网点位置分布	48.60	54.46	51.68	50.95
存款利率优惠	37.38	31.25	30.87	33.89
服务等优惠	11.21	26.79	20.13	18.11
熟人在该行或推荐	10.75	15.18	17.45	13.89
其他	7.93	6.2	11.41	8.63

数据来源：课题组 2017 年农村家庭金融调查。

（二）城镇家庭融资情况

1. 正规信贷

正规信贷主要是指家庭在与银行等正规金融机构之间发生的融资行为。江苏全省城镇家庭正规信贷发生率平均为30.95%，从地区分布来看，苏北地区受访家庭参与正规信贷的比例最高，达到39.60%，苏南次之为29.9%，而苏中相对较低为20.70%（图6-5）。调查发现，苏北地区具有正规金融发展的后发优势，银行网点增加、服务质量提升直接带来了业务量的上升，也使有信贷需求的城镇家庭更多的愿意选择正规金融机构。而苏南地区的城镇家庭随着互联网融资渠道的增加，家庭对正规机构的信贷需求趋于稳定。

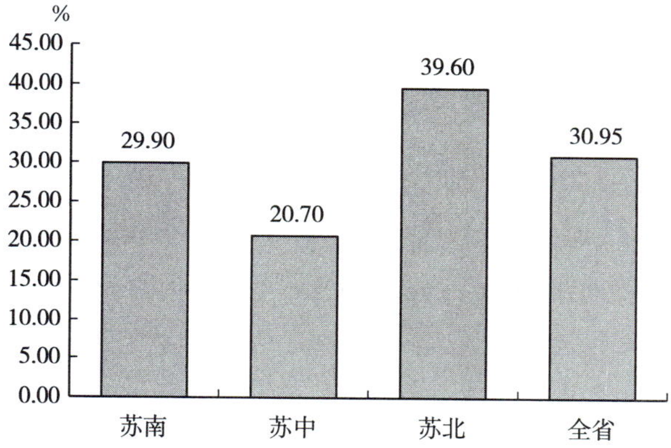

图6-5　江苏城镇家庭正规信贷发生率

数据来源：课题组2017年农村家庭金融调查。

正规金融机构借贷有一定的门槛，首先要求借款人提供相应的担保或者足够的抵押品；其次，证明文件的提交和一系列的审批程序增加了交易成本和时间成本；同时，不同银行之间的金融产品和服务存在一定差异，造成了可贷额度和还款付息方式的差异，上述这些因素最终影响了家庭正规信贷的决策行为。调查数据显示，借款人对利率最为敏感，有超过一半的受访者将利率水平高低选为最重要的因素；紧随其后的是抵押担保条件，被选为第二重要因素的频数最高；证明文件、申请程序和银行可贷额度三因素重要程度较为接近，也分别影响着不同的信贷需求者（表6-6）。

表6-6　影响城镇家庭正规借贷获得的因素

影响因素	选为最重要因素的频数	选为第二重要因素的频数	选为第三重要因素的频数
利率水平高低	215	43	26
需要提供抵押或担保	59	105	79
需要证明文件	23	51	70

（续）

影响因素	选为最重要因素的频数	选为第二重要因素的频数	选为第三重要因素的频数
申请手续的繁复程度	57	55	44
银行可贷额度	38	53	45
还本付息方式	14	40	45
合计	406	347	309

数据来源：课题组2017年农村家庭金融调查。

2. 民间借贷

除了向正规的金融机构进行融资，亲缘、地缘、业缘构建的传统人情社会使得很多家庭仍然愿意选择民间借贷（多为亲戚朋友间的借贷）来获得资金，这一比例始终保持在30%以上。其中，苏北地区家庭民间借贷发生率最高，为34.89%，苏中和苏南地区略低，分别为32.14%和31.78%（图6-6）。

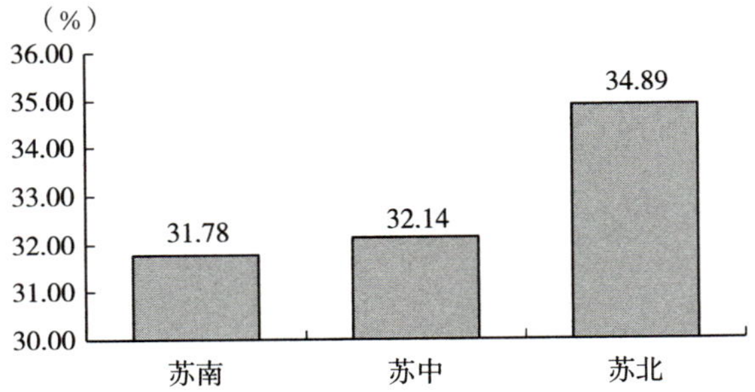

图6-6 民间借贷参与率

数据来源：课题组2017年农村家庭金融调查。

民间借贷的用途方面，对买房、购车等的消费性资金需求是家庭发生民间融资行为最主要的原因，苏南、苏中、苏北发生率分别为64.71%、55.55%和69.23%（表6-7）。虽然银行近年来也在大力推广消费信贷产品，但是受到利息和贷款手续的影响，大部分资金需求量不大的家庭仍然会选择亲友间借贷。生产经营性资金周转和道义性救急是民间借贷另外两个通途，占比在10%～30%。不同的是，道义性的救急几乎是无偿的，只有极个别附带利息，而生产性融资则有相当一部分会商定好利息，苏北地区这一比例甚至高达50%。

表 6－7　江苏城镇家庭民间借贷用途与利率

单位：%

资金用途	苏南		苏中		苏北	
	发生率	有偿	发生率	有偿	发生率	有偿
家庭消费	64.71	6.82	55.55	5.00	69.23	11.11
道义性救急	10.29	4.29	13.89	2.00	19.23	5.26
生产经营性资金周转	25.00	23.53	30.56	9.00	11.54	50.00

数据来源：课题组 2017 年农村家庭金融调查。

（三）城镇家庭信用卡使用及消费支付情况

关于城镇家庭信用卡的调查情况显示，江苏城镇家庭拥有信用卡的比例较高，且苏南、苏中、苏北地区样本差异不大，分别为 63.46%、66%和 61.12%，但是信用卡的使用率并不高，消费时最常使用信用卡的家庭仅占全省样本的 12.63%。进一步分析没有使用信用卡的原因，结果显示，近三分之一的家庭本身没有信用卡，而 29.53%的家庭认为没有使用的必要，18.81%的家庭担心其使用安全性，而另外 15.65%的家庭则希望避免使用信用卡可能带来的过度消费（表 6－8）。

表 6－8　城镇家庭信用卡使用情况

单位：%

	苏南	苏中	苏北	全省
拥有信用卡的家庭占样本比重	63.46	66.00	61.12	63.99
家庭消费使用信用卡的占比	13.55	13.39	11.41	12.63
不使用信用卡的原因分析				
1. 没有信用卡	36.54	34.00	38.88	36.01
2. 安全考虑	21.54	18.00	17.32	18.81
3. 认为没有必要使用	27.36	34.00	27.62	29.53
4. 可能引发过度消费	14.56	14.00	16.18	15.65

数据来源：课题组 2017 年农村家庭金融调查。

还有一个现实原因造成了家庭信用卡使用率的降低——手机支付的兴起。高达 44%的家庭在消费时选择使用支付宝或微信支付，这一比例在苏南地区已经接近 50%。由于使用信用卡和手机支付的大多为同一类群体，他们年纪较轻且金融知识相对丰富，对信息化产品的接受程度更高，各类移动支付的普及对信用卡的使用率造成了冲击。此外，部分年龄结构较大以及不能熟练使用智能手机的家庭依然习惯于传统的现金、借记卡支付，二者的占比略高于信用卡，分别为26%和17%（图6-7）。

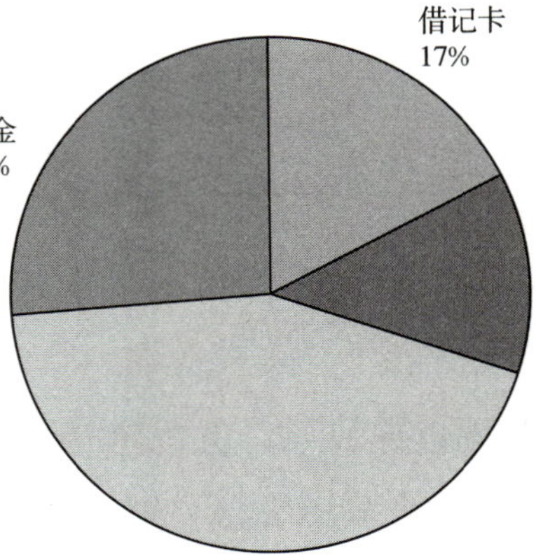

图6-7　城镇家庭消费支付方式

数据来源：课题组2017年农村家庭金融调查。

（四）城镇家庭其他金融需求情况

江苏城市地区的保险市场已经相当活跃，保险产品种类增加，参保形式灵活方便，越来越多的城镇家庭在小额保险的基础上开始关注起了商业性保险。样本调查显示，除去单位所交保险，城镇家庭商业保险的购买率已达91.16%，且苏北地区已经略高于苏南地区。从购买的险种来看，医疗保险依旧占比最高，达72.75%，有54.97%的家庭购买了财产保险，养老保险的购买率也达到了45.50%。相较而言，一些小额保险以及生产经营性保险的购买率偏低，均不足10%（表6-9）。

表6-9　城镇家庭保险市场参与情况

单位：%

	苏南	苏中	苏北	全样本
有保费支出的家庭占比	88.79	92.86	93.29	91.16
买过以下保险的家庭占比				
生产性保险	7.37	8.65	5.76	7.16
财产险	56.84	44.23	60.43	54.97

（续）

	苏南	苏中	苏北	全样本
健康医疗保险	76.82	65.38	72.66	72.75
养老保险	44.74	47.12	45.32	45.50
小额保险	11.05	3.85	8.63	8.55
其他	5.26	9.62	8.63	7.39

数据来源：课题组 2017 年农村家庭金融调查。

在信息化水平和家庭自身收入水平不断提高的背景下，城镇家庭的金融需求日益多元化，家庭成员的金融素养也在不断提升。通过对样本家庭资产结构的分析可以发现，目前占据家庭总资产比重最大的仍然是实物资产，尤其是不动产，家庭自有住房价值占比平均达 42.75%，其中苏北地区高达 51.61%。除了较为固定的实物资产，多数家庭选择持有一定比例的金融资产。其中基础性的存款比重最高，低风险的活期、定期存款占比平均都在 10%左右；而风险较高的股票、基金比重仅为 2%～3%。此外，保险、保值物品、外汇等其他类型的金融产品也被纳入家庭资产配置选择的范畴。

表 6－10　城镇家庭资产配置和金融产品选择

单位：%

	苏南	苏中	苏北	全样本
现金和活期存款	11.53	14.90	6.42	10.69
定期存款	11.15	14.60	6.27	10.95
股票市值	2.66	2.02	5.08	3.36
基金净值	1.63	3.52	3.14	2.49
国债市值	0.70	3.40	1.93	1.66
保值物品	3.40	5.01	3.27	3.89
参保保险价值	1.69	4.94	3.09	2.61
住房公积金账户积累	2.95	4.89	4.56	3.75
养老金账户积累	4.55	3.65	5.02	4.32
其他金融资产（外汇等）	1.61	1.68	1.28	1.48
自有汽车市值	6.10	8.52	4.68	6.05
其他大件耐用品价值	4.40	5.96	2.72	4.10
商业资产	1.57	4.70	1.32	2.13
自有住房目前市值	45.66	22.56	51.61	42.75
合计	100.00	100.00	100.00	100.00

数据来源：课题组 2017 年农村家庭金融调查。

二、农村家庭金融可获得性①

（一）农村家庭基本账户及储蓄情况

近年来，随着金融包容性理念的逐步普及与农村普惠金融实践的持续推进，江苏地区农村家庭可享受到的金融服务已经越来越全面，与城市之间的差距也在不断缩小。从银行基本账户的覆盖水平来看，样本家庭户均银行账户数为 3.28 个，已经非常接近城镇家庭的 3.56 个，且每个成年人拥有的银行账户数达到 0.97 个，高收入家庭已经可以保证成年人人均 1 个银行账户。这是各类金融机构在农村增设网点或者金融服务站、社区银行最直接的成果反映，且与政府将部分支农补贴直接打进农民账户的举措密切相关。调查家庭中仅有平均 0.37 个成年人尚未开立银行账户（表 6－11）。

表 6－11　江苏农户家庭基本银行账户覆盖水平

	低收入	中低收入	中高收入	高收入	全样本
每户家庭拥有银行账户数量均值（个）	2.29	2.76	3.58	4.29	3.28
每个成年人拥有的银行账户数量均值（个）	0.87	0.91	0.99	1.1	0.97
没有开设银行账户的成年人数量均值（人）	0.38	0.38	0.38	0.31	0.37

数据来源：课题组 2017 年农村家庭金融调查。

从使用情况来看，农户家庭基本账户的月平均使用次数为 6.72 次，较 2015 年调查的 3.02 次提高了一倍，说明农村家庭生活质量不断提高的同时，银行卡的“一卡多用”功能也在增加，一个银行账户能满足家庭更多的日常需求。手机银行的使用占比也有所增加，样本平均达到 39.33%。但是，通过调查数据发现，农村低收入家庭和高收入家庭之间存在较大的差距，使用次数上中低收入及以下的家庭仅有 3.8 次，而高收入家庭达到 11.12 次；低收入家庭使用过手机银行的占比只有 15.63%，而中高收入以上家庭则超过了 50%（表 6－12）。虽然智能手机已经非常普及，但在不同收入水平和知识水平的家庭间普及信息化产品仍需要一个相对漫长的过程，这对未来数字普惠金融的拓展提出了很大的挑战。

---

① 基于样本分布与江苏农户收入水平的实际情况，本节将家庭可支配收入低于 3 万元的农户家庭划分为低收入水平，3 万～8 万元的划分为较低收入水平家庭，8 万～12 万元的划分为较高收入水平的家庭，12 万元以上的为高收入水平的家庭。

表 6－12　江苏农户家庭基本银行账户使用情况

	低收入	中低收入	中高收入	高收入	全样本
月平均使用次数（次）	3.89	3.8	6.1	11.12	6.72
通过手机银行等电子信息方式使用占比（%）	15.63	35.71	51.85	51.02	39.33
存取款主要使用的方式占比（%）					
1. 存折	46.88	29.76	25.93	20.41	29.67
2. 银行卡	48.44	67.86	66.67	72.45	65.00
3. 差不多	4.68	2.38	7.40	7.14	5.33

数据来源：课题组 2017 年农村镇家庭金融调查。

银行网点和农村金融服务站是农户获得基本金融服务的主要渠道，三分之二的农户在选择储蓄银行时首先考虑的是距离家的远近。政府补贴发放是农户家庭增加银行账户使用频率的重要原因，收入越低的家庭越关注补贴政策，在储蓄需求时也会更偏向于选择补贴发放银行。相对而言，银行的服务态度和存款优惠尽管对农户家庭决策行为有一定的影响，但总的来看占比并不大。

表 6－13　江苏农户家庭选择存款银行网点的影响因素

单位：%

	低收入	中低收入	中高收入	高收入	全样本
网点离家远近占比	46.88	69.05	75.93	67.35	65.00
服务态度好占比	10.94	9.52	9.26	12.24	10.67
存款优惠占比	4.69	2.38	5.56	5.10	4.33
补贴发放银行占比	32.81	9.52	3.70	5.10	12.00
其他	4.69	9.52	5.56	10.20	8.00

数据来源：课题组 2017 年农村家庭金融调查。

（二）农村家庭融资情况

1. 农村家庭正规信贷

随着农户分化和传统农业向现代农业转变，农村家庭的生计也呈现出多样化的特征，融资需求不断增加。调查显示，三分之一的农户家庭向正规金融机构申请过贷款，且高收入家庭正规信贷的占比达到 50%。此外，家庭收入水平对其是否选择正规借贷及申贷成功率有较大影响，低收入家庭更容易受到信贷约束。

在其余三分之二尚未申请过正规贷款的农户家庭中，大部分农户目前并没有贷款的需求，自有资金能够基本满足其除扩大生产、转型创业外的生活所需，说明农村家庭已经向着“乡村振兴”战略中“生活富裕”的方向迈出了坚实的一步。而另一方面，仍然有相当一部分低收入家庭认为自己即使申请也很难得到贷款，这一部分农户将是未来农村金融扶贫重点帮扶的群体。此外，银行贷款利率高、申请程序复杂等也是造成少数农户自我信贷配给的重要原因。

表 6-14　江苏农户家庭正规借贷申请与获得

单位：%

	低收入	中低收入	中高收入	高收入	全样本
申请过贷款的家庭占比	21.88	26.19	29.63	50.00	33.67
成功申请到银行贷款的家庭占比	85.71	95.45	100.00	100.00	97.02
全额获得贷款的家庭占比	86.00	90.91	100.00	95.90	94.05
未申请过贷款的家庭占比	78.12	73.81	70.37	50.00	66.33
未申请贷款的原因分类					
即使申请也得不到	20.00	9.68	10.53	2.04	10.55
害怕失去抵押物	0.00	0.00	0.00	2.04	0.50
不需要贷款	64.00	74.19	78.95	77.55	73.36
利率太高	4.00	3.23	5.26	2.04	3.52
申请程序复杂	4.00	8.06	2.63	8.16	6.03
借了担心还不起	2.00	1.61	0.00	2.04	1.51
不知道贷款手续	2.00	0.00	0.00	4.08	1.51
贷款额度太小不能满足需求	2.00	0.00	0.00	0.00	0.50
有其他贷款	0.00	3.23	0.00	0.00	1.00
其他	2.00	0.00	2.63	2.04	1.51

数据来源：课题组 2017 年农村家庭金融调查。

自农村信用社改制以来，农村商业银行已经承担起农村金融市场主力军的责任，成为提供农村家庭正规信贷最主要的金融机构。样本显示，77.55%的农户家庭正规借贷来源于农村商业银行，低收入家庭这一数据均超过 80%。国有银行近年来受普惠金融政策影响也开始涉足农村信贷市场，高收入和中高收入家庭分别有 22.45%和 12.5%选择国有银行进行借贷。邮政储蓄银行一直是低收入农户较为信赖的机构，有 16.67%的家庭正规信贷来源于此。

表 6-15　江苏农户家庭正规借贷来源分布

单位：%

	低收入	中低收入	中高收入	高收入	全样本
农村商业银行	83.33	80.95	87.50	71.43	77.55
国有银行	0.00	9.52	12.50	22.45	15.31
邮政储蓄银行	16.67	9.52	0.00	4.08	6.12
村镇银行	0.00	0.00	0.00	2.04	1.02
小额贷款公司	0.00	0.00	0.00	0.00	0.00
农民资金互助社	0.00	0.00	0.00	0.00	0.00
其他	0.00	0.00	0.00	0.00	0.00

数据来源：课题组 2017 年农村家庭金融调查。

当前农户家庭正规信贷的合约类型占比也有所改变，传统的担保贷款比例维持在 30%左右，且这类贷款在低收入家庭中更为普遍。抵押贷款和信用贷款的占比上升，尤其是信用贷款，2017 年的占比已达 38.78%。这归功于江苏农村地区近两年来大力发展的“阳光信贷”，银行机构通过深入农村，让每个农户家庭熟悉银行信贷业务并对其进行授信，当农户有了融资需求时，无需复杂的手续就可以从银行获得授信额度内的借款。与此同时，在精准扶贫、全面脱贫的政策引导下，扶贫小额贷款申请占比不断降低，样本平均仅占 3.06%，且全部集中在低收入及中低收入农户家庭。

表 6-16　江苏农户家庭正规信贷类型

单位：%

	低收入	中低收入	中高收入	高收入	全样本
抵押、质押贷款	25.00	14.29	12.50	34.69	25.51
担保贷款	41.67	42.86	25.00	26.53	31.63
信用贷款	25.00	33.33	62.50	38.77	39.80
助学贷款	0.00	0.00	0.00	0.00	0.00
扶贫小额贷款	8.33	9.52	0.00	0.00	3.06
订单融资	0.00	0.00	0.00	0.00	0.00
其他	0.00	0.00	0.00	0.00	0.00

数据来源：课题组 2017 年农村家庭金融调查。

2. 农村家庭民间借贷

江苏农村地区家庭民间借贷发生率较城镇地区更高，平均在40%左右。样本中有过“借钱给别人”行为的家庭要多于有过“向别人借钱”行为的家庭，且家庭收入越高，借出行为发生率更高。低收入家庭借入和借出的发生率基本相等，且整体要低于中高收入家庭。

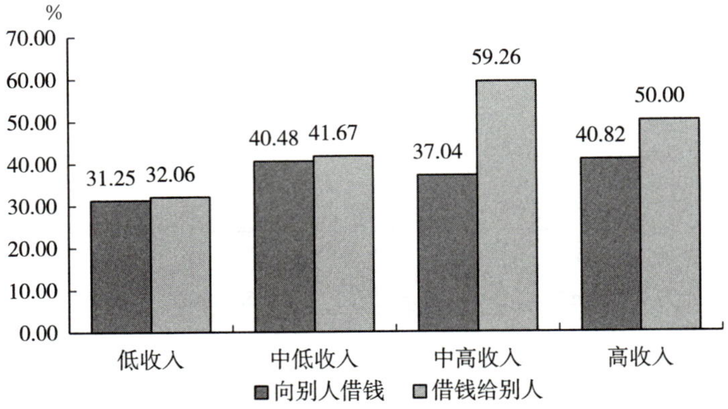

图 6－8　江苏农户家庭民间借贷发生率

数据来源：课题组 2017 年农村家庭金融调查。

关于民间借贷契约的设定，农户家庭间一直在寻求一种平衡。虽然与城镇一样都是亲戚朋友间的借贷，但农村家庭住得更近、联系更密切，很多都是家中有大事发生时左邻右里之间的相互帮助，交易金额并不大，因此绝大部分都是无偿的借贷且不需要抵押担保。而大部分以农业收入为主的家庭其获得收入在时间分布上并不均衡，因此很多民间借贷契约虽不涉及利息，却规定了还款的期限，部分高收入家庭借出钱数额较高的还会需要有借条。

表 6－17　江苏农户家庭民间借贷的契约设定

单位：%

	低收入	中低收入	中高收入	高收入	全样本
有息借贷	4.44	1.45	7.69	3.37	3.94
规定还款期限	8.89	10.14	19.23	19.10	14.96
需要借款借条	6.67	5.80	17.31	13.48	11.02
需要抵押或担保	4.44	1.45	0.00	1.12	1.57

数据来源：课题组 2017 年农村家庭金融调查。

（三）农村家庭信用卡使用及消费支付情况

与城镇家庭不同，农村家庭目前消费支付最主要的方式仍然是现金支付，占比达到四分之三，剩下的四分之一中，借记卡支付占比为 9%，信用卡仅有 2%，而新兴的移动支付方式（如手机支付）占据 14%。

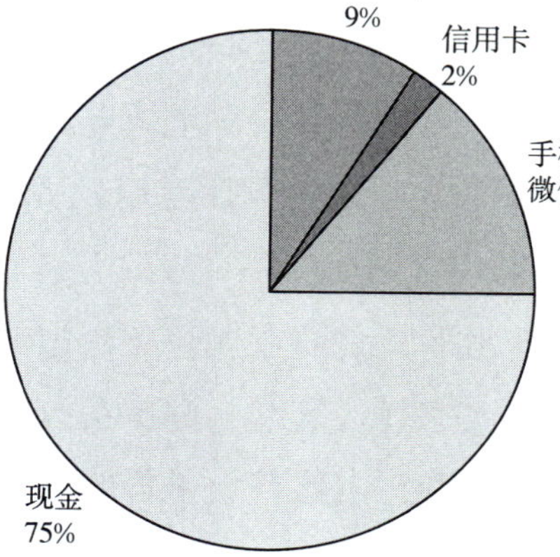

图 6-9　江苏农户家庭消费支付方式

数据来源：课题组 2017 年农村家庭金融调查。

对信用卡的使用情况进行具体分析，样本中使用过信用卡的农户家庭平均占到了 21%，但受到收入水平的影响非常大，低收入家庭的信用卡使用率仅为高收入家庭的五分之一。就未使用信用卡的原因来看，七成农户家庭是因为没有信用卡，另有大多数家庭认为没有必要使用信用卡，而相较城镇家庭而言，农村只有极少的家庭担心使用信用卡会引发过度消费（表 6-18）。

表 6-18　江苏农户家庭信用卡使用情况

单位：%

	低收入	中低收入	中高收入	高收入	全样本
使用过信用卡的占比	6	17	28	32	21
没有使用信用卡的原因占比					
1. 没有信用卡	77	69	77	64	71
2. 安全考虑	0	4	3	3	3
3. 没有必要使用	23	26	20	30	25
4. 可能引发过度消费	0	1	0	3	1

数据来源：课题组 2017 年农村家庭金融调查。

（四）农村家庭其他金融需求情况

近年来，随着各类保险机构纷纷进驻农村金融市场，为农户提供了愈加多元化的保险产品及服务。但是，不同收入水平的农户的保险市场参与行为存在较大差异。我们就样本农户家庭 2016 年的参保情况进行调查，可以发现：其一，农业保险依然是农村家庭购买的比例最高的保险，且不受家庭收入水平的影响。主要原因是江苏农业保险作为政策性保险业务采取“联办共保”模式，基本实现了全覆盖。其二，随着农民生活水平的提高以及对未来保障的重视，除新农保，农户自发从商业保险机构购买的财产险、健康医疗险以及养老保险比率不断提高，2016 年这三类保险的购买占比平均分别为 37%、46.67%和 40.33%。其三，收入水平对农户家庭是否有保费支出尤其是商业保险支出影响较大，高收入家庭有保费支出的占比要明显高于低收入家庭，其购买健康医疗险和养老保险的占比是低收入家庭的一倍多，财产保险的购买占比甚至是低收入家庭的 5 倍。

表 6-19　江苏农户家庭保险支出及购买种类

单位：%

	低收入组	中低收入组	中高收入组	高收入组	全样本
有保费支出的家庭占比	56.25	64.28	77.78	84.69	70.75
各类保险购买的占比情况（不含新农保）					
农业保险	54.69	53.57	55.56	55.10	54.67
财产险	10.94	29.76	44.44	56.12	37.00
健康、医疗保险	29.69	44.05	51.85	57.14	46.67
养老保险	28.13	40.48	46.30	44.90	40.33
小额保障保险	6.25	5.95	0.00	5.10	4.67
其他	4.69	0.00	1.85	3.06	2.33

数据来源：课题组 2017 年农村家庭金融调查。

越来越多的研究发现，家庭决策人的金融素养是影响家庭参与金融市场的重要因素，其中最直接的体现即是金融知识水平。实际上，家庭金融知识缺乏的现象在各个国家和地区都非常普遍，越是欠发达的国家，其家庭成员对金融的了解越少，越是经济水平落后的地区，其家庭参与投资决策的概率也越低。从这一角度出发，我们在农户问卷中加入了单利计算、复利计算和对货币时间价值的判断三个问题，以具体考察农村家庭成员的基础金融知识水平，研究城乡金融差距的主要影响因素。从整体上看，低收入家庭中会计算利息的并不多，尤其是复利的计算，只有 25%的家庭算对；而高收入的家庭超过一半会计算单利，复利也有 36.73%的家庭算对。另一方面，在对于货币时间价值的认知上，不同收入水平的农户家庭之间差异不太明显，大多数农户均能够理解货币存在的时间价值，即货币会随着时间的推移而产生增值。

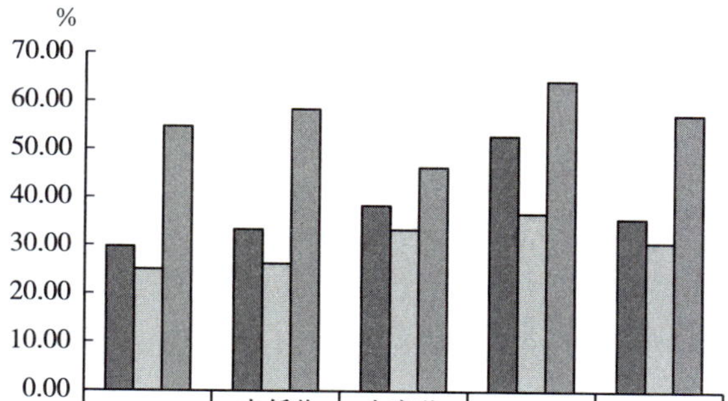

	低收入	中低收入	中高收入	高收入	全样本
■会单利计算占比	29.69	33.33	38.33	52.86	35.67
□会复利计算占比	25.00	26.19	33.33	36.73	30.67
■懂得时间价值的占比	54.69	58.33	46.30	64.29	57.33

图 6-10　江苏农户家庭金融知识水平

数据来源：课题组 2017 年农村家庭金融调查。

三、小结

通过利用 2017 年 7 月对江苏省城乡家庭的入户问卷调查，分析当前江苏省的普惠金融发展水平，揭示出城乡家庭金融发展的主要特征及差异，得出如下几点结论：

（一）基础性金融服务普惠程度较高，覆盖面较广

目前，江苏普惠金融发展呈现出产品形式多样化、服务主体多元化、覆盖范围扩大化的特点。从家庭基本银行账户拥有及服务使用情况来看，城镇和农村都已经基本实现了存取款等基础性金融服务的全覆盖和获取机会的均等化，并且随着银行账户缴费、社保等功能的兼备，家庭使用银行卡的频率不断增加。基础性金融产品和服务区域差异的逐步缩小，主要归功于金融服务主体的多元化。在政

府部门的引导和支持下，各类银行机构、保险公司等都开始布局农村金融市场，服务下延在一定程度上降低了农户家庭获取金融服务的成本，保证了农村家庭可以享受到和城镇一样的基础金融服务。

（二）家庭正规信贷可得性不断提高，而民间借贷市场依然活跃

由于城镇整体经济水平较高，金融机构体系较为完善，在收入整体稳定的城镇家庭间，近几年正规信贷的发生率变化较小，利率是城镇家庭选择正规信贷机构考虑的最主要因素。相对而言，尽管农村金融市场上主体的“融资难、融资贵”问题始终没有得到根本性解决，但近两年以农村商业银行为首新型农村金融机构不断创新，对各类型农户推出更具有针对性、手续更为简便的信贷产品，在一定程度上解除了他们的申贷顾虑，降低了农户的自我信贷配给，增加信贷的可得性。此外还应注意到，民间借贷市场依旧非常活跃，超过三分之一的家庭参与过民间借贷，农村略高于城镇，反映出熟人社会对家庭融资方式的选择仍然有一定的影响，亲友间小额借贷具有钱款到账快、利息少、还款周期长的优势。

（三）家庭消费支付习惯逐渐转变，现代信息通信技术的作用显现

在城镇化、现代化水平不断提高的过程中，信息通信技术的应用使得金融供给和服务的方式得以不断创新，最直观的体现即是消费支付方式的转变。已经有44%的城镇家庭选择在消费时使用手机（支付宝、微信）支付，这对传统的支付方式造成了很大的冲击，尤其是借记卡和信用卡，使用占比均降到20%以下。长远来看，信息技术是降低金融机构服务成本、提高金融服务深度的重要手段，银行业金融机构应当更加重视对信息技术的使用，提高金融服务的便利性。与此同时，由于数字鸿沟的存在，考虑到农村家庭受访对象大部分年龄较大，手机支付的方式还没有被大部分农村家庭所接受（使用占比只有14%），而高达75%的家庭在消费时仍然倾向于现金支付，因此，较长一段时间内，依托一定的实体网点的农村综合金融服务站是推进农村地区普惠金融体系建设的重要手段。

（四）普惠金融发展地区差异大，农村金融市场潜力巨大

尽管基础性金融服务的普及程度已经较高，但城乡间、不同收入水平的家庭

之间，在金融服务获取方面依然存在较大的差异。主要包括：其一，银行金融服务使用程度的城乡间差异。除了基本的存取款、转账业务，城镇家庭在缴费、网银、手机银行业务的使用占比上均超过了 50%，风险较大的投资理财类产品也有 20%左右的家庭参与；而农村由于服务普及时间短，缴费、网上银行等业务使用占比刚达三分之一，高风险的投资业务只有极少数家庭有所参与。其二，正规信贷的区域间差异。苏北地区近两年银行网点增加多、服务质量提升快，正规信贷的发生率达 40%；而苏南地区由于自有资金相对充裕，正规信贷发生率要少于苏北，为 30%。其三，不同收入水平家庭间的金融素养差异。在农村地区，家庭成员金融知识的具备与家庭收入水平呈明显的正相关关系，家庭收入水平越高，会计算利息的概率也越高，且更希望获得金融知识的培训。

尽管普惠金融发展存在一些差异，但是近年来，农村家庭在基本银行账户使用、正规信贷申请、信用卡使用、保险支出等方面都呈现出稳中有升的态势，农村金融市场已经展现出巨大的潜力。随着政策的倾向、机构的努力、社会的关注，农村家庭将会越来越多地享受到普惠金融带来的便捷和资金支持。

第四节　江苏小微企业金融服务的调查与分析

小微企业作为国民经济的重要推动力量，在促进就业创业、推动科技创新、保持经济稳定增长、增强市场活力等方面发挥着重要的作用，也是产业结构调整的重要力量。截至 2017 年 7 月，我国小微企业名录中收录的小微企业已达 7 328.1 万户。根据国家统计局的抽样调查，每户小型企业能带动 7～8 人就业，一户个体工商户能带动 2.9 人就业。然而，作为普惠金融重要的支持对象，多数小微企业获得的金融服务与其经济贡献严重不相匹配。《中国小微企业白皮书》中显示，7 000 多万家小微企业中，有一半以上一年之内会出现 1～2 次资金周转缺口，61%的小微企业每次缺口金额在 50 万元以下，全国小微企业的贷款需求超过 45 万亿元，其中一半来自银行。这种不对称的结构性矛盾，已经对我国经济发展带来明显制约。

作为东部沿海地区的经济大省，江苏的经济发展水平始终处于全国领先地位，其中小微企业发展对经济的促进作用同样重要。近年来，江苏省小微企业也面临着经营成本上升、税负过重、融资困难等问题。如何缓解小微企业的融资约束，提高中小微企业的金融服务可获性，成为江苏省普惠金融体系建设的重点问题。

一、小微企业发展概况

（一）小微企业优惠政策落实效果初显

2014 年年底国务院出台《关于扶持小型微型企业健康发展的意见》，提出 10 条扶持小微企业的政策，江苏省随之响应国家政策，多措并举，助推小微企业的发展。具体来看，江苏省从税收优惠、行政收费减免、财政资金支持、政府采购支持、政策指导等方面扶持小微企业发展。

税收优惠政策方面，江苏省积极落实小微企业增值税、营业税暂免征收及小型微利企业减半征收企业所得税政策。截至 2014 年 10 月，全省共有 6.2 万户小型微利企业享受企业所得税优惠政策，减免企业所得税 2.49 亿元；2014 年 10 月份共有 11.22 万户小微企业享受营业税优惠政策，减免营业税 4.03 亿元。2015 年起江苏省对小微企业免征 43 项行政事业性收费，全省约减轻企业负担 12.21 亿元。

财政资金支持政策方面，江苏省财政安排科技型企业技术创新资金，重点支持初创期科技型小微企业、新兴业态科技型小微企业，创投早期介入企业发展；设立科技创新与成果转化专项资金，加大对科技型中小企业科技创新和成果转化直接投入力度；设立专利资助专项资金，支持中小企业提升知识产权战略运用能力；建立小微企业贷款、担保、保险风险补偿机制。将 2014 年省地方财源建设资金 2 亿元无偿改有偿拨付给市县，由市县通过股权投资等方式支持地方小微企业发展。省财政整合省中小企业发展基金已达 4.6 亿元，完善基金运作方式，充分发挥对小微企业的扶持作用。

政府采购支持政策方面，开展政府采购信用担保融资工作，为政府采购中标小微企业提供融资便利；鼓励小微企业参与政府购买服务项目，涉及医疗卫生、社会服务、公共设施管理、文化体育、教育培训、环境保护等领域。2013 年，全省实现政府采购信用担保融资规模近 2 亿元，为政府采购中标小微企业提供了有效的融资支持；2014 年上半年全省共实施政府购买服务重点项目 458 个，金额 28.9 亿元，对其中适合小微企业参与的项目，财政部门会同业务主管部门予以积极支持。江苏各地相继出台了相应的财政支持小微企业发展的风险担保或风险补偿措施。例如，2017 年南京市金融办、南京市财政局共同出台了《关于开展南京市融资担保风险分担试点工作的通知》以及《南京市融资担保风险分担试点工作实施办法》，明确对于单户在保余额 500 万元及以下的小微企业、“三农”项目贷款担保代偿，由担保机构、省再担保南京分公司、合作银行、市级财政分别按照 50%、20%、15%、15%的比例，共同承担贷款本金代偿责任。

（二）小微企业数量迅速增加且发展态势转好

近三年来小微企业数量大幅度增长。截至 2014 年底，江苏私营企业 157.4 万户、个体工商户 371.1 万户。2015 年私营企业增加 24.8 万户，增长率达 15.75%；个体工商户增加 16.1 万户，涨幅 4.3 个百分点。截至 2016 年，私营企业突破 200 万户达到 222.9 万户，个体工商户突破 400 万户达到 438.8 万户，呈现连年大幅增长态势。

从企业的发展态势来看，近年来中小企业的运营状况有所好转。根据中国中小企业发展指数，与 2014 年相比，近三年中小企业发展指数有所上升，特别是江苏省所处的东部地区，三年来企业发展指数呈现明显的上升趋势（图 6 - 11）。

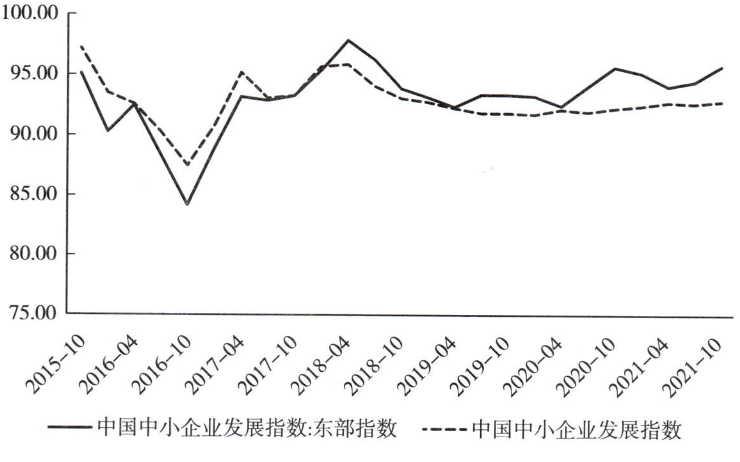

图 6 - 11　中国中小企业发展指数

数据来源：Wind 数据库。

从江苏情况来看，虽然面临成本增加、利润下降等多重不利因素叠加的局面，但全省小微企业发展总体仍保持稳中有升的发展态势。2017 年南京大学金陵学院企业生态研究中心和省经信委中小企业科技创新处联合发布了江苏中小企业景气指数和中小微企业运营指数，指出 2017 年江苏中小企业景气指数为 111.6，与 2016 年相比上升 4.7，显示出江苏中小企业发展态势要好于 2016 年。从区域分布来看，苏南、苏中和苏北地区的中小企业景气指数分别为 112.2、111.7 和 110.2，相比 2016 年均有一定幅度的上升，其中苏南地区中小企业景气指数升幅最大。从 4 年的比较看，苏南、苏北、苏中三个地区中小企业景气指数均有一个先下降后上升的变化。2017 年，南京以 116.8 的中小企业景气指数排名第一，江苏仅有 2 个城市的景气指数较 2016 年略有下降，其余 11 个城市的景气指数均有所上升，其中南京、盐城两市连续 4 年景气指数持续上升。从“江苏中小微企业运营指数”（江苏 SMOI）来看，从 2017 年 6 月起，江苏 SMOI 走势呈现波动上升趋势。

二、小微企业金融服务现状

（一）小微企业贷款余额稳步增长，小微企业贷款占比有所提高

江苏累计发放小微企业贷款户数近三年来增幅明显。相比于 2015 年，2016 年累计发放小微企业贷款户数增加约 3.69 万户，增长率达 15.7%。截至 2017 年 6 月，江苏县域银行类金融机构已累计向 23.36 万户小微企业发放了贷款，与 2014 年全年水平基本持平（图 6-12）。这说明县域金融机构积极响应政策号召，引导金融活水流向实体经济，逐步扩大小微企业金融覆盖范围。分地区[①]来看，苏北地区累计发放小微企业贷款户数最多，且呈逐年上升趋势；苏南地区获得贷款的小微企业数量最少且呈逐年下降趋势。

截至 2017 年 9 月末，全省小微企业贷款（含小微型企业贷款、个体工商户及小微企业主贷款）余额达 3.01 万亿元，位居全国第二，占全国小微企业贷款余额的 10.16%。

① 本节对江苏省区域划分具体为：苏南地区包括南京、无锡、常州、苏州及镇江；苏中地区包括南通、泰州及扬州；苏北地区包括徐州、连云港、淮安、盐城和宿迁。

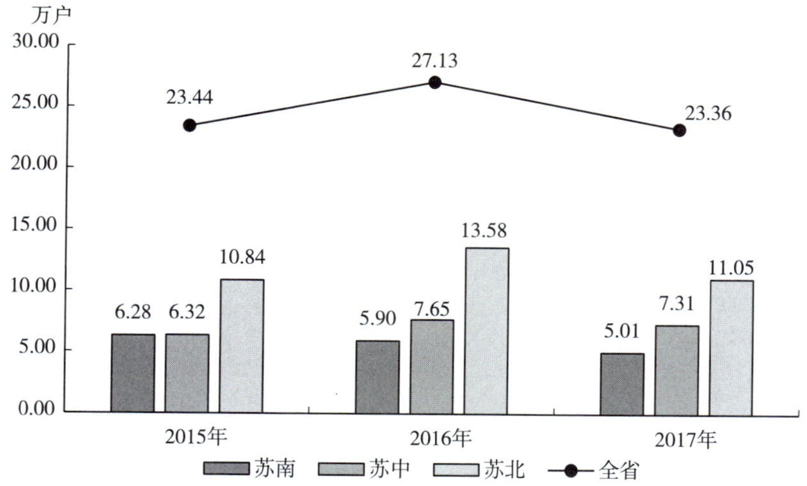

图 6－12　2015—2017 年江苏省县域金融机构累计发放贷款的小微企业个数

注：2017 年的数据截至 2017 年 6 月。

数据来源：人民银行统计数据。

2016 年，江苏县域地区银行类金融机构累计向小微企业发放 41.19 万笔贷款，累计贷款余额 0.76 万亿元，较 2015 年增长 10.43%。截至 2017 年 6 月，小微企业贷款余额稳步上升，县域银行类金融机构已发放 0.82 万亿元贷款支持小微企业发展。分地区来看，2015 年至 2017 年 6 月份，苏南地区小微企业贷款余额最高，苏中地区次之，苏北地区则相对较低。尽管地区间存在差异，但各地区小微企业贷款余额近三年都保持上升趋势（图 6－13）。

从江苏小微企业贷款与该县域地区金融机构贷款的占比可以看出，2015 年至 2017 年 6 月，全省县域地区小微企业贷款占比呈逐年上升趋势，2017 年小微企业贷款占比增速达 10.04%，比 2016 年增速高出 4.39 个百分点，苏南地区小微企业贷款占比明显提高，苏中地区占比最高，但近年来有下降趋势；苏北地区小微企业贷款占比基本保持平稳（图 6－14）。

（二）小微企业贷款总量与经济贡献不匹配，覆盖深度有待提高

尽管累计发放贷款的小微企业户数、小微企业贷款余额和小微企业贷款占比都有所上升，但总体来看，小微企业所获的资金支持仍然有限。截至 2016 年末，全省各县域金融机构小微企业贷款余额仅为 0.7 万亿元，仅占各项贷款余额的

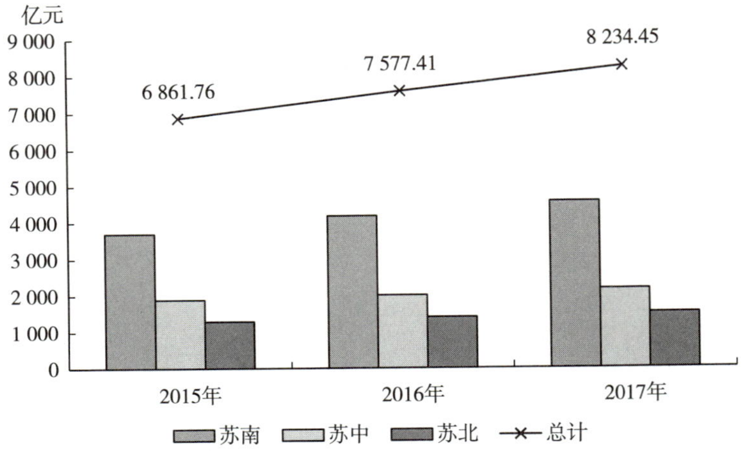

图 6－13　2015—2017 年江苏省县域地区银行类金融机构小微企业贷款余额

注：2017 年的数据截至 2017 年 6 月。

数据来源：人民银行统计数据。

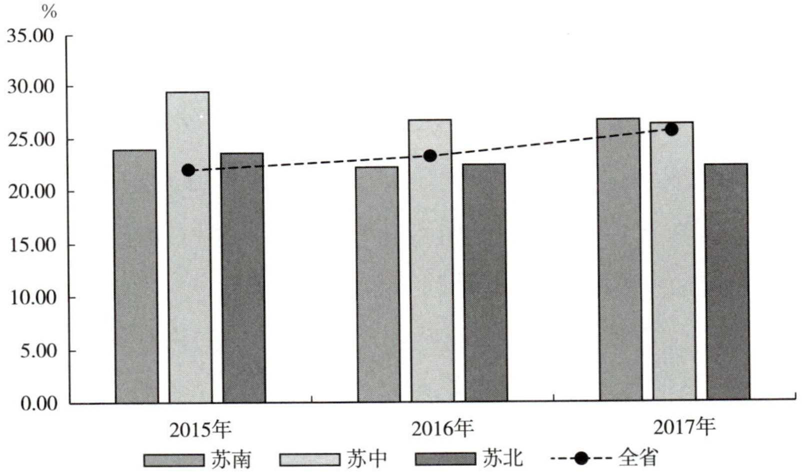

图 6－14　2016 年江苏省各地区县域地区小微企业贷款占比

注：2017 年的数据截至 2017 年 6 月。

数据来源：人民银行统计数据。

26.57%。与小微企业对国民经济建设所做出的贡献相比，其所获得的贷款总量相对较少，经济贡献与金融资源间存在严重的不匹配。

小微企业单户贷款规模 100 万以下居多，但比例呈逐年降低趋势。从贷款规模来看，小微企业贷款规模有所扩大。截至2017年6月，小微企业100万～500万元的贷款占比较2015年提高近13个百分点。由于小微企业生产经营规模较小，其借款规模也相对较小，从2015—2017年小微企业的贷款规模数据来看，贷款规模在100万元以下的贷款笔数呈现出逐年递减的趋势。而100万～500万的贷款规模呈现逐渐递增的趋势，说明小微企业能够获得的大额度贷款的比例在增加（表6-20）。根据《中国小微企业白皮书》中显示，61%的小微企业实际资金缺口在50万元以下，这表明虽然金融机构对小微企业的资金支持力度逐年上升，但更多的是向资质较好、规模较大的企业发放了贷款，金融普惠的深度有待提高。

表6-20 2015年至2017年6月小微企业贷款规模

年份	不同贷款规模笔数占比（%）			
	≤100万	100万～500万	500万～1 000万	>1 000万
2015	66.24	22.45	5.06	6.25
2016	63.38	24.91	5.66	6.05
2017	54.09	35.33	4.53	6.05

注：2017年的数据截至2017年6月。
数据来源：人民银行统计数据。

大型商业银行（中国农业银行、中国工商银行、中国建设银行、中国银行、交通银行）小微企业贷款整体规模较大，100万元以下贷款笔数占总笔数的29.56%，但1 000万元以上的小微企业贷款笔数占比达25.01%。农村商业银行100万元以下的小微企业贷款笔数占比在各类银行中最高，达75.88%（图6-15）。以上数据表明，与五大国有银行相比，中小商业银行仍然是服务小微企业的最重要力量。

总体来看，近三年来江苏小微企业金融覆盖广度不断上升。2015—2017年县域银行类金融机构服务小微企业的数量有所增加，小微企业贷款余额稳步上升，并且小微企业贷款占比在全省范围内得以稳步增长。但从贷款规模来看，小微企业贷款中100万以下贷款的比例有所下降，银行更多的是通过增加对规模较大企业的资金支持来实现县域总体投入的上升，金融普惠的深度有待增强。

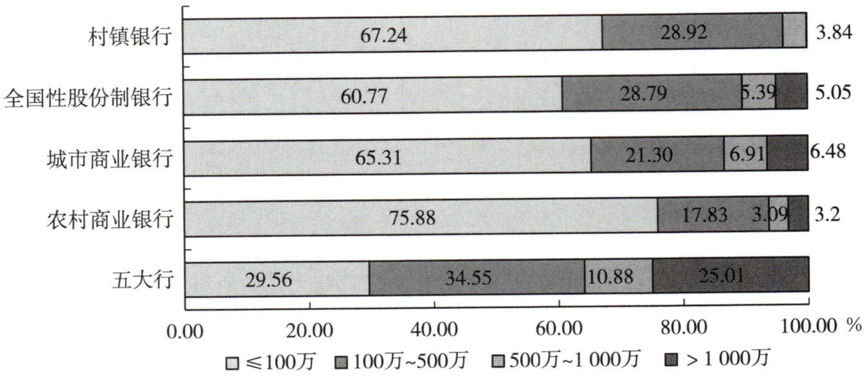

图 6－15　2016 年不同银行类金融机构小微企业贷款规模

注：2017 年的数据截至 2017 年 6 月。

数据来源：人民银行统计数据。

三、小微企业融资现状

（一）小微企业贷款成本整体呈下降趋势

2015 年至 2017 年 6 月，江苏小微企业贷款平均利率逐年下降。包括五大行、农村商业银行、城市商业银行、村镇银行等在内的银行业金融机构对小微企业的放款利率逐年下降，小微企业的贷款成本不断降低。2015 年全省县域小微企业贷款平均利率为 6.902%，2016 年下降到 6.438%。截至 2017 年 6 月份，银行类金融机构小微企业平均贷款利率已下降到 6.242%。从整体来看，十八大以来国家积极发展普惠金融，鼓励金融机构加强对小微企业金融服务；江苏省银行类金融机构对小微企业的贷款成本逐年下调，小微企业面临的“融资贵”问题有所缓解。

从机构的横向比较来看，五大行对小微企业贷款利率最低，村镇银行对小微企业贷款利率最高。大型商业银行虽然对小微企业贷款利率较低，但相对来说小微企业服务的准入门槛更高，信贷投放控制更为严格，只有成立时间较长、资产规模较大的优质小微企业能达到要求。相比来说，村镇银行及农村商业银行小微企业贷款利率较高，对小微企业服务的覆盖面更广，但资金供给规模有限。值得注意的是，2015—2017年，村镇银行的贷款利率下降幅度最大，下降了1.9%。一般来说，银行是小微企业融资的主要来源渠道。因此，从贷款成本的角度来看，近年来小微企业贷款成本的下降，能一定程度上缓解其信贷约束，促进小微企业的发展（图6-16）。

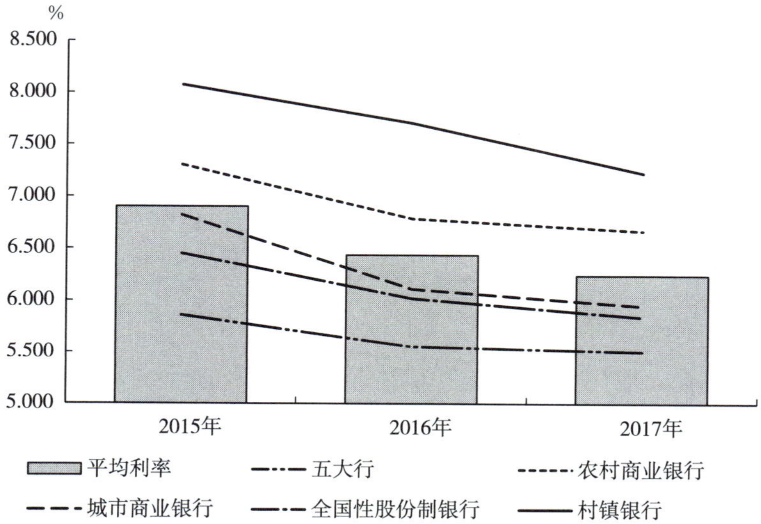

图6-16　不同银行类金融机构小微企业贷款成本

注：2017年的数据截至2017年6月。

数据来源：人民银行统计数据。

（二）小微企业存在“短贷长用”的现象

调查发现，近九成小微企业出现“短贷长用”的期限错配问题。在调研数据中，有1年以上长期借款的小微企业仅占10.23%，其他89.77%的小微企业借款期限均为1年及以下，即为短期借款。从银行的角度看，短期贷款能有效降低违约率，规避银行经营风险。但企业需要更加稳定的资金来源，调查中多数小微企业（88.42%）为存在“短贷长用”现象，多次向金融机构申请短期贷款以满足长周期生产的资金需求，然而，转贷过程中的高成本以及可能由此引发的高利贷问题较为突出，一定程度上抬高了企业的资金成本，增加了企业资金链断裂的风险（图6-17）。

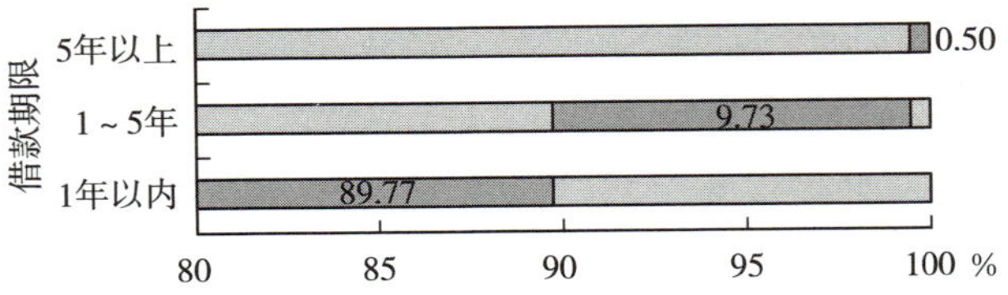

图 6－17　样本小微企业借款期限分布

数据来源：课题组小微企业调研数据。

（三）抵押和担保仍是小微企业的主要贷款方式

从贷款方式上看，小微企业的贷款方式仍以传统的抵押和担保为主，动产质押贷款、信用评分贷款和信用贷款占比均较低。从最近三年来看，小微企业的抵押贷款和担保贷款占比均约为 40%（抵押贷款占比稍高于担保贷款）。尽管三年来新型的质押贷款、信用评分贷款和信用贷款占比有所上升，但从总量来看仍处于较低水平，三类贷款占比不足 5%，远低于传统的抵押担保贷款。对于追求利润最大化、风险最小化的商业银行来说，抵押和担保的方式能有效降低放款风险；但对普遍缺少有效抵押物的小微企业而言，这无形中也增加了这类企业的融资难度。因此，如何针对性进行贷款技术创新，并确保商业银行真实有效地使用各类新型贷款技术，是解决小微企业融资困境的重要出路（图 6－18）。

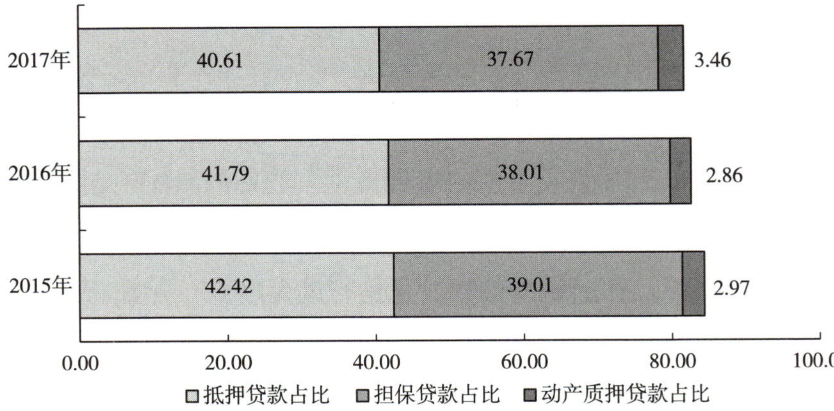

图 6－18　2015 年至 2017 年 6 月小微企业贷款方式

注：2017 年的数据截至 2017 年 6 月。

数据来源：人民银行统计数据。

四、小结

小微活，就业旺，经济兴。金融支持是激发小微企业活力、助推小微企业成长壮大的重要力量。中共十八大以来，根据党中央、国务院部署，金融系统和各地区各部门多方联动、协力推进，对小微企业的金融服务环境不断改善、支持力度持续加大，取得了显著成效。本节根据江苏省50个县域金融机构及381家小微企业的调研数据，在分析江苏省小微企业发展及融资现状的基础上，深入探讨了江苏省金融支持小微企业的发展状况，得出以下结论：

第一，2017年江苏小微企业数量仍呈现迅速增长态势，税收优惠、行政收费减免、财政资金支持、政府采购支持、政策指导等方面的政策效果已初见成效。政策法规的逐步实施为小微企业创造了良好的发展环境，有利于建立、健全多层次的市场体系，加快建立稳定紧密、良性互动的银企关系，更好发挥市场在金融资源配置中的决定性作用。

第二，小微企业金融服务覆盖面有所扩大，但覆盖深度还有待提高。江苏省内获得贷款的小微企业户数及总笔数都呈现逐年上升的趋势。随着县域金融机构种类的丰富和网点数量的增加，越来越多的小微企业有机会获得正规金融机构的服务。但值得注意的是，金融机构100万以下小微贷款比例有所下降，说明机构更倾向于向规模较大、资质较好的企业发放贷款，覆盖的深度还有待提高。

第三，小微企业的贷款成本有所下降，但贷款方式创新不足。2015—2017年，小微企业贷款成本有明显的下降趋势，无论是五大国有银行、股份制商业银行，还是农村商业银行和村镇银行，小微企业的贷款利率均有所下降。然而从贷款期限来看，1年以下短期贷款比例仍然居高不下，90%以上企业有“短贷长用”现象。而从贷款方式来看，抵押和担保仍然是最主要的贷款方式，尽管三年来新型的质押贷款、信用评分贷款和信用贷款占比有所上升，但从总量来看仍处于较低水平，三类贷款占比不足5%，远低于传统的抵押担保贷款。

第五节　江苏普惠金融发展的对策建议

改革开放以来，中国的金融发展经历了三个历史阶段，构建银行体系阶段、发展资本市场阶段，再到现在的普惠金融发展阶段。普惠金融将成为未来 10 年到 20 年中国金融发展的主题。一直以来，政府政策和金融业支持对象以大型、工业化、政府所有的、位于城市和沿海地区的企业为主，农村地区金融基础设施建设相对薄弱，金融机构网点偏少，金融服务获取成本偏高，农村金融服务的覆盖面和渗透率不足；低收入群体难以获得金融服务，小微企业融资难、融资贵问题持续存在，小型社区类金融机构数量不足。

2005 年以来，政府推出一系列更加市场化的政策和法规，以提高受到传统金融体系排斥的群体金融服务的可获得性。譬如，银监会消除"金融机构空白乡镇"的行动、中国人民银行推动的无网点银行（农村金融综合服务站以及移动设备、ATM 机、POS 机）计划、对互联网金融和移动金融服务商采取相对包容的监管态度、允许商业机构参与社会征信体系建设以及更为广泛的放宽县域农村地区金融市场的准入条件，允许多种类型金融机构和多样化的投资者向受排斥的群体提供金融服务等。

2017 年江苏省金融工作会议指出，将江苏打造成为新金融高地的出发点和落脚点，在于创新金融服务模式服务实体经济，引导更多金融资源流向经济社会发展的重点领域和薄弱环节，满足实体经济多样化金融需要。在政府的高度重视下，江苏普惠金融发展取得了一定的成效。首先，农村金融机构传统物理网点和无网点银行覆盖面不断增加，已实现乡镇银行网点的全覆盖，并在 98.43%的村庄设立了助农取款代理点，基本实现了面向农村家庭和农村小微企业的基础性金融服务的全覆盖；其次，农村商业银行、大型商业银行、邮政储蓄银行和村镇银行等银行机构以及小额贷款公司、农民资金互助社等非银行金融组织，通过新设或政策准入的方式进入农村金融市场，在加剧农村金融市场竞争的同时，也有助于提高农村金融服务覆盖的深度，譬如，更多的中低收入农户和小微企业能够获得正规金融机构的信贷服务；第三，大力发展县域金融基础设施，努力优化县域金融生态环境，江苏县域企业及个人信用档案建档率逐年提高。

尽管江苏普惠金融发展取得一定成效且金融普惠状况明显改善，但是仍不充分。首先，普惠金融发展的区域差异明显，尤其是在金融服务可得性和服务使用情况方面，普遍表现为经济发展欠发达地区的普惠金融发展水平相对偏低；其次，城乡家庭在基础性金融服务覆盖率和使用率、金融服务获取成本、正规借贷市场参与率和满足率、互联网金融和移动金融产品接受度、信用卡和消费信贷使用率、保险市场参与率等方面仍有一定的差距，即使能获得金融服务，也面临使用水平不高、满足率不高等潜在问题；第三，一部分难以获得正规金融服务的群体（低收入农户、小微企业等）主要依赖于担保公司、小额贷款公司等非银行金融服务提供商，且仅有极少类型的金融机构为农村贫困人口提供贷款，使得这些群体只能接受高成本、高风险和期限错配的金融服务。

一直以来，江苏省在金融改革尤其是农村金融改革走在全国前列，率先在全国试点农村信用社改革、小额贷款公司等，为全国其他地区的改革实践提供了宝贵经验。金融监管要求的变革，优质的移动通信基础设施和广泛的无网点银行网络接入点的覆盖以及金融基础设施日趋完善，有助于推进普惠金融的发展。未来三年内，在中央关于《推进普惠金融发展规划（2016—2020 年）》的政策框架下，应充分借鉴国际公认的普惠金融发展战略，设定清晰、合理、有效的普惠金融战略目标，加快推进与之配套的政策和指标监测体系建设。对此提出以下建议：

（一）推进金融改革，构建江苏普惠金融体系发展顶层设计

普惠金融体系对于促进创业创新、经济可持续发展、缩小收入差距和维护金融体系稳定等均有重要意义。国际上普惠金融发展较完善和较快的国家大多是在国家层面构建普惠金融发展的战略规划，譬如成立“普惠金融委员会”或在中央银行等监管部门设立普惠金融部门，统一制定普惠金融发展战略。中国银监会已于 2015 年初成立普惠金融部，同时，2015 年 11 月，中央深改组通过“十三五”期间的普惠金融发展规划，标志着普惠金融发展上升为国家战略。

但是，目前江苏仍未建立相应的组织领导体系，推进普惠金融的职责分散在中国人民银行、江苏银监局、江苏省金融办、江苏省农委等部门，缺乏有效的制度法律体系、协调沟通机制。同时，对于推进普惠金融体系的任务重点仍主要限定在农村地区，实际上，城镇地区的流动人口、低收入家庭、小微企业等亦是受到传统金融机构排斥程度较高的群体，因此，仍有待加强对构建普惠金融体系的顶层设计。同时，完善江苏普惠金融发展指标体系和建立监测制度，修订江苏全面建成小康社会统计监测指标体系，并将普惠金融发展指标纳入其中。在此基础

上，明确江苏普惠金融发展的难点领域和改革路线，全面提升金融服务的覆盖率、可得性和满足度。

（二）在完善地方金融监管体系基础上，鼓励以普惠金融为发展定位的中小金融机构和新型金融组织的发展

放宽市场准入和支持新型农村金融机构的发展对于改善农村金融普惠的作用已经初步显现，未来应进一步鼓励以普惠金融为发展定位的中小金融机构和新型金融组织的发展，促进各微观主体金融服务获得来源的多样化。一方面，鼓励现有商业金融机构向农村地区和社区拓展服务网点，以贴近市场和微观经济主体，降低金融服务获取成本和费用，提高金融服务的有效使用率；另一方面，鼓励不同类型的企业法人和自然人投资参与民营银行、小额贷款公司、典当行、融资性担保公司等新型微型金融机构，并制定有效的激励约束机制，引导其立足小微金融的市场定位；同时，制定农民合作社信用合作管理办法，鼓励通过建立综合性农民专业合作组织向农户提供新型合作金融服务。

值得关注的是，城镇和农村地区都出现了包括网络借贷、支付、众筹、保险等在内的新型互联网金融组织和业态。由于有效监管制度缺失，这类新型金融组织发展良莠不齐。尽管理论上这些组织能够通过降低交易成本和提高金融覆盖深度等方式助推金融普惠，且调查发现网络支付确实有助于改善金融支付环境并提高便利性，但仍难以甄别其他互联网金融机构对普惠金融发展的贡献。未来应当在完善互联网金融机构监管体系的基础上，根据地方特色出台相关政策引导此类机构更多地参与支持普惠金融体系的建设。

除此之外，国际经验表明，代理银行或无网点银行业务模式能够成为银行分支机构的重要补充。应鼓励在政府适当补贴的基础上将城市和农村地区的零售商店、邮局、彩票销售点等改造成为代理银行或无网点银行，在逐步解决取款、转账、支付等基础性金融服务的基础上，有条件地赋予代理银行或无网点银行以现金结算、征信、金融知识普及等功能，逐步建立起可行的商业模式。

（三）支持金融创新，发展移动金融，推动普惠金融多元服务

鼓励传统金融机构和互联网金融机构充分运用现代信息技术，改进账户开

立、支付结算、存款等基础性金融服务的供给方式。大力发展多种融资方式和融资技术，拓宽农户和小微企业多元化融资渠道。通过制度创新，在稳妥试点的基础上，创新抵押处置机制，真正发挥农村承包土地的经营权和住房财产权“两权”抵押贷款的作用。此外，配合当前精准扶贫的政策，完善扶贫贴息贷款的瞄准机制，有效解决农户融资难题。鼓励风险投资和私募股权基金等投资处于初创期的小微企业，加快银行间债券市场发展，支持符合条件的小微企业发行短期融资券、中期票据、中小企业集合票据等新型债务融资工具。同时，引导并规范民间信贷部门的发展。试点小微企业各种动产、无形资产抵质押贷款、信用评分贷款和保理等供应链融资方式，以契合小微企业的融资需求特点，提高融资需求满足度。

国际经验和国内实践表明，在竞争性金融市场发育早期，为了提高金融服务的覆盖面，金融普惠的体制机制设计主要侧重于增加组织机构的供给，即所谓的“增量”改革。但从目前江苏省的金融发展情况来看，随着金融业供给侧结构性改革的稳步推进，金融服务的供给质量和效率将成为金融普惠实践创新的重点。总的来看，各类金融机构始终是普惠金融体系建设的重要载体，结合当前信息技术快速发展的现实背景，鼓励这些金融机构拥抱互联网技术创新金融产品和服务，逐步、适度地将部分金融产品从线下转移至线上，充分提高供给的效率和质量。在应用新技术的同时，金融机构更应当以新理念、新工具、新模式加强风险防控，降低业务成本，拓展服务范围，有效率地提高金融普惠程度。数字技术的革命，为解决普惠金融的成本和效率问题带来了前所未有的可能性，大数据及人工智能技术使信息搜集、风险甄别的有效性大大提高，云计算降低金融机构的运行成本并提高服务效率。移动金融在信息获取、传输、共享的效率和成本方面具有巨大优势。江苏省通过发展移动金融和手机银行推进金融普惠的基础条件已经具备，未来在消除城乡家庭数字鸿沟的基础上，借助现代移动互联网技术，有助于降低普及基础性金融服务的成本，扩大农村基础性金融服务覆盖面，缩小城乡金融服务质量的差距。

（四）加强金融基础设施建设，全面普及金融知识教育

加快推进金融基础设施建设，尤其是农村地区的现代支付结算体系和征信体

系建设。目前，相当一部分地区农户、农村新型金融主体和小微企业等群体的信用档案建档率仍较低。未来需要有效融合各政府部门、商业银行和商业征信机构共同参与社会征信体系建设，建立健全适合农户和小微企业特点的信用征集和信用评级体系，营造良好的金融生态环境。

负责任的普惠金融也要求消费者更好地了解金融，掌握必要的金融知识。技术进步和金融产品的日益复杂，导致了缺乏金融知识的居民容易受到金融排斥。建议由中国人民银行推动面向农村家庭和低收入家庭的“消除金融文盲”的专门计划，在初中和高中阶段增加金融和理财教育课程，同时根据成年需求者的知识背景、教育程度和接受知识的方式开展有针对性的金融知识教育。此外，还可以借助于代理银行、无网点银行、互联网金融等开展金融知识普及，最终提高全民金融知识水平、金融智商和金融风险甄别能力，进而推进普惠金融的发展。

参考文献

董晓林，陶月琴，程超，2015. 信用评分技术在县域小微企业信贷融资中的应用：基于江苏县域地区的调查数据［J］. 农业技术经济（10）：107－116.

董晓林，张晓艳，杨小丽，2014. 金融机构规模、贷款技术与农村小微企业信贷可得性［J］. 农业技术经济（8）：100－107.

董晓林，朱敏杰，2016. 农村金融供给侧改革与普惠金融体系建设［J］. 南京农业大学学报：社会科学版，16（6）：14－18.

郭田勇，丁潇，2015. 普惠金融的国际比较研究：基于银行服务的视角［J］. 国际金融研究（2）：55－64.

何学松，孔荣，2017. 普惠金融减缓农村贫困的机理分析与实证检验［J］. 西北农林科技大学学报：社会科学版，17（3）：76－83.

李明贤，叶慧敏，2012. 普惠金融与小额信贷的比较研究［J］. 农业经济问题（9）：44－49.

李涛，王志芳，王海港，谭松涛，2010. 中国城市居民的金融受排斥状况研究［J］. 经济研究，45（7）：15－30.

马九杰，沈杰，2010. 中国农村金融排斥态势与金融普惠策略分析［J］. 农村金融研究（5）：5－10.

孟凡征，余峰，罗晓磊，胡小文，2014. 农村普惠金融发展及其福利效应研究：基于安徽省975户农村经营户的实证分析［J］．金融发展评论（11）：107－117．
吴本健，马九杰，2014．互联网金融创新对农村金融普惠的作用：经验、前景与挑战［J］．农村金融研究（8）：5－11．
谢升峰，卢娟红，2014．普惠金融发展影响城乡居民福利差异的效应测度［J］．统计与决策（21）：127－130．
于晓虹，楼文高，余秀荣，2016．中国省际普惠金融发展水平综合评价与实证研究［J］．金融论坛，21（5）：18－32．
翟帅，2015．江苏省普惠金融指数及其影响因素研究［J］．财会月刊（12）：65－69．
周月书，褚保金，2009．中小企业融资结构及影响因素分析：基于江苏吴江和常熟中小企业的问卷调查［J］．南京农业大学学报：社会科学版，9（2）：54－60．

第七章 <<< 2017 江苏农村经济社会发展典型案例

第一节 “精准扶贫”：以“省帮扶工作队”为例

在精准扶贫背景下，干部驻村帮扶不仅是党的群众路线在新时期的具体实践，亦逐渐成为帮助贫困地区和贫困人口脱贫的重要方式。那么，干部驻村帮扶在实际扶贫工作中取得了哪些成效，面临哪些约束？外来扶贫力量与当地扶贫力量之间如何整合以提升整体扶贫效应？本节以苏北 G 县“省派干部驻村帮扶工作队”（以下简称“帮扶工作队”）为考察对象，通过访谈和实地观察，对上述问题释疑解惑。

一、帮扶工作队的组建及 G 县帮扶成效

（一）省帮扶工作队的组建及任务

向重点贫困县（区）派驻帮扶工作队，是江苏省扶贫开发工作的成功经验之一。从 1992 年派出第一批帮扶工作队以来，江苏省委已经连续派出了 20 批帮扶工作队。帮扶工作队的后方单位包括省（部）直部门、苏南县市、高校院所、各类企业，加上被帮扶县（区），称为“五方挂钩”帮扶工作队。2005 年（含当年）以前，帮扶工作队的驻地时间为 1 年；2005 年以后改为 2 年。本节所要考察的这期帮扶工作队，其驻地时限为 2016—2017 年，后方单位共 19 个，包括 1 所大学、2 个科研院所、3 个经济发达县（区）、5 家机关事业单位和 8 家部有或省属国有企业，简称“12358”，共派出队员 21 名。

根据江苏省委、省政府《关于做好 2016—2017 年度省市委帮扶工作队、队

员选派工作的通知》要求，省委向苏北地区派驻的帮扶工作队，其队员兼任经济薄弱村第一书记；组长单位选派 2 名优秀干部，其中，1 名正处职干部担任帮扶工作队队长并挂任驻点县（区）委副书记；副组长单位选派 2 名优秀干部，其他成员单位（农业龙头企业、民营企业除外）各选派 1 名优秀干部，均兼任经济薄弱村第一书记。本轮帮扶工作结束时，建立扶贫开发重点县（区）考核退出机制，依据考核结果退出 6 个县（区）。2018—2019 年对苏北剩余的 6 个县（区）继续派驻省委帮扶工作队。①

（二）G 县帮扶工作队的组成、经费及项目

1. G 县域情

G 县属于苏北水乡，濒临东海，县域内河网密布。县域总面积 1 030 平方公里，辖 11 个乡镇，238 个行政村（居）、1 370 个自然村，78 万人口，是省委、省政府确定的脱贫攻坚重点县之一。实施精准扶贫以来，建档立卡的低收入人口有 73 977 人，省定经济薄弱村 28 个。G 县发展现代农业基础条件具备，特别是在农副产品深加工方面具有较大发展潜力。

2. G 县帮扶工作队的资源及工作开展情况

从广义上理解，扶贫资源不仅包括扶贫资金，还包括一切有助于脱贫的要素：生产生活资料、技术、信息、专利、人脉、市场等。仅从资金来看，按照江苏省委、省政府的要求，省部属国有企业每年帮扶资金不少于 100 万；苏南发达县区不少于 500 万；省级机关和事业单位不少于 20 万；高校和科院院所不少于 10 万。2016 年，帮扶工作队到账帮扶资金共计 2 603 万元；工作队队员（第一书记）任期内省财政按照每人每年 7.5 万元的标准安排专项工作经费。

在为期 2 年的扶贫工作中，工作队要按照省委、省政府的要求，主要以产业项目形式带动贫困村脱贫。2016 年 4 月帮扶工作队正式组队入驻 G 县，到笔者

① 具体可参见：《中共江苏省委江苏省人民政府关于组织实施脱贫致富奔小康工程的意见》（苏发〔2015〕35 号）、《关于做好选派机关优秀干部到村任第一书记工作的通知》（组通字〔2015〕24 号）。

调研的 2017 年 7 月，总共为 15 个月。在 15 个月中，帮扶工作队队员协助村和乡镇完成了全县贫困户的信息登记、致贫原因分析；联合县扶贫条线的部门，通过考察论证、项目会审等方式，确定实施产业发展、公共服务、基础设施、民生济困 4 大类 15 个分项 59 个帮扶项目；总投入 6 193 万元，其中帮扶工作队投入 2 882 万元。到笔者调研时，全县已建成 9 个粮食烘干中心；注册成立 16 个土地合作社，完成 6 400 亩土地流转；成立 9 个农机合作社，购置 44 台农机具；建成标准化厂房 3 座、村电商服务中心 1 个、村标准化羊场 1 个以及 16 个村部改建改造项目。在项目带动下，2016 年，全县 21 631 名低收入人口实现增收脱贫，完成年计划的 155%；5 个省定经济薄弱村村集体经济年收入达 18 万元以上，全面完成和超额完成省市下达的各项目标任务。可见，在 15 个月时间中，工作队帮扶成效明显。

二、G 县帮扶工作队扶贫实践中的协同困境

在笔者调研中，既看到工作队帮扶成效明显，也发现了一些深层次的问题和潜伏的隐患。其中一个重要的问题是协同性问题，即如何实现工作队内部协同、驻村帮扶与当地扶贫力量之间的协同。这是实现驻村帮扶长期化、制度化、规范化的关键。

扶贫是在特定的贫困场域中，由多元主体参与的一项复杂工作。如果把 G 县作为一个整体来看，贫困村、贫困户以及多元扶贫主体构成了精准扶贫的组织场域。组织场域是一个制度生活领域，在这一领域里，各个主体处于不同的位置，承担着各自的职能，它们之间存在着正式制度所规定的关系，以及基于互动所形成的错综复杂的非正式关系。布迪厄指出："场域"概念不仅是一个运作的空间，更是一个不断争夺的空间，场域中各种位置的占有者利用种种策略来保持或改善他们在场域中的位置而不断展开斗争；在此意义上的"场域"不仅仅是一个时空概念，更强调一个时空范围内诸力量之间因竞争而存在的网络关系特征（杨善华、谢立中，2006）。在场域视角下来看 G 县帮扶工作队，其帮扶工作面临两个层面的协调问题：一是在帮扶工作队内部，即后方单位及其成员之间的工作协调问题；二是帮扶工作队与 G 县自有扶贫主体之间的协调问题。

（一）帮扶工作队工作机制及内部协同的问题

1. 帮扶工作队工作机制及其优化

从笔者调研情况看，G 县本届帮扶工作队相较于往年帮扶工作队，其扶贫成效更为显著。这一方面得益于精准扶贫政治任务压力下政策支持力度的增强，另一方面也得益于本届帮扶工作队内部管理协调机制的加强。根据 2016 年 6 月 2 日省委组织部、省扶贫办和省财政厅联合下发的《关于加强省委帮扶工作队管理的若干规定》（苏组通〔2016〕63 号）：帮扶工作队队长负责对帮扶工作队队员实行“统分结合”的管理模式。即在对扶贫开发工作的组织领导、帮扶规划的编制、目标任务的确定、工作的督查推进、资金项目的争取等方面实行统一管理，在帮扶工作队队员管理职责的确定、帮扶工作队队员的考核、帮扶工作队经费的使用、帮扶项目的实施、挂钩村脱贫责任的落实等方面实行分级负责；负责帮扶工作队队员专项工作经费和“五方挂钩”单位资金的管理、使用和监督；负责建立健全帮扶工作队内部规章制度。

帮扶工作队内部在上述原则性规定的基础上制定了一套规章制度。包括：（1）学习制度。（2）组织生活制度。（3）会议制度。不定期召开临时党委会，研究、决策帮扶工作队重大事项；每月初或月底召开一次全体队员会议，总结月度工作；驻村队员根据工作实际参加所驻乡镇与扶贫工作相关的重要会议和重大活动。（4）行政管理制度。具体分为财务管理制度、考勤制度、工作信息报送制度、政务督查和奖惩制度。（5）廉政工作制度。（6）项目管理制度。

在 2016 年以前，省委也曾经多次派帮扶工作队进驻 G 县。省委、省政府确定省交通厅作为 G 县挂钩帮扶单位。当时的帮扶工作队主要由交通厅在其下辖的企事业单位中抽调干部组成。工作队的扶贫工作封闭运转，主要致力于 G 县道路、桥梁等交通基础设施建设，兼及设立部分产业扶贫项目。所有项目独立申报实施，不与地方政府扶贫系统发生业务关系。相较于此，本届帮扶工作队的工作机制得到了进一步优化。主要表现在：第一，由驻县改为驻村。以往的帮扶工作队都是集中在县里居住，本届帮扶工作队直接住到担任“第一书记”的村庄，更有利于队员深入贫困村内部了解情况。第二，建立临时党委，实行委员分工负责制。帮扶工作队队员的党组织关系转到派驻村，往届帮扶工作队则没有这些要求。第三，强化纪律要求。帮扶工作队队员离开驻地县，必须向队长请假。每月到村工作时间应有 20 天左右。据当地扶贫干部反映："本届扶贫队长是军人出身，对扶贫队员采用了几乎军事化管理；而以往的管理非常松散。"①

2. 帮扶工作队内部的协调问题

虽然帮扶工作队的工作机制有了很大改进，但其内部仍然存在一些协同困境。主要表现为：

（1）后方单位资金使用各自为政。后方单位的扶贫资金量差异极大，从 10 万到 500 万不等。而扶贫队员面对的贫困村差别却不是很大。由于在帮扶工作队内部，来自后方单位的扶贫资金不能统筹使用，有的队员有好项目，却因没有资金而无法实施，影响工作积极性；有的队员实施某个项目，不需要投入大量资金，实际也投入这么多。这不仅降低了资金使用效率，而且对整体扶贫效果产生很大影响。

（2）各村项目推进协调难。比如，GH 村水稻育秧基地的秧苗销售，需要其他村稻麦合作社的订单支持；需要农工部、农委、农机局、扶贫办，在相应的政策和资金上予以倾斜、支持，特别需要农工部从政策上明确 GH 村育秧基地与全县 5 个试点项目的合作关系、合作模式、秧苗订单、资金拨付等事项。

（3）后方单位资源优势互补不足。XQ 村的蔬菜种植技术指导由苏州市蔬菜研究所承担，没有有效利用另一后方单位南京农业大学的技术力量。

（4）工作队内部信息沟通不畅。帮扶工作队队员带着省委和后方单位的使命，派驻各个贫困村，扶贫重点也在所驻贫困村。平时除了工作队每月一次例会，没有其他制度化沟通渠道，处于一种各自为战的状况，信息沟通不及时。

（二）帮扶工作队与地方扶贫单位的协调问题

除了帮扶工作队内部的协调问题，还有帮扶工作队和 G 县各条线单位之间的协调问题。在县域扶贫场域中，存在多元扶贫主体：（1）县乡两级党委政府及其职能部门，包括县委农工办、县农委、财政局、人社局、县扶贫办；乡镇扶贫站、农经站等。（2）企事业单位，包括县域范围内的不同所有制性质的企业，学

① 根据队员 Z、扶贫办 H 的访谈整理。

校、医院等事业单位。(3) 社会组织，包括县域范围内的慈善机构、基金会以及其他社会组织。(4) 贫困村和贫困户，他们数量众多，既是扶贫工作的主体，也是接受帮扶脱贫的对象。(5) 省委驻村帮扶工作队及其队员。上述众多主体成为扶贫工作的资源供应方和接受方，他们之间形成了错综复杂的关系，出现了一些比较难以协调的问题，主要表现为：

1. 帮扶工作队与当地扶贫机构的协同问题

(1) 各扶贫主体在扶贫价值理念方面存在较大差异。从表面上看，各个扶贫主体的价值目标非常一致，即帮助贫困村和贫困人口脱贫致富和发展。然而，从现实来看，各个扶贫主体其实都有按照体制所规定的职责所在，都有自己独特的业务范围和职责权限，扶贫工作只是特定时期内的一项政治任务。这种状况使得各个主体参与扶贫时的价值理念出现分歧，凝聚共识更为困难：一是各帮扶主体对贫困和帮扶的理解存在差异，标准不统一；二是在部门利益驱使下，当扶贫工作需要各个部门相互协调的时候，各个部门不会放弃部门利益而追求共同利益。在实际工作中，各个部门都在扶贫，但是大家各行其是，部门扶贫政绩重于扶贫整体效益。

(2) 机构运行双轨化。G县当地扶贫工作在县扶贫开发领导小组领导下开展，有分管扶贫工作的专职副书记；省帮扶工作队队长挂县委副书记。从行政级别上来说，双方不存在谁领导谁的问题。“专职县委副书记明确分管扶贫开发工作（是主体），帮扶工作队队长作为挂职副书记协助分管，主要是管理帮扶工作队和帮扶工作……我们所有队员的党组织关系都转到了所在村，帮扶工作队也成立了临时党组织，省委组织部明确临时党组织隶属县委领导……扶贫开发工作内容很多，也涉及很多方面，我们帮扶工作队做的是其中一个部分，其他工作都由扶贫办负责或牵头协调，由县委专职副书记分管。”① 这说明，本地扶贫机构与省委帮扶工作队是两个系统，存在双轨运行的问题。虽然“帮扶工作队的帮扶工作尽可能与全县的有关工作协调统一，包括政策、资金、项目等，尽可能打包，所以专职副书记和挂职副书记经常要相互沟通协调，我们帮扶工作中涉及扶贫办

① 根据扶贫队员W的访谈整理。

的有关项目、资金，在业务上要受扶贫办指导、监督。”[①] 但是双方沟通协调的机制并没有建立起来，一届扶贫队长就有一届的风格，各不相同。一位从事扶贫工作 8 年，经历过 4 届扶贫队长的工作人员 H 在比较以后说出了不同的感受：“之前帮扶工作队工作是独立运转，和扶贫办联系不多，各做各的项目。这一届和扶贫办联系比较密切，双方关系协调还得看帮扶工作队长工作思路及工作方式方法。”

（3）大扶贫格局未建立。目前，专项扶贫、行业扶贫、社会扶贫等多种扶贫方式并存，每一种扶贫方式都由一套组织机构在运作。从这个角度来说，不仅仅是双轨化运行的问题，而是大扶贫格局薄弱甚至是空缺的问题。这对资源整合和优化配置产生不利影响。对于这一体制性的协调问题，县扶贫办 H 深有感触：“财政局、人社局、国土局属于县扶贫领导小组成员单位之一，平时财政和我们联系密切些。财政和扶贫办共同对扶贫资金使用拨付进行监管。国土、人社属于行业扶贫，他们主要按照行业扶贫要求开展工作。扶贫办定位是上下联络、统筹协调，是个议事协调机构。扶贫机构问题从省开始就没理顺，省扶贫办主任由省委副秘书长兼任，具体工作由省农工办负责，各大市体制又都不同。这个问题已呼吁多年。各个县大扶贫格局尚未完全形成。各部门都是在各做各的事。各个局都按自己上级主管部门要求，实施相应的扶贫政策，各自为政，信息缺乏沟通。‘十三五’以来才稍好点。我们一直建议建立联席会议制度，不定期或定期召开会议，也便于资源整合。”

2. 不公平的竞争和资源分配

（1）扶贫场域中的不公平竞争。作为省定经济薄弱地区，中央、省以及后方单位投入 G 县的扶贫资源相对较多。这些资源到达 G 县扶贫场域以后，各行动主体对这些资源的竞争也相对激烈。这种竞争表现在多个层面上，比如，帮扶工作队队员对省财政提供的试点资金的争夺。后方单位实力比较雄厚的队员，往往能争取到更多的试点资金（200 万）；而实力稍弱的，所能争取到的试点资金相对较少（60 万）。在调研中也发现，虽然 G 县有 28 个省定经济薄弱村，但是这 28 个村的经济社会发展基础、区位条件、村民风貌、社会资本等存在相对优劣

① 根据帮扶工作队队长 C 的访谈整理。

的差异。这些贫困村在对各类扶贫资源的竞争中也会产生“马太效应”，越是条件相对较好的村，越是能够争取到更多的扶贫资源，包括争取到实力强大的后方单位。对于后方单位实力较弱（高校、科研院所）的帮扶工作队队员及其驻扎的贫困村来说，形成一种不公平竞争。

（2）扶贫资源分配不公平。不公平竞争导致扶贫资源分配不公平。仅从扶贫资金来看资源分配差异，帮扶工作队中后方单位为苏南三县区的，投入的扶贫资金为每年500万，省属国有企业为每年100万，高校为每年10万。2016年省财政试点资金资助了5个200万试点项目和15个60万试点项目，每个贫困村入驻一个试点资金项目，则28个贫困村中有8个村将失去这笔最为重要的扶贫资金。而失去试点资金的8个村，同时也没有省帮扶工作队队员入驻。对于这类贫困村，其能够得到的扶贫资源相对少得可怜。比如在调研中发现，XQ村的后方单位为苏南某区，2016年投入扶贫资金500万，获得200万试点项目资金，再加上后方单位辖区内各单位投入，2016年投入XQ村的扶贫资金超过1 000万。GH村第一书记的后方单位为高校，2016年投入扶贫资金为10万，挂村包户的企业和事业单位以及第一书记通过校友资源争取到的G县扶贫资金共为53万。同时争取到江苏省财政重大农技推广服务试点项目——现代化水稻育秧基地布点项目，投入50万；土地流转稻麦新品种新技术推广示范项目，投入15万。① 至此，GH村的总投入为128万。GH村不算投入最少的村庄，但与XQ村两相比较，差异悬殊。县扶贫办H主任对此也深有感触：“比如我县XQ村，后方单位是姑苏区，姑苏区一次就提供近700万的帮扶资金，还不包括姑苏区的其他行业资源。出资单位希望自己派驻队员的村能有大的起色，没能立足全县考虑帮扶工作开展。”驻村帮扶所带来的资源分配不公已经成为扶贫系统的共识，“对口帮扶尽管有利于调动更多的资源用于扶贫，但是也会导致分配不公，一些实力雄厚的机构将大量资源集中在自己帮扶的村庄中，造成形象工程和‘垒大户’现象”（王晓毅，2016）。

---

① 这两个项目属于后方单位内部其他课题组省内布点项目。

3. 扶贫的协同机制尚未建立

（1）信任机制薄弱。信任机制是协同治理网络最根本的维持机制。信任是合作的基础，缺乏信任，使各个参与主体之间分享信息和知识以及合作变得困难。在G县外来扶贫力量和本地扶贫力量之间，由于帮扶工作队每两年派驻一次，在这么短的时间中，信任关系很难建立。在调查中发现，由于帮扶工作队是省委派驻，其后方单位各有优势和特长，与当地扶贫主体往往处于不同的行政层级之上，处于一种不对等的地位，信任关系在不对等地位主体之间的建立相对更困难。这种情况在扶贫队员与乡镇政府以及村民委员会之间、扶贫队员与村民之间，都普遍存在。

（2）信息沟通共享机制不健全。信息沟通和共享，可以有效弥补省帮扶工作队地方性知识的不足。本届帮扶工作队相较于上届帮扶工作队那种“封闭式项目扶贫方式”已经有了很大的改进，与当地扶贫机构及人员沟通增强。据扶贫办工作人员S介绍：“县扶贫办主任兼任帮扶工作队临时支部副书记，平时参与帮扶工作队例会等各类重要活动，参与帮扶工作队重要事项研究及日常工作部署推进。”帮扶工作队队长挂职县委副书记，这些整合措施初步建立了机构协同机制。但是在具体扶贫工作推进中，常规化的沟通协调机制并没有建立，双方并不是非常了解彼此的工作实情，对于贫困村以及贫困人口的情况也不是非常了解。当地扶贫工作人员很难对帮扶工作队工作产生实质影响；同样，帮扶工作队除了自己帮扶的项目，对当地扶贫工作也很难知晓。在调研中，双方对这种情况都讳莫如深。

（3）监督机制。协同治理的监督包括两类，一类是治理主体之间的相互监督，另一类是主导性治理主体对其他主体的监督，保证治理活动围绕共同目标、按照协商流程有序进行。常规性监督比十八大以前改进很多。现在最重要的问题一是后期监督不足，即帮扶工作队把项目前期工作做好以后移交给地方扶贫主体以后的监督不够，二是省委组织部和省扶贫办以及后方单位对帮扶工作队的监督鞭长莫及；三是帮扶工作队及其队员作为基层扶贫的外来力量，也无暇顾及对当地行业扶贫、乡镇以及村级主体的监督。

（4）激励机制。激励机制发生在协同治理的整个过程中。帮扶工作队内部的激励比较大，这不仅来自扶贫工作的业绩考核，而且来自省委组织部和后方单位的业绩考核。一般来说，派出的扶贫队员都是作为后备干部来培养，派出参与扶贫本身就是一种激励。激励机制较为薄弱的环节在于地方各扶贫主体，扶贫办本身是个常设的临时机构，没有编制，所有人员都是借调；乡镇工作千头万绪，扶贫只是其中一个方面；而村民委员会主要干部，由于向上的科层制流动通道不存在或极为狭窄，职业发展空间小，所产生的激励作用不大。所以，我们在调研中看到省扶贫工作队队员剃头担子一头热，基层政府和自治组织以及贫困户“等靠要”的思想在相当程度上依然存在。帮扶工作队演变成扶贫的主体，发挥主动作用；而地方政府和贫困村往往处于配合或者被动的地位。

三、提升帮扶工作队扶贫成效的措施

（一）帮扶工作队嵌入县域网络化扶贫体系

帮扶工作队作为外来力量，在机构上要嵌入以地方政府为主导的网络化扶贫结构。前提是要建立这一网络化结构。县域网络化结构的建立不是孤立的制度变革，而有赖于国家和省级层面推动的扶贫治理体制和机构改革，建立以同级政府主导的、整合专项扶贫、行业扶贫和社会扶贫力量。制度变革的捷径在于夯实扶贫办的职能和地位，强化其职能，提高其地位，利用各级政府扶贫办建构贫困治理的网络化结构。帮扶工作队或者其他渠道派驻的第一书记整合进这一机构中。

当地政府在网络化结构中发挥主导作用。一是表现为凝练并倡导协同扶贫的治理目标和公共价值理念。二是主导建立联席会议制度。借助联席会议制度这一平台，通过沟通、协商、谈判，必要时应用地方性法规，协调各方面利益，追求区域扶贫综合效益最大化。

（二）形成协同治贫的价值理念和共识

协同治贫价值理念和共识，不仅仅是一面旗帜，还可以凝聚当地扶贫力量，汇聚外来扶贫力量。而且，它们还是个人利益与部门利益的紧箍咒，成为抵制其最大化的法器。文化、价值和理念的形成不是朝夕之事，但是仍有以下一些方面可供努力：一是开展扶贫的思想教育。对各部门主要负责人和参与扶贫的人员进行协同治贫的思想教育和政治教育，深入对党和国家治贫文件内容和精神的学习领悟。二是积极利用社会资本。在价值共识形成过程中，要善于发现并充分重视当地社会资本的力量，因为“社会资本组成了一种力量，这种力量能提高社会的凝聚力，把人们从缺少社会道德心或共同责任感的利己主义者和以自我为中心的算计者转变为利益共享、责任共担和有社会公益感的社会成员”（肯尼斯·纽顿，2000）。

（三）统筹资源分配和使用

资源统筹程度既是协同治贫的衡量指标之一，也是影响协同治贫效果的重要因素。在G县县域扶贫场域中，统筹资源分配和使用，首先要避免“逆向选择”，即更多更优质资源投入到更好的贫困村和贫困人口。“逆向选择”不仅会造成不公，而且会在贫困村和贫困人口身上产生“马太效应”，影响协同治贫的整体效果。统筹资源分配和使用，其次要通过联席会议制度，在两个层面上统筹，一方面在帮扶工作队各队员后方单位之间统筹，另一方面在帮扶工作队与当地各渠道治贫资源之间统筹。统筹分配上述协同治贫资源，进行资金量的公平分配和项目合理布局。第三，对贫困村和贫困人口进行精准识别和分类，分类包括治贫原因和贫困程度，个人资本和社会资本的存量与增量。第四，实现贫困村、项目和资源、帮扶主体三方的“精准配对”。在统筹资源分配和使用的过程中，特别注意防范部门利益、个人利益以及贫困村不公平竞争等因素的干扰。

（四）建立并优化协同治贫工作机制

县域网络化治贫结构需要一些特定的运行机制保障系统的高效运转和治贫绩效，这些机制包括信任机制、激励机制和监督机制等。

1. 建立信任机制

信任机制是扶贫主体实现合作的首要机制。如何建立当地政府、行业扶贫部门、省委帮扶工作队、企业、社会组织以及贫困主体之间的信任关系就成为关键问题之一。一是要提升政府公信力，公信力是一种正能量，不仅让政府在协同治理网络中更具有权威性，而且会带动整个系统信任水平的提升；二是要保持主体间沟通、信息公开与共享，以此促进信任关系建立。

2. 激励机制

公平是最好的激励。政府在网络化治贫结构中要营造公平的环境，治贫的资源和责任在各个主体之间公平合理的分配，会产生意想不到的激励效果。对于社会组织及个人，由于其投身扶贫事业往往出于公益心，一般以正向激励为主，即政府给予更多的政策支持和荣誉。对于自私自利，不能合作、难以完成任务的单位有明确的惩罚措施。

3. 信息共享机制

信息技术的飞速发展、大数据时代的来临，使得信息公开和共享更加便利。目前，在国家顶层设计层面，已经开发并应用了"'十三五'低收入农户、经济薄弱村数据库"，把全国各地贫困户和经济薄弱村的信息和帮扶信息录入其中，初步实现了信息共享。2017 年 7 月，江苏省在淮安试点后实施"阳光扶贫工程"，在连宿地区开展"阳光扶贫监管系统建设工作"，所有的贫困信息、资金项目、实施进度、产权归属等信息全部上网，进一步实现信息共享。这一系统建设经验可以向全国推广。当前，信息共享机制的薄弱环节在于信息沟通的渠道和过程信息沟通的即时性。所以，建立信息共享机制的关键也在于两点：一是拓宽信息沟通和共享的渠道。包括在政府门户网站开设协同治贫工作栏目，召开联席会议制度，编制发布协同治贫工作简报。二是加强过程信息沟通和共享。所谓过程信息，就是在协同治贫过程中扶贫主体在各自工作进程中产生的各类信息。对于这些信息，要能够通过正式和非正式沟通，实现即时的信息交换。

4. 监督机制

信息技术的进步和大数据时代，为精准监督提供了很大的便利条件。在此背景下，从过程论角度出发，优化协同治贫监督机制的重点在于事后监督。即，如何监督扶贫项目建成以后的可持续运营问题，如何防范农村基层"分利集团"的蚕食和"精英俘获"，避免"人走政息"。所以，监督机制的重点在于：所有的扶贫资产信息和贫困户信息上网，实行动态管理；常规检查与不定期巡查相结合；对扶贫各项工作进行历时性监督，保证长期性。

帮扶工作队是县域扶贫的有生力量，如何协调帮扶工作队内部各方利益关系、如何协调好帮扶工作队与当地扶贫力量之间的关系，构建县域协同治贫大格局，是帮扶工作队扶贫工作绩效的关键因素，也是县域扶贫工作绩效的关键。在大数据时代，借助高新信息技术和大数据，统筹内外扶贫力量和资源，克服部门利益的负面影响，凝聚价值共识，在信任机制、激励机制、信息机制和监督机制的协同作用下，最大限度发挥帮扶工作队和地方机构的协同治贫效应。江苏 G 县的实践经验将会为全国其他地区驻村帮扶提供有益的借鉴。

第二节　流苏与麦穗[①]：一个大学生村官的“扶贫故事”

本节所讲的扶贫故事，与江苏乃至全国各地正在发生的故事一样，似乎没有什么新奇。本节的主人公大学生村官，也像江苏乃至全国众多大学生村官一样，似乎没有什么独特。但是，当我们从大学生村官参与一线扶贫工作的角度来审视这两个平常事件时，却折射出现实中的诸多不平常。最不平常之处在于大学生村官在扶贫工作中，其自身理想、现代性、知识性与贫困地区、贫困人口的小农生活现实性、乡土性、保守性之间的冲撞、矛盾和妥协。这种冲撞、矛盾和妥协，使得中国现代化进程中遭遇的“波折”在扶贫工作中映现出来，也生动揭示了外力主导下的精准扶贫遭遇地方性知识的尴尬以及扶贫工作的无奈。从这个故事中，我们能够感受到轰轰烈烈的精准扶贫工作下面潜伏的汩汩细流，以及淹没在细流中的礁石；同时我们也能够深刻体会到扶贫工作中扶智的重要性。

一、前奏：村官来到经济薄弱村

（一）“时尚”的 J 村官

临近暑假，课题组调研到苏北重镇徐州。在当地学生的引导下，我们进驻铜山区 D 镇 F 村。听村里人说，每到傍晚时分，暮色四起，村庄里就飘起美妙的琴声。听得多了，村民们逐渐知道：那是小提琴声。有的村民至今“只闻琴声，不识其琴”。这种西洋乐器对村民来说太陌生了，“大概就是一种二胡吧”，有村民告诉笔者。渐渐地，更多村民认识了这种西洋乐器，更多村民认识了拉这种乐

① “流苏”指大学生村官硕士学位帽上的流苏，“麦穗”指农民的收成。

器的新任村支书——大学生村官J。

J村官2011年硕士研究生毕业后，参加江苏省大学生村官招聘考试，过五关斩六将，追随男友（大学同学，本科毕业后成为一名大学生村官），花落徐州铜山区，成为一名正式的大学生村官。先后在铜山的D镇及周边几个乡镇的村中工作。2015年8月从D镇S村转任该镇F村，任一把手村支书。

J村官是典型的80后新新人类，出生于北方一个地级城市，性格中有北方人的豪爽、干脆、利落和朴实。人如其名，J村官面容秀丽、声音清脆，在北方豪爽的性格特征中兼具南方女孩的柔美与清丽。作为专业特长生进入大学就读，专业是公共文化事业管理，主修了一系列声乐、乐器、文化管理类课程。她最擅长的乐器是小提琴，中学阶段即已考过小提琴业余十级。本科毕业以后考取马克思主义基本原理专业硕士研究生，由艺术转向政治，最后成为一名会拉小提琴的大学生村官。城市出身、音乐专业、小提琴、硕士研究生，这些元素成为形塑J村官“非乡土形象”的重要标签。

（二）“偏僻”的F村

这样一个大学生村官，经过基层党组织和政府考察后被安排来到F村担任村支书，全面领导村级工作。

虽然徐州是中国重要的交通枢纽，然而便利的交通条件并没有打破D镇及F村相对闭塞的自然和人文环境。这里的乡镇街道或许比西部乡镇稍微宽敞，街道两侧楼房鳞次栉比，陈旧的商家广告牌横七竖八地挂着、耷拉着。街道上的商家店铺不少，还有很多流动的摊点，卖熟食、水果和各色蔬菜。街上行人不算太多，但鲜有光亮的面容，风吹日晒留下的健康的褐色皮肤衬托出乡民淳朴的一面。城市化让各种时髦的短裙、高跟鞋、吊带衫、超短裤等走入千家万户，裹在各色人物、各种身材的人身上，但是时髦的装束并没有掩盖乡民的乡土性气质。气质是一个人出身、生活经历、教育、审美等多种因素的综合和长期积淀的结果。显然，城市化的因素及其积淀还没有从本质上改变D镇乡民的精神风貌。

D镇不算热闹，赶集的人不多，可能当天不是乡村的集市；也有可能是大量青壮年劳动力外出；也可能因为交通便利，相当一部分乡民会选择到区（县城）甚至徐州市区购物。笔者曾于20世纪80年代在苏北乡镇集市上看到赶集人接踵摩肩，孩子们在人群中躬身穿梭而过，街市上马嘶驴叫、牛奔骡跳的热闹景象再也不复存在，永远定格为遥远的童年印记，仿佛穿过松林而来的遥远的乐声，真实而虚幻。

F 村在 D 镇东部，区域内地势平坦，土地肥沃，沟渠不多但是基本能够满足农业生产灌溉所需。从 D 镇有一条乡镇公路通向村中，村中的主干道都铺上了水泥路。F 村辖 4 个自然村，各个自然村之间由村主干道连接。在各个自然村内部，按照多年定居形成的自然农户分布，从村主干道又辐射出一些村次干道，把大多数的村民庭院连接起来，这些次干道也都铺上了 2 米宽的水泥路。由于是自然形成的村落，农户庭院的分布并没有统一规划。所以，总有一些农户的庭院散落在村中，而从村次主干道通向这些散落村户的小路，就像分布的毛细血管，裸露的、凹凸不平的泥路上，人行和车行较少的地方冒出墨绿色的、沾着泥土的小草，顽强地生长着，倔强地散发出乡土气息。村中有一半的村民家庭盖起了两层或者三层的小楼，这些农村“土楼”都很高大宽敞，但都没有什么装修。村中景象和物什，让我们感觉到：苏北的农民富了！

调研的时候，夏季农忙接近尾声，水稻插秧基本结束，村落中显得静悄悄的。大多数家庭宽敞的庭院中晒着一堆一堆的大蒜头，这是村中多年来坚持种植的经济作物，遇到市场行情好的年份，将为村民带来丰厚的收入。全村有村民 600 户，2 730 人，有耕地 5 100 亩，人均不到 2 亩地。产业结构较为单一，在农业生产现有投入产出比例下，“地里刨食”显然不能致富奔小康。外出务工、做小本生意、流转土地建家庭农场等方式成为农业生产之外，该村村民最重要的经济收入来源和致富方式。尽管如此，依然有相当一部分村民过着较为窘迫的生活。据统计，F 村新一轮建档立卡低收入农户共有 162 户，580 人。其中，一般贫困人口 126 户，低保户 23 户，五保户 13 户。村中无集体经济收入来源，经济发展现状与全区农村的总体发展水平存在较大差距，属于 2016 年新一轮省定经济薄弱村。

（三）“花”落僻壤为哪般？

为了实现 2020 年打赢扶贫攻坚战，全面建成小康社会，精准扶贫成为乡村振兴计划的关键和必要条件。在精准扶贫工作中，各地都在积极树立典型，总结经验。J村官就是带着这样的使命来到F村。为此，市、区、镇三级政府采取了多项积极措施帮助F村脱贫致富，徐州市农工办更是对该村脱贫致富寄予了高度期待，要把它打造为徐州地区经济薄弱村脱贫致富的先进典型。

这不是徐州市农工办的主观臆断，而是基于F村现有的优势条件：一是该村村治基础好，村"两委"比较团结能干，在村民中威信较高。二是该村有一定量"沉睡的"集体资产，包括鱼塘、一般农用地、废弃的小学校、废弃的窑厂，共计160余亩。天时（精准扶贫政策好）、地利（该村有沉睡资本）、人和（村"两委"班子团结），三者具备。于是，敢想敢干、有知识、有文化且有一定基层工作经验的大学生村官J就被组织派驻该村。她最重要任务之一就是完成F村脱贫攻坚的政治任务，让经济薄弱村旧貌换新颜。从此，拉小提琴的J村官拿起钉耙拉起脱贫致富曲。

二、序曲：J村官如何立足F村

（一）基层权力的"文本"与"表达"

任何一个现代民族国家内部，公共权力的运行就像人体内血液的流动一样，有着明晰的线路图，这是官僚制设定的权力运行通道。但是，从布迪厄"实践理论"的意义上说，权力的"文本规定"与"实际运行"之间总存在一些"偏差"（杨善华、谢立中，2006）。在现代民族国家的边缘地带，总有一些官僚制不能到达的地方或者不能有效发挥作用的地方。这些地方可能属于传统的家族势力范围，家族的权力和势力并不会因为近代以来的"政权下乡""政党下乡"而完全消失，中国基层社会的"乡土权力"依然顽强。就本节所讲的故事而言，国家公共权力的末梢代表J村官，如何冲破以家族势力为代表的"乡土权力"阻挠来贯彻公共权力的意志?

（二）J村官遭遇"下马威"

一般来说，基层自治组织的主要负责人（村主任和村支书）一般来自该基层单位。这种安排有效地发挥了主要负责人的"家园意识""乡土情结"和"地方性知识"的长处，也有效地发挥了村民认同，可以实现自上而下的国家公共权力与村庄乡土权力的有效对接与融合。20 世纪 80 年代农村基层自治制度设计之初的初衷恐也在于此。然而，这种“天然的优势”在 J 村官身上并不存在，因为她不属于这里，虽然现在她是这里的儿媳妇。在访谈中，J 村官多次谈到：“我不能很好了解乡亲们，更不能知晓他们祖祖辈辈之间的恩恩怨怨，村中很多犄角旮旯的事情我都无从知晓。我刚到村里的时候，我不能做出任何决策，一不小心，我就得罪人了。因为我不知道谁跟谁是什么样的关系，有什么渊源。”J 村官感觉自己就是 F 村的一层“胭脂”，让这个村子光鲜亮丽。但是，就是无法融入这个村庄，而且，还会遭遇冷漠、封闭、孤立甚至敌对。[①] 此处仅举一例。

J 村官的前任是一位李姓老支书，李支书家族有个侄子任村民小组长。在 J 村官到来以后，李支书就卸任成为一名普通的村民。这本是组织上正常的人事变动，然而李组长很为他的叔叔“抱不平”，在工作中消极抵抗。J 村官在无奈之下，召开村“两委”会议，直接罢免了李组长的村民小组长职务。李组长听说后，找到村部，拦下下班后正要返回镇中家里的 J 村官，让 J 村官“给他饭吃”。因为 J 村官“罢免”了他，他“失去了小组长的工资，没有钱吃饭，书记得管他饭”。J 村官从来都没有见过这种阵势，又着急又生气又害怕。好在村主任和村会计在场，劝说李组长离开，J 村官才得以回家。后来，也是在村主任和村会计多次做工作以后，才平息了李组长心中的怨气。虽然在调研中，笔者没有见到李组长，也不知道他的“怨气”从何而来。其实李组长的发难，不是因为“村民小组长的工作和他的饭”。他以及他卸任的叔叔，他们代表着村庄的一股权力，当他们遭遇到外来权力挑战且失去权力以后的一种“反击”。

（三）J 村官“温暖”民心

我们相信中国的农民都有淳朴的一面，并不是所有的村民都像李组长那样，甚至他们都不能算村中大多数。村民对于 J 村官的到来首先是一种“冷漠”“无所谓”。因为市场化改革以来，基层权威在逐渐流失，流失的速度和数量跟村民在村外能够得到的发展空间和资源成反比。当村民们绝大多数需要都不从村集体中获得的时候，那么村集体以及其代表村“两委”就是“可有可无”的存在。这

① 这种情况不仅在 J 村官身上出现，每一个“主政”村庄的外来村官（不是出生成长于该村）都会遭遇到。

种情况与其说是一种对 J 村官及其代表的公共权力的“反抗”，不如说是一种“冷漠”，这种冷漠是一种“弱者的反抗”“温情的抵制”。

为此，J 村官只有积极作为，才能挽回民心，树立权威，站稳脚跟。为此，在上级党组织和政府以及社会各界的关心支持下，F 村后方帮扶单位（徐州市农工办、市水利局、市土地局、市发改委）提供了大量的政策、资金和智力支持，多种资源投向 F 村，多项惠民扶贫工程开展起来。包括：兴建 F 村综合服务中心、新建村部超市 1 个，新建农机库房 1 座、购买农机具 7 台，新建惠民桥 1 座、新铺村中道路 1 条（200 米）。这些惠民工程，不仅为村中贫困户，而且也为全村人带来便利和实惠。所以，在这一惠民工程实施阶段，整个扶贫工作平稳有序开展，得到了村“两委”干部、村民小组长以及全体村民的大力支持。

扶贫工作正式启动了！

三、高潮：建设高效设施农业园

（一）主歌：高效设施农业园初建成功

1.“没有选择”的农业园方案

产业项目扶贫是当下地方政府推动精准扶贫工作的主要抓手之一。作为扶贫主体的村“两委”干部，积极争取和实施项目，形成了扶贫项目的“竞争性体制”。但是，F 村却没有经历这种“残酷的竞争”。该村高效设施农业园项目（以下简称“农业园项目”）是在上级政府部门“指导”下，经过“多次村级会议研讨”（村主任语）、“复制”了周边行政村“股田制”经验所兴建的。

农业园项目位于 F 村四组、大刘自然村以及靳家自然村，入股土地 800 亩，入股农户 300 多户，人口 920 人。农户土地按 1 亩为 1 股入社，共 800 股（个人股），每亩计价 1 万元。省级财政扶持资金 200 万元，后方帮扶资金 36.37 万元，每 1 万元为 1 股入社，村集体股共计 236.37 股（集体股）。入社村民和村集体共建的合作社合计有 1 036.37 股。在收益分配方面，为帮助农民规避经营风险，土地入股即个人股实行保底分红，每亩每年保底分红 1 000 元。年终分配时，每股收益超过 1 000 元的，按实际收益分配给入股社员；年终收益每股低于 1 000 元的，按每股 1 000 元给入股社员兑现。村集体股和以现金入股的农户股，年终按实际收益进行分配，不保底。

按照上述规划方案，大部分农业园区域中的农户同意拿土地入社，少部分农户不满意于保底分红，或者出于浓厚的恋土情结，不太愿意入社。在访谈中，村民委员会刘副主任告诉调研者，有几户村民人家，他跑了十多趟才谈妥。其实上述方案，不仅农户最终要妥协入社，即使对于J村官来说，也没有多余的选择，只能接受这个在周边村已经实施过的股田制方案。在这里，来自上级单位的意志，通过J村官，在经济薄弱村转变为现实。在这个阶段，在外来扶贫力量的强势冲击下，基层农村的乡土性力量不得不暂时退缩。

农业园项目正式上马了！

2. 折中的农业园建设方案

农业园项目原计划全部种植大棚蔬菜，考虑到种植大棚蔬菜的经验不足、大棚建设投入多等制约因素，经村民代表会议开会研究决定，建成后运营的第一年种植小麦 670 亩，蔬菜大棚 130 亩。

J村官在乡镇政府支持下，组织了一个 43 人（包括乡镇干部、村“两委”干部、村民代表、老党员）的考察团，到距离 F 村 40 多公里、具有多年种植蔬菜经验并且已经成为一个地区性蔬菜批发市场的 HJ 镇去考察。村民委员会出面又到隔壁乡镇聘请一位 60 多岁、具有多年大棚蔬菜技术指导经验的技术员提供技术服务。集体资本 230 多万元在投入土地平整、道路铺设、桥梁架设、沟渠整修、农机购买、机房建设、打地平整费用支出后，所剩无几，无力再支付建设大棚的费用。于是，村“两委”干部开始做村中种植大户和一般农户的工作，让村民自己出资建设大棚。最后，总共有 30 多户村民承租自建了 80 个蔬菜大棚，每个农户承租自建的数量不等。蔬菜大棚属于高效设施农业，资金和劳动力投入很大，面临的市场风险也很大，很多村民不敢或不愿承租。在这种情况下，J村官不得不动员村中蔬菜种植大户同时也是村民小组长的沈队长，把村民没有认领的 28 个蔬菜大棚全部认领。访谈的时候，沈队长挽着裤脚，一脚一腿的烂泥，平整稻田刚回。因为种植的蔬菜大棚比较多，地里的其他农活也被耽搁了。人家已经插秧完毕，他才开始整地。在访谈时，还时不时扭头向J村官反映：“明年我绝对种不了这么多大棚，给什么优惠条件我也种不了！”

麦田相对比较简单，分成三个管理单元，各任命一名村干部负责，采用机械化种植方式。

3. 农业园的运营

（1）合作社麦田的经营管理

集体麦田由合作社统一购买种子、化肥，雇佣农机手，进行统一播种。劳动力分批雇佣。农闲时节每个劳动力每天100元左右；农忙时即使300元一天也很难找到人。按照耕地播种、打农药、除草、收割这一工序以及投入劳动力计算，麦田的投入分别是：化肥75吨，共计13.6万元；种子，6.8万元；农药，4万元；雇工工资，7万元。上述各项费用总计31.4万。2017年夏，小麦每亩产量在800多斤，少部分田地因为播种的时候连遭阴雨天而迟种，收获的时候又赶上连阴天，导致麦粒在麦穗上已经发芽，产量锐减。照此计算，670亩麦田的总收成大概在39万斤。[①] 按照当地粮食部门每斤小麦1.15元的收购价，总收入为44.85万元。

（2）大棚蔬菜的种植管理及收益

如果说小麦的种植已经机械化，那么，蔬菜大棚则完全是劳动密集型产业，所费的劳力非常惊人。承租的村民面对这个技术型的蔬菜种植方式和未知的蔬菜市场，心中茫然，手下着慌。在技术员建议下，主要种植包菜、菜花、土豆、莴苣、豆角、茄子、西瓜等几个品种。一般来说，一年可以种植3茬蔬菜。课题组调研的时候，麦收基本结束，第一茬蔬菜也基本售罄，第二茬的毛豆已经快要上市。

菜地的管理需要大量人工。包括锄草、松土、浇水、间苗、枝叶打叉、搭架子、打药、收、运等一系列工序。冬天的早晚，都要去揭开和盖上薄膜，以保持大棚内的适宜温度。一般来说，一个蔬菜大棚的精心管理需要2个全劳动力。

在调研中，课题组并没有充分的时间去了解每个大棚的情况。在第一季大棚蔬菜基本卖完以后，课题组对种菜能手进行了访谈，得知：菜花每亩盈利大概在1 000多元，土豆、莴苣大概在1 000元，豆角大概在4 000元，茄子大概在5 000元，西瓜大概在9 000元。这样看来，上季种包菜的农户“其实是亏钱的”。

① 根据村民委员会干部访谈资料整理。

（二）副歌：高效设施农业园始遇风险

1. 天要下雨“无可奈何”

因为动员村民流转土地耽误了一些时日，所以当集体麦田土地平整以后，种麦已经有点晚。恰逢秋季连阴天，一连 10 天机器无法下地，部分地块的麦子种晚了。J 村官着急上火，但是“天要下雨，娘要嫁人”，谁也管不了。这让从没有务农经历的“80 后”J 村官深刻感受到了中国几千年农业文明“靠天吃饭”的质朴真理。而到夏季麦收时节，又遭遇十多天连阴天，收割机无法下地收割，导致部分成熟的麦子还站在麦穗上就已经发芽。在减产的地块上，亩产在 300～600 斤不等。而那些没有遭雨及时收割完毕的农户家庭小麦一般亩产在 850～900 斤。一种一收都遭遇了连阴天，集体麦田可谓“出师不利”。

2. 市场风险“雪上加霜”

小麦种植出师不利，而蔬菜大棚呢？在老技术员指导下，加上承种村民的保守思维，三分之二的大棚都种上了价格便宜、技术含量低的包菜。“小投入小折本，大投入大折本”（菜农语），这是第一次种植蔬菜大棚村民的典型心理。结果，只有少数村民种上了技术含量高、价格较贵的西瓜、西兰花、豆角等。大棚蔬菜自从种上以后就长势喜人，预示一个丰收的年景。J 村官也在工作之余，到各个大棚去走走看看。她不懂种菜，但是看到这些疯长的蔬菜瓜苗，吐芽抽枝开花结果，回想起年前游说大家伙流转土地的艰辛，“也值了”！J 村官心里倍感安慰。

然而好景不长，等到春季蔬菜上市的时候，却遭遇了市场行情的严冬，受行情影响最大的也是种植最多的包菜，便宜到 1 毛钱 1 斤也没有人要。菜农们也懒得再收割运到市场上去，有的直接任其烂在地里，有的砍下任人捡回家喂牲口，有的砍下来直接扔在大棚旁边水渠里沤掉。刚刚才从“靠天吃饭”中觉悟的 J 村官，在“市场无情”的当头棒喝中彻底懵了！

3. 愤怒的民情“火山爆发”

隔壁乡镇代销蔬菜的经纪人，也由于自身难保，对 F 村的蔬菜滞销爱莫能助。当蔬菜滞销，菜农们眼看一季的辛苦劳作和大额的资金投入即将在眼前化为泡影，愤怒的民情再也按捺不住，像喷涌的火山一样爆发了。爆发的对象是村民委员会，矛头更是直指第一负责人J村官。村里村外，田间地头，各种谩骂声、诅咒声不绝于耳。J村官在乡镇妇联主任陪同下，想去大棚那里看望、安慰受损的菜农，还没有走到地头，就听到谩骂声。来自外乡的J村官还听不太懂当地的“土骂”，但是陪同的妇联主任是当地人，就拉着J村官折回村部。在扭头的一瞬间，J村官泪如雨下，泣不成声，举步维艰，倚靠在妇联主任的身上放声痛哭。半年多的辛劳、焦虑、委屈、无助，随着泪水喷涌而出。作为村庄共同体的外来分子J村官，在那一刻，倍觉孤单。她走进了村民委员会大院，却从没有融入到村庄共同体。在这里，她还是一个“他者”。作为一个“他者”，她会受到隔阂，会遭遇更多误解，会承担更多责任，无论是否是她应该承担的。

4. 乡情安慰剂

当J村官不被菜农接受、遭遇谩骂与非议的时候，“两委”干部中本村人挺身而出，分头去安抚菜农的愤怒情绪，求得大家谅解，携手共渡难关。先说说其他的“两委”干部。目前，村“两委”主要干部共有6名，3个“60后”，2个“70后”，1个“80后”。从学历层次看，3个“60后”村干部都是初中生，2个“70后”干部都是高中生，“80后”的党支部书记是硕士研究生。除J村官，有1名本村的退伍军人，另外4位村干部也都是土生土长的F村人，具有15～25年不等的务农及村小组长、“两委”干部经历。“60后”的村干部在村务决策中更稳重，村务管理经验非常丰富，对村中几代人的人情世故比较熟悉，知道村民的牛鼻子在哪里。J村官跟他们比起来，虽然学历高，但是在“地方性知识”上欠缺很多。所以，安抚菜农的工作，主要由3位“60后”村干部出面跟菜农解释，消解他们的怨恨。从长远来看，蔬菜大棚依然是有前景的。但是村民一般都只顾眼前利益，没有人能忍受当下的损失而期冀将来。最终，在“乡里乡亲”的温情中，愤怒渐渐被化解。而“乡里乡亲”的温情，也温暖了J村官濒临绝望的心，让她也振作起来，在困境中寻找出路。

四、尾声：高效农业园的柳暗花明

（一）新媒体带来的绝处逢生

在“乡里乡亲”的温情环境中，J村官重新振作起来，为菜农寻找出路。她首先想到了新媒体——微信。拍照，编辑，把经济薄弱村菜农蔬菜滞销的求助信息发到朋友圈；同时，联系徐州当地几家比较大的报纸，继续为滞销蔬菜做宣传，欢迎机关事业单位以及各类社会组织团购，以解菜农燃眉之急，帮菜农脱贫致富。新旧媒体的宣传效应同时发挥，一时间，J 村官的手机被打爆，不得不一直连着充电器、接听来自全国各地的蔬菜求购电话。有些地方，比如广东、东北等地，因为路途过于遥远，运输成本太高而无法成交。最后，J 村官和村民委员会干部一起在徐州周边地区送货上门（也有买家自己来拖运），甚至旅游公司把外地游客带到农业园，让他们体验农家摘菜乐的同时，购买大棚包菜，避免烂在地里或扔在水渠里而损失殆尽。新闻媒体，特别是新媒体微信，把贫困菜农与热心的社会各界链接起来，让蔬菜大棚渡过了建立以来所遭遇的最严重的一次市场危机。

（二）J 村官的沉思：农业园路在何方

课题组调研的时候，农业园走过了风风雨雨不平常的一年，而这一年也是 J 村官自打做村官以来压力最大的一年。在访谈中，J 村官回首刚刚过去的一年，两次泣不成声。J 村官与农业园在这一年中共同成长。问及后面的打算，J 村官说："逐步扩大大棚种植面积，逐步缩小大片田种植是一个大趋势。因为小麦、水稻等粮食作物种植收益有限，种植蔬菜获利空间大，对于脱贫致富来说，是比较好的途径。"而且，以她为代表的村民委员会已经与徐州一家蔬菜储备销售公司取得初步联系，由公司提供籽种秧苗、技术，并由公司包销，菜农按照订单来种植。听起来这真是一个不错的前景。然而，对于扩种多少面积，是否有农户再来承租种植，徐州蔬菜公司的承诺能否兑现等问题目前还是一个未知数。J 村官将把农业园项目带往何方，笔者调研的时候想知道，F 村的村民们也想知道。但是，这一切，似乎还不得而知。

五、回声：关于精准扶贫的进一步反思

（一）民主是村民最急需吗？

在 F 村治理中，J 村官积极践行村民自治"四个民主"，多次召开村民委员

会、村民代表大会、村民代表扩大会议、村党员会议，做出村庄发展的各项重要决策。然而当民主的结果不符合部分村民利益的时候，村民们不仅对结果不满意，甚至连民主程序的价值都否定了。当下，民主是村民最急需吗？民主的价值和眼前的利益，哪个对村民更有吸引力呢？

（二）外来扶助能激发村民内生的脱贫愿望吗？

农业园项目除了土地和劳动力，其他一切资源都来自村庄外部，投入很大。在这些外来投入面前，村民们的反应没有想象中那么积极，从土地流转和承租蔬菜大棚可见一斑。现代农业经营理念与村民传统观念的博弈贯穿始终。这些博弈主要表现在：第一，村民浓重的守土意识与土地流转要求的博弈。几千年来，面朝黄土背朝天的村民对于土地有一种母亲般的眷恋，不愿意把土地经营权流转出去。第二，守成思想与开拓精神的博弈。部分村民不愿意流转土地，不仅在于守土意识，也在于传统的守成思想。村民认为自己种地收入更高，不愿意投入风险更大、劳动力投入更多的农业园种植中。第三，闲暇偏好与艰苦劳动的博弈。很难想象在农村中，有相当一部分村民，他们对人生和生活的最高理想就是温饱。只要有的吃、有的穿，他们更愿意把时间消磨在闲暇娱乐上。村民现代意识缺乏已经严重影响了扶贫成效，在村民中出现了“越穷越懒”“越穷越保守”“越穷观念越落伍”的情况。“扶智”和“扶志”是“扶贫”的关键。

（三）如何激励农业园的集体劳动？

农业园采用合作社的运营模式。在这一生产过程中，计划经济时期“集体劳动”的激励问题再次出现。访谈中，负责召集劳动力的村干部说：“村民们只是拿一部分土地入社，他们还有自己种植的土地。在喊他们干活的时候，得等他们把自家地里的活干完了，才会来苦这份工钱。农忙时再多工钱也找不到人。谁不顾着自家的地？他们往往在自家地里干活很卖力，一到了农业园里，干活就松垮。”特别是在抢收抢种时节，“自家地里的”和“农业园里的”矛盾就更加突出。小麦种植“出师不利”跟农忙时节找不到劳动力有一定关系。这不仅体现在扶贫工作中，就是在当下红红火火地“家庭农场”、各类“农业园”种植中我们都能看到：其实我们的农民还没有走出人民公社时期出现的“集体行动的困境”。

（四）如何增强扶贫项目抗风险能力

产业扶贫项目是市场化运作模式，不可避免遭遇市场风险，另外还有可能遭遇自然风险和政策风险。F 村农业园的大棚蔬菜就直接受到市场行情的影响，市场风险占有重要地位；而 F 村农业园的小麦种植，则更多受到天气等自然风险的影响。村民们包括村干部对风险的认识还不够充分，也没有应对风险的充分准备。如何增强项目抗风险能力，成为产业扶贫可持续发展的关键点。

第三节 “联耕联种”与“土地托管”：农业供给侧的结构性改革

一、导言

2017 年中央 1 号文件《关于推进农业供给侧结构性改革的实施意见》中，对推动农村改革、激发农业农村发展活力着墨甚多，其中重点强调了农业的适度规模经营。指出应“大力培育新型农业经营主体和服务主体，通过经营权流转、股份合作、代耕代种、联耕联种、土地托管等多种方式，加快发展土地流转型、服务带动型等多种形式规模经营。”这一表述是对全国各地农业经营和服务方式创新的总结，其中的“联耕联种”就发源于江苏省盐城射阳县，已经在全国产生了较大影响；同时江苏省泰州兴化市的“土地托管”尽管并非首创，但也在江苏乃至全国产生了一定的影响。“联耕联种”与“土地托管”作为农业适度规模经营的方式创新，对农业供给侧结构性改革具有基础性意义，这两种模式在没有改变土地经营权基础上实现了土地规模经营，更有利于保护小农利益，保障小农经营权，甚至被认为是小农格局迈向规模经营的和谐跨越。

为了进一步深入研究农业供给侧结构性改革，课题组来到江苏射阳海河镇和江苏兴化陶庄镇分别对“联耕联种”和“土地托管”进行了为期半个月的驻村调研，对市县农委、乡镇农业服务中心干部及村民委员会成员、农民等 20 多人进行了深入访谈，对两种模式的发展及运作过程进行了了解，在此基础上把握了内在的逻辑关系并分析了共性的困境，希冀以此来透视农业供给侧结构性改革过程中的复杂性，为制定更为符合实际的农业政策提供启示。

二、“联耕联种”模式的发展、效益及困境

（一）“联耕联种”的产生发展

射阳县将“联耕联种”定义为农民破除田埂，有组织的家庭合作，联合起来统一耕种，其产生和发展源于三方面的条件：

1. 农业的现实状况

射阳县属于典型的农业型地区，粮食作物的耕种主力是 55～75 岁的中老年人，他们一般都具有务农经历和种植经验，但种植较为粗放，对亩均效益的增减也不敏感。20 世纪 80 年代，土地均分过程中形成了土地的分散化和碎片化现象，不仅规模较小，而且农业基础设施建设较为落后，农民在耕种过程中一方面浪费了大量的人力、财力和物力，另一方面也限制了新技术、新品种、新机械的“落地”，农业整体效益偏低。

2. “秸秆禁烧”的要求

射阳县的农业种植结构是“一麦一稻”。为了提高耕种效率，2013 年部分农户自发破除了田埂，在种植小麦的机耕环节实现了联合，成为“联耕联种”的雏形。这一联合使大型旋耕机可以下田作业实现秸秆粉碎、深耕深翻，这是小型农机具作业所不能完成的。这一举措有效解决了县乡政府的“秸秆禁烧”难题，受到县乡政府的高度重视。

3. 县乡政府的经验宣传推广

县级政府部门尤其是县农委将“联耕联种”作为规模经营的创新之路，采取了多种举措将小麦的“联耕联种”覆盖至稻麦两季，而且将其划分为联种分管、联种统管、联管联营三种基本形式。射阳县农委同时进行了全方位的经验总结和宣传推广，现场参观宣讲、报刊媒体报道、政策学术界研究等多方面的合力促使“联耕联种”的经验溢出了射阳乃至江苏，成为全国瞩目的一种模式创新。

（二）“联耕联种”的运行过程

1. 进行行政推动

进行“联耕联种”首要的是打破小农户之间的田埂界限，实现连片的规模耕

作，这就需要有一个组织载体进行组织发动。“联耕联种”由县农委来具体推动，承担着“顶层设计”的重任。在此之下，乡镇农业服务中心承担了关键性角色，在确定“联耕联种”种植品种、协助购置大型农机具、育秧插秧技术推广等方面都承担了较多的任务。乡镇领导及农业服务中心工作是否得力是“联耕联种”推动的关键，他们可以对村民委员会起到直接的调动作用。村民委员会则在整个过程中起到了基础性作用，县乡部门及乡镇政府通过任务方式将“联耕联种”下达给村民委员会，在考核上作为一项重要指标，在经济上则是按照每亩5元的标准奖励给村干部。这些举措推动村干部投身于“联耕联种”过程中，村民委员会以前在农业生产上只负责抗旱排涝、病虫害简报发放等，现在则要在说服参与、规划耕种、购买农资化肥、安排育秧插秧、组织机械、签订合同、收取费用等环节承担起责任。

2. 组建农机合作社

在村民委员会的组织环节中，关键在于组织机械。因为适度规模必须使用大型、新型农机才能提高效率，在农耕时节的关键时间段中必须保障每个村庄有充足的农机供应，否则可能延误农时。在推动过程中，县农委要求每个村建立农机合作社，合作社由村民委员会领导，农机和农机手服从村民委员会的领导指挥。农机可以由村民委员会直接出资购买，私人购买加入，也可以村集体和私人共同出资购买。合作社农机手与合作社签订服务协议，优先服务农民“联耕联种”的面积。村民与村民委员会签订服务协议，按照服务项目的不同收取不同的服务费用。例如2016年，革新村农机合作社为“联耕联种”小麦和水稻统一定价，小麦旋耕和条播为140元/亩，水稻旋耕和育插秧总共为210元/亩。实际上按照散户市场化的服务价格，小麦旋耕和播种、开墒等210元/亩，水稻旋耕和育插秧300元/亩，总体优惠的差价为160元。

3. 进行政策补贴

当农机合作社提供的服务低于农民的预期成本时，农民才有积极性参与“联耕联种”。“联耕联种”使大型农机具得到使用，新技术使成本降低，从而可以给予农民分散种植采用机械服务更低的价格。但总体来说，为了使村民委员会组织的“联耕联种”成本降低，射阳县农委整合各类项目资金、补贴注入到村民委员会的组织过程之中，主要包括将秸秆禁烧的补贴（50元/亩）、机插秧补贴（70元/亩）、大型农机具的购置补贴、粮食高产创建项目、统防统治项目等很多项目资金“打包”对接到村民委员会，作为推动“联耕联种”的政策补贴。“联耕联种”也确实达到了这些项目的预期目的，项目通过这一转化实现了“落地”。

（三）“联耕联种”的综合效益

“联耕联种”实施之后的效益被射阳县农委形象地比喻为“田埂一破别样天”，实现的是一个综合效益，包括经济效益、技术效益和民生效益等方面，具体可以总结为“增面积、降农本，促还田、添肥力，提单产、升效益”。

1. 增面积、降农本

“增面积”指的是连片耕种可以增加田埂面积或以前荒废的土地面积，据说能增加 5%左右；“降农本”指的是通过新品种使用、大型农机具作业比农民单家独户使用成本要低。因为具有规模效应，射阳县农委认为每亩可以降低成本 127 元，同时射阳县农委还认为“联耕联种”使耕作用种量降低，小麦使用条播技术播种量从人工撒播的 40～50 斤/亩降至 20～30 斤/亩。综合测算起来，“联耕联种”之后每亩田成本降低 240 元左右。

2. 促还田、添肥力

指的是“联耕联种”可以保障秸秆还田，长期的秸秆还田之后土地的肥力也可以增加，使农业种植更加的生态有机。

3. 提单产、升效益

指的是“联耕联种”采用了小麦“上毡下钵”、水稻塑盘育秧及机插秧技术等，可以提高亩均产量，从而实现了效益的增加。

“联耕联种”所实现的效益是综合的，大部分适度规模经营具有的优势皆可以通过“联耕联种”达到，例如因为规模较大，甚至可以提高粮食收购的单价，还可以提高农业机械的使用效率，使新技术“落地”，甚至可以培育农业社会化服务市场，规范农资经营市场行为等。但更重要的是“联耕联种”实现了耕种环节的统一，这些环节是农业劳动最为繁重的部分，往往是老年人年龄过大之后无法从事耕种环节只能将土地逐步流转出去，“联耕联种”使老年人从这些环节中“解放”出来只从事田间管理，从而延续了“老人农业”的生命，很多65～70 岁以上的老年人对“联耕联种”很欢迎，甚至有的老人认为借助于“联耕联种”可以种更多的田。

（四）“联耕联种”的发展困境

1. “联耕联种”存在操作性障碍

“联耕联种”的标志是破除田埂，破除之后才能将分散的小农的土地实现连片。但连片的土地也会出现很多障碍，尤其是在水稻耕种过程中需要田块灌水，土地高低不平就直接导致秧苗无法按照同一标准种植，在后期的管理过程中肥料也会流到别的田块中，药水喷洒也会影响到别人的田块。由此为了管理的必要就必须重新立田埂。破了田埂又重新立田埂是费时费力的，很多农民不愿意。如果破了田埂之后不立田埂，就需要推动“联管联营”，那就基本上和土地流转没有太大区别。

2. 农民群体存在着异质性

在从事农业生产的农民群体中，一些年纪较大且劳动力不足，或主要以务工为主兼带务农而缺少时间的农民比较欢迎“联耕联种”，因为“联耕联种”解决了最繁重的耕种环节，只需要从事田间管理，收取的费用比他们自己请社会化服务价格还要低；但对拥有一部分拖拉机、小型插秧机的农民，他们可以自用机械自己耕种，不计个人劳动力投入就比“联耕联种”成本更低，甚至因为“联耕联种”的施行使他们失去了使用自己机械为别人服务赚钱的机会，不愿意参加“联耕联种”而成为钉子户；另外还有一部分农户的经营方式更加粗放，采取了成本更低的水稻直播方式，这种方式成本更加低廉。农民的多样性需求与“联耕联种”不完全一致，他们的土地反而相互穿插在一起，单家独户不同意可以通过村干部将地块进行位置调整，如果有多户不同意就很难推动“联耕联种”。

3. 基层相关方压力过大、成本过高

“联耕联种”的组织和推动单位是县农委、乡镇农业服务中心及村民委员会，他们必须分别承担整个过程的设计、调控和协调工作，也要承担起“联耕联种”可能存在的耕种风险。例如县农委各部门必须在各环节上保证病虫害防治、育秧技术、种子质量等，乡镇农业服务中心也必须参与到耕田、机条播、育秧、机插秧、病虫害防治等一线工作中。而村民委员会则必须处理各类纠纷矛盾、协调说服工作，甚至还要承担各类的风险责任，甚至可以说“联耕联种”从头到尾，村干部处于无限责任和风险之中。客观地说，除了县农委主要领导大力推动，乡镇

农业服务中心和村民委员会干部的积极性并不高。此外，“联耕联种”的推动主要依赖于整合各类项目和补贴带来的较低的服务价格。但项目和补贴终究有限且并不一定具有完全的可持续性，这就有可能会逐步提高服务价格，提高价格可能会使农民参与“联耕联种”的积极性降低，参与“联耕联种”的户数停滞甚至减少。

三、“土地托管”模式的发展、效益及困境

（一）“土地托管”的产生发展

“土地托管”是农业适度规模经营的另外一种形式，这种模式的操作过程为：成立合作社并由合作社牵头与农民或其他农业经营主体签订土地托管合同或协议，将土地集中管理从而实现集中耕种、管理和收获，最终获得的产品归委托人所有，委托人按照合同向合作社付费。托管形式可以分为全托管和半托管。

兴化市陶庄镇耕地面积 55 275 亩，水面 16 331 亩，主要种植稻麦两季，人均耕地 1 亩左右，地块分散，水网密布。“土地托管”产生的契机在于机插秧的技术推广。上级要求陶庄镇推广机插秧技术并规定了一定的任务完成数，当时江苏省也正大力倡导农业专业合作社的建立。当时农民对机插秧技术接受度不高，推广难度较大。为了便于完成机插秧任务指标，2011 年陶庄镇农技站利用牵头组建的兴化市绿蛙植保专业合作社、陶庄镇农机服务合作社“全托管”了陶庄村 57 户农户 306 亩的土地来进行机插秧技术实验和推广。签订了一年的托管合同，合同规定当年水稻托管费每亩 620 元，小麦每亩 345 元；合同保证水稻亩最低产量 1 200 斤，小麦亩最低产量 800 斤，不足部分由合作社补齐。2012 年，陶庄镇土地全托管面积进一步扩大，合同依然保证水稻亩最低产量 1 200 斤，小麦亩最低产量 800 斤，但托管费用有所上涨，水稻每亩 720 元，小麦每亩 440 元。托管费根据尿素市场价格 1.1 元为依据，每上涨 0.1 元托管费上调 5%。现在已经上涨为水稻 780 元/亩，小麦 480 元/亩。陶庄镇农业服务中心“土地托管”的产生和发展可以总结为三个方面：

1. 陶庄镇“土地托管”的产生具有特定条件

陶庄镇开展“土地托管”初始目的在于解决机插秧技术的推广，分散农户限于新事物认知不愿意开展机插秧技术，镇农业服务中心“托管”土地予以示范来

完成任务，2011 年所托管的地块位于陶庄镇通镇公路两侧，地理位置优越，农业基础设施条件良好，有利于机插秧技术的展示和推广，也有利于上级部门的检查和验收。之所以没有流转土地而选择“托管”，主要在于当时流转还没有开始推动，并且兴化市的农田往往流转进行养殖水产居多，流转地租价格较高，选择“托管”可以一年一签具有灵活性。

2. 陶庄镇“土地托管”产生了较大的区域影响

陶庄镇农业服务中心的相关负责人曾学习了全国其他地区（如山东汶上）的“土地托管”做法，同时结合自身实际进行了探索试验，由于试验效果总体不错，在兴化乃至泰州市农业系统产生了一定的影响并且被树立为典型，也带动了“土地托管”在江苏其他区域内的发展，具有一定的示范作用。

3. 陶庄镇的“土地托管”发展不平衡

“土地托管”是一个比较综合的概念，既包括了土地全程托管，也包括了半托管。半托管即合作社提供单项的服务，这与市场化的农业社会化服务区别不大，甚至有些环节是完全相同的。在陶庄镇“土地托管”的发展过程中，全程托管基本处于停滞状态，没有实质性的规模增长；而半托管却随着家庭农场的兴起而有了新的发展空间，规模和服务质量都在增强。在下面的论述中，我们将对二者分开来进行分析。

（二）“土地托管”的运行过程

1. “全托管”模式的运行过程

全托管追求的是适度规模效应，就必须有一个组织主体，陶庄镇农业服务中心及相关村的村民委员会充当了这一主体，通过相关协调沟通工作将农业基础设施好、交通便利的连片土地进行托管，由镇农业服务中心牵头领办的合作社作为受托方与农民签订合同或协议。由合作社负责进行耕作播种、肥水管理、病虫草害防治到机械收割、烘晒、保管等“一条龙”服务，最终由农户选择结算方式进行结算。在全托管的过程中，合作社的服务能力成为一个关键，镇农业服务中心自行组建的合作社配备了较多的大型农机具，当前正在推动的陶庄镇农业专业合作社联合社也能调配一部分农机具优先服务全托管地块。由于陶庄镇真正实行“全托管”的地块现在只有 500 亩左右，合作社基本具备这一服务能力来完成。

在土地全托管的过程中，镇农业服务中心利用自身的体制优势，将统防统治项目、粮食高产创建项目、测土配方项目等集中向“全托管”地块倾斜。在镇农业服务中心、相关村村民委员会、合作社及项目投入的支持下，陶庄镇的全托管模式才真正运转起来。

2. “半托管”模式的运行过程

土地“半托管”与农业社会化服务难以完全界分清楚。土地“半托管”集中于机耕（大型旋耕机）、播栽（水稻为育秧加机插秧，小麦为播种挖墒）、病虫草防治（一般为中型以上器械的统防统治）等环节，这些服务环节按照项目签订协议并收费，即可以称为“半托管”。合作社在进行分项服务的过程中要适当获取利润，利润来源于规模经营之下的大型农机具使用。如果没有适度的规模，合作社“半托管”的成本要高于小农户自行耕种。但问题就在于所面对农户的异质性，不一定所有的连片农户都愿意进行“半托管”，这就导致无法实现连片“半托管”服务，由此面向分散小户的“半托管”最终失效。当前“半托管”模式得到较快发展，主要原因在于陶庄镇家庭农场的兴起，经过土地流转而来的家庭农场面积相对较大，但并不一定全部拥有大型农机具，一些服务项目可以“外包”给合作社来进行。当前陶庄镇已经有稻麦种植类家庭农场 35 家，耕种面积近 1.5 万亩。陶庄镇的“半托管”主要服务对象主要是家庭农场，对小农户的服务是极少量的。

（三）“土地托管”的综合效益

1. “全托管”模式的综合效益

“全托管”所形成的也是适度规模经营，在适度规模经营过程中，大型农机具、农业技术皆可以进入土地种植过程中，从而降低生产成本、提高总体收益，甚至可以减少化肥、农药的滥用现象，实现可持续种植。可以说“全托管”模式与土地流转所形成的家庭农场有着类似的经济效益。但“全托管”模式比土地规模流转更为突出的效益体现在三个方面：

一是避免了农地非农化。土地流转之后经营权归承包户，农户无法参与过程监督，从而可能会出现非农化的现象，或者不从事粮食种植。而土地“全托管”中农民享有最终“经营权”，肯定是全部用于稻麦种植，这就有效避免了非农化。

二是可以降低预付成本。陶庄镇的土地全托管与农户的协议属于一年一签，而且先由农户预付托管费用，等粮食收获之后再兑付给农户产量。这就使合作社不需要一次性垫付所有的流转费用，只需筹措生产服务的流动资金即可，资金压力大为降低。

三是保证了双方的利益。陶庄镇“全托管”区域的农民完全从农业生产中解放出来，尤其对于家里没有农业劳动力的农户来说，“全托管”充分保证了其利益。同时陶庄镇与农户签订的协议中不仅规定了保底的稻麦产量，而且规定超产的部分由合作社与农民之间进行分成。由于协议规定的托管价格比较低而保底产量比较高，能兑现保底产量农户已经比较满意。随着这两年粮食价格走低和旱涝频发，合作社与农民协商调低了保底产量并且调高了托管费用，农户也对合作社抱有“同情”并同意了价格的调整，可以说这种双方合作式的方式保证了双方的利益。

2. “半托管”模式的综合效益

陶庄镇的土地“半托管”主要针对的是当前迅猛发展的家庭农场，实质相当于专门服务于适度规模种植的农业社会化服务。当前这种“半托管”模式在一些环节有着较大的拓展空间，例如在水稻育秧环节，由于技术性比较强且规模成本能降低，陶庄镇很多家庭农场的秧苗来源于合作社的供给，覆盖面积已经达到了3万亩左右。同时在病虫害防治的喷洒农药环节，合作社以及成立的合作社联合社购置了造价昂贵的“飞防”无人机，这些高科技的无人机防治成本低、速度快、规模大，在病虫害防治上可以争分夺秒，在当前人工成本日益攀升的情况下，有着重要的替代优势。这些技术含量高的“半托管”服务都得到了青睐。同时，很多家庭农场的发展关键在于以机械代替人力获取规模效应，陶庄镇的很多粮食类家庭农场主前身来源于农机手。但农机的磨损和折旧率很高，在自身的家庭农场中使用往往不充分，自行购置新机械的成本甚至高于“半托管”的服务成本。由此，陶庄镇在供销社系统支持下成立的合作社联合社力图避免资源浪费，实现若干服务环节上的优势互补和农机具的联合利用，目前这一工作正在推动过程之中。

（四）“土地托管”的发展困境

1. 合作社进行“全托管”利润低甚至可能亏损

陶庄镇的“全托管”面临着和“联耕联种”同样的问题，既要实现连片的规模经营，又要面对分散插花田的农户，其中的一些兼业或纯粹从事农业种植的农户因为自身的劳动力是不计算成本的，所以他们认为包含了人工费用的托管费依然超过了他们的预期。所以如果想进行集中连片的土地托管，托管费不可能过高，甚至只能以某一连片土地上散户报出的最低价作为托管费标准。但如果不连片，全托管就无法实现以机械代替人力，成本远远高于散户分散耕种，托管也就不可能实现。同时，全托管要求村民预交托管费，这一举措也使村民产生了较大的心理障碍。可以说，陶庄镇农业服务中心所牵头的全托管之所以能开展，一方面是由于将一些项目资源倾斜至全托管区域，用作部分补偿；另一方面是通过村民委员会对全托管区域的村民进行了耐心的说服工作，适当调高了托管费。陶庄镇农业服务中心的负责人一直在强调，尽管从理论上看合作社“全托管”的目的是为了盈利，但随着近两年劳动力人工费用的猛增和自然灾害的频发，当前开展的 500 亩左右的全托管基本上处于零利润的状态。之所以没有停止全托管的模式，主要原因在于该农业服务中心想继续对此种模式进行探索，但“全托管”的土地面积不可能再增加，只能维持当前的面积。

2. 合作社进行“半托管”难以面向分散的小农户

当前陶庄镇主要推动的是“半托管”，依托的载体是农业服务中心牵头的合作社联社，主要的联社会员和面向的主要服务对象都是粮食种植类的家庭农场，针对分散的小农户提供的主要是少部分环节的服务，例如秧苗的供给、收割服务等比较成熟的“顺带”环节。原因在于半托管的服务项目需要连片的提供，分散的插花田效率太低而且成本极高。陶庄镇农业服务中心负责人坦言，向散户开展“半托管”服务。必须有一个组织协调主体并承担相应的责任风险，由合作社去进行组织协调并承担风险，是不现实的；让村民委员会作为组织协调主体具有可行性，但村民委员会不会愿意承担这项繁重的事务。

四、从“联耕联种”与“土地托管”实践看农业供给侧结构性改革

“联耕联种”和“土地托管”如果成功实现预期的目标设定，将会带来农村政治、经济、社会及生态的综合性效益。但由于上述多种因素的存在，没有实现较大规模的推广。“联耕联种”和“土地托管”是“服务拉动型”规模经营的两

种典型方式，通过这两种方式可以得出以下方面的初步结论：

其一，“联耕联种”和“土地托管”推广需谨慎。尽管媒体对“联耕联种”一直进行宣传推动，但时至今日，射阳县自身“联耕联种”面积也并没有过快增加，具体阻碍原因上文已经列出。“联耕联种”最初起源于小麦种植，大型农机具解决了秸秆禁烧问题、条播技术降低了播种成本，而且小麦种植破除田埂之后不存在灌溉落差问题，且重新恢复田埂也比较容易。跟水稻相比，小麦更适合进行联耕联种，在一些农民需求比较相近、地块又相邻的村组，小麦的“联耕联种”是有现实需求的。相反在水稻种植上阻力比较大，问题也比较多。这就提醒我们，还是应该尊重农民的首创精神和现实需求，过快、过多地以行政力量推动可能并不会带来预期的效果，如果行政力量不再推动或主要负责人调换，“联耕联种”的推动或支撑力量减弱会导致回到初始状态。

陶庄镇的“土地托管”也是如此，尽管媒体宣传报告也比较多，但“全托管”基本已经停止甚至开始萎缩，甚至陶庄镇农业服务中心负责人坦言，“全托管”的当前意义在于探索一种模式，难以真正推广。如果不是农业服务中心在强力支撑，陶庄镇的“全托管”模式便会瓦解。当前陶庄镇主要的发展方向已经转向社会化服务性质的“半托管”。二者共同提醒我们，其他地区可以学习“联耕联种”和“土地托管”的具体做法，但更要结合当地的实际并且尊重农民的意愿，否则带来的也许不是经验而是教训。

其二，应明确以土地流转型家庭农场为适度规模的主体。无论是射阳“联耕联种”的调查中，还是在兴化陶庄镇“土地托管”的调查过程中，都发现土地流转型家庭农场的强劲发展势头。因为家庭农场以机械实现对劳动力的替代，并且能将技术集成投入到农业生产中，从新技术和新机械中获取生产力，也不存在异质农户的协调成本，在土地流转意愿比较高的地区可以实现适度规模经营。在射阳县推动“联耕联种”的村庄中，很多村民和村干部也已经将土地流转给家庭农场，而在陶庄镇家庭农场的数量猛增，很多村民认为“托管”太麻烦，直接将土地流转更适合村民的心理。当然，“联耕联种”和土地“全托管”从一定程度上保护了小农户的利益，是值得肯定的。但这并不能改变农地适度规模经营形式的主次：应以土地流转型的家庭农场为规模经营的主要形式，以“联耕联种”和“土地托管”等“服务拉动型”规模经营为补充形式，因地制宜，灵活推动，保障农民当前利益，同时又可以实现适度规模经营的发展。特意指出这一问题，主要在于提醒在适度规模经营中不应盲目夸大“联耕联种”和“土地托管”成效，更不能以对“服务拉动型”规模经营的绝对扶持来排斥土地流转型家庭农场的发展，二者应有主有次才真正符合发展的实际。

农业供给侧结构性改革是一个综合性的概念，适度规模经营是改革的基础。必须有适度规模经营，其他的相关改革举措才能“落地”。通过“联耕联种”“土地托管”两种适度规模经营形式的案例分析，目的在于通过这一角度来透视农业供给侧结构性改革的相关问题。也为农业供给侧结构性改革带来很多启示，主要集中于两点：

其一，在农业供给侧结构性改革过程中的创新经验应谨慎推广。当下随着农业供给侧结构性改革的大力推动，各地都出台了各类举措甚至提出了多种创新经验，一些地方准备大量复制推广这些经验。但“联耕联种”和“土地托管”的案例提醒我们，创新皆有其特定的产生条件和阻力障碍，不应大而化之盲目推广，各地应积极践行群众路线，聆听群众呼声，真正掌握群众需求，在这一基础上实现灵活推动、因地制宜，促进各种农业供给侧结构性改革举措真正“有实效”“得民心”。

其二，农业供给侧结构性改革应实现政府与市场的平衡。通过“联耕联种”和“土地托管”的案例分析可以看出，农业供给侧结构性改革是一个复杂的系统工程，政府尽管需要在其中扮演重要的角色，但政府不应大包大揽，尤其是不能盲目地直接充当改革的实际操作者，不能以行政手段激进地推出举措，例如不能盲目地使“资本下乡”进入农业造成“非农化”，不能以行政力量违背农民的意愿推动土地流转来“垒大户”造成农民利益的损失。在结构性改革的过程中，应平衡好政府与市场的关系，政府积极发挥引导和规范的作用，但应尊重市场的规律而不能直接操控和扭曲农业市场。政府与市场平衡互动，才能真正使农业供给侧结构性改革稳健开展，最终实现农业的繁荣发展。

第四节　“城归”：新现象、新群体与新解释

中共十九大报告指出，实施乡村振兴战略，农业农村农民问题是关系国计民

生的根本性问题。何谓“城归”？该词最早是在 2016 年“两会”期间由著名经济学家厉以宁提出，他说，“城归”就是近几年从农村出去打工的群体，纷纷回来创业，这个变化相当大。中国人力资本革命正在开始。国务院公布的数据显示，近年来我国农民工返乡创业人数累计达到 450 万，还有约 130 万居住在城镇的科技人员、中高等院校毕业生等下乡创业。同“农民工”“北漂族”“蚁族”等特定群体的概念界定一样，“城归”是一个新群体。

在希望的田野上，“城归”群体奋力前行，书写着令人惊叹的人生故事。此案例调研强调挖掘城归自身发展的潜力，注重“城归”在基层的发力作用，以重振乡村经济活力、提升城归生存和发展状态，回归“乡村自身主体性”的合理定位。

一、调研过程和调研发现

课题组于 2017 年 6—7 月多次赴 T 镇调研，通过对乡镇干部、村民委员会干部、大学生村官、明星企业负责人及普通村民等 20 余人的深度访谈，集中关注了“城归”在乡村重建中的功能和价值，对“城归”群体的概念界定、发展机制和生存现状进行了考察。

“城归”数量庞大，情况复杂，似乎没有办法用一种统一的标准对它们进行归类。T 镇也不例外。T 镇位于江苏省宿迁市沭阳东北部，镇域面积 55 平方公里，辖 12 个行政村，人口 4.3 万人。滩涂养殖已成为该镇畜牧业发展的新的增长点，而该镇也是远近闻名的“印刷之乡”。根据 T 镇流动人口管理中心统计，T 镇现有劳动力 1 万多人，80%外出务工，主要流出到上海、苏州等地。根据对 T 镇 10 多名“城归”的访谈调查，大概选定了三类“城归”作为三种类型的“城归面向”——经济挂帅型、政治稳压型和知识精英型。

经济挂帅型城归：T 镇小麦种植大户 H 君，在外经商 20 多年，T 镇生态农业专业合作社的负责人。

政治稳压型城归：S 村村支书 Z 君，2008—2013 年在广州、南京、苏州等地创业，拥有 20 多年的村务工作经验，在当地村民之中享有崇高的个人威望。

知识精英型城归：T 镇大学生村官 Y 君，现任宿迁市沭阳县 T 镇 O 村村民委员会主任，2013 年省聘大学生村官。

（一）经济挂帅型城归

在农村实行经济体制改革以后，随着姻亲和家族进入差序格局，经济利益也正在成为决定关系亲疏的最大砝码，原本紧紧地以血缘关系（宗族关系）为核心的差序格局正在变得多元化、理性化。这一点，在“经济型城归”的创业历程中显得尤其突出。乘着改革开放的春风，种田好手H君走上经商之路，从开食品店，到销售建材，再到成为种植大户，生意越做越大，但他心中的种粮梦从未消失过。

1983年分田到户后，H君成为家里种田的主力，公社的学习经历让他对种子非常在意，种子好才有好收成，他家小麦的产量一直是全村最高的。后来，他到汤涧县城开食品店，生意非常好，但他放不下家里的麦田，直到20世纪90年代初到南京经营建材生意，才真正告别种田。从销售建材到销售手机，H君的生意越做越大，但种粮梦一直藏在心中。随着大量劳动力外出，汤涧务农老龄化、农村空心化日趋严重，21世纪的头十年，出现了农田撂荒现象。

“有个村庄有360亩麦田，只有不到一半在种植。”H君说，每次回家看望父母，看到农田被撂荒，心里就不是滋味，“我们这一辈的庄稼人对田地是看得很重的”。不忍心看到良田被撂荒的农民情怀，以及对现代农业迎来战略机遇期的商业敏感，让H君决定返乡二次创业。

2009年，在外经商20多年的H君毅然返回家乡。在家人的不解和村民的怀疑中，他一步一个脚印。“初中毕业后，我受公社委派到城里学习小麦育种技术。两年的学习让我这一生和小麦结下不解之缘。”56岁的H君两鬓微白，回想起当年的育种经历，脸上露出开心的笑容。

“这么有钱的人怎么会种田？肯定是为了套取国家补贴，套到钱后就拍拍屁股走人呗。”不仅村民这样怀疑，家人也不理解。在H君努力劝说村民把田流转给他时，他爱人却做反面工作，到处说H君种不好田。H君准备了几十万元土地流转资金，一分钱也发不下去。

那时T镇年土地流转金每亩最高仅170元，H君提高到200元，而且好坏都要，并承诺保持土地肥力。他的真诚打动了村民，第一年流转了4 900亩。目前，他的公司已经成为集小麦种植、收割、烘干、加工及销售为一体的综合性现代农企。返乡人员凭借资金、信息、技术优势，在种植养殖的基础上，扩展到农副产品深加工业、现代服务业等多种产业，可见，这有助于延长农业产业链条，推动构建现代农业产业体系，拓展农村经济和产业发展空间。

H 君这个“田保姆”的贴心服务受到其他种粮大户的欢迎。村民 L 种了 80 多亩田，规模说大不大，说小不小，以前自己去买种子、农药、化肥，价格没有多少优惠。“我比较了一下，还是托管划算！”可见，农民眼见为实，H 君的托管服务，让农民看到种植三五十亩地也能获得比较体面的收入，种田积极性自然会大大提高。H 君说，这种模式不仅破解了“谁来种田”难题，还推广了良种，规范化肥和农药的施放，可以保障食品安全。

此外，H 君的小麦生产还注重生态理念、品质升级，这样的“城归”理念有助于促进农业供给侧改革。传统农业注重产量，往往忽视对质量的关注，大量使用农药、化肥，对土地过度开发，而 H 君在创业过程中特别注重对绿色、生态的重视以及由此带来更大收益，这些已经深深注入他们的发展理念。

（二）政治稳压型“城归”

S 村位于“花木之城”沭阳县 T 镇，传统产业以纺织、建筑、印刷为主。由于人多地少，村庄内部土地纠纷等冲突矛盾，因此经济发展相对滞后，政治基础薄弱，既没有良好的经济基础条件，也不是政府重点打造的明星村。截至 2017 年 7 月，登记在册的 T 镇低收入户为 1 776 户。

S 村也是问题成堆：村里集体经济空壳化，碾米厂、发电厂等村办企业先后倒闭，村集体收入无来源、干部报酬无着落、公益事业靠摊派，村民怨声载道，人心涣散；村里治安接近失控，一度活跃多个帮派组织，他们欺行霸市、横行乡里，处处讲江湖规矩，谁的拳头硬，说话就算数。

听村里的老人说，过去村里有个“草上飞”，是劳改释放犯、无恶不作。有一次，“草上飞”打伤了某村民，村民代表和一些主要村干部上门找他赔偿。“草上飞”就提一大把刀，将村中的女会计抓住，用极其下流的语言进行侮辱和恐吓，使得村民都不敢言语。赔款事件不了了之。

当问及为什么这么多人上门却怕一个“草上飞”的时候，村民说：“‘草上飞’血红的双眼，真可以吃得下人的。谁家都有老少，因此谁都怕‘草上飞’！”

过去的村庄，原本应该有一种对付地痞的机制。村民之间通过相互之间联系，一致行动起来。然而，S 村因为缺乏一个强有力的领导核心，缺乏为获得共同安全所需要的一致行动能力。

S 村情况的复杂性，还在于其政治生态中的“派系”色彩。根据我们对 S 村历史的访谈调查，在 2000 年建村之前，村庄没有什么派性，村班子团结稳定。2000 年以后，镇里在理由不充分的前提下，在村中拥有一定威望的支书 L 被撤换下来，让支书 L 一手提拔起来的主任 Z 当了村支书。被撤换的支书 L 对 Z 不满，加上村民对他的支持，他就抓住机会拆 Z 的台。村中的税费收不上去，村里的公共工程也修建不起来。

可见，派系斗争不是无缘无故的，斗争双方要有收益空间。围绕村庄选举产生的派性，同样需要收益空间。村集体掌握的资源越多，再分配村集体资源的机会就越多，数额就越大，形成派系的可能性就会越大。村集体不掌握资源，就失去了再分配集体资源的机会，也就没有关心个人收益的村庄精英来掺和村里的事情，村庄的派系斗争也就无从谈起。

对于这个看似缺乏发展潜力、建设前景薄弱的村庄，Z 君显得雄心勃勃。他拥有 20 多年的村务工作经验，在村中拥有比较崇高的个人威望，能够在村庄各类资源的再分配中占据权威。作为一名成功的“城归”，Z 君曾经在广州、苏州和南京等地自主创业，迄今创建的“贝艾林”家具品牌拥有整体定制家具连锁机构。

Z 君在整理了与前任派系关系以后，首先确保村里的派系斗争偃旗息鼓。他发现 S 村脱贫最迫切的问题是资金缺乏与项目产业支持。对此，他领导村民积极参与“项目扶贫”，依靠项目获取村庄建设资金。2016 年，村中获得 60 万扶贫资金，兴建 10 间门面商铺招租并已投入使用；4 万～5 万的亮化工程也已经投入使用；而 8 万投入建设的抽水站也已经发挥功效。这些项目的获得，除了上级政府提供信息和组织论证，与他本人的全力支持以及带动力和号召力有关。此外，以他为核心的领导班子积极探索增加村集体收入来源，新创办的企业包括砖厂、面粉厂和太阳能路灯厂，能够间接增加农户收入，带动村民就业 40～50 人，帮助村民实现了可持续增收。就这样，村集体经济收入逐年增加，到 2016 年已超过 400 万元。村民增收路子也越来越宽，人均纯收入比 2005 年增加 3 倍多。

在解决村里的派系斗争方面，S村是在2个自然村的基础上合并而重建的，每个自然村都有村支书、村主任及其若干村民委员，因此2000年建村之初，整个村“两委”都处于各自为政的状态。在最近的一次村民委员会换届选举中，S村共选出党委、村干部共9人，还成立了基层党组织。为了规范村干部行为和权力的运作，S村建立了一整套健全的组织制度，包括党员议事会制度、民主生活会制度、“一事一议”制度、干部岗位责任制度，制定了完善的村务、财务、党务公开监督制度，确保决策的民主、科学、合理，有效地维护了村民的知情权和参与权。

（三）知识精英型城归

当前中国农村巨变最为根本的方面，是社会基础结构得以维系的价值的巨变。也就是说，在世纪之交，中国农村发生了一场以农民关于人生意义定义的变化为基础的价值之变。不理解农民价值的变化，就不能理解当前农村巨变的实质。

2013年7月被分配到T镇担任L村村党支部副书记开始，大学生村官Y君开始逐步接触农村的工作。L村离镇区有5公里多的路程，临近章集，是离镇政府最远最偏的一个村，而且是由3个小村合成的一个行政村，地广人多，遗留矛盾也较多。Y君的工作包括以下几个方面：

1. 做好村情民意调研员

任职一年来，经常不定期地深入村组，到村民家里走访。与他们拉家常，了解其生产生活状况，孩子学习情况和需要解决的困难，与老党员老干部进行沟通，多听他们的建议，然后整理成笔记汇总，并及时向组织和镇党委政府汇报他们的最新思想动态。

2. 做好法律政策宣传员

积极宣传党的路线方针政策和国家法律法规，开展新型农村合作医疗制度的宣传，建立新型农村合作医疗制度，解决农民看病难的问题，对于提高农民健康、缓解农民因病致贫、因病返贫、统筹城乡发展、实现全面建设小康社会目标具有重要作用。刚开始村民不是很了解，参与度不是很高，甚至有抵触的现象，于是进行了大力宣传，用一些浅显的话语把参加新型农村合作医疗的好处一一向村民解释。在细心的讲解下，村民知道了好处，很愿意也很乐意参加新型农村合作医疗。在镇里下达的目标中，村民总是比较率先完成任务。开展秸秆禁烧工作，会下村向村民宣传焚烧秸秆的危害，以及秸秆应如何利用，引导村民如何利用资源和保护环境。

3. 做好远程教育管理员

负责远程教育工作，搜集一些致富创业的信息，来满足村民摆脱贫困想致富的愿望，上网查找一些招工信息，与招工企业联系，帮助本村清闲在家的剩余劳动力就业 26 人，搜集下载一些励志讲座、企业管理讲座、人生规划讲座，不定期向村民村干部播放收看 6 次。积极培训村干部，教他们使用电脑，利用高科技新技术来带领村民共同致富。

4. 创业

Y 君与同届村官董某在 2014 年 5 月份创办了沭阳邦源物流有限公司，本公司现有半挂车辆 3 辆，租赁半挂车辆 5 辆，带动货车司机 20 名，专职会计人员 2 名，后勤人员 1 名就业，人均月收入在 4 000 元左右。车辆运输往返于山东淄博到苏锡常一带，预计全年主营业务超过 500 万元。

2016 年起 Y 君开始担任 T 镇 O 村任村主任一职。2016 年的主要工作是土地确权工作，包括解决"4 里地"矛盾，通过入户走访、协调矛盾过程。由于工作业绩突出，2017 年 4 月，Y 君被沭阳县委组织部评为"2016 年度大学生村官年度之星"。

在和 Y 君的访谈中，他一直在强调一个词"归属感"。在他的一些同学看来，Y 君的家庭经济状况很好，完全可以留在大城市工作，为什么他会选择回到农村呢？Y 君认为，他就是这个村走出的大学生，虽然可能在村庄以外获得经济收入，但一定要在村庄内获得人生价值。他说："名声很重要。将来讲起来，谁的爸爸如何如何。干得好，别人留念说你爸爸好。"

对于乡村的价值认同，Y 君在访谈中讲述了三个方面的价值之变，以构建自己的"归属感"。

第一，村官工作要注重"实践"价值。除了理论知识的培训，村官还要多走出去考察学习，以拓展视野、增强见识，特别是要到新农村建设成效明显的地方去，学习别人先进的工作方法，以及村级项目的规划管理和实施等内容。他提到自己曾经在县乡综治维稳工作中心跟班学习，实地观摩和参与矛盾调处过程，有助于在提升解决实际问题的能力的同时，更加深入地了解农民疾苦，增强同人民群众间的深厚感情。此外，大学生村官还应加强自我培训，要主动练习能直接应用于农村生产生活的实用技术。

第二，团队建设有助于实现共同价值。Y 君认为，组建各种专业服务队无疑是大学生村官开展农村工作的切入点和突破口，这不仅有利于“新村官”更好更快地融入农村生活，适应农村工作环境，在合作、交流过程中还可以起到取长补短、共同进步的作用。“我们每一个大学生村官自身的力量是薄弱的，但当组成一个集体时就可以完成个人难以完成的任务，形成较大的影响力。”比如，他们 3 个一起到汤涧工作的村官组成农村服务队，帮助困难农户抢种抢收，解决其生活中的实际困难；组成教育服务队，利用寒暑假对农村中小学生进行课业辅导；组成公益事业服务队，配合有关部门进行宣传、服务，为本地公益事业做贡献，等等。

第三，实现经济价值的首要途径是创业。虽然自己的创业过程比较顺利，但是 Y 君还是认为自己需要接受更多创业技能、创业风险、相关法律法规等方面的培训和教育，以更好地了解当地实情，深入调查市场行情，先摸清情况，再投资创业。特别是在学习中央及各地扶持其创业的相关政策时，大学生村官应该多多邀请成功农民企业家为其传授经验，分享经历，增强富民强村的责任感，避免创业的短期性。同时，相关职能部门要对大学生村官申报的创业项目进行严格审批，宁缺毋滥，杜绝“人人上项目，求量不求质”的现象出现，切实提高创业的成功率。

二、“城归”现象的理论解读

“城归”群体已被国家寄予厚望。2016 年 12 月 1 日，国务院发布《关于支持返乡下乡人员创业创新促进农村一二三产业融合发展的意见》，对于促进“城归”在农村开展“大众创业、万众创新”，为农业农村经济发展增添新的动能和活力，具有重要的意义。

随着近年劳动密集型产业梯度转移的趋势日益凸显，以及农村城镇化的快速发展，这群农民工开始返乡创业，成为一支推动劳务输出地快速工业化、城镇化、现代化的重要力量。国家统计局数据显示，2010年开始，中国外出农民工总量增速持续回落，2011年、2012年、2013年和2014年外出农民工人数增速分别比上年回落2.1、0.4、1.3和0.4个百分点。与之形成对比的是，人力资源和社会保障部对10省500个行政村农村劳动力转移就业监测数据显示，2015年上半年自主创业人数同比增长3.1%，截至2016年12月全国返乡创业的农民工已达200万人左右。

通过对T镇12名城归的系列访谈，我们可以总结“城归”出现的原因包括：

1. “城归”的形成过程遵循着人口流动中的推拉原则

系统的人口理论——“推拉理论”需要在新的历史条件下被重新解读。在巴格内（D. J. Bagne）的“推拉理论”中，人口流动的目的是改善生活条件，流入地的那些有利于改善生活条件的因素就成为拉力，而流出地的不利的生活条件就是推力。人口流动就由这两股力量前拉后推所决定。

从“推拉理论”在中国城乡关系的应用来看，人口由城市回流到乡村，属于“推”的因素有：城市就业机会和上升空间有限、城市生存状态不佳、缺乏更好的发展机会、对在城市从事农民工的职业不满意、城市生活压力过重、城市学习压力大、受教育机会少、城市人的“排外思想”、思想不解放；属于“拉”的因素有：乡村的发展赋予了村民更多就业机会、很多人都回来了、受国家政策鼓励支持、回家多生孩子、想家了、叶落归根。

通过在T镇访问的几个典型“城归”，可见推力和拉力对劳动力转移的影响是一致的，对他们的影响程度也是差不多的。要促进城乡资源的更有效配置，使得劳动力更快地转移，必须调整影响其转移的因素，而转移劳动力的最终目的，又是要消除这些因素，进而增加农民收入，让农民的生活好起来；也就是说我们如果想要促使农村富余劳动力更快地转移，通过调整推力和拉力所起的作用是非常有限的。

2. “城归”的产生是经济资源自下而上流动的体现。

“城归”们在其引领“归雁经济”时至少充当三个角色：产销对接的链接者、现代农业的拓荒者、产业转移的承接者。

“城归”相对于普通村民而言，经济收入更高，因此他们与村民的融合在乡村建设中就是至关重要的一点。为了吸引更多的城归，某些村子专门建设了门面房增强创收能力，并且鼓励城归能够更好地带动村民致富，加强邻里往来，相互联系。创新精神是推动地区经济发展的主要动力之一，由于城归的到来，过去汤涧村地域闭塞、农民市场观念淡薄、缺乏创新和冒险精神等诸多状况得到了改变。

具体说来，“城归”创办的企业能够呈现出如下几种推动功能：第一，通过组织、优化配置资金、劳动力、技术等各种生产要素，作为镇明星企业发挥出更大效应，能够创造出更多的就业机会和社会财富，同时实现“城归”本人的致富梦，并提高村民的整体收入；第二，开拓市场，有效地利用市场经济环境滋生的科学能力，科学分析市场结构，了解市场定位和行情，适时占领市场发展的制高点，不断引导、刺激市场需求，繁荣乡镇的商品交易市场；第三，推动乡村产业结构的调整，以创新精神整合乡村资源，拓展乡村经济和产业发展空间，在生产、消费和流通领域全方位地带动乡村区域经济的快速发展。

3. “城归”的影响力需要“嵌入”相关的社会和文化纽带进行综合分析

乡村重建需要城归的力量，而城归带动的新产业也需要传统经济活动的纽带来维系。在T镇，传统的自给自足经济依然是常见的，它对乡村经济和文化的贡献显而易见，并且与乡村居民的就业、收入、居住期限等家庭生活特点有关。有研究表明，社会经济变量与传统自给自足经济之间的联系并不密切，也就是说，城归的经济活动更多地需要通过文化嵌入的方式来改变。城归能够使乡村地区过去所保存和创造的“乡村性”合法化，其创造的经济价值也通过交换和互惠的方式增进了村民间的经济交往。

三、“城归”在乡村建设中的价值、存在的问题及对策建议

（一）“城归”在乡村建设中的价值

根据对江苏宿迁市T镇的调研，课题组发现，当前的城归基本可以分为“经济挂帅型”“政治稳压型”和“知识精英型”三类。可以说，这三种类型的“城归”群体，主要是指那些在城市中掌握了一定经济、政治与社会利益的农民工，他们愿意返乡创业，而且，他们常常处事公正，并愿意为民谋福利，符合乡

村普通民众的道德期待和乡村社会的道义伦理。

“城归”对乡村建设的价值非同一般，这些“城归”，承担着村庄治安、矛盾调解等公共职能，也承担着道路、桥梁、学堂等村庄公共品的修建与供给。正如有研究者认为，“城归”与家乡的关联是永久性的，从而造就了他们对家乡的情感依附，似乎他们感到有责任捍卫和促进本地社区的福利。

具体来看，“城归”在乡村建设中的价值主要体现在三个方面：

1. 触发了乡村文化的新思维

“城归”的种种新思想、新观念会推动传统的乡村社会由“熟人社会”向“陌生人社会”快速变动，从而带来乡村社会角色的重建、乡村文化及活动区域的变动。而且，“城归”是一个渐进的流动过程，它会给传统的乡村社会带来新的思维、新的话语。这些对农村有着强烈认同感、归属感的“城归”，不单单参与了农业与农村经济的生产与再生产，还深刻地影响着农村社会生活的方方面面。

2. 培育了内化于心的“新乡情”

所谓“乡情”，是指对一定区域内或群体间存在的人际关系、文化传统、生活方式在情感上的认同与认可，它的积极作用就是保持群体关系的相对稳定性，并维持群体生活道德的一致性。“城归”大多数是乡村精英群体，一方面，他们的“回归”带来了城市的新理念，并参与到乡村建设中；另一方面，他们的“回归”对一定区域内、群体间的乡村关系、乡村传统、乡村生活保持着情感上的认可与认同，这可能会带来乡村建设一种新型的“乡情式权力”，它是“情感＋权力”的复合体。

3. 带来了乡村发展的“新经济”元素

“城归”所体现的流动与拉力在经济上丰富了传统的单家独户耕作的农业模式，创构了以农业或土地为基础，更新的符合市场经济特点的农村产业发展模式，从而可以提升乡村经济秩序的整体效益。

（二）“城归”现象中存在的问题

如果说，“推拉”是通过“看不见的手”在重新配置城乡资源，那么“城归”在返乡创业时遇到的资金不足、技术限制、“水土不服”等困境，则需要构建“政府主导、多元参与”的乡村建设框架，以解决“城归”在城乡融合中的“短板效应”。

1. 三类角色群体难觅，人才瓶颈成拦路虎

当前，农业产业难发展，关键是人才稀缺，尤其缺少农业企业家、乡村职业经理人、新型农村工人三类群体。虽然，目前返乡创业的人越来越多，其中，有热情者多而有专业知识、有市场眼光、有社会资源者却不多。返乡创业，尤其是在农业领域，投资大、见效慢，特别需要当地及邻近村民支持与配合，但是，现在能有效发动、引导村民，科学管理运营的乡村职业经理人太少，项目运营充满太多不确定性。另外，农民缺乏市场经济规则与意识，也对“城归”的创业形成了阻碍。

2. 频遭政策“玻璃门”，“城归”乡村扎根难

近年来，国家出台了一系列鼓励与支持返乡、下乡创业的政策举措，然而不少受访的“城归”坦言，这些扶持政策落实的“玻璃门”现象较为突出。比如，农村宅基地使用权归村民、所有权归村集体；户口不在村里的返乡、下乡人员是无权获得宅基地承包权的，因此合作改建自住房，权属如何划定就是非常棘手的难题。

3. 融资难是引发“城归”困扰的又一焦点

当前，在农村创业，土地流转、基础设施建设、设备购置等前期工作，需要大量资金集中投入，而且周期长、见效慢。很多地区村民和村集体要求收现金，不接受入股合作方式，创业者自有资金难以负担，对贷款融资非常渴求。除银行贷款难申请外，争取财政项目资金也面临重重阻碍。

4. 防范资本借机圈地，破解“最后一公里”梗阻

土地作为农村的核心资源，是吸引“城归”创业的重要基础。不少基层干部表示，鼓励与扶持返乡、下乡人员创业，将成为带动农村经济发展、农业产业培育的重要力量；但是，有些人借国家鼓励返乡创业之机，低成本圈地，这一问题也必须引起警惕。同时，返乡、下乡创业的推进，需要各地尽快对扶持政策进行细化，以减少政策“最后一公里”的梗阻现象。

（三）在乡村建设中发挥“城归”作用的建议

1. 加强顶层设计，加大返乡创业扶持力度

返乡创业的推进，需要各地尽快对扶持政策进行细化，以推动简政放权在基层的全面落地。同时，从创业主体的界定到创业政策的扶持，从对返乡创业的积极引导到对具体创业行为的有序规范，都需要对农村土地、农业金融、社会保障等领域的法律法规适时调整；针对返乡创业的项目，应制定更加灵活的融资政策；加快农村土地确权工作进展，借鉴商业银行考核小微企业贷款指标的做法，加强对涉农金融机构的考核，引导其加大对返乡创业的扶持力度。

2. 基层政府管理要得力，并加强配套基础设施建设

人的流动，是乡村社会活力最重要的表征。一段时期以来，农村逐渐失去活力，最直接原因是农村精英长期的“净流出”。“城归”的到来，意味着乡村社会正在发生变化，尤其是，一些“城归”成为村干部，使基层政权的影响力获得了提升。因此，基层政府要改革管理思路，尤其是在基础设施的建设上，要为城归的“扎根”提供良好的配套设施。对鼓励“城归”返乡的政策，也要尽可能地结合当地特色来落实。

3. 重建村庄文明，优化创业环境，以留住“城归”这一种子

传统文明的根在乡村，当乡土文明遭受冲击时，不论是希望回到农村实现梦想，还是为了给孩子一个完整的家，抑或是在父母跟前多尽点孝，对于经过城市洗礼的“城归”而言，其责任与使命都极为重要。而对于农村现代化建设、乡土文明弘扬和乡村振兴来说，“城归”也是最适合的种子，因此，建设一个和谐共生的村庄环境，对于留住“城归”也至关重要。

第五节　特色小镇建设中的“尧塘故事”

一、引言：特色小镇战略引领小城镇建设

（一）特色小镇战略的提出

小镇，最初主要指面积最小的州郡，后来小镇又衍生为县以下人口较集中而有商业活动的居民点。当前的特色小镇，主要是指相对独立于市区，具有明确产业定位、文化内涵、旅游和一定社区功能的发展空间平台；它既不同于建制镇、工业园区、经济开发区、旅游区，又不是四者的简单叠加。从根本上而言，是块状经济转型升级的新业态；其特征有四个方面：产业内生性、功能复合性、形态小而美、运行机制新而活。

2014 年 10 月，浙江省省长李强在参观云栖小镇时，首次公开提及“特色小镇”。特色小镇的特质在于“特色”，是指具备特色产业、独特资源，或显著区别于其他并不宜被模仿或复制的自身特征。继浙江省之后，近年来借助国家新型城镇化建设的政策优势，国内江苏省、福建省、江西省等许多省市开始纷纷利用本地资源优势，先后启动特色小镇工程。2016 年 7 月 20 日，住房和城乡建设部等三部委也发布了《关于开展特色小镇培育工作的通知》，决定在全国范围开展特色小镇培育工作，计划到 2020 年，培育 1 000 个左右各具特色、富有活力的休闲旅游、商贸物流、现代制造、教育科技、传统文化、美丽宜居等特色小镇，引领带动全国小城镇建设。

（二）产业发展：特色小镇建设的本质逻辑

小镇的规划和建设，关键在于产业的准确谋划和合理定位，特色小镇建设本质上是一个产业问题。依托特色小镇，集聚创新资源、激活创新资源、转化创新成果，实现产业发展从资源要素驱动向创新发展驱动转变，这是特色小镇规划建设的根本。换句话说，小镇的规划建设，逻辑起点在于产业的选择、在于经济的发展。在产业培育上，每个特色小镇要围绕优势产业，培育一个核心主导产业，不断延伸产业链。在功能配置上，坚持产业、文化和旅游“三位一体”，通过建立产业博览馆、主题公园等，弘扬产业文化，实现“一镇一风格”。

总体而言，特色小镇是经济社会发展中孕育出的新事物，贯穿着创新、协调、绿色、开放、共享五大发展理念在基层的探索和实践。加快特色小镇建设，有利于破解资源瓶颈、聚集高端要素、促进创新创业，能够增加有效投资，带动城乡统筹发展和生态环境改善，提高居民生活质量，形成新的经济增长点。

（三）特色小镇研究的“遗落”

然而，尽管现阶段特色小镇建设取得了重大进步，但是也暴露出了许多问题，不仅浪费了大量的社会资源，而且严重影响小城镇的可持续发展。高树军（2017）发现当前特色小镇建设过程中存在着缺乏系统性整体规划，地方特色彰显不足；缺乏有效的政策保障，城镇经济发展后劲不足；片面追求城镇开发，忽视文化内涵塑造；片面追求经济效益，生态环境遭到破坏等问题。李茂（2016）

研究指出，当前特色小镇建设存在的主要问题是将特色小镇建设惯性理解为“政府主导”；将特色小镇错误解读为新的“人为造城”；将特色小镇建设简单理解为“规模扩张”。闵学勤（2016）也强调，特色小镇运动很可能无法回避有规划无文创、有产业无消费、有特色无灵魂等问题。因此，如何科学有效地建设特色小镇，怎样实现特色小镇的良序发展，是当前学术界值得关注并深思的研究话题。

目前，尽管有学者已从政治学的政府角色、精准治理、文化重塑等视角，经济学的产业布局、创新战略、市场品牌等视角，旅游管理学的空间重构、乡村旅游、规划设计等视角进行了研究，并且也提出了一条“特色化牵引、市场化主导、项目化运作、产业化支撑、互联网化加速、法治化护航”的“六化”发展路径，但是依然无法有效解决多地区、多领域的特色小镇的建设问题。

基于此，本节以江苏省尧塘花木小镇为个案考察，探析特色花木小镇建设中的“尧塘问题”，进而提出因地制宜、符合当地实际的解决策略，对于现阶段推进特色小镇建设具有重要的理论价值和现实意义。

二、尧塘镇：闻名全国的“花木之乡”

（一）尧塘花木小镇的概括

江苏省金坛市尧塘镇位于长江三角洲地理中心，是闻名全国的“花木之乡”，名列全国小城镇综合发展水平“千强镇”，被评为“常州市首届活力镇村展示十大品牌镇村”。2015 年 4 月，根据江苏省政府《省政府关于调整金坛市部分行政区划的批复》和常州市政府《市政府关于同意调整金坛市部分行政区划的通知》，以原尧塘镇的西华、谢桥、尧塘、汤庄、红旗、水东、迎春、万新、下庄、水北、林丰 11 个村民委员会区域设立尧塘街道办事处。行政区域调整后，尧塘街道办事处行政区域面积 88.81 平方公里，人口 5.09 万人，管理 11 个村民委员会，有利于整合发展资源，加快城镇化建设进程，促进城乡统筹发展。

尧塘街道是金坛区“东大门”，常州市“西花园”，全国著名“花木之乡”。多年来花木一直以来是尧塘街道的支柱产业，规模和营销范围逐年扩大。至目前，花木种植面积 3 106 公顷，占全镇种植面积 74%。全镇 11 个行政村，有 7 个花木专业村，花木经纪人 3 800 人，园林绿化公司 11 家，苗木专业合作社 9

家，其中尧塘园林绿化有限公司拥有园林绿化工程国家一级资质。

（二）花木"朝阳"产业

尧塘花木产业包括苗木、绿化、花卉、园林等系列产品，是融合生产、销售、维养、设计、施工等完整产业链的"朝阳"产业，也是集经济效益、社会效益和生态效益于一体的绿色产业。苗木主要品种有：香樟、广玉兰、桂花、紫薇、红叶石楠、黄杨、榉树、银杏、龙柏、女贞、红枫、青铜、海桐、冬青、红花继木、八角金盘、海棠、红石榴、草坪等。

目前全街道农户种植 10 亩左右的 380 户，50 亩左右的 68 户，100 亩左右的 53 户，200 亩左右的只有 23 户，1 000 亩以上的 2 户。以花木为主题的休闲观光农业企业 12 家，其中投入亿元以上的休闲观光农业企业 2 家。江苏森农生态科技发展有限公司投入 5 亿元建设以现代科技农业发展为基础，打造具有生态农业、科技农业、景观农业、休闲旅游农业为一体的现代生态农业科技园区。

现阶段，尧塘花木小镇产业已初步形成了以花木基地为依托，公司为龙头，交易市场为平台，园林经纪人为纽带的完整产业链，展现出良好的发展前景。

三、尧塘问题：花木小镇建设中的"烦恼"

尽管尧塘花木小镇在创建过程中取得了许多荣誉，也得到了快速发展，但是由于花木行情下滑、市场低迷、竞争加剧、效益下降、产品滞销等原因，特色花木小镇建设中存在着各种"烦恼"。检视特色花木小镇建设中的"尧塘问题"，可以发现，正是政府层面的政策扶持弱化、管理体系不健全、缺乏长远发展规划，社会层面的组织程度低、散户种植为主、种植模式粗放，市场层面的品牌意识不强、缺乏龙头企业、缺乏技术支撑，才阻碍了尧塘花木小镇的良序发展。

（一）政府缺位：政策规划和管理体系薄弱

1. "模糊"的产业规划

花木产业投资大、周期长、见效慢，与现代工业相比相对处于"弱势"地位，因此政府高度重视、正确引导、优质服务是促进花木产业发展的重要保证。然而，尧塘花木产业虽已成为金坛市城镇发展的特色，却从未给花木产业在金坛城市发展中进行功能定位。历年来尧塘镇政府对乡镇发展的定位也非常笼统、模糊，缺乏有针对性的彰显尧塘花木小镇特色的规划和政策。由于缺乏中长期区域及产业规划，缺乏科学化布局和规模化经营，使苗木种植比较分散，新品、精品苗木不能形成规模化生产，缺乏示范引领与规模带动作用。

花农对花木种植、品种选择随意性较大，以分散个体花农为主，大多是家庭模式，规模小而分散，产品杂乱不一，难以形成规模生产能力，专业生产经营程度较低。在发展特色花木小镇旅游业方面，尽管尧塘镇区位优势明显，但总体发展滞后。仅一路之隔的夏溪花木与尧塘花木同缘同根同生，主要集中在夏溪、成章、厚余。当前夏溪花木扩展到了整个嘉泽成为其主导产业，夏溪花木市场走到了中国花木市场的前台，步入"后花博时代"，远超尧塘花木。这其中最大的本质差别在于政府推动。夏溪镇政府在花木产业的政策扶持、产业规划、产业链打造等方面，均发挥了重要的作用。而相比之下，尧塘花木产业近年来由于缺乏政府重视、政策引领和强有力推进，花木产业从主导地位向支持配合方向发展。

2. "遗失"的管理体系

武进与金坛的花木产业关联度较高，均已形成一定的规模，地方乡镇均以花木产业作为其龙头产业，建立花木产业基地和相关基础设施。但湟里镇、嘉泽镇管理权限归属常州武进区政府，而尧塘镇管理权限归属金坛市政府，受行政区划的阻隔，花木产业相关基础设施与公共服务项目无法按照效益原则进行配置。

另外，尧塘镇政府并未建立专门的花卉产业管理机构来提升花木产业发展的平台，只是由尧塘镇农服站代为管理。由于管理体系的"遗失"，对花木产业的技术、投入和风险的属性缺乏研究，阻碍了花木产业的发展。再加上，服务于贯穿生产过程的信息收集、分析体系不完善以及宏观把握和组织协调等方面的不足，对产业需要的配套服务供应大大不够；企业与市场的信息不对称，导致花木产品同质化，压低花木产品价格，造成利润空间的缩减。

（二）社会主体缺失：合作组织和经营模式粗放

1. 散户种植"挑大梁"

尧塘花木小镇虽然拥有一定数量的花木经济组织和经纪人，但缺乏有影响力的苗木商会、花木协会的行业管理。由于缺乏合作组织的整合与引领，在整个地区苗木产业市场引领、品种选择、品牌优化等方面没有形成真正的经济和利益共同体。一般而言，短期育苗到卖苗最短也需要 1～2 年，中期苗需要 3～5 年，时限长的会达到 5～8 年甚至更长时间。在组织化程度低、没有专业协会指导的情况下，大多数种植户难以预测瞬息万变市场行情，跟着眼前市场感觉走，停留在“好卖什么就种什么”阶段，品种单调简单，重复低水平投资，直接影响了种植户的收益。

根据调查统计，尧塘镇种植 10 亩地左右的有 261 户，20～50 亩地的有 132 户，50～100 亩地的有 50 户，100～200 亩地的有 16 户，200 亩以上有 10 户，1 000 亩地的有 2 户，连体成方上万亩的花木产业基地尚未形成，鲜有花木特色园区，散户种植（10 亩以下）占 67%。散户资本少、种植规模小、人工不计成本、没有钱做长线投资，只做扦插苗、小苗等短线产品，在最短期收回成本，市场不好时产品积压又经受不住风险，为尽快收回投资不得不抛售产品，由此造成恶性竞争。

在生产效率方面，由于生产方式大多是花农一家一户分散性经营，这种散户种植“挑大梁”的现状，容易造成花木品种的同质化现象，进而现了“小而全”“大而全”的状态，直接导致农户种植苗木的效益下降、利益受损。

2. 经营模式“碎片化”

当前，尧塘花木小镇种植花木的大都是“50 后”“60 后”村民，由于文化水平较低、花木培育种植知识普及力度不够，为规避风险，他们选择传统种植花木，而不愿种植具有高附加值的高端化花卉成品、园林绿化苗木、盆景，由此造成了尧塘花木种植结构较单一、种植模式粗放的“碎片化”问题。尧塘花木小镇生产的花木名义上有 100 多种苗木，实际上普通品种居多，调查发现行道树常绿化的观赏苗木占 90%，花卉占 3%，草坪占 7%。高档花卉苗木、新品种如容器苗、整形苗和室内美化、绿化产品较少，特色珍稀品种少之又少，一个品种种植几十年的情况比比皆是。这与苗木行业门槛低、苗木质量参差不齐、长期没有严格的质量验收规范有关，也与以前“穷则思变种花木”的“出身”有关。

一般而言，培育一个懂水肥、防病虫害、种苗育苗、机械维护、园林技艺的花农需要 3～5 年，其成本不可小觑。青壮年短期花农 200～250 元/天，长期用工每年不低于 5 万～6 万元；60 岁以上花农短期用工 100～150 元/天，长期用工每年不低于 4 万～5 万元，小苗需要 3 亩一人，成型苗 5～8 亩一人，花农劳力成本比 5 年前要翻了一倍多，土地成本、劳动力成本的提高、竞争的加剧导致苗木产业利润下滑。

（三）市场机制滞后：品牌企业和科研技术制约

1. “空壳”企业缺品牌

金坛市虽已建有多个花木交易市场，但较著名的只有全国重点花木交易市场——夏溪花木交易市场，70％的花木产品仍是由花木经纪人在全国各大城市进行推销。这与发达国家相比，由花木市场和企业带动的花木产品销售份额比例仍较低。尧塘镇由于缺乏组织引领与行业指导，农户科技意识不强，在花卉品种选择上，没有从突出地方特色重围、填补市场空白的角度出发去发展特优新品，花木品种陈旧跟不上市场发展需求，科技含量低而含金量不高，在苗木、花卉、盆景、草坪资源上难以形成产品多样化、系列化和供应周年化，难以与国内、国际市场接轨。尽管尧塘花木花卉苗木产业初具种植规模，但农业创新和品牌建设薄弱，尚未形成品牌效应。

在市场主体方面，尧塘的花木产业大都由规模较小的企业组成，专业化程度不高，没有形成较多的领军企业。整个花木产业是一个单纯的生产＋销售的集合体，而非有机组合体，在千变万化的市场中经常处于劣势，生产发展隐含着很多不确定性和市场风险。

当前，尧塘花木 95％仍在“种树卖树”阶段，号称有 52 家园林绿化公司，但具有一级资质的尧塘园林公司 1 家，具有二级资质的有华盛、华峰、环美等 3 家，具有三级资质的西华园林 1 家。“空壳”企业多，正常运作少，且大多资质低、实力弱、知名度不高，各公司产品重复，自身相互竞争。

2. 技术创新是“困境”

花木产业是科技含量高、附加值高、综合效益高的集生物、农业、建筑、园林、工程景观设计、艺术等学科于一体的现代产业。然而尧塘花木产业生产规模较大，但技术投入始终依靠民营企业的多年积累和花农的传统经验知识。加之专业技术人员不足，导致了产业的科技支撑能力较低，无法建立一条贯穿全花木产业链的研发—深加工—销售体系，也未能形成较为健全的创新技能和技术服务体系。

绝大多数企业在技术创新上投入资金不足，缺乏有创新能力的人才，因此在自身优良新品种开发方面往往乏力。另外，新品种的不及时引进和落后的繁育技术，使得特色花木产品的换代速度跟不上市场需求的脚步，未能树立起特色品牌。花木产业从“种树”到“卖树”不单纯是生物工程，更是从研发—生产—销售—施工—维护—造型复杂的产业链构造，每个环节都在日益专业化、专门化、精细化。然而当前花木经纪人专业技术人才长年没有技术服务培训，特别是花木产品研发、规划、园艺、科技服务等高端人才更是短缺。

四、尧塘路径：花木小镇的“适应性”治理对策

针对上述尧塘街道在构建特色花木小镇过程中存在的一系列问题，当前迫切需要采取因应措施、实行具有针对性的“适应性”治理对策，从而有利于实现尧塘花木小镇的可持续发展。

（一）政府层面：建机构、强管理

1. 政策与规划“双驱动”

尧塘街道政府应紧紧抓住花木产业转型升级的大好机遇，以建设省级现代花木产业园区和全国“一村一品”示范镇为契机，大力提升特色花木小镇的规模化、标准化、科技化水平。

首先，针对当地花木户收益较好、土地流转矛盾大、期望值较高，建议采取耕地和农用地土地使用权的合同方式交由村民委员会统一管理，采取自主经营、以商招商、反租倒包、农民合作等形式，建立较合理的利益补偿机制。按照因地制宜、农民自愿、用于农业的原则，通过制定科学合理可操作的税费、土地流转政策，化解土地矛盾，为土地流转工作提供全程服务。

其次，大力提升财政奖励幅度，尽快正式发布《关于加快尧塘花木产业转型升级的奖励办法》，从花木企业资质提档升级、积极培育花木产业龙头企业、促进发展当地适度规模经营主体、高效设施花木产业、对新建以花木为主题的休闲

观光农业企业、对新组建村级花木专业合作社和花木家庭农场任务的行政村、对创建常州市级或省级“一村一品”花木示范村、花木机械购置等8大方面给予奖励。

第三，发挥规划对花木产业的引领和指导作用，尧塘镇政府应致力于遵循《尧塘花木产业“十三五”发展规划（2016—2020年）》，对全镇土地资源、花木品种和品牌资源进行整合，以原尧塘为依托，以花木特色村为核心，优化产业空间布局，构建“一核（以金武路、延政西路两侧的谢桥、西华、下庄、红旗为核心区）二区（以我区大外环路和新孟河建设为抓手）多点（以原有花木种植成块成园为基地，扩大提升汤庄村、万新村、水东村、红旗村、迎春村、水北村等多个花木示范村点）”的花木产业空间布局，逐步形成资源高效利用、多项功能凸显、多元业态呈现、布局科学合理的现代产业园区格局，从而有力推进尧塘特色花木小镇的建设绩效。

2. 机构与园区“齐建设”

在健全管理结构上，尧塘街道应成立花木产业转型升级工作领导小组，负责花木产业发展过程中重大问题的决策和涉及全局性、政策性问题的协调和处置。提高政府部门对企业规划编制、产业发展指导、行业管理和对外工程的管理协调服务，强化对街道花木产业工作的考核、核查、督促。

培育完善“公司＋商会（协会、合作社）＋基地＋农户”新经营模式，搭建花木产业信息平台，及时发布花木栽种品种、种植技术、销售行情、交易等信息。同时，充分发挥农林站、商会、协会、合作社等组织作用，不定期利用报纸、手机短信、微信、微博、客户端向花农提供信息引导。强化组织引导，聘专家教授、种植大户、经纪人、各类技术人员开展技术指导。为经营主体提供信息、科技、金融、政策、法规等全服务保障，营造良好的发展环境。

另外，在打造特色园区方面，考虑在产业基础、环境资源较好的谢桥、西华花木专业村，通过村社土地流转、整合资源，建设万亩花卉特色产业园区，争创国家级省级现代农业产业园区。以核心区带动辐射拓展区，乘城市大外环和新孟河建设，从谢桥往南至迎春，选择现有种植大户、家庭农场、专业合作社以及特色苗木专业户，实施“北花南移”工程。因地制宜、政策撬动、特色发展，以汤庄、红旗、下庄、岸头等村依托，建设花木示范户。按照“区中有园、一区多园”的思路，分区规划特色花木园，全面提升花木产品档次。

（二）市场层面：创品牌、拓科技

1. 企业与品牌“促升级”

通过鼓励成立实体运作公司，加大力度引进各类实体公司，出台优惠政策招商引资成立公司，内部挖潜组建公司，以此培育尧塘特色花木小镇的龙头企业。

尧塘街道目前共有 19 家休闲观光农业企业和农家乐，为做深农业观光，做精乡村旅游，先后重点培育 3 家龙头企业，即投资 1 亿元新建植物组培中心——常州西银生物科技有限公司，专门从事新品种的引进、组培快繁和推广，先后引进了美洲红芦、铁皮石斛、金线莲、铁线莲、英国冬青等，形成了年产组培苗 1 亿株的生产能力。

重点建设江苏森农生态园艺科技发展有限公司，培育现代农业科普示范基地与农业生态休闲观光园，该项目规划用地 290 亩，建筑用地 6 484 平方米。建设好常州半里农业科技园，该项目规划用地 109.19 亩。以发展瓜果、苗木和生态水产等绿色农业生产和保护自然生态环境资源为根本，本着可持续发展的原则将常州半里农业科技园建设成集科技农业、景观农业、休闲农业于一体的现代生态农业园区。通过企业化运作，特别是龙头企业带动促进花木产业化，壮大特色花木品牌效应。

尧塘花木有 30 年的种植历史，虽然尧塘花木有着较大的产业优势，但缺乏品牌引领和影响力，未能发挥应有的价值。当前迫切需要以全国“一村一品”（花卉苗木）示范镇为引领，通过培育“尧塘花木”省级名牌产品或著名商标称号，对外发布尧塘花木指数，打造出尧塘花木的优势品牌，形成一个名牌带动一批企业，一批企业带动一片区域的良好发展局面，进一步优化和提升尧塘花木产业产品结构和对外竞争力，促进尧塘花木特色小镇的转型升级。

2. 科技与产业“大推进”

在提升特色花木小镇的科技体系上，首先，引进科技企业。以西银生物科技有限公司为龙头，对接园区经营主体，培育具有自主知识产权的绿化植物及花卉品种，开发新型环保型栽培基质、种球，培育在中西部、华北等不同环境抗性强、适应性广、养护成本低的花木品种。其次，加强产研对接。依托产业基地对接科研院所、大专院校，深化“产学研”合作，通过园区平台加以孵化、推广，形成“产学研”一体的现代科技产业模式。第三，提高生产设施。花木产业是科技设施、知识高度密集、多学科高度渗透的可持续发展农业，引进现代生物技术、灌溉技术、精细农业技术、电子信息技术提升生产的智能化、自控化，降低生产经营成本，提升花木种植效益。

在打造尧塘特色花木小镇的产业链上，首先，研发高端品种。随着“多彩城市、绚丽生活、绿色未来”的最新发展趋势，着重研究彩叶花卉苗木、名优花木和异地花木生长的适应期，积极打造高档落叶花灌木、落叶乔木、藤土地被植物和常绿花灌木基地。其次，延伸产业链条。随着绿化向彩化美化、共性向个性、公共性向私人性转变，园林绿化苗木向家庭园艺造型等精细化生产和空间垂直绿化方向发展，开拓景观设计、鲜切花、盆景、容器苗、庭院树、石坊石艺（园林石、厅堂石等）、装饰雕塑、古典建筑、园林器具、园艺质材等市场。第三，开发旅游休闲。利用园区现有村落，产业园区地方特色文化，建设生态旅游观光休闲，设置景观游憩、花海观赏、花木科普展示、农家乐、休闲垂钓、生态度假、珍稀植物观赏，提升花木产业的整体效益。

（三）社会层面：靠合作、寻模式

1. 合作组织“提档次”

随着生态环境建设步伐的加快，绿色产业已成为朝阳产业，花卉苗木发展格局发生悄然变化。社会资本投入力度加大，企业化运作成为主流，专业合作组织应运而生，目前金坛市现有花卉苗木专业合作社 146 个，带动农户 5 000 多家，带动辐射花卉苗木面积 7 000 公顷。然而，尧塘街道实质意义上的合作组织仅有 9 家。因此，当前迫切需要通过搭建服务平台，组建 100 亩以上种植大户协会，成立尧塘花木商会、花木技培中心，搭建尧塘花木信息平台，追踪各地苗木生产、交易信息，运用网络信息平台指导服务花农。

在重点建设江苏森农生态园艺科技园和常州半里农业科技园的同时，积极引进休闲农业企业 3～5 家，现代设施高档栽培基地 1～2 家，休闲度假为特色的农家乐 3～5 家，真正形成以生态旅游度假区、生态观光园、生态旅游村为主体的花木旅游小镇。通过 3 年左右的时间积极培育花木家庭农场 50 家，1 000 亩以上种植大户 5 家，100 亩以上种植大户 100 家。新建尧塘河面积 52.95 公顷的湿地保护小区和新孟河 7.2 公里绿化带，打造水岸生态廊道风光带。

通过充分发挥合作社、协会在推广新品、获取信息、技术服务、价格销售等方面的强大功能，建立“公司＋商会＋协会＋合作社＋基地＋农户”完整的组织运行网络，向上连接市场，向下连接农户，开展技术培训及产供销服务，使农户有效实现与市场对接，提升农户组织化程度。

2. 经营主体“育良法”

花木公司、商会、协会、合作社、种植大户、家庭农场、经纪人，将成为现代花木产业生力军。近年来尧塘镇组建了江苏省尧塘园林绿化有限公司，发展了一支近2 000 人的花木经纪人队伍，他们常年奔走在祖国大江南北，销售花木。

近几年来，尧塘镇的花木经纪人和绿化工程队先后承揽了北京亚运村、北京碧海山庄、清华大学、北京师范大学、首都国际饭店、友谊宾馆、丽都饭店、中国人民解放军总参“891”工程、武警总队“590”工程、北京军区大学、襄樊华电、天津宾馆和唐山、大连、石家庄开发区及沪宁高速公路、山东烟威高速公路、深圳机场高速公路、南京国际机场高速公路、上海外环路、上海林克司高尔夫球场等 100 多个大型绿化工程，并且全部被评为优良，受到了这些单位的高度评价。

以史平伯为代表的返乡精英，他回家乡创办森农生态科技园，为尧塘构建特色花木小镇提供科技平台支撑；以全国劳动模范、金坛区尧塘街道谢桥村党委书记周国平为代表的本地精英，通过培育高档花木品种、拓展花木海内外市场，承担起做强全镇花木产业的重任。

另外，通过引进、选育优质经济植物新品种，开展“良种—良法”研究与产业化开发。引进园林绿化工程企业、配套企业 20 家、良种培育中心、现代设施高档花木栽培基地、花卉盆景企业，改良了尧塘花木种植模式，促进了尧塘花木特色小镇的发展。

第六节　家庭农场与农民合作社联合社：以兴化陶庄镇为例

随着市场经济发展和现代化水平提高，农村劳动力大量涌入城市二、三产业，农村土地流转和空心化问题随之凸显，由此引发的“谁来种田”和“农业现代化发展方向”的两个经典命题正在考验着世纪之初的农村和农业政策。在近几年的中央 1 号文件中，国家明确提出“要坚持和完善农村基本经营制度，鼓励和支持农村土地流转以形成适度规模经营，发展和培育多种形式的农业经营主体，构建专业化、集约化、社会化和组织化相结合的新型农业经营体系。”在现代化农业政策的大力推动下，全国各地进行了多种形式的新型经营主体实践，普遍存在着传统农业、专业大户、家庭农场、农民合作社、农业企业等经营主体并存现象。

为了进一步探究新型农业经营主体的发展状况，课题组来到了江苏省兴化市陶庄镇，对其辖区内的家庭农场和农民合作社联合社进行了为期半个月的驻村调研，通过对市县农委领导、乡镇农技所干部、家庭农场主、联合社社员以及村民委员会班子成员等 20 多人的深度访谈，课题组了解到了两种新型农业经营主体的发展历程和当前状态、取得的成就和存在的问题，在把握内在逻辑的基础上提出了相应的对策建议。

一、陶庄镇家庭农场与农民合作社联合社的发展历程与当前状态

（一）家庭农场与农民合作社联合社的发展历程

陶庄镇目前共有注册登记的家庭农场 35 家，其经营规模普遍在 100～500 亩，农场主年龄大都为 30～55 岁，绝大部分是由原本拥有农业机械的农机手转型而来。陶庄镇家庭农场的产生和发展主要源于两个方面条件：

一是农业生产的现实状况。陶庄镇境内河网密布，交通便利，是江苏典型的农业重镇，但在农业收入相对有限的情况下，陶庄镇已有 1/3 的耕地发生了流转，留村务农的也大多为老人和妇女。在土地细碎化问题尚未解决的情况下，老人和妇女愈发无法应对高强体力劳动，同时对先进技术和机械的使用也缺乏敏感性，使得传统农业的综合收益较低。

二是兴化市政府的大力支持。在中央政府“三步同化”的战略背景下，兴化市政府以家庭农场为抓手，通过农业生产的集约化、规模化和现代化来提高生产效益，对家庭农场给予了大量的资金补贴和项目补贴，如：为新开户的家庭农场

提供全套手续，并赠送一套 8 寸水泵和 7.5 千瓦电机；对经营规模超过 100 亩、经营年限在 5 年以上的家庭农场给予一次性现金补助 5 000 元；对购置大型农用机械的家庭农场按规定进行补贴，补贴金额一般在 2 万元以上。

同时，兴化市陶庄镇以农民专业合作社和家庭农场为基础的农民合作社联合社也是新型农业经营主体的一种有益尝试。陶庄镇农民合作社联合社的产生和发展大致经历了以下三个时期：

一是机插秧技术推广时期。在兴化市政府对推广机插秧技术的硬性要求下，陶庄镇农技站于 2003 年牵头组建了农机服务专业合作社。经过 5 年实践，合作社从单纯的提供机插秧服务发展到提供机耕、机插、机收全程机械化服务。

二是土地托管的试点时期。2008 年陶庄镇农技站又牵头组建了绿蛙植保专业合作社，开始推行病虫害统防统治工作，经过 3 年的经验积累，陶庄镇以农机服务专业合作社和绿蛙植保合作社为依托，在新徐村和三合村落实了 306 亩土地托管种植协议，土地托管是一种多方获利模式，既能够提高粮食产量，又能够保障农户和合作社双方受益。

三是联合社正式成立时期。经过多年实践，陶庄镇农机服务专业合作社和绿蛙植保专业合作社不断地扩大延伸服务范围和内容，现已具备了一定的服务市场和影响力。2016 年在兴化市供销总社的支持、领导与牵头下，陶庄镇以农技服务专业合作社和绿蛙植保专业合作社为依托，成立了“兴化市陶庄镇农民合作社联合社”经营服务实体，开始探索农综社的建设，服务内容从单纯的农业生产服务拓展到农业生产流动的全领域，服务对象也从传统农户扩大到家庭农场。

（二）家庭农场与农民合作社联合社的当前状态

1. 家庭农场的当前状态

（1）土地流转方式

陶庄镇已有的 35 家家庭农场存在着自发流转、正规流转与二次流转 3 种方式，其中自发流转占 21%，正规流转占 67%，二次流转占 13%。自发流转与二次流转的土地租金略低于正规流转，但普遍都在 700 元以上，只有少部分交通不便、条件较差的土地租金相对低廉。

（2）经营主体成分

陶庄镇的家庭农场主一般都是 30～55 岁的中年夫妇，其来源相当复杂，既有村庄“中坚农民”扩大生产规模，又有返乡创业的农民工，更多的是由农机手转型而来，而在其他地区较为常见的流动农民转包型在此地却几乎没有。

（3）生产组织状况

陶庄镇几乎所有的家庭农场都采用了新型农药和新型种子，即兴化市供销社统一提供的环保型农药和 9108 号水稻种子，并且，未购置农业机械的家庭农场一般都会从联合社购买农机服务，而拥有农业机械的家庭农场在满足自身需求后，也会为周边的家庭农场或散户提供农机服务。

总体看来，陶庄镇的家庭农场与其他地区的家庭农场存在着较大的共通性，都具有下列几个特征：一是家庭经营。即夫妻二人是家庭农场的所有者、劳动者和经营者的统一体。二是适度规模。家庭农场只有达到一定规模，才能融入现代生产要素，但受资金、劳动力、技术等因素限制，其经营规模必须处于可控范围才能达到最佳经济效益。三是市场化经营。家庭农场通过提高市场化程度和商品化水平来实现经济效益的最大化。四是企业化管理。家庭农场作为正式登记注册的法人组织，运用现代企业标准化的管理方式进行农业生产经营。

2. 农民合作社联合社的当前状态

对于陶庄镇农民合作社联合社，截至目前，共有入社会员 59 家，其中单位会员 42 家，个人会员 17 人。单位会员包括了 4 家农民专业合作社、35 家家庭农场、3 家农技或农资经营公司。个人会员主要是陶庄镇涉及土地流转或土地托管的行政村“两委”干部。

（1）组织体制

联合社实行会员大会、理事会和理事会领导下的理事长负责制。其中，会员大会是联合社的最高权力机构，由全体会员组成，具有联合社章程审议、修改、经营方向、清算等重大问题的职权。理事会既是会员大会的执行机构，又是联合社经营管理的权力机构，常设有 7 名理事，理事长作为联合社的法定代表人，除负责联合社日常行政、生产经营服务工作，还代表联合社处理一切对外事务。监事会常设有 3 名监事，主要负责对会员大会决议和联合社生产经营状况、理事长或理事会履行职责情况进行监督审核。联合社还建立了严格的财务管理制度，保证会计资料合法、真实、准确、完整，保障联合社的资产不被任何单位或个人侵占、私分、挪用。

（2）服务内容

联合社在兴化市供销总社的支持领导下，不断地探索创新，主要提供以下三个方面服务：一是农业规模化生产的“一条龙”服务。联合社为社员提供包括农资供应、技术支持、生产管理、农机作业以及烘干储存等在内的全套农业生产服务。二是专业化和规范化的农机服务。联合社在资源共享和技术互补的基础上打造了专业化和规范化的农机服务队伍，为社员提供高质量的农机服务。目前联合社共有中型拖拉机 30 台、高速插秧机 46 台、自走式喷杆机 5 台、无人机 4 台、收割机 8 台、烘干机 15 台。三是农产品的加工销售服务。联合社通过吸纳龙头企业和品牌认证单位入股，解决了社员的产供销矛盾，并通过提供“六个统一”服务，整合出绿色食品认证 5 个、有机食品认证 1 个、注册商标 8 个、设计包装 12 个。

二、陶庄镇家庭农场与农民合作社联合社运行中的成效与限度

（一）家庭农场与农民合作社联合社取得的成效

1. 家庭农场兼具传统农业和农业企业的优势，能够提高农业综合效益

陶庄镇的家庭农场以夫妻二人为主要劳动力，农忙时节少量雇工，既具备了传统农业精耕细作的特征，又能发挥出农业企业市场化经营的优势。首先，家庭农场契合了农业生产的季节性、复杂性和环境多变性，能够将劳动、资本和土地等生产要素进行最优组合。并且，劳动者和所有者的统一，能够充分调动家庭成员的积极性，从而减少农业生产过程的监督成本和管理成本。其次，在土地流转相对集中、承包关系相对稳定且承包期较长的情况下，家庭农场主可以放心地进行长期投资，购买农用机械，更好地参与市场经济。调研发现，陶庄镇几乎一半的家庭农场主都购置了大型农业机械，如旋耕机、插秧机和烘干机等。第三，企业化的管理方式使得家庭农场能够较快地适应新产品和新技术，从而提高产量、质量和市场竞争力。

综上所述，陶庄镇的家庭农场兼具了传统农业和农业企业的优势，能够极大

地提高农业生产的综合效益，主要表现在以下四个方面：第一，精耕细作的生产方式、新产品和新技术的运用，在降低农业生产成本的同时，还能够提高农产品质量和产量，保障我国粮食安全稳定；第二，家庭农场的生产过程既是农技推广的过程，又是新型职业农民培育和农业经营体系创新的过程；第三，家庭农场的稳定性也使其具备一定的耕地保护和传承农耕文明的作用；第四，家庭农场的发展也有利于我国新农村建设和城镇化水平的提高，是我国未来农业发展方向的一种良性探索。

2. 家庭农场保持了家庭的完整性，对村庄社会治理产生积极效用

尽管陶庄镇距兴化市区有20公里，属边缘地带，但东部发达省份的区位优势及水产养殖业的持续发展，仍然给陶庄镇带来了大量的外出务工机会。因此，陶庄镇普遍形成了以代际分工为基础的半工半耕型家庭生计模式，即年老的父母留村务农，种植口粮田和蔬菜，年轻的子代进城务工，追求剩余价值积累，二者共同服务于发展型的家庭目标。这种生计模式在提高家庭总体收入水平的同时，也带来了一系列严重的社会问题，如留守老人的赡养问题、留守儿童的教育和心理问题、夫妻长期分居导致情感破裂问题、村庄治理能力弱化问题等，这些问题都在隐性侵蚀着村庄稳定的社会基础。

然而，在陶庄镇逐渐兴起的家庭农场，则对上述问题起到了一定的缓解作用。首先，以夫妻二人为主要劳动力的家庭农场不仅能够保持家庭的完整性，维持夫妻间的亲密感情，还能够照顾双方父母和家中儿童，全家人共享天伦之乐；其次，对于外出务工的邻居或亲友家中的留守老人和儿童，家庭农场也能给予一定程度的关照，既缓解了留守老人和留守儿童问题，又强化了与邻居亲友间的互惠合作，维持了村庄稳定的社会基础；第三，由于生产活动和人情往来都发生在村庄内部，家庭农场主往往十分关心村庄的公共事务，包括村干部选举、村庄基础设施建设等，他们积极地介入村庄治理过程，产生了良性效果。

3. 农民合作社联合社的规模效应能够降低农业生产成本，增加农民收益

在农民合作社联合社成立之前，陶庄镇已有的35家家庭农场和4家农民专业合作社，虽然也具备一定的规模效应，但在申请项目资源和面对市场经济时仍然缺乏组织载体，处于弱势地位，基本上没有谈判能力，不仅难以申请到项目，而且生产经营活动容易受到市场挤压，农业增收效果十分有限。然而，农民合作社联合社成立之后，通过内部的资源整合和外部的规模扩张，其谈判能力明显增强，极大地降低了农业生产成本，增加了农民收益，主要表现在以下两个方面：

一方面，农民合作社联合社能够申请到部分项目资源。联合社在市农技中心申请到高配粮厂示范项目及配套资金 300 万元，在审批的 10 亩农用建设用地上兴建了兴化市陶庄现代农业综合服务中心，拥有包括烘干中心、粮食仓库、农资仓库等在内的多功能农用场地，能够为社员提供粮食烘干、加工、储藏等服务。同时，联合社还为部分基础设施较差的社员申请到土地平整项目、农田改造项目等，在一定程度上降低其农业生产成本。

另一方面，农民合作社联合社能够较好地对接市场经济。联合社还积极地与农资供销商和农产品收购商进行协商，进一步降低了社员的生产成本。在联合社的努力下，社员现已享受到如下福利：其一，化肥价格从 130 元/亩降到了 90 元/亩。其二，环保型农药的打药次数从 7 次降到 5 次，节约成本近 30 元。其三，新型 9108 号水稻产量基本保持在 1 300 斤/亩，比原亩产量提高了 100 斤。其四，通过品牌效应销售的农产品价格远高于国家粮食收购保护价。据不完全统计，联合社社员普遍每亩增产 200 元左右，成本降低 100 元左右。

4. 农民合作社联合社通过资源整合，拓展了服务内容，延长了产业链条

陶庄镇农民合作社联合社在市农技中心的支持帮助下，购置了大量的农业机械，包括收割机、插秧机、无人机、喷杆机、拖拉机、烘干机等。同时，联合社还整合已有的农业机械和人力资源，成立了专业化和规范化的农技服务队伍，通过签订合同和定期培训的方式，使联合社和社员之间做到资源共享和优势互补。

一方面，农民合作社联合社拓展了服务内容。联合社逐渐拓展了服务内容和服务范围，从成立初期的只针对家庭农场的农资供应和农机服务，拓展到目前为止针对全体社员和部分传统农户的，包括农资供应、农机服务、技术服务、生产管理、半托管服务、全程托管服务、烘干储存等在内的全领域农业服务，为联合社社员和部分传统农户的农业生产提供了有利支持。

另一方面，农民合作社联合社延长了产业链条。首先，联合社吸收了品牌认证生产单位和农业龙头企业入股，解决了社员的产供销矛盾，延长了联合社的产业链条，这些单位和企业主要包括市供销社、金穗农药公司、盛天农资公司等；其次，联合社通过统一种植品种、统一农资供应、统一农业技术、统一质量标准、统一生产服务、统一加工销售的“六个统一”服务，提升了农产品质量，扩大了品牌效应；第三，联合社还加盟了中合联投资有限公司，依托太平洋保险、市供销社银桥探宝公司、百发小贷公司等，在联合社内部开展包括小额担保、信用担保和农业农村保险等资金互助业务。

（二）家庭农场与农民合作社联合社存在的问题

1. 家庭农场的基础设施薄弱，扶持政策难以落地

一方面，家庭农场的基础设施较为薄弱。陶庄镇的家庭农场主普遍反映所流转土地的基础设施较差，存在着地势高低不平、机耕道窄小、通水通电困难等问题，严重增加了农业生产成本。同时，由于经营规模较大，家庭农场主往往无法独自承担农地基础设施的改造工程，他们只能希冀于各级政府的项目扶持。然而，中央政府尚未正式出台专门的扶持政策，江苏省政府出台的省级示范家庭农场补贴、土地流转补贴、秸秆还田补贴等惠农政策，却在落实过程中出现了支持强度不够、覆盖面不广、政策不配套等问题，难以解决陶庄镇家庭农场的实际需求。

另一方面，家庭农场的扶持政策难以落地。除江苏省，兴化市政府也出台了农业综合开发土地治理项目和农业综合示范方项目，希望治理后的土地“田成块、路相连、渠相通”，成为具备适度规模经营条件的现代化农业良田。然而，项目落地过程采用的“一刀切”方式，导致其覆盖范围极其有限，仅涉及陶庄北部 6 个行政村的 8 000 亩土地，只涉及少数几家家庭农场。同时，农业直补和耕地补贴究竟是发放给拥有土地承包权的农户，还是拥有土地经营权的家庭农场，也在陶庄镇引起了不少矛盾纠纷。

2. 家庭农场的土地流转和雇工成本较高，且存在一定风险

其一，家庭农场的农业生产成本较高。受粮食价格上涨、水产养殖业的带动以及市场经济发展的影响，陶庄镇的土地流转价格已普遍达到 800～1 200 元/亩，雇工价格也从 60 元/工上涨到 120 元/工，严重挤压了家庭农场的利润空间。对于未购置农业机械的 GY 粮食种植家庭农场而言，除去土地流转成本、农资购买成本、机械使用成本和雇工成本之后，其一季水稻的纯利润只有 185 元/亩，一季小麦的纯利润也只有 115 元/亩，按照 300 亩的种植规模，其一年纯利润只有

9 万元左右。而购置了大量农业机械的 JR 粮食种植家庭农场，在将机械使用成本压缩到最低的同时，还能为部分家庭农场和农户提供机械服务来赚取收入，除去各项成本和机械折旧成本，其一年纯利润也只有 12 万元左右。在两种不同类型的家庭农场生产成本中，土地流转成本和雇工成本都占了总成本的一大部分。

其二，家庭农场的农忙雇工存在风险。家庭农场除了要承担自然风险和市场风险，在土地流转过程中和农忙雇工时节还得承担一定的风险。在土地流转过程中，家庭农场一旦收成不好或行情不好，往往会与农户协商少支付一些费用，这必然会引起部分农户的不满，从而产生矛盾纠纷，甚至是上访事件，影响社会稳定。对于农忙时节雇工，由于陶庄镇存在一定程度的空心化现象，村庄留守群体大多为 60 岁以上的老人，农忙时节正是夏季高温酷暑，年纪大的老人容易引发中暑等安全隐患，更加容易引发纠纷，从而具有一定的风险。

3. 农民合作社联合社规模效应的内容较为单一，范围有待拓展

首先，农民合作社联合社在产供销环节的规模效应较为单一。联合社通过资源整合在化肥价格上具有了一定优惠，但种子价格和农药价格却并没有下降，只是统一了使用品种，分别是 9108 号新型种子和市供销社提供的环保型化肥配方。并且，社员从联合社购买的旋耕、育秧、插秧、施肥、打药、收割、烘干、储藏等农机服务的价格也只是略低于市场价格，只不过因为联合社是正规机构，而具有一定的保障作用。同时，只有部分品质较高的粮食才会被联合社吸纳为品牌进行统一销售，大部分粮食都由社员独自分散销售。

其次，农民合作社联合社在农机服务环节的覆盖范围有待拓展。尽管联合社成立了统一的农机服务队伍，但其运行效果却并不理想。主要是因为拥有农业机械的家庭农场主往往各自为政，一般都是在满足自身家庭农场的生产需求后，才会根据实际情况来决定是否服从联合社的统一安排，从而导致联合社的农机服务队伍难以真正发挥实效，不仅无法达到农机使用的饱和状态，更难以拓展其覆盖范围。

第三，农民合作社联合社在平台创建环节的实施效果尚未体现。除生产服务平台具有一定效果外，信息交流平台和信用服务平台基本上形同虚设，社员们仍然缺少交流农业政策、市场行情和种植经验的场所，微信群里少量的农业信息也无法引起社员们的互动。同时，社员们也很少在联合社内部展开金融互助工作，更多的还是在银行办理抵押贷款业务。

4. 农民合作社联合社的法律地位不明确

在陶庄镇农技所访谈时，联合社的现任理事长 X 君向我们诉苦："联合社目前最大的问题就是登记注册问题，民政部门不允许我们登记，要求先到工商部门进行登记，工商部门又因为没有明确的法律法规不愿意搭理我们。"

尽管 2007 年《中华人民共和国农民专业合作社法》明确界定了我国农民专业合作社这类组织的法律地位，但关于农民合作社联合社这种新型组织却没有明确规定。截至目前，中央政府层面关于农民合作社联合社的法律法规仍属空白。2009 年，江苏省政府出台的《江苏省农民专业合作社条例》第四十三条规定："两个以上农民专业合作社可以设立农民专业合作社联合社。农民专业合作社联合社可以参照本条例的有关规定，依法登记，领取农民专业合作社法人营业执照"。尽管该条例明确了农民合作社联合社的法人地位是合作社法人，但并没有界定农民合作社联合社的法律责任和注册流程，也没有说明对于农民合作社联合社的管理和扶持应该如何进行。

总体来看，目前已有的法律法规过于松散且具有很强的地域性，其真实效用并不是很大，从而导致陶庄镇农民合作社联合社出现了登记注册难的问题。由于尚未登记注册，陶庄镇农民合作社联合社不仅在本地发展、跨省和跨地区发展中容易出现问题，更在税收、财政、金融、用地等方面难以获得上级政府的优惠政策，所获得的扶持力度也相对较小。

三、陶庄镇家庭农场与农民合作社联合社发展推进的对策建议

1. 完善家庭农场基础设施建设，加大对其政策扶持力度

对于陶庄镇而言，正是 35 家家庭农场及在此基础上形成的农民合作社联合社，保障了粮食安全稳定和农村社会的稳步发展。因此，有必要完善陶庄镇家庭农场的基础设施建设，加大对其政策扶持力度，确保项目平稳落地，从而降低其生产成本并增加收益。具体而言，一般要做到以下几个方面：

首先，国家层面要正式出台针对家庭农场的扶持政策，以起到示范带头和调动地方积极性的作用。江苏省和兴化市政府则应根据一定的标准和规模将选择性

的项目支持转变为普惠性的项目覆盖，从而确保扶持政策的公平公正。并且，无论是国家层面还是地方政府层面的扶持政策，都应包含诸如标准化良田改造、土地平整、农业综合开发、农田小水利灌溉等在内的基础设施建设。

其次，地方政府还应根据家庭农场的实际需求加大或新增专项补贴力度和范围。陶庄镇家庭农场已有的专项补贴包括省级示范家庭农场补贴、土地流转补贴、秸秆还田补贴、农机购置补贴等。地方政府在加大上述补贴力度的同时，还可以新增诸如农业用水用电补贴、农机服务补贴、农业贷款补贴、农业保险补贴、良田和科技应用补贴等倾斜性补贴，使调整后的专项补贴发挥更大效用。

第三，可以通过国家或地方立法的方式，使各级政府对家庭农场的财政补贴制度化，确保政策落实具有刚性。针对陶庄镇家庭农场扶持政策难以落地的情况，在今后的扶持政策中，必须明确各种专项补助的对象、条件、数额和途径，适当降低涉农项目的申报要求，部分项目甚至可以交由农民专款专用。同时，对于补贴资金是归土地流出农户还是家庭农场必须明确说明。

2. 完善家庭农场土地流转制度，加强农忙雇工服务

只有完善的土地流转制度和农忙雇工方式，才会有家庭农场的健康持续发展。针对陶庄镇家庭农场的土地流转和农忙雇工成本较高，且存在一定风险的问题，特拟出了以下几条对策建议：

第一，稳步推进农地产权的确权登记颁证工作。土地确权之后，农户可以获得清晰完整的土地承包权和土地经营权，通过签订正规的土地流转合同，农户将土地经营权让渡给家庭农场，不会再有失去土地的担忧。

第二，规范土地流转合同的内容和管理方式。法律法规不仅能够提高合同的可履行性和权威性，更能够强化土地流转的执行契约，消除土地流转过程中的不稳定因素，让流入土地的家庭农场拥有长期且稳定的预期。

第三，完善土地流转促进机制。对于流入土地的家庭农场，不仅要颁发正规的土地经营权证书，还要建立健全土地流转风险保障制度和抵押贷款制度，有效地化解和降低其经营风险。对于流出土地的分散农户，要为其介绍相应的工作岗位，积极地探索高效的社会保障机制以确保其生活质量。

第四，建立可调节的利益分配机制。由于市场经济波动和人居环境多变，家庭农场的收入总是高低起伏，但土地流转成本和雇工价格却日益高涨，严重挤压了家庭农场的利润空间。因此，必须建立可调节的利益分配机制，探索推广租金动态调整、实物计租货币结算、土地入股分红等利益与风险均摊的分配办法，保护双方共同的合法权益。同时，还可以给予家庭农场一定的土地流转补助和雇工补助，以作为利益分配机制出台前的缓和措施。

3. 丰富和拓展农民合作社联合社规模效应的内容和范围

当前阶段，陶庄镇农民合作社联合社所能产生规模效应的内容较为单一，范围也有待扩展，主要表现在产供销环节、农机服务环节以及平台创建三个环节，从这三个环节对症下药，提出可行的对策建议。

首先，丰富农民合作社联合社在产供销环节的规模效应。联合社要进一步整合社员所拥有的各种社会资源，通过正式或非正式渠道与农资供销商建立起长期稳定的合作关系，从而降低社员的农资购买成本。同时，联合社还可以适当地降低农机服务的购买成本，通过薄利多销的方式既能够降低社员的生产成本，又能够保障联合社的增收效果。此外，联合社还要加强“六个统一”服务来提升社员的农产品质量，进一步扩大品牌效益的覆盖范围。

其次，拓展农民合作社联合社在农机服务环节的覆盖范围。联合社可以通过订立服务合同和服务报酬的方式，对农机服务人员进行系统培训，努力提升其服务意识和服务能力。同时，联合社还可以通过强制性的制度设计加强对农机服务人员的协调控制能力，使其在完成自身家庭农场的农机使用之后，能够服从联合社的统一调配，让联合社所拥有的农业机械的使用达到饱和状态，并扩大农机服务的覆盖范围。

第三，落实农民合作社联合社在平台创建环节的实施效果。除微信群，联合社还应建立一个更为有效且更为具体的信息交流场所，甚至可以通过定期或非定期的方式将社员集中起来，相互交流探讨各种农业政策、市场行情和种植经验。对于信用服务平台，联合社要通过加大宣传力度和提供优惠贷款政策的方式，让社员们真正享受到实惠，如此才会愿意在联合社内部开展金融互助业务。

4. 健全农民合作社联合社相关的法律法规，加大对其政策扶持力度

健全的法律法规是农民合作社联合社有序运转的基本前提。对于兴化市陶庄镇农民合作社联合社因缺乏相关的法律基础而在登记注册、发展壮大以及政府扶持等方面存在的问题，可以从以下几个方面作出突破：

第一，制定地方性的法律法规。在国家层面的农民专业合作社联合社法出台的可能性较低的情况下，可以在农民合作社联合社发展较好的地区，如江苏、浙江等发达省份，制定地方性的法律法规，为地方农民合作社联合社的发展提供法律保障，等到时机成熟时再推进全国性的立法工作。

第二，明确联合社的法律地位、责任和注册流程。对于地方性的法律法规，必须明确农民合作社联合社的法律地位、法律责任以及注册流程。联合社究竟属于法人组织还是社会团体，不仅关系到其是否拥有独立展开业务和独立财务核算的权力，还关系到其是否要承担相应的法律责任。建议地方性的法律法规将联合社界定为法人组织，这样既能保证联合社和合作社在法律地位上的一致性，又便于地方政府的指导管理。

第三，给予联合社配套性的制度支持。地方性的法律法规也要具备相应的配套制度，以促进联合社的发展壮大，这些配套制度主要包括项目建设、农业补助、财政奖补、信用担保、贷款贴息等方面。当然，在此过程中，地方政府也要加大对其资金使用和运作流程的监督管理力度。

参考文献

陈立旭，2016. 论特色小镇建设的文化支撑［J］. 中共浙江省委党校学报，22（5）.

杜何琪，2017. 从工具到机制：农村协商民主的生长过程与局限：来自苏南某村庄的案例［J］. 中国农业大学学报（4）.

高树军，2017. 特色小城镇建设发展研究：以青岛海青茶园小镇为例［J］. 农业经济问题，37（3）.

克利福德·吉尔兹，2004. 地方性知识［M］. 王海龙，等，译. 北京：中央编译出版社.

肯尼斯·纽顿，2000. 社会资本与民主［J］. 马克思主义与现实（2）.

兰建平，2015. 建特色小镇　谋发展高地［N］. 浙江日报，03－31（9）.

李茂，2016. 准确把握特色小镇的内涵与外延［N］. 河北日报，09－02（7）.

厉华笑，杨飞，裘国平，2016. 基于目标导向的特色小镇规划创新思考：结合浙江省特色小镇规划实践［J］. 小城镇建设，32（3）.

曼瑟尔·奥尔森，2014. 集体行动的逻辑［M］. 陈郁，等，译. 上海：格致出版社.

闵学勤，2016. 构建特色小镇的精准治理模式［N］. 新华日报，11－03（8）.

闵学勤，2016. 精准治理视角下的特色小镇及其创建路径 [J]. 同济大学学报：社会科学版，27 (5).
乔海燕，2016. 基于地域文化特征的嘉兴旅游特色小镇建设 [J]. 城市学刊，37 (3).
盛世豪，张伟明，2016. 特色小镇：一种产业空间组织形式 [J]. 浙江社会科学，31 (3).
王国华，2017. 特色小镇是政府主导的市场经济行为 [J]. 经济，18 (8).
王建光，姜姝，2015. 时序与家园的道德张力流动群体中的乡情背反研究 [J]. 南京农业大学学报 (6).
王晓毅，2016. 精准扶贫与驻村帮扶 [J]. 国家行政学院学报 (3).
乌尔里希・贝克，2004. 风险社会 [M]. 柯博闻，译. 南京：译林出版社.
徐剑锋，2016. 特色小镇要聚集“创新”功能 [J]. 浙江社会科学，31 (3).
杨善华，谢立中，2006. 西方社会学理论：下卷 [M]. 北京：北京大学出版社.
易开刚，厉飞芹，2017. 基于价值网络理论的旅游空间开发机理与模式研究：以浙江省特色小镇为例 [J]. 商业经济与管理，36 (2).
于新东，2015. 关于浙江加快特色小镇培育发展的建议 [J]. 党政视野，21 (Z1).
詹姆斯・C 斯科特，2011. 弱者的武器 [M]. 郑广怀，等，译. 南京：译林出版社.
浙江工业大学中国中小企业研究院课题组，2016. 用特色小镇品牌托起“浙江制造” [J]. 浙江经济，31 (6).
朱莹莹，2016. 浙江省特色小镇建设的现状与对策研究：以嘉兴市为例 [J]. 嘉兴学院学报，28 (2).

第八章 <<<

2017 江苏农村经济社会的重要进展与重大事件

持续关注江苏农村经济社会的进展及问题，是一项追踪式、观察式、合作式的长期研究。从相关研究文献来看，现有研究中存在一些针对江苏农村经济社会发展以往的某些具体案例、重要问题或重大事件而开展的碎片化研究，但却几乎很少涉及对整个江苏农村经济社会进展及问题的持续跟踪研究。相比而言，本章关注的是那些涉及江苏农村经济社会进展的重大事件、重要问题、政策文件和发展大事，这些需要研究者与实务工作者的紧密合作、共同研究和持续追踪。基于此，本章紧抓江苏农村经济社会发展的进行时态，持续关注江苏农村的发展变化，使它成为一项落脚江苏本地、放眼中国乡村振兴的长期研究方向。

第一节 2017 年江苏省农村经济社会发展大事记

- 1 月 3 日，江苏省政府办公厅印发《关于落实发展新理念推动农业保险迈上新台阶的指导意见》（苏政办发〔2017〕1 号）。
- 1 月 5 日，江苏省政府办公厅印发《关于推进农村一二三产业融合发展的实施意见》（苏政办发〔2017〕4 号）。
- 1 月 9 日，中共江苏省委、江苏省人民政府联合印发《关于深入推进农业供给侧结构性改革促进农民持续增收的意见》（苏发〔2017〕1 号）。
- 1 月 20 日，江苏省政府办公厅印发《关于印发全省促进农民持续增收行动计划（2017—2020 年）的通知》（苏政办发〔2017〕13 号）。
- 1 月 12 日，江苏省农业工作会议在南京召开。会议总结 2016 年全省农业和农村经营管理工作，分析当前农业农村经济形势，研究推进农业供给侧结构性改革，部署 2017 年重点工作。

- 2 月 20 日，江苏省政府办公厅印发《关于支持返乡下乡人员创业创新促进农村一二三产业融合发展的实施意见》（苏政办发〔2017〕29 号），对农民工、中高等院校毕业生、退役士兵和科技人员等返乡下乡人员到农村开展创业创新给予政策支持。
- 2 月 24 日，江苏省人民政府印发《关于统筹推进城乡义务教育一体化促进优质均衡发展的若干意见》（苏政发〔2017〕1 号）。
- 2 月 27 日，农业部等九部委联合召开全国农资打假专项治理行动电视电话会议。会议结束后，江苏省工商、农委、质监、公安、经信委等有关部门召开电视电话会议，对全省农资打假专项治理行动、落实农资领域失信联合惩戒等工作进行部署。
- 3 月 1 日，江苏省启动全面推进“互联网＋种业・江苏行动计划”，旨在进一步激发种业创新发展新动能，促进种业管理、营销、服务模式创新，助力农业供给侧改革。
- 3 月 1 日，江苏省农业委员会召开全省畜禽养殖污染及农业面源污染治理专项行动推进会，提出力争用 2 年、确保 3 年的时间，着力解决突出问题，重点要抓好“调、关、治、建、减”五项任务，推动农业可持续发展。
- 3 月 6 日，江苏省政府办公厅印发《关于严格落实社会保障切实做好征地补偿安置工作的通知》（苏政办发〔2017〕34 号）。
- 3 月 20—26 日，江苏省在全省范围内组织开展农民手机应用技能培训活动。本次培训活动围绕着“让手机成为农民发展生产、便利生活、增收致富的好帮手”的中心点，找到江苏“互联网＋”现代农业深度融合的切入点，做好规定动作，做亮自选动作，受到农民朋友的广泛好评。
- 3 月 23 日，《江苏省“十三五”供销合作事业发展规划》新闻发布会在南京召开。根据《规划》要求，江苏省将推行农药“零差率”统一配供，从源头和供给端做起，确保城乡居民舌尖上的安全。
- 3 月 23 日，江苏省农业委员会在兴化市周庄镇组织开展“放心农资下乡进村宣传周”现场咨询示范活动，标志着该项活动在江苏省全面启动。
- 3 月 31 日，江苏省政府办公厅印发《关于加快推进农业农村电子商务发展的实施意见》(苏政办发〔2017〕53 号)。

- 3 月 31 日—4 月 1 日,江苏省政府在扬州市江都区召开全省春季农业生产暨现代农业产业园建设工作会议,部署春耕备耕、农业结构调整、现代农业产业园建设等工作。
- 4 月 20 日,江苏省农业信息化工作会议在泰州召开。会议旨在贯彻落实中央和省农村工作会议、农业工作会议精神,总结 2016 年全省农业信息化工作情况,研究部署今年的目标任务和重点工作,推进农业信息化加快发展。
- 4 月 28 日,江苏省政府办公厅印发《关于进一步加快农产品加工业发展的实施意见》(苏政办发〔2017〕63 号)。
- 5 月 5 日,江苏省信息进村入户整省推进示范工作领导小组召开全省信息进村入户整省推进示范工作视频会议。
- 5 月 12 日,江苏省政府办公厅印发《关于印发江苏省"菜篮子"市长负责制考核实施办法的通知》(苏政办发〔2017〕69 号)。
- 5 月 12 日,国家小麦赤霉病综合防控协同创新联盟在泰兴成立,全国 60 多家科研单位、高等院校加盟。成立国家小麦赤霉病综合防控协同创新联盟,旨在动员全国小麦赤霉病防控研究产业技术力量,利用小麦遗传改良、植物保护、药剂研发、农产品检测等现有专业技术人才、科研成果、试验设备,整合资源,广泛开展技术创新与交流合作,有效提供适应全国不同麦区的小麦赤霉病防控技术方案,保障我国小麦生产的安全高效。
- 5 月 19 日,"吴明珠院士工作站"在盐城市东台三仓农业园区成功签约,标志着江苏省首个西甜瓜产业院士工作站正式成立。
- 5 月 22—23 日,江苏省农业委员会在金坛召开全省创意休闲农业工作推进会,决定从今年起实施"12311"创意休闲农业省级特色品牌培育计划,用 3 到 5 年时间,培育 100 个农业特色小镇、200 个休闲观光农业示范村、300 个主题创意农业园,构建全国领先的创意休闲农业互联网宣传平台,每年举办一次创意休闲农业设计大赛,进一步提升江苏省创意休闲农业影响力,建设创意休闲农业强省。
- 6 月 16 日,第七届金砖国家农业部长会议在南京成功召开。会议围绕"创新与共享,共同培育农业发展新动能"的主题进行深入交流,通过了《第七届金砖国家农业部长会议共同宣言》和《金砖国家农业合作行动计划（2017—2020）》等成果文件，就密切金砖国家农业合作、推动世界农业持续发展达成广泛共识。

- 6月18日，苏北首个杨梅种植园在海安高新区孙庄办事处孙庄村正式开园。
- 6月20日，中共江苏省委、江苏省政府联合印发《江苏省特色田园乡村建设行动计划》，明确“十三五”期间，省级规划建设和重点培育100个特色田园乡村试点，首批试点村庄总数40个左右。
- 6月28日，江苏省政府办公厅印发《关于印发江苏省特色田园乡村建设试点方案的通知》（苏政办发〔2017〕94号）。次日，江苏省政府召开全省特色田园乡村建设试点启动会。
- 6月29日，全省农药管理工作会议召开。据悉，作为农药生产大省，江苏省现有农药企业260多家，年产农药约55万吨，占全国四成以上；全年各类农作物种植面积1.16亿亩次，年使用农药商品量5.5万吨左右。
- 6月29日，江苏省农业委员会和中国电信江苏分公司联合举行江苏智慧动物监督信息系统上线运行仪式，标志着江苏动物卫生监督执法工作迈上一个新台阶。
- 7月17日，江苏省政府办公厅印发《关于创新农村基础设施投融资体制机制的实施意见》（苏政办发〔2017〕102号）。
- 7月18日，为进一步拓展农业保险保障领域和力度，江苏农业大灾保险试点工作启动。本轮试点保险标的为水稻、小麦、玉米。与以往基础性农业保险相比，大灾保险明确为适度规模经营主体的专属保险产品。
- 7月20日，江苏省委、省政府在邳州市召开全省促进农民增收工作会议，贯彻省第十三次党代会和省委十三届二次全会精神，研究分析当前农民增收面临的新形势、新要求，部署下半年及今后一个时期工作任务。
- 7月22日，江苏省现代农业科技产业研究会正式成立，旨在更好地破解科技与产业“两张皮”问题，加快科技成果产业化，促进现代农业与科技产业深度融合。研究会汇聚各行各业的科技主体、产业主体，力推相互之间的无缝对接，实现产业所需科技的精准供给。
- 7月27—28日，江苏省农业委员会在南通召开全省农业对外合作工作会议，回顾总结近年来农业对外合作工作成效，贯彻落实中央和省委省政府关于农业对外合作工作要求，研究部署今后一段时期重点工作。

- 7 月 30 日，江苏省政府在南京召开全省耕地保护工作会议，贯彻落实省委省政府《关于进一步加强耕地保护和改进占补平衡的实施意见》（苏发〔2017〕15 号），部署下一阶段工作。
- 8 月 4 日，江苏省农业委员会、财政厅在南京召开全省挂县强农富民工程实施推进会议。会议围绕如何做好校（院、所）与地方对接，持续提升项目影响力；如何强化基地建设，充分发挥示范辐射作用；如何加强项目策划，“从无到有”培育新产业、新主体等多个方面进行专题交流。
- 8 月 11 日，江苏省农业委员会部署全省全面深化农村集体“三资”管理专项治理工作。今年以来，全省各地按照省纪委关于开展农村基层不正之风和腐败问题专项治理的要求，根据省农委统一部署，精心组织、周密安排、扎实推进，农村集体“三资”管理专项治理工作取得初步成效。
- 8 月 14 日，江苏特色小镇第二次创建工作推进会暨银镇对接会在南京召开。据悉，省发展改革委和国家开发行江苏分行、省国信集团签署战略合作，总规模 1 000 亿元的江苏特色小镇发展基金落地。5 家商业银行与 22 个小镇签署了 556 亿元的融资项目。
- 8 月 22 日，中共江苏省委办公厅、江苏省政府办公厅联合印发《关于全面推进科技支农强农富农的意见》（苏政办发〔2017〕4 号）。
- 8 月 22 日，江苏省政府召开新闻发布会，宣布《江苏省“十三五”时期基层基本公共服务功能配置标准（试行）》正式出台。该标准的制定在全国尚无先例，是省委省政府的一个创新举措。
- 8 月 24 日，全省特色田园乡村建设试点工作推进会召开。副省长蓝绍敏出席会议并讲话。建设特色田园乡村，是省委、省政府致力于乡村发展与复兴谋划布局的一篇“大文章”。
- 8 月 25 日，江苏省 13 个设区市均成功将包括原新农合人员在内的城乡居民纳入跨省异地就医直接结算系统。至此，全省已实现了对职工医保、城乡居民医保及原新农合参保人员的跨省异地就医直接结算全覆盖。
- 8 月 29 日，全省特色田园乡村建设座谈会在宁举行。时任江苏省委书记李强在会上强调，特色田园乡村建设是促进乡村复兴的战略抓手，要注重乡土气息，彰显个性特色，提升多元价值，焕发内生活力，统筹有序推进江苏省特色田园乡村建设，积极探索乡村复兴的江苏路径，努力建设美好生活家园。

- 8月30—31日，全国土地利用管理工作会议在苏州召开。据悉，江苏土地开发强度超过20%，居全国各省（区、市）之首，土地资源要素配置面临开发强度高、规划建设空间不足、后备资源短缺等多重压力。
- 9月22—24日，由江苏省人民政府主办，省农委、商务厅、贸促会和连云港市人民政府承办的第十九届（2017）江苏农业国际合作洽谈会在连云港举办。本届农洽会共有1 000多家境内外企业参展，设立展位704个，共有2 000多种农产品参加展示展销，现场销售农产品近1 400万元。
- 10月12日，以“创意农业富民强村”为主题的首届江苏省创意休闲农业设计大赛精品展示活动在江苏国际农业展览中心拉开帷幕。一批造型新颖、吸引眼球的创意精品从1 261件参赛作品中脱颖而出。2017年以来，江苏各类创意休闲农业新增景点600余个，接待游客7 000万人次。截至目前，综合收入超过250亿元，成为促农增收致富的新亮点。
- 10月13—14日，江苏省政府在南通召开全省城乡生活垃圾分类工作现场推进会。副省长蓝绍敏出席会议并讲话。蓝绍敏指出，农村生活垃圾分类，要循序渐进、试点先行，探索行之有效的分类模式。他强调，要让垃圾分类逐渐成为每一个人的文明素养和生活习惯。
- 10月15日，2017海峡两岸（江苏）名优农产品展销会在镇江开幕。当天，组委会还举办江苏省经济薄弱地区扶贫项目、特色农产品推介签约仪式和镇江现代农业招商与名优农产品推介会。
- 10月27日，江苏省国土资源厅印发《关于开展特色田园乡村不动产登记工作的通知》，决定在全省特色田园乡村开展不动产登记工作。这主要包括深化完善农村集体土地所有权确权登记成果，确保农村集体土地所有权确权登记发证覆盖特色田园乡村范围内全部集体土地；加快推进特色田园乡村房地一体化不动产登记发证工作；提前做好农村土地承包经营权登记与不动产登记的衔接工作。

- 10 月 29 日，江苏省委办公厅、省政府办公厅发布《关于加强政策体系建设促进新型农业经营主体发展的实施意见》，要求各地结合实际认真贯彻落实，综合运用多种政策工具，进一步完善政策支持体系，促进新型农业经营主体加快发展。
- 11 月 7 日，为加快推进江苏省食用农产品追溯体系建设，江苏省食品药品监管局会同省财政厅、省农委、省商务厅、省海洋与渔业局等部门联合印发了《关于加快推进食用农产品追溯体系建设的实施意见》（苏食药监食通〔2017〕217 号），加快食用农产品追溯管理资源的整合和应用，协同开展食用农产品追溯体系建设。
- 11 月 9—10 日，全国电商精准扶贫现场会在宿迁市召开。会议要求，牢牢把握电商扶贫精准导向，不忘扶贫初心，用脱贫目标统领电商发展，重点瞄准建档立卡贫困户，建立精准带贫机制，精准施策、精准发力，努力探索建立把贫困户带起来的利益链接机制，引导贫困群众真正参与进来，让贫困村从中受益摘帽，让贫困人口受益脱贫。
- 11 月 9—12 日，由农业部和江苏省人民政府共同举办的首届全国“互联网＋”现代农业新技术和新农民创业创新博览会（简称“双新双创”博览会）在苏州国际博览中心召开，全国 31 个省（区、市）及新疆生产建设兵团参展，江苏省动物卫生监督所携“江苏智慧动监信息系统”亮相，展现信息技术在动物卫生监督领域发展新面貌。
- 11 月 14 日，江苏省民政厅与 47 家社会组织签订服务协议，今后一年内，将由这些社会力量承担起保护农村留守儿童的具体事务，将关爱服务留守儿童项目化、精准化，确保每一个孩子都得到持续、专业、有质量的保护。这也是江苏省首次使用省级财政购买社会服务保护留守儿童。
- 11 月 17—19 日，由江苏名特优农产品交易会组委会主办，江苏省农业委员会等省有关部门与 13 个省辖市政府联合承办的第十五届江苏名特优农产品（上海）交易会在上海国际农展中心举行。本届交易会以“绿色消费、健康人生”为主题，江苏省 342 家龙头企业、农业专业合作社、家庭农场等农业新型经营主体携 700 余种农产品参展。
- 11 月 19—20 日，全省农村妇女创业就业增收行动推进会议在盐城市大丰区召开。

- 11 月 29 日，江苏省政府举行新闻发布会，对《江苏省传统村落保护办法》进行详细解读。《江苏省传统村落保护办法》自 12 月 1 日起正式实施。这是国内首部以省政府规章形式对传统村落进行立法保护，将推动江苏省传统村落保护走上法制化、规范化轨道，从而形成相对完整的历史文化名城名镇名村和传统村落保护制度体系。
- 12 月 1 日，由农业部和江苏省政府共同主办的中国江苏·现代农业科技大会在宁开幕。为现代农业建设插上"科技的翅膀"，开启江苏乡村振兴新征程。

第二节 2017 年江苏省农村经济社会取得的新进展

1. 农业走出去步伐加快，农产品贸易增速持续稳定

近年来，江苏紧跟国家推进"一带一路"建设步伐，加速推进工业化、城镇化的同时，坚定不移巩固农业基础地位，积极调整农业结构，不断提升农业产业化水平，大力实施农业"引进来、走出去"战略，将发展开放型农业作为江苏现代农业建设的重要方向。

截至 2017 年年初，江苏已与 160 多个国家和地区建立农产品贸易关系，吸引 80 多个国家和地区的客商投资 7 100 多个农业项目，拥有农产品进出口企业 2 500 多家，出口农产品示范基地（区）163 个，其中农产品出口额超千万美元的企业 70 家左右。2016 年，江苏省农产品进出口总额达 154 亿美元，展现出良好的发展前景。

在国家层面促进农业对外合作的总体精神指引下，江苏农业走出去步伐加快，2016 年前三季度江苏省新增对外农业投资企业 25 家，协议投资额 3.67 亿美元，同比分别增长 108%、348%。"十二五"期间农产品进出口贸易年均增速保持 5%，2015 年达 148.4 亿美元，其中肠衣出口占全国 23.7%，大蒜出口占全国 15%，分别居全国第一和第二位。

江苏省鼓励各地依托现有产业优势，培育新的农产品出口产业集聚区，发挥邳州大蒜、宝应荷藕、兴化脱水蔬菜、灌云灌南菌菇、如皋肠衣、赣榆泥鳅、南通连云港紫菜、盱眙宠物食品等八大出口产业集聚区出口优势，积极推进特色粮油、蔬菜、保鲜蒜头、休闲食品、猪肠衣、绵羊肠衣、桑蚕丝等江苏省优势农产品出口。

与此同时，江苏省实施“产品外向化、基地规模化、技术标准化与管理规范化”发展模式，引导出口企业开展农产品质量安全认证和产品注册，建立全程质量控制体系、产品质量追溯体系、技术标准化体系，提升出口农产品质量安全水平。

2. 促进全省农民持续增收，《行动计划》来支撑

当前，经济发展进入新常态，农业发展进入新阶段，支撑农民增收的传统动力逐渐减弱，农民收入增速放缓，促进农民持续增收面临的压力不断增大、挑战不断增多。高水平全面建成小康社会，难点在农村，关键在农民。促进农民持续增收，事关农民安居乐业和农村和谐稳定，事关巩固党在农村的执政基础，事关经济社会发展全局。

近年来，江苏省农民收入持续较快增长，2015 年全省农民人均纯收入达到 1.62 万元，实现“十二连快”，增幅连续 6 年高于城镇居民，城乡居民收入差距缩小到 2.29：1。2016 年农民收入继续保持稳定增长势头，为全省经济社会发展提供了重要支撑。

为更好地“聚力创新、聚焦富民，高水平全面建成小康社会”，促进农民持续增收，让农民有更强的获得感，江苏省政府紧密结合全省农业农村工作实际，制定《全省促进农民持续增收行动计划（2017—2020 年）》，并于 1 月 20 日正式印发。

《行动计划》明确，到 2020 年，全省基本形成较为完善的农业支持保护制度、农民就业创业政策体系、农村社会保障体系和促进农民增收长效机制。全省农民人均可支配收入年均增长 7%以上，到 2020 年力争达到 2.3 万元，农民收入增幅高于城镇居民收入增幅，城乡居民收入差距缩小到 2.2：1 以内，人均年收入 6 000 元以下的 277 万农村低收入人口“一人不少、一户不落”如期脱贫。

3. 江苏“互联网+”现代农业，助力乡村振兴战略实施

在无锡宜兴丁蜀物联网农业小镇，莲花荡大田、茶叶、大棚作物等农业生产已实现科学化管理。借力移动物联网技术，“新农人”不用置身田间，千里之外也能实现田管，精确掌握墒情、温度、光照及其他气象指标，合理安排施肥、打药时间，莲花荡大田水稻单产提高了 5%……如今，“互联网＋”正深度重塑江苏现代农业发展优势，推动产业提质升级。

用电脑代替人脑，用科学辅助经验。江苏省将物联网与农业智能结合，建成了一批有影响力的农业物联网科研及创新平台。以现代农业产业园、设施农业基地、规模养殖场等为载体，创建省级智能农业示范基地 127 家，全省规模设施农业物联网技术应用面积占比超过 14%。

江苏省农业电子商务也蓬勃发展。2016 年江苏农产品网络营销额达 285 亿元，连续多年保持 20%以上增速。江苏供销系统积极打造“网上供销合作社”，2016 年实现电商销售额 170 亿元，同比增长 275%。

农业管理服务电子化、网络化进程也在加快推进。2017 年 3 月，江苏省启动全面推进“互联网＋种业·江苏行动计划”，旨在进一步激发种业创新发展新动能，促进种业管理、营销、服务模式创新，助力乡村振兴战略实施。宿迁市农机部门发布“嘀嘀农机”手机 APP 软件，面向社会推出农机作业网上“打的”业务，将“滴滴模式”移植到“嘀嘀农机”，在农忙季节帮助农民解决“农民找机难、农机找地难”问题。

据江苏省农业委员会介绍，江苏“互联网＋”现代农业到“十三五”末将力争农业信息化覆盖率达 65%，农业电商年交易额达千亿元，规模设施农业物联网技术应用面积占比达 20%，实现县市区信息进村入户、农业行政管理网络化、农业市场主体信息服务全覆盖。

4. “12311”创意休闲农业省级特色品牌培育计划

近年来，在市场需求拉动和政府政策驱动下，创意休闲农业蓬勃发展，成为农业转型升级、农民就业创业、农村融合发展的新型产业。2016 年，江苏省休闲观光农业累计接待游客超过 1 亿人次，综合收入达 350 亿元。根据全国休闲农业发展研究报告，江苏省休闲观光农业综合发展指数与四川并列第一，休闲农业与乡村旅游示范县示范点、美丽休闲乡村、星级企业等国家级品牌创建数量居全国首位。

2017 年 5 月 22—23 日，江苏省农业委员会在金坛召开全省创意休闲农业工作推进会，决定实施“12311”创意休闲农业省级特色品牌培育计划，用 3～5 年时间，培育 100 个农业特色小镇、200 个休闲观光农业示范村、300 个主题创意农园，构建全国领先的创意休闲农业互联网宣传平台，每年举办一次创意休闲农业设计大赛，进一步提升江苏省创意休闲农业影响力，建设创意休闲农业强省。

2017 年 10 月 12 日，以“创意农业富民强村”为主题的首届江苏省创意休闲农业设计大赛精品展示活动在江苏国际农业展览中心拉开帷幕。彩绘石头、智能水培家庭农场、创意蔬菜花卉、水稻艺术……一批造型新颖、吸引眼球的创意精品从 1 261 件参赛作品中脱颖而出。

据江苏省农业委员会介绍，全面启动实施“12311”省级特色品牌培育计划是“十三五”期间全省发展创意休闲农业的具体抓手，是乡村振兴战略实施的重要举措。今后 3～5 年，全省各级休闲农业管理部门的重点工作在于：突出农旅文融合，加快培育农业特色小镇；突出强村富民，加快培育休闲观光农业示范村；突出转型升级，加快培育主题创意农园；突出营销推介，加快构建创意休闲农业互联网平台；突出创新创意，认真组织创意农业设计大赛。

5. 上线智慧动物监督信息系统，工作迈上新台阶

2017 年 6 月 29 日，江苏省农业委员会和中国电信江苏分公司联合举行江苏智慧动物监督信息系统上线运行仪式，标志着江苏动物卫生监督执法工作迈上了一个新台阶。

江苏智慧动物监督信息系统由三大系统组成：

一是动物卫生监督管理应用系统，包含了检疫监督、无害化处理、兽药饲料管理等 11 个功能模块，可对畜牧兽医管理数据进行采集、传输、汇总、分析，数据相通、资源共享。

二是远程视频监控系统，覆盖全省生猪屠宰企业、病死动物无害化处理场、省际动物卫生监督检查站、大型畜禽养殖场和其他有关动物卫生监管重点场所，视频监管，证据可保存可追溯。

三是“苏动 e 通”APP 系统，在智能手机上就可实现动物检疫、流通监管、监督检查、执法办案、无害化处理监管、证章标志管理等工作的全程监管、数据上传、实时查询和痕迹化可追溯管理。

这三大系统构成了江苏“智慧动监”一体两翼，形成覆盖畜禽生产、动物防疫、流通经营、屠宰加工、畜禽产品质量安全等全过程的可追溯体系，实现了“来源可查、去向可追、监督留痕、责任可究”，提升了动物卫生全链条风险控制水平。正如江苏省动物卫生监督所介绍的，“智慧动监”既像一只警惕的“眼睛”，又像一双服务基层、服务企业的“好手”，防风险、保安全、促发展。

6. 完善全省农业保险机制，为农民撑起“保护伞”

农业保险是农业发展的“防护网”，在防范农业风险、救助农业灾害方面具有不可替代的作用。自 2004 年起，江苏省在淮安、苏州等地先后开展了政策性农业保险试点，2007 年被列为国家农业保险工作试点省份至今已十余年。2017 年 7 月 6 日，江苏省金融办围绕进一步推动农业保险发展召开新闻发布会。

据介绍，“十二五”以来，江苏省农业保险覆盖面不断扩大，截至 2016 年年底，全省保险业为农业生产经营提供风险保障 3 073.5 亿元，政策性农业保险保费收入约 173.5 亿元，共支付理赔资金 84.9 亿元，2 262 万户次农民从中受益，全省主要种植业保险承保覆盖面接近 90%，高效设施农业保险保费占比超过 50%。

其实，早在 2017 年 1 月，江苏省政府办公厅就印发了《关于落实发展新理念推动农业保险迈上新台阶的指导意见》（苏政办发〔2017〕1 号），提出江苏省以巩固基本面、覆盖全领域、稳步提标准为基本任务，补不足，促发展。

值得关注的是，目前，全省各级政府正通过“以奖代补”形式，加快发展粮油、蔬菜、果品、中药材、茶叶、种子等地方特色农业保险，服务地方经济发展。进一步扩大猪、牛、羊、鸡、鸭、鹅等禽畜类特色养殖业的保险覆盖面，以鼓励各地结合优势产业，发展地方特色农业险种。

为进一步拓展农业保险保障领域和力度，江苏省于 7 月下旬启动农业大灾保险试点工作。本轮试点保险标的为水稻、小麦、玉米。与以往基础性农业保险相比，大灾保险明确为适度规模经营主体的专属保险产品。

7. 农村电商发展迅速，农民上网交易成致富新渠道

2017 年 7 月 18 日，江苏省工商局发布《江苏省网络交易发展和监管情况报告（2016 年度）》。报告显示，2016 年度，江苏省网络交易规模持续增长，生活服务业、农村电子商务、跨境电子商务发展迅速，促进了传统服务业和相关产业的转型升级。

江苏省工商局网络交易监测中心系统采集的数据显示，截至 2016 年年底，全省共有市场主体开办的经营性网站 11.54 万家，网店 104.26 万家，网店所在平台涉及淘宝、天猫、1 688、京东、苏宁易购、一号店等国内主要第三方平台，总交易额比 2015 年度增加 24.98%。值得注意的是，江苏省寄出的包裹比接收的包裹多、销售额比消费额高。

令人欣喜的是，苏北地区农村电子商务呈现蓬勃发展态势。截至 2016 年底，全省共有 7 个全国电子商务进农村综合示范县，28 个省级农村电子商务示范县，80 个省级农村电子商务示范镇和 150 个省级农村电子商务示范村，其中苏北地区的数量均超过一半。2016 年，全省共有淘宝镇 17 个，其中苏北地区的数量达到 70%；淘宝村 201 个，其中苏北地区的数量占一半左右。

例如，宿迁市 2016 年度电子商务交易额实现 740 亿元，增长 60.9%，仅京东商城就帮助宿迁市 3 600 家企业完成超过 7 亿元的销售额。盐城市实施农产品电商"百网千店"工程，线上土特产品及农产品的销售品种已占全市农产品品种的 36%。徐州市网络零售额突破 300 亿元，其中涉农地区网络零售额突破 150 亿元，同比增长迅速。

8. 农药"零差率"统一配供，确保居民舌尖上的安全

农药是农业生产的重要投入品，农药经营管理事关农业生产和农产品质量安全。因此，管好"药瓶子"就等于牵住了保障农产品质量安全的"牛鼻子"。为加强农药使用和市场管理，江苏省从 2010 年开始在苏州市先行先试，推行农药"零差率"统一配供服务，即对主要农药品种实行公开招标确定供货厂家，农药按厂家在投标时的中标价直接供应给农户，农户购买农药时得到了"零差率"的直供价和中标价低于出厂价部分的双重优惠。

据介绍，苏州市高效低毒农药使用率达 99%，其中生物农药使用率占比 49.2%。江苏省有关部门抽检结果显示，该市农产品农残抽检合格率达 99%以上。经过 7 年实践，实现了"安全＋降本＋减量＋增收"的多重效应，为全省树立了样板。

2017 年 3 月，江苏省政府办公厅印发《江苏省"十三五"供销合作事业发展规划》。《规划》明确，江苏省推行农药"零差率"统一配供，从源头和供给端做起，确保城乡居民舌尖上的安全。根据《规划》要求，粮食、果蔬等所需农药，必须通过农业植保部门测试并列入适合在当地使用、推广的农药目录，必须是高效、低毒或生物农药，杜绝高毒高残留和假冒伪劣农药流入农资市场。

之后，江苏省农业委员会和江苏省供销合作总社联合发文，在全省范围内逐步推行农药“零差率”统一配供，吹响了规范农药市场秩序、保卫“舌尖安全”的冲锋号。江苏省供销合作总社党组书记、理事会主任诸纪录说：“农药‘零差率’统一配供降低了农业生产成本，促进了农民增收，保障了农产品质量安全，改善了农村生态环境，可谓一举多得，花小钱办成了大事。”

9. 农村产权交易县级平台全覆盖，告别“暗箱交易”

按照中央关于农村集体产权制度改革的决策部署，江苏省于 2017 年 6 月底在全国率先实现农村产权交易市场县级平台全覆盖。至此，全省有 95 个县（市、区）、1 171 个乡镇（街道）建成统一联网、信息互联、资源共享、省市县镇四级联动的市场交易体系，提前半年完成省委、省政府确定的县级平台全覆盖建设任务。累计交易项目 5.4 万笔，成交金额超 213 亿元；2017 年 1—6 月，通过平台交易的项目达 1.77 万笔、成交金额超 65 亿元。

四级联网的交易平台还给土地经营权抵押贷款带来利好：获得土地经营权的经营主体在签订土地流转合同后，平台即发放鉴证书；经营主体凭证书到银行申请贷款，签订合同并到平台登记后，平台给银行发放他项权利证书。

“解决了土地经营权‘一女多嫁’问题。”江苏省委农工办介绍，四级联网的平台交易半径大，万一贷款人无力偿还贷款，可较快找到“接盘者”，因此银行非常欢迎，经营权抵押业务推进很快，从 2016 年 3 月到 2017 年 7 月，全省共有 2 812 笔经营权抵押贷款通过平台鉴证、登记，涉及 92 万亩土地，贷款金额达 14.6 亿元。

10. 全省农村三产融合发展加快，亮点纷呈

农业产业化工作既是传统农业与二、三产业融合对接的关键支撑，又是发展农业新业态的主要载体，也是农民走向致富的重要途径，还是农业发展的动能所在。2017 年上半年，江苏省级以上农业龙头企业运行平稳，销售（交易）额达到 4 100 亿元，带动农户数近 700 万，分别同比增长 8.1%和 5.2%。

一方面，江苏省一、二、三产业融合加快发展，项目试点效果显著。贾汪、海门果蔬生产和销售能力显著提升，赣榆蓝莓、东台茧丝绸精深加工能力显著提升，南京雨发、浦桥玉剑茶叶、十里岸乡休闲农业接待能力显著提升，宜兴稻米产业实现生产要素、发展资源、经济利益“三融合”，总结出产业链延伸型、产业集聚型、功能拓展型等农村产业融合模式，为推动农业新产业新业态新模式发展发挥了较好的示范辐射作用。

另一方面，江苏省农村创业创新亮点纷呈，返乡农民工、中高校毕业生、退役士兵、大学生村官、农村青年、农村能人等创办领办家庭农场、农民专业合作社、农产品加工业、休闲农业和乡村旅游、农村特色传统手工业、益农信息服务、农村电商等。有 3 家入选农业部农村创业创新优秀带头人典型案例，78 个单位入选全国农村创业创新园区（基地）目录，占全国总数的 7.1%，15 个优秀项目入选全国农村创业创新项目创意大赛。

上述显著进展，得益于《江苏省政府办公厅关于推进农村一二三产业融合发展的实施意见》（苏政办发〔2017〕4 号）对江苏省扎实推进农业供给侧结构性改革，加快构建全省一、二、三产业融合发展的现代农业产业体系的指导；得益于《江苏省政府办公厅关于支持返乡下乡人员创业创新促进农村一二三产业融合发展的实施意见》（苏政办发〔2017〕29 号）对农民工、中高等院校毕业生、退役士兵和科技人员等返乡下乡人员到农村开展创业创新给予的政策支持。

11. 全省耕地保护工作持续推进，占补平衡有序改进

2017 年 7 月 30 日，江苏省政府在南京召开全省耕地保护工作会议，贯彻落实省委、省政府《关于进一步加强耕地保护和改进占补平衡的实施意见》（苏发〔2017〕15 号），部署下一阶段工作。副省长陈震宁出席会议并讲话。

陈震宁指出，当前和今后一个时期，是江苏省全面建成小康社会的决胜阶段，进一步做好耕地保护工作具有极端重要意义。要全面落实加强耕地保护的各项重点任务，坚持“不占少占”基本方针，严格耕地管控性保护；严格落实永久基本农田特殊保护措施，强化红线意识；切实把握数量质量两大要素，补足补优耕地；不断完善保护补偿激励机制，注重利益调节。要层层压实责任，各级政府必须做到守土有责、守土尽责，严格履行耕地保护和占补平衡责任。坚持依法行政，坚决防止新的违法用地行为发生。用足用好政策，更好落实最严格的耕地保护制度和节约用地制度，为推进“两聚一高”新实践，建设“强富美高”新江苏提供土地资源保障。

近年来，江苏省采取扎实有力措施，切实加强耕地保护，取得积极成效。耕地保护机制进一步完善，建立了“责任＋激励、行政＋市场”的耕地保护新机制。永久基本农田划定任务高质量完成，全省共划定永久基本农田 5 880.16 万亩。土地综合整治成效显著，“十二五”以来全省累计整治土地 678.59 万亩，建成高标准农田 2 856 万亩。深入开展节约集约“双提升”行动，新增建设占用耕地逐步减少。

12. 现代农业科技产业研究会，科技与产业深度融合

为了更好地破解科技与产业“两张皮”问题，加快科技成果产业化，促进现代农业与科技产业深度融合，2017 年 7 月 22 日，江苏省现代农业科技产业研究会正式成立。

江苏是经济大省，也是农业大省，农业科技进步贡献率达到 65.2%，居全国首位。拥有南京农业大学等涉农科研、教学单位 70 所，涉农院士、专家和学术带头人数量位居全国前茅。但长期以来，科技与产业结合不紧密的问题难以解决，一些好的成果找不到企业投资转化，或是科技需求找不到解决团队，迫切需要必要的社会组织发挥应有作用，促进科技成果的转化、应用和推广。

新成立的江苏省现代农业科技产业研究会汇聚了各行各业的科技主体、产业主体，力推相互之间的无缝对接，实现产业所需科技的精准供给。在发展定位上，重点突出“三个三”：聚焦“三个一流”，即汇聚一流的精英人才和科技企业，连接一流的科技平台和研发团队，推广一流的科技产品和实用技术；搭建“三个平台”，即搭建农科教企技术交流和资源整合的平台、农业科技研发和成果转化的平台以及农业科技产品和市场推广的平台；服务“三个大家”，即服务农业科学家、涉农企业家和农业科技推广专家，让研究会成为汇聚农业科技产业人才、资源、信息的载体。

该研究会的筹建得到多方响应和参与。江苏多家农业科研、教学、推广单位，农业科技型企业、新型农业经营主体和农业科技工作者纷纷申请加盟，会员人数已达 500 余人。

13. 江苏“网上供销社”，破解两个“一公里”难题

近年来，江苏省供销合作总社抢抓电商发展新机遇，把发展具有供销合作社特色的农村电商经营服务体系，作为提升流通服务功能的“重中之重”，功能多样的“网上供销社”正日益成为破解工业品下乡“最后一公里”和农产品进城“最初一公里”难题的新平台。

“地平线”是江苏省供销合作总社于 2015 年重点打造的省级电商综合服务平台，具有交易、服务“两大体系”和“七大服务功能”。目前，全省有 62 个市县供销合作社在“地平线”开设“名特优农品馆”，开设特色旗舰店 128 个，上线商品 8 000 多个，2016 年实现交易额 55 亿元。

在省总社的示范、引领和支持下，下属企业和各市县供销合作社也纷纷因地制宜，通过自建平台、借助第三方平台等多种方式，加快农村电商产业发展。据统计，2016 年，江苏供销合作社系统共实现电子商务销售 170 亿元，增长 224.8%；2017 年上半年 102 亿元，同比增长 63.6%。供销合作社正成为江苏发展农村电商建设的生力军。

14. 试行基本公共服务配置标准，增加群众隐性财富

每个乡镇设置 1 个以农村敬老院为基础的养老服务中心；每个街道设置 1 个老年人日间照料中心，重点提供助餐、助浴、康复护理等服务；每个建制村、每个社区设置 1 个居家养老服务中心，有条件的居住小区根据需要设置 1 个居家养老服务站；在建制村和城市社区设立快递点，提供快递代收、代寄、代存等服务。

2017 年 8 月 22 日，江苏省人民政府召开新闻发布会，发布了《江苏省“十三五”时期基层基本公共服务功能配置标准（试行）》。该标准的制定在全国尚无先例，是省委、省政府的一个创新举措。

“提高基本公共服务供给水平是富民工作的重要内容，也是增加群众‘隐性财富’的重要抓手。”江苏省发展改革委主任朱晓明表示，通过《标准》的发布、实施，将让老百姓清楚地知道自己身边有哪些基本公共服务项目，每个项目能提供什么样的服务功能，让各级政府明确基层的基本公共服务配什么、谁来配、在哪配，真正实现以标准化推动均等化、提高普惠性，解决好人民群众最关心、最直接、最现实的利益问题。

《标准》主要包括 6 个部分，提出了在农村以乡镇、建制村、自然村为空间配置单元，在城市以街道、社区、居民小区为空间配置单元，围绕包括公共教育、医疗卫生、文化体育、社会服务、住房保障、公共交通、市政公用、公共安全、环境保护、政务服务等不同的服务类别，细化出具体的服务项目，并明确其功能配置、配置主体和牵头负责单位。

15. 特色田园乡村建设，谱写新农村建设“大文章”

建设特色田园乡村，是江苏省委、省政府致力于乡村振兴谋划布局的一篇“大文章”。自 2017 年 6 月 29 日省政府召开试点启动会以来，69 个省级试点候选村所在地区组织编制规划设计方案和工作方案，省内外 33 个设计师团队参与设计。经评审遴选，23 个县（市、区）的 45 个村庄进入首批试点，其中省定经济薄弱村 4 个。

8 月 24 日，时任江苏省副省长蓝绍敏在全省特色田园乡村建设试点工作推进会上说，特色田园乡村建设试点目前进入从“方案”走向“实施”、从“设计”走向“实践”的新阶段。各地各部门要进一步把握目标内涵，坚持并联推进、聚焦推进、项目化推进，强化组织保障、资金保障、制度保障。要在风貌塑造上留住乡村的“形”，在文化传承上留住乡村的“魂”，在宜居宜业上留住乡村的“人”；注重发展大农业，深入发展“一村一品一店”，加快发展职业农民；当好“试验田”和“先行军”，唤醒“沉睡”的资源，改出农民的获得感。各地要结合实际做好本区域特色田园乡村建设，以点带面、串点组团、连线成片、有序推进。

8 月 29 日，江苏省委书记李强在全省特色田园乡村建设座谈会上强调，特色田园乡村建设是促进乡村复兴的战略抓手，要注重乡土气息，彰显个性特色，提升多元价值，焕发内生活力，统筹有序推进江苏省特色田园乡村建设，积极探索乡村复兴的江苏路径，努力建设美好生活家园。

16. 城乡居民跨省异地就医，直接结算实现全覆盖

截至 2017 年 8 月 25 日，江苏省 13 个设区市均成功将包括原新农合人员在内的城乡居民纳入跨省异地就医直接结算系统。至此，全省已实现了对职工医保、城乡居民医保及原新农合参保人员的跨省异地就医直接结算全覆盖。

为让异地就医的参保人员“不跑腿、少垫资”，江苏省人社部门在 2016 年底历史性地实现省内异地就医直接结算的基础上，与各市签订责任状，要求 2017 年全面解决跨省异地就医人员住院医疗费用直接结算问题。积极协调各有关部门，相继完成了信息系统调整测试、社会保障卡升级发放、定点医疗机构范围拓展、异地就医申报流程简化、网上经办服务提速等工作，并于 2017 年 4 月成为第 5 家正式接入国家异地就医平台的省份。

进入 8 月份，根据人社部紧急通知要求，江苏省将目标任务的时限进一步提前，重点落实好“两个拓展”任务要求，进一步扩大异地就医人群覆盖范围。一方面，在异地安置退休人员的基础上，迅速向职工医保异地长期居住人员、常驻异地工作人员和异地转诊人员延伸，开展前置服务，主动为部分跨地区生产（生活）的行业、企业的四类人群集中办理备案登记。另一方面，在城镇职工基本医保参保人员的基础上，做好城乡（镇）居民医保参保人员（包括已纳入人社部门统一管理的原新农合参合人员）登记工作。

根据江苏省实际，在不改动现有医保信息系统的前提下，采取“走一个、登一个、接一个”的方式，对异地安置和转诊转院的原新农合人员，实行个案处理的方式，录入居民医保信息系统，做好异地就医备案信息上传工作，确保新农合人员同步享受异地就医直接结算的便利。

目前，全省已累计在国家异地就医平台完成备案人数达到 4.6 万人，其中居民医保人员（含原新农合人员）备案 1 072 人，在线备案人员全部可以实现跨省异地就医直接结算。截至目前，江苏省接入国家跨省异地就医联网结算平台的定点医疗机构达 267 家。江苏省参保人员赴外省直接结算 99 人次，费用金额 324.23 万元，外省参保人员在江苏省直接结算 458 人次，费用金额 1 198.65 万元。

17. 深入治理农村基层微腐败，纠正农村不正之风

“每笔费用打款到个人银行账户，清清楚楚。”为了让大家看得更明白，在兴化市昭阳街道严家村村民委员会公开栏里，村里的用工报销单、银行的打卡明细具体到每个人，与个人银行存折明细完全对应，“工钱虽然不多，但不会‘缺斤少两’，大家干得高兴”。

全面推行非现金支付是江苏深化农村基层不正之风和腐败问题专项治理的举措之一。2017 年 4 月，江苏省聚焦精准扶贫、农村集体“三资”管理、惠农补贴发放，启动三项治理，以精准监督督促各级党委政府及职能部门落实主体责任，推动全面从严治党向基层延伸。

“发生在农村基层的‘苍蝇式’腐败，影响的是群众切身利益，挥霍的是群众对党的信任。权力不被有效约束，腐败就难以遏制。”时任江苏省委常委、省纪委书记蒋卓庆表示，纪检监察机关要带着对群众的深厚感情履职尽责，既严肃查处案件，更深入分析问题发生的体制机制原因，制定标本兼治之策。经过半年多探索实践，江苏省以“制度化＋信息化＋公开化”为路径，构建起完善的农村基层微腐败整治监督体系，群众获得感进一步增强。

“通过信息化的手段、制度化的路径、公开化的方法，推动纪检监察工作从侧重事后查处转向更加有效的过程监督。”时任江苏省纪委副书记、省监察厅厅长王立平表示，随着全面从严治党加快向基层延伸，惠民政策将不再迷失于“最后一公里”，“民心工程”真正成为“幸福工程”。

18. 全省农业信用体系建设，工作有力有序有效推进

近年来，江苏省各级农业行政部门认真贯彻落实《国务院关于印发社会信用体系建设规划纲要（2014—2020 年）的通知》要求，不断强化组织领导，创新方式方法，着力提升全省农业信用体系建设水平。

一是加强组织领导，抓好责任落实。各设区市均成立农业信用体系建设工作领导小组，加强组织领导。南京市、盐城市将农业信用体系建设工作纳入年度考核体系，加强管理，并成立联络员队伍，负责信用信息记录、归集和报送。

二是推动制度建设，完善运行机制。各地不断完善制度建设，保障农业信用体系建设工作有序推进。徐州市对农业领域相关生产经营主体实施联合奖惩，并与市检察院建立联合办案机制。苏州、南通、镇江等市加强农产品生产企业诚信档案建设，推进农产品质量安全领域诚信评价和分级分类监管。

三是启动县级试点，开展创新示范。2016 年，江苏省农委在南通市海安县启动全省农资信用体系建设工作试点，强化分类管理和重点执法监督，积极探索农资诚信经营新的经验做法。2017 年，将试点范围扩大到昆山市各县区，重点推进信用信息归集共享、信用监管、联合惩戒和社会共治等方面工作。同时，着力打造以信用为核心的新型监管体系，强化源头治理，整顿农资市场秩序。

四是强化平台建设，推进信息公示。苏州、淮安、泰州、昆山等市加强信用信息平台和数据库建设，动态更新农业企业、专业合作社、家庭农场、种植大户等生产经营主体信用信息，并逐步实现不同平台间信用信息互联互通。与此同时，各地积极落实“双公示”要求，在门户网站开设专栏，加强信用信息归集公示。

五是加大宣传力度，弘扬诚信文化。各地结合放心农资下乡进村宣传周、安全生产月和“3・15”国际消费者权益保护日等主题活动，大力开展诚信宣传，积极营造诚信守法的社会氛围。连云港、镇江、南通等市通过与农资生产经营企业签订“诚信承诺书”、开展农资诚信经营单位评选、公开表彰等方式，促进农资企业自律，引导诚信经营。

19. 全面推进科技支农强农富农，科技支持农业发展

为深入贯彻落实省第十三次党代会和省委十三届二次全会精神，加强现代农业产业科技创新，推动农业向中高端升级、向特色挖潜、向新模式新业态拓展，夯实农民增收基础，2017 年 8 月 22 日，江苏省委办公厅、省政府办公厅联合印发《关于全面推进科技支农强农富农的意见》(苏办发〔2017〕40 号)。

《意见》明确，到 2020 年，全省农业科技进步贡献率将达到 70%左右，保持全国领先位置；“智・能”家庭农场主培训覆盖 90%示范家庭农场；新型职业农民培育程度达 50%。江苏省将加强村民科技学堂阵地建设，定期发布农业科技重大需求，构建现代农业产业技术体系，到 2020 年，建设 20 个现代农业产业技术体系，形成一批“苏”字头农业科技成果，育成农业新品种（组合）100 个，突破农业前沿技术和产业关键技术 50 项。鼓励农业企业提升科技创新水平，加快培育种业育繁推一体化企业，到 2020 年，全省良种覆盖率达到 97%以上，全国性农业种业企业将达 10 个，每个省级以上合作社示范社至少有一名农业科技服务人员对接指导。

20. 城乡生活垃圾“随手分”，引领健康生活新时尚

作为生态文明建设的重要方面，生活垃圾分类直接影响城乡面貌和群众居住环境。省委省政府将垃圾分类工作纳入“263”专项行动和城市治理与服务十项行动。对江苏而言，垃圾分类不再是“选择题”，而是“必答题”。未来在江苏，“垃圾分类是健康的生活时尚”。

变“随手扔”为“随手分”。江苏省将对城市居民生活垃圾，普遍推行“三分法”，即可回收物、有害垃圾、其他垃圾。而作为国家试点城市的南京、苏州，则鼓励探索“四分法”，即可回收物、有害垃圾、厨余垃圾、其他垃圾。全省目前有 3 042 个小区、2 140 个单位正在全力推进居民垃圾分类试点工作，19 个镇全域开展了农村生活垃圾分类的省级试点工作。垃圾分类第一步，“要让居民懂得分类投放、要让居民方便分类投放、要让居民愿意分类投放”。长期开展多渠道、多形式的垃圾分类指导，逐步培育居民垃圾分类的意识和习惯，实现从“随手扔”向“随手分”的转变。

分类回收推动资源循环利用。一吨废塑料至少能回炼 0.6 吨汽油柴油，是“二次油田”；一吨废纸可以再造 0.7 吨好纸，相当于少砍 17 棵大树……垃圾分类的目的是回收。江苏省住建厅有关负责人透露，分类好的垃圾，尤其是价值低的玻璃等可回收物，将通过鼓励政府购买服务、财政补贴、价格引导等政策措施，鼓励回收企业建“连锁店”等，构建垃圾回收利用的完整产业链，推动再生资源回收利用产业发展。

末端处理亟须提档扩容。江苏省餐厨废弃物每天的处理能力仅为 1 710 吨，按全量收集处理计算，每天缺口至少达 1 600 吨。垃圾末端建设不容乐观。如果末端处理跟不上，“垃圾围城”或成真。2016 年，江苏省城乡垃圾清运量为 2 247 万吨，另有约 300 万吨农村生活垃圾未得到有效处理，三分之一垃圾填埋场的库容已满或将满，一半焚烧厂继续改扩建，具备餐厨废弃物、建筑垃圾、园林绿化等有机易腐垃圾处理能力的城市仅占 10%。近年来全省城乡生活垃圾量年均增长约 6%，加上今后农村生活垃圾的全量收集，2020 年全省生活垃圾日产生量将达到 7.9 万吨，如果按现有处理能力计算，每天将有约 1.8 万吨生活垃圾得不到有效处理。

“我省城乡生活垃圾处理将面临无处可倒、无处可埋、无处可烧的严峻形势，所以城乡垃圾分类是大事要事，也是急事难事。”江苏省政府相关负责人介绍说。为此，江苏省正在研究制订《江苏省城乡生活垃圾处理条例》，以规范城乡生活垃圾处理，保护生态环境、保障人体健康。

21. 流通追溯体系建设有进展，多部门联合出台意见

截至 2017 年 11 月上旬，江苏省投入中央财政资金 1.02 亿元，省级财政资金超过 1.6 亿元，开展肉菜流通追溯体系建设的省辖市达到 9 个，实现沪宁线全覆盖，是全国开展流通追溯体系建设城市最多的省份。

全省流通追溯体系覆盖不同环节流通节点近 4 000 个，覆盖经营户超过 4 万户。试点城市追溯体系的建设运行，有效提升了肉类蔬菜质量安全保障水平，追溯体系建设运行成效逐步显现。

为加快推进江苏省食用农产品追溯体系建设，11 月 7 日，江苏省食品药品监管局会同省财政厅、省农委、省商务厅、省海洋与渔业局等部门联合印发了《关于加快推进食用农产品追溯体系建设的实施意见》(苏食药监食通〔2017〕217 号),加快食用农产品追溯管理资源的整合和应用,协同开展食用农产品追溯体系建设。

《意见》明确了江苏省食用农产品追溯体系建设的总体目标:到 2020 年,全省食用农产品追溯标准体系基本统一、制度规范进一步健全、互联共享的管理机制基本形成,“三品一标”规模种养殖主体、畜禽集中屠宰企业、大型食用农产品批发市场、标准化农贸市场及大型超市(卖场)等市场主体信息化追溯管理的覆盖比例大幅提升,追溯体系和可追溯产品的社会认知认同显著提高。

22. “田保姆”托管土地,为江苏农民节约成本逾亿元

2017 年上半年,江苏省供销系统推进农业社会化服务土地面积达 495 万亩,其中土地托管 407 万亩,土地流转 88 万亩,帮助多种类型的新型农业经营主体、小农生产开展代耕代种、联耕联种、统防统治等专业化规模化服务,为农民节约农业生产成本 1.2 亿元。

近年来,围绕破解“谁来种地”“地怎么种”等问题,江苏省供销系统组织社有企业、基层供销合作社、农民合作社等采取合作经营、订单服务、承包租赁等经营方式和全托管、半托管服务模式,开展耕、种、管、收、加、贮、销等环节系列化服务。2017 年 1 月至 10 月底,服务农田面积 538 万亩,其中土地托管 446 万亩,土地流转 92 万亩。

“一方面,传统农民多有‘惜地’思想,希望土地掌握在自己手里,托管的土地经营权没有流转;另一方面,土地集中流转,承包经营户市场风险大,也存在‘非粮化’‘非农化’‘亏损弃田’倾向,托管模式让双方共享收益共担风险,越来越受到欢迎。”江苏省供销合作总社理事会主任诸纪录说。“田保姆”代管耕作,农民从土地上解放出来,不但保障粮食丰收,还能外出打工挣钱。

江苏省供销合作总社办公室副主任刘国华说:“每亩地只需付几百元托管费,给地找‘田保姆’,土地年收入还由农民自己拿,种地可节省 60%~70%的人力,大户也降低了融资成本。”下一步,全省供销系统将因地制宜,开展土地流转、全托管、半托管、定制式等形式多样的农业社会化服务,力争每年新增 100 万亩土地托管面积。

23. 社会力量保护农村留守儿童，关爱保护有“抓手”

2016 年底，由江苏省民政厅牵头开展的“合力监护　相伴成长”关爱保护农村留守儿童专项行动，取得明显成效。江苏省民政厅、省妇联、团省委等 20 家联席会议成员单位于 2017 年 5—8 月组成 4 个督查组，对苏中、苏北地区 16 个县（市、区）的 32 个乡镇（街道）开展专项督查。

结果显示，全省目前还有农村留守儿童 223 085 人，比专项行动开展前减少 19 109 人，减幅为 7.9%；其中父母一方外出、另一方无监护能力且没有委托人监护的减至 0，减幅 100%；无人监护的从 3 944 人减至 0，减幅 100%；无户籍人数从 5 227 人减至 255 人，减幅为 95.1%；辍学人数从 209 人减至 56 人，减幅为 73.2%。

各地由民政部门牵头，逐户摸底排查留守儿童情况，并一人一方案，建立家庭监护主体责任和政府保护的主导责任。考虑到关爱留守儿童是一项长期持续性的动态工程，2017 年省财政安排 1 500 万元专项资金用于购买社会服务。

2017 年 11 月 14 日，江苏省民政厅与 47 家社会组织签订服务协议。今后一年内，将由这些社会力量承担起保护农村留守儿童的具体事务，将关爱服务留守儿童项目化、精准化，确保每一个孩子都得到持续、专业、有质量的保护。这也是江苏省首次使用省级财政购买社会服务保护留守儿童。

24. 江苏财政投入 8.3 亿元，为农业“黑科技”打 CALL

夜色中犹如水晶房子般的智能温室里，在蓝色 LED 光源照射下，立体多层架上的豌豆苗科幻感十足；吊在空中的瓜藤上贴有二维码，手机扫一扫，你就能获知牛奶味西瓜的成长轨迹；走在秸秆做成的地板上，脚感并不比实木地板差。2017 年 11 月中旬，1 000 余亩的江苏省农业科学院院部犹如“行走中的农业科技博览馆”，多项农业“黑科技”集体亮相，颠覆了人们对农业的传统认识。这些农业科技成果，汇聚了江苏农业科学家们十年的研究心血，更是江苏省农业科技自主创新资金项目设立十年来结出的硕果。

“科技创新—成果转化—示范推广”是科技进步不可或缺的三个环节，科技创新更是科技进步之源。但对农业而言，在科技创新环节，一直缺少专项资金稳定支持。为此，2017 年，省政府将农业领域科技从大科技中分离出来，单独设立专项资金，填补了源头创新支持空白，与省科技厅和省农委的成果转化和示范推广资金衔接互补，完善了全省农业科技计划体系。

江苏省财政厅农业处相关负责人介绍说，江苏省农业科技自主创新资金项目自设立以来，累计投入 8.3 亿元，支持领域由最初的高效设施农业逐步扩大到蔬菜果树、农作物、植保、农机、信息农业等 12 个农业领域，累计支持 1 660 个项目。在“专项资金”支持下，科技成果不断涌现，共获省部级奖 88 项，培育省级以上审（鉴）定农作物新品种 369 个，成果累计应用面积超过 2.6 亿亩，新增综合效益达 300 亿元以上。

25. 传统村落保护立法，保护好乡村“活化石”

2017 年 12 月 1 日，江苏省政府颁布的《江苏省传统村落保护办法》正式施行，在全国率先以“政府令”的形式对传统村落进行立法保护。

传统村落是我国宝贵的文化遗产，蕴含着深厚的历史文化信息，被誉为民间文化生态“博物馆”、乡村历史文化“活化石”。遗憾的是，随着时代的变革、城市的扩张、商业的侵袭，传统村落正在变质、衰败甚至消失。据统计，我国的传统村落平均每年递减 7.3%。

2017 年 6 月，江苏省启动特色田园乡村建设试点，通过培育特色产业、生态和文化，留住江苏人心底的乡愁记忆，而传统村落是特色田园乡村建设的重要类型和优先支持对象。可以说，《江苏省传统村落保护办法》作为具体落实举措，必然有助于江苏传统村落的保护。

传统村落保护是一项长期而艰巨的任务。从实际情况来看，传统村落保护主要有三大难点：其一是资金短缺，传统村落基础设施改造、房屋修缮、环境美化等工程需要大量资金投入。其二是产权认定难，一方面，村民受限于财力无力维修，想转让给有财力保护的他人却遭遇法律障碍；另一方面，想参与保护利用传统村落的组织和个人担心投入巨资却难以得到法律保障。其三是空心化严重，农村人口大量外流造成传统村落产业发展动力不足和人力资源短缺。

因此，推动传统村落保护，在坚决贯彻落实“政府令”的同时，既要发挥政府的主导作用，提高政策研究和供给的针对性、有效性，又要促成传统村落保护的合力，广泛动员社会力量参与到传统村落保护上来，同时让更多乡贤在乡情乡愁的联结下，以项目回迁、资金回流、人才回归等多种形式助力传统村落的保护发展。

26. 插上“科技的翅膀”，开启江苏乡村振兴新征程

12 月 1 日，由农业部和江苏省政府共同主办的中国江苏·现代农业科技大会在南京开幕为现代农业建设插上“科技的翅膀”，开启江苏乡村振兴新征程。

江苏省委书记娄勤俭在开幕式上表示，我们将切实加强与海内外农业科技领域的交往交流，在学术研究、学科共建、载体创新、人才培养、成果转化等方面，组织开展丰富多样的活动和多形式、多层次的战略合作，为现代农业建设插上“科技的翅膀”。特别是要加强创新生态建设，持续改进政务服务，全面落实鼓励农业科技创新、成果转化、人才引进培育的优惠政策，吸引人才和企业来江苏省创新创业，让更多农业科技成果在江苏大地落地生根、开花结果。

农业部副部长于康震强调，江苏是我国农业大省、农业强省，农业现代化多项指标多年位于全国前列。站在新的历史起点上，农业科技肩负新使命、面临新形势、需要新变革，我们要认清形势、明确方向，抢占世界农业科技创新制高点，突破农业科技创新关键点，把握农业科技创新落脚点，充分发挥科技对农业产业转型升级的关键性、根本性和决定性作用。

此次以“科技兴农·创新富民”为主题的大会，吸引了一大批海内外知名农业高等院校、科研院所的专家学者和大型涉农企业、著名行业机构负责人，全省现代农业园区、农业龙头企业、农民专业合作社负责人以及家庭农场、种养大户等也参加了大会。会上，20 个农业科技合作重大项目当场签约。

第三节　2017 年江苏农村经济社会发展“十大事件”

大事件一：关键词——“医保并轨”

【事件描述】2016 年 12 月 30 日，江苏省政府出台了《关于整合城乡居民基本医疗保险制度的实施意见》（苏政发〔2016〕178 号），整合城镇居民医保和新型农村合作医疗两项制度，实行覆盖范围、筹资政策、保障待遇、医保目录、定点管理和基金管理“六个统一”，统一后由人力资源和社会保障部门承担行政管理职能。各市、县（市、区）在 2017 年 6 月底前完成工作职能调整和经办机构整合后，从 2018 年起实施统一的城乡居民医保制度。

《实施意见》明确，制度整合不损害参保人员利益，不降低现有医保报销水平。在此基础上，逐步统一城乡居民医保住院医疗费用起付标准、支付比例、最高支付限额，政策范围内基金平均支付比例在 75%左右。统一城乡居民医保药品、诊疗项目（含特殊医用材料）、医疗服务设施等基本医疗保险三个目录，明确支付范围。整合后的城乡居民医保继续实行个人缴费与政府补助相结合为主的筹资方式，鼓励集体、单位或其他社会经济组织给予扶持或资助。对于现有城镇居民医保和新农合个人缴费标准差距较大的地区，可采取差别缴费的办法，用 2～3 年时间逐步过渡到同一筹资标准。

【选择理由】长期以来，新农合和居民医保实行县（区）级统筹，各地财力不同，参保人员的待遇享受也有差异。居民医保和新农合分属两个部门管理，人力资源和社会保障部门负责居民医保，卫生部门负责新农合，制度间相对独立，缺乏衔接与协调，一些外出打工人员在城市参加职工医保后，往往还会在老家参加一份新农合。

整合后，江苏省要求各设区市要按照保障适度、收支平衡的原则，逐步统一保障范围和支付标准，为参保人员提供公平的基本医疗保障。现有两项制度经办和信息系统也将整合，可有效避免重复参保、重复待遇享受现象。城乡居民医保制度覆盖范围包括现城镇居民医保和新农合所有应参保（合）人员，即覆盖除职工医保人员以外的其他所有城乡居民。

加快医保制度整合的同时，江苏省还将进一步完善医保支付方式，系统推进按人头付费、按病种付费、按床日付费、总额预付等多种付费方式相结合的复合支付方式改革。重点推进按病种付费、按疾病诊断相关分组（DRGs）付费。全面推进医疗机构实施临床路径管理，扩大支付方式改革对定点医疗机构的覆盖面。2017 年实行按病种付费的病种不少于 100 个。

【社会影响】其实，江苏省在 2010 年就开始探索城乡统一的居民医保制度。目前苏州、常州、泰州、南通市等地已经实现两种制度的完全统一。整合后，城乡居民不再受城乡身份的限制，参加统一的城乡居民医保制度，按照统一的政策参保缴费和享受待遇，公平享受医保保障权益。省级层面进一步整合两项制度后，对于避免医保制度碎片化，提高医保基金的共济能力，让广大参保人员特别是几千万新农合参保人员同享异地就医等便利政策都有积极意义。

大事件二：关键词——“保护伞”

【事件描述】1 月 3 日，江苏省政府办公厅印发《关于落实发展新理念推动农业保险迈上新台阶的指导意见》（苏政办发〔2017〕1 号）。紧紧围绕深化农村金融保险服务，完善体制机制，加强统筹协调，创新工作方式，注重精准发力，着力增加保险服务和产品供给，稳步提升保险服务水平，推动“十三五”时期全省农业保险发展迈上新台阶。

《指导意见》明确了未来一段时期，江苏省农业保险工作的主要目标：引导扩大农业保险覆盖面，努力实现覆盖广泛、保障有力、运转高效的风险保障服务体系，主要种植业、养殖业保险及其他高效设施农业保险覆盖面与省定农业基本现代化要求相适应；建立健全科学公正、信息共享、功能完备的农业保险统计监测分析和考核评价体系，推动行业健康可持续发展。经过 5 年不懈努力，农业保险工作内涵进一步深化，工作机制进一步健全，管理制度进一步完善，综合效益充分发挥。

【选择理由】农业保险是农业发展的“防护网”，在防范农业风险、救助农业灾害方面具有不可替代的作用。江苏省自 2004 年以来在淮安、苏州等地先后开展了政策性农业保险试点，2007 年被列为国家农业保险工作试点省份至今已 10 余年。

《指导意见》为“十三五”时期全省农业保险发展的发展点明了主要任务：巩固基本面、覆盖全领域、稳步提标准。巩固基本面，就是要落实国家粮食安全战略，坚持把主要种植、养殖业作为农业保险的保障重点，努力实现投保人“愿保尽保”与投保标的“应保尽保”的有机结合。覆盖全领域，就是横向上要覆盖农林牧渔各主要产业，即保险险种要涵盖江苏省种植、养殖业主要品种，保险责任涵盖江苏省发生较为频繁和易造成较大损失的灾害风险，参保对象涵盖从事农业生产和农产品加工的各类型主体；纵向上要与农业产业链加快融合，即农业保险服务领域从农业生产环节向产业链上下游有序延伸。稳步提标准，就是要探索保障范围覆盖土地流转成本和劳动力成本，并逐步建立覆盖直接物化成本、完全成本甚至基本收益的农业保险服务体系，促进农业增效农民增收。

【社会影响】作为农业大省，江苏省持续加大财政对农业保险保费的补贴比例，目前补贴比例为 70%，已达到发达国家水平。此外，为了鼓励农户“愿保尽保”和投保标的“应保尽保”，巩固农业保险的基本面、扩大覆盖领域和提高标准，江苏省创新推出各设区市政府与保险公司“联办共保”政策性农业保险的商业模式，双方组成责任共同体，按照 1∶1 的比例承担风险，即保费收入双方各分 50%，当保险事故发生后，双方各承担 50%的赔付责任。

在“联办共保”模式下，江苏省在全国率先建立起大灾风险防范机制，由商业再保险和政府巨灾风险准备金相结合，政府和保险公司各自承担最终的超赔风险。为进一步拓展农业保险保障领域和力度，江苏省于 7 月下旬启动农业大灾保险试点工作。本轮试点保险标的为水稻、小麦、玉米。

与以往基础性农业保险相比，大灾保险明确为适度规模经营主体的专属保险产品。保险责任范围进一步扩大，水稻大灾责任保险新增“高温热害”，小麦新增“干热风”。保险金额大幅提升，水稻、小麦、玉米的保险金额由原来最高 700 元，分别提升至 1 100 元、1 000 元、1 000 元。中央财政对试点地区的保费补贴由 35%提升至 45%，本级财政保费补贴负担将有效减轻。

随着各类新型农村经营主体的出现，以及全省各地特色农业发展的多样化趋势，江苏省各设区市和保险公司推出了价格指数保险、收入保险、气象保险、大闸蟹气温指数保险、池塘水产养殖气象指数保险、茶叶气象指数保险等近 30 个以保价格、保收入为主体的创新性农业险种，为保险支持农业结构调整、农民增收进行了探索。

江苏省农业保险险种已达 52 个，基本实现了对主要种植业、养殖业和高效设施农业保险的全覆盖。

大事件三：关键词——“返乡下乡”

【事件描述】为支持农民工、中高等院校毕业生、退役士兵和科技人员等返乡下乡人员到农村创业创新，推进农业供给侧结构性改革，推动农村一、二、三产业融合发展，促进农民就业增收，紧密结合地方实际，2017 年 2 月 20 日，江苏省政府办公厅印发《关于支持返乡下乡人员创业创新促进农村一二三产业融合发展的实施意见》（苏政办发〔2017〕29 号），对返乡下乡人员到农村开展创业创新给予政策支持。

《实施意见》鼓励和引导其结合自身优势和特长，根据市场需求和当地资源禀赋，利用新理念、新技术和新渠道，开发农业农村资源，发展优势特色产业，繁荣农村经济。鼓励和引导其按照法律法规和政策规定，通过承包、租赁、入股、合作等多种形式，创办领办新型农业经营主体。鼓励和引导其按照全产业链、全价值链的现代产业组织方式开展创业创新，建立合理稳定的利益联结机制，推进农村一、二、三产业融合发展，让农民分享二、三产业增值收益。

【选择理由】对于返乡下乡的创业人员，江苏省通过《实施意见》开通一系列“绿色通道”，这将为返乡下乡人员到农村开展创业创新提供政策支持和鼓励引导。

在市场准入方面，落实简政放权、放管结合、优化服务一系列措施，深化行政审批制度改革，继续拓展“多证合一、一照一码”应用范围，在县级层面推行工商营业执照和食品经营许可证“证照联办”。

在金融服务方面，将采取财政贴息、融资担保、扩大抵押物范围等综合措施，努力解决返乡下乡人员创业创新融资难融资贵问题。稳妥有序推进农村承包土地经营权抵押贷款试点，有效盘活农村资源、资金和资产。鼓励银行业金融机构开发符合返乡下乡人员创业创新需求的信贷产品和服务模式，探索权属清晰的包括农业设施、农机具在内的动产和不动产抵押贷款业务，提升返乡下乡人员金融服务可获得性。

在财政支持方面，《实施意见》提出，加快将现有财政政策措施向返乡下乡人员创业创新拓展，将符合条件的返乡下乡人员创业创新项目纳入强农惠农富农政策范围。

【社会影响】在江苏省一些农村地区，村子里只剩下留守老人、小孩以及少数家庭妇女，青壮年都外出打工。政策实施以来，相关部门积极利用江苏卫视“走进新农村”、农家致富手机报等媒体专栏，大力弘扬创业创新精神，树立返乡下乡人员先进典型，宣传推介优秀带头人，发挥其示范带动作用。

通过资金、技术、市场等方面的支持，激发了返乡下乡人员的创业创新热情，有力提升了农村创业创新能力水平，为推动农村双创蓬勃发展、培育农村产业兴旺和城乡融合发展新动能做出了积极贡献。

鼓励高校毕业生、企业主、农业科技人员等各类人才回乡下乡创业，将省级财政支持的创业担保贷款对象范围扩大到返乡创业农民工。鼓励和引导年轻人务农，让农业后继有人，得到了社会各界的强烈反响，得到了相关专家、社会投资者和媒体的热切关注。

大事件四：关键词——“特色田园”

【事件描述】2017 年 6 月 20 日，江苏省委、省政府印发《江苏省特色田园乡村建设行动计划》（苏发〔2017〕13 号）。29 日，江苏省政府召开全省特色田园乡村建设试点启动会。根据该行动计划，“十三五”期间，江苏省级规划建设和重点培育 100 个特色田园乡村试点，首批试点村庄总数 40 个左右。

时任江苏省副省长蓝绍敏说，推进特色田园乡村建设，是省委、省政府在新农村建设领域谋划布局的一篇“大文章”。他强调，各试点地区要把特色田园乡村建设作为一项全局性工作来看、来抓，跳出原有的思维定势和习惯，准确理解和把握目标内涵，坚持以增强农民获得感为根本，坚持建设、发展、改革齐头并进，突出规划引领、抓好整体设计，突出以农为本、抓好产业发展，突出文化传承、抓好特色彰显，突出补短补软、抓好公共服务，突出机制创新、抓好难题突破。要在“整合”和“聚焦”上下功夫，集中力量推进，发挥整体联动效应。

【选择理由】经过多年不懈努力，江苏省乡村建设发展不断迈上新台阶，环境面貌显著改善，公共服务得到加强，综合改革深入推进，现代农业建设步伐加快，农民增收渠道全方位拓宽，农村社会治理取得良好成效。

但从总体上看，乡村仍然是高水平全面小康的突出短板，特别是在新型城镇化快速发展进程中，乡村面临着资源外流、活力不足、公共服务短缺、人口老龄化和空心化、乡土特色受到冲击破坏等问题和挑战，迫切需要重塑城乡关系，遵循发展规律，坚持走符合乡村实际的路子，努力建设立足乡土社会、富有地域特色、承载田园乡愁、体现现代文明的特色田园乡村，加快实现乡村的发展与复兴，推动农业现代化与城乡发展一体化互促共进。

这项工作是“强富美高”新江苏和“两聚一高”新实践在“三农”工作上的有效抓手，是推进农业供给侧结构性改革、在全国率先实现农业现代化的新路径，是传承乡村文化、留住乡愁记忆的新载体，集中力量、集聚资源、集成要素扎实推进。

【社会影响】在2017年8月24日召开的全省特色田园乡村建设试点工作推进会上，时任江苏省副省长蓝绍敏说，特色田园乡村建设试点目前进入从“方案”走向“实施”、从“设计”走向“实践”的新阶段。

在2017年8月29日召开的全省特色田园乡村建设座谈会上，时任江苏省委书记李强说，在江苏省综合实力明显增强、城镇化发展到一定程度的时候，把推进特色田园乡村建设作为提升“三农”工作水平、促进乡村复兴的一大战略抓手是大势所趋。

试点启动以来，69个省级试点候选村所在地区组织编制规划设计方案和工作方案，省内外33个设计师团队参与设计。经评审遴选，23个县（市、区）的45个村庄进入首批试点，其中省定经济薄弱村4个。

江苏省各级政府相关部门将特色田园乡村建设作为推进现代农业发展和乡村振兴的重要战略抓手，注重乡土气息，注意防止乡村景观“城市化”、乡村开发过度“商业化”、乡村建筑“西洋化”等倾向，立足乡村实际，遵循乡村发展规律，体现乡村自身特点，保留乡村田园风貌，使农村更“像农村”，留得住青山绿水，记得住乡情乡愁；彰显个性特色，关注乡村的差异性、多样性，找到不同乡村的“性格”，内外兼修，多角度、全方位发掘乡村的个性和特色，融合乡村所处地域的人居环境特色，注入生态文化、历史文化、民俗文化等元素，培育村落的独特气质。

大事件五：关键词——“产权交易”

【事件描述】2017年4月，泗洪县龙集镇孙庄村打算流转1 800亩土地，这些土地包括240多户农户的承包地和部分村集体土地，由村民委员会统一发包，预期流转费为每亩每年800元。流转信息提前在县农村产权交易市场网络平台发布，由于这一平台全省联网，不仅吸引了本地两名种植大户，还引来泗阳县的一名大户前来竞标。最后被本地大户竞得，流转价格为每亩每年853元。孙庄村党支部书记金殿平介绍说，以前土地流转的信息发布基本不出镇，现在除了在本县网络平台发布，江苏省委农工办主办的江苏省农村产权交易信息服务平台同步显示，让更多的人看到信息。通过公开竞标，村民满意，参加竞标的种植大户也觉得公平。

这是江苏省农村产权交易阳光运行的一个缩影。据江苏省委农工办介绍，按照中央关于农村集体产权制度改革的决策部署，江苏省 2017 年 6 月底在全国率先实现农村产权交易市场县级平台全覆盖。目前，全省有 95 个县（市、区）、1 171个乡镇（街道）建成统一联网、信息互联、资源共享、省市县镇四级联动的市场交易体系，提前半年完成省委、省政府确定的县级平台全覆盖建设任务。累计交易项目 5.4 万笔，成交金额超 213 亿元；2017 年 1—6 月，通过平台交易的项目达 1.77 万笔、成交金额超 65 亿元。

【选择理由】农村集体资产阳光交易带给农民的好处是实实在在的。扬州市委农工办有关负责人说，2016 年以来，集体产权进场公开交易后，全市农村承包土地经营权流转的交易溢价总额达 1 966 万元，流出土地的农民亩均增收 110 元；农村集体经济组织的资产资源交易溢价约 2 742 万元，村均增收 2.5 万元；涉农资金项目交易溢价 2 182 万元，村均节支 2 万元。此外，阳光交易能有效防范农村基层不正之风和腐败问题，对农村社会治理的意义十分深远。

四级联网的交易平台还给土地经营权抵押贷款带来利好：获得土地经营权的经营主体在签订土地流转合同后，平台即发放鉴证书；经营主体凭证书到银行申请贷款，签订合同并到平台登记后，平台给银行发放他项权利证书。“解决了土地经营权‘一女多嫁’问题。”江苏省委农工办介绍说，四级联网的平台交易半径大，万一贷款人无力偿还贷款，可较快找到“接盘者”，因此银行非常欢迎，经营权抵押业务推进很快，从 2016 年 3 月到 2017 年 7 月，全省共有2 812 笔经营权抵押贷款通过平台鉴证、登记，涉及 92 万亩土地，贷款金额达 14.6 亿元。

【社会影响】现阶段，江苏省明确 12 个品种必须进入平台交易，包括农户承包土地经营权、农村养殖水面经营权、“四荒”使用权、林权、农村集体经营性资产、海域使用权、农业生产设施设备、小型水利设施、农业类知识产权、涉农资金项目及其他。据介绍，平台集成碎片化、分散化的农村集体资产交易信息，发挥信息传递、价格发现、交易中介的基本功能，让集体资产体现真正的价值；集体资产交易变得规范化、公开透明，还可以防止暗箱操作。

前不久，南京市高淳区桠溪镇安乐村有一处 2 000 平方米的厂房要出租，租赁期 5 年，底价为每年租金 5 万元。村里将出租信息发布到四级联网交易平台，最终成交价为前两年每年租金 5 万元，后三年 5.5 万元。据介绍，厂房地处偏僻，以前难以租出高价，通过网络发布后，尽管只有一家企业报名，但租金还是比以前高出很多，“更重要的是，全过程在网上进行，村民们都很信服”。

2017 年 3 月，泗洪县双沟镇双淮村准备在村民集中居住的小区内修建 710 平方米的水泥地坪，并修建演出舞台、村务公布栏、购买健身器材等项目。村民委员会设定的水泥地坪造价为每平方米 93 元，网上招标后，承建商毛学果以每平方米 85 元中标，村集体节省成本 6 000 元；村内零星小工程及购买健身器材等预算 6.5 万元，通过招标，中标价格为 6 万元，村里节省支出 5 000 元。“今后，村部办公用的纸笔都要上网公开采购。”双淮村村民委员会主任王成侠说。

作为涉农资金项目，扬州市江都区仙女镇同桥村今年的“一事一议”奖补项目徐厦组道路工程也是在网上公开竞标的。村里委托第三方预算后，这一项目的造价为 26.69 万元，参加投标单位有 24 家，最后中标价为 20.82 万元，节省支出 5.87 万元。

大事件六：关键词——“隐性财富”

【事件描述】2017 年 3 月，徐州市云龙区蝶梦社区率先开展公共服务标准化配置试点。该社区党支部书记黄元说，曾自查发现微型消防站有缺失，赶紧补上配置，“我们又把社区服务中心扩建到 1 400 平方米，内设文体活动中心、残疾人之家等，向居民免费开放。同时，引入专业化机构运营 200 平方米的居家养老服务中心，为老年人提供专业助餐服务等。”

8 月 22 日，江苏省政府召开新闻发布会，宣布《江苏省“十三五”时期基层基本公共服务功能配置标准（试行）》正式出台。该标准的制定在全国尚无先例，是省委省政府的一个创新举措。

苏州市吴江区盛泽镇黄家溪村是由 3 个村合并而成的建制村，党委副书记吴智文介绍说：“《标准》针对建制村有 10 类 22 项配置标准，每一项都是我们在实际工作中所面临和亟须完善的。例如，《标准》要求有条件的建制村设置 1 个爱心超市，向孤寡老人、单亲家庭等弱势群体以及其他生活困难群体提供无偿捐助的生活用品和商品。我们排查发现，爱心超市这块做得还不细，可以把帮困资金盘活用起来。还要建 3 个快递点，这样外来人口和村民走 1 公里以内就能寄、收快递。”

【选择理由】该《标准》制定的核心可以归纳为六个关键词。一是“基层”。

《标准》将关注点放在群众家门口的公共服务上，让资源跟着需求走、服务跟着居民走，为老百姓提供家门口看得见、摸得着、用得上的公共服务项目。

二是“基本”。按照到2020年全面建成小康社会的目标要求，明确提出政府能够、应该、必须提供的基本公共服务。在功能配置时，做到既尽力而为，该兜底的坚决兜住，又量力而行，综合考虑各地的发展水平和公共服务供给能力，做到可操作、可持续，合理引导社会预期。

三是“功能”。《标准》明确的是在基层必须配置的服务功能，不提硬件指标要求，防止因新建扩建场所增加基层负担。同时，鼓励各地因地制宜，按照“共建共享”原则，引导服务方式类似的各类平台和机构集中设置，提高基层资源配置效率，增强综合服务能力。

四是“标准”。全省地区发展水平不同，区域差异较大。目前提出的是全省统一的功能配置要求，是基本要求、“规定动作”，苏南、苏中、苏北都要达到。各地落实过程中可根据发展水平和实际情况充实完善，增加一些“自选动作”，为本地居民提供更多服务，更好地满足其日益提高的公共服务需求。

五是“时间”。《标准》明确的任务不是要求各地一两年内就完成，而是通过整个“十三五”时期的努力，到2020年达到功能配置的要求。

六是“试行”。从2018年起，由江苏省发展改革委牵头，对《标准》实施情况开展评估，根据实施的具体情况适时进行调整，不断完善服务领域、功能配置要求。

【社会影响】通过这一标准的发布、实施，让老百姓清楚地知道自己身边有哪些基本公共服务项目，每个项目能提供什么样的服务功能，让各级政府明确基层的基本公共服务配什么、谁来配、在哪配，真正实现以标准化推动均等化、提高普惠性，解决好人民群众最关心、最直接、最现实的利益问题。

对每个功能单元的具体服务项目，均明确功能配置标准和责任单位，在近年来国家及江苏省相关领域文件规范的基础上，提出了具体的功能配置要求，对每个服务项目都明确了落实单位。

大事件七：关键词——“产品追溯”

【事件描述】为加快推进江苏省食用农产品追溯体系建设，2017年11月7

日，江苏省食品药品监管局会同省财政厅、省农委、省商务厅、省海洋与渔业局等部门联合印发了《关于加快推进食用农产品追溯体系建设的实施意见》，加快食用农产品追溯管理资源的整合和应用，协同开展食用农产品追溯体系建设。

《意见》明确了江苏省食用农产品追溯体系建设的总体目标：到 2020 年，全省食用农产品追溯标准体系基本统一、制度规范进一步健全、互联共享的管理机制基本形成，“三品一标”规模种养殖主体、畜禽集中屠宰企业、大型食用农产品批发市场、标准化农贸市场及大型超市（卖场）等市场主体信息化追溯管理的覆盖比例大幅提升，追溯体系和可追溯产品的社会认知认同显著提高。

【选择理由】《意见》明确了食用农产品追溯体系建设的重点任务：一是加快追溯体系建设的统筹整合，以“不同环节信息互联互通、产品全过程通查通识”为目标，加快标准规范的制定和追溯平台的整合；

二是优化追溯体系建设推进措施，围绕加快推进环节间追溯信息的互信、鼓励物联网等新技术的应用和社会资本开展食用农产品追溯、深化追溯数据在供需结构调整和风险防控中的应用、建立完善部门间联合监管体系、营造优质优价的消费环境 5 个主题，统筹推进食用农产品追溯体系建设；

三是加强追溯体系建设的政策保障，进一步明确政府引导的绩效考核、资金奖补、示范创建、诚信体系建设 4 项职责和依法履职、规范管理、真实守信等 5 项主体义务。

《意见》提出了建立食用农产品追溯管理协调会商制度，由食用农产品追溯管理职能处室负责人组成领导小组，加强食用农产品追溯管理的制度和标准建设合作，及时研究和处置食用农产品追溯管理相关问题，推动和协调食用农产品追溯协调与合作相关事宜，共同促进全省食用农产品追溯体系健康有序发展。

【社会影响】江苏省肉菜流通追溯体系建设取得新进展。截至 2017 年 11 月底，江苏省投入中央财政资金 1.02 亿元，省级财政资金超过 1.6 亿元，开展肉菜流通追溯体系建设的省辖市达到 9 个，实现沪宁线全覆盖，是全国开展流通追溯体系建设城市最多的省份。全省流通追溯体系覆盖不同环节流通节点近 4 000 个，覆盖经营户超过 4 万户。试点城市追溯体系的建设运行，有效提升了肉类蔬菜质量安全保障水平，追溯体系建设运行成效逐步显现。

大事件八：关键词——“留守儿童”

【事件描述】 2017 年 11 月 14 日，江苏省民政厅与 47 家社会组织签订服务协议，今后一年内，将由这些社会力量承担起保护农村留守儿童的具体事务，将关爱服务留守儿童项目化、精准化，确保每一个孩子都得到持续、专业、有质量的保护。这也是江苏省首次使用省级财政购买社会服务保护留守儿童。

各地由民政部门牵头，逐户摸底排查留守儿童情况，并一人一方案，建立家庭监护主体责任和政府保护的主导责任。考虑到关爱留守儿童是一项长期持续性的动态工程，2017 年省财政安排 1 500 万元专项资金用于购买社会服务。

【选择理由】 2016 年底由省民政厅牵头开展的“合力监护 相伴成长”关爱保护农村留守儿童专项行动取得明显成效。江苏省民政厅、省妇联、团省委等 20 家联席会议成员单位于 2017 年 5—8 月组成 4 个督查组，对苏中、苏北地区 16 个县（市、区）的 32 个乡镇（街道）开展专项督查。

结果显示，全省目前还有农村留守儿童 223 085 人，比专项行动开展前减少 19 109 人，减幅为 7.9%；其中父母一方外出、另一方无监护能力且没有委托人监护的减至 0，减幅 100%；无人监护的从 3 944 人减至 0，减幅 100%；无户籍人数从 5 227 人减至 255 人，减幅为 95.1%；辍学人数从 209 人减至 56 人，减幅为 73.2%。

【社会影响】 经过严格的公开招标程序，江苏省民政厅从 123 家投标的社会组织中筛选出 47 家，并与其签订服务协议。一年内，它们将为徐州、南通、连云港、淮安、盐城、扬州、泰州、宿迁 8 个设区市的农村留守儿童提供服务。

服务项目包括落实家庭监护主体责任，生活照料、学习教育帮扶，心理关爱服务，安全、法治教育服务，加强对“女童保护”的教育宣传以及针对各地实际情况提供个性化服务等。

为确保社会组织提供优质服务，民政部门制定严格的考核政策。项目执行结束，将委托第三方机构审计评估，不合格的将被要求限期整改；无法整改的，由省民政厅对乙方作出追回省级补助金、3 年内不得参加省农村留守儿童关爱保护服务项目投标以及类似活动的处理，并以适当方式进行通报。

大事件九：关键词——“村落保护”

【事件描述】《江苏省传统村落保护办法》于2017年12月1日起正式实施。这是国内首例以省政府规章形式对传统村落进行立法保护，将推动江苏省传统村落保护走上法制化、规范化轨道，从而形成相对完整的历史文化名城名镇名村和传统村落保护制度体系。11月29日，省政府举行新闻发布会，对《办法》进行详细解读。

《办法》中所称“传统村落”，是指村庄主体形成时间较早，乡土文化特征明显，拥有丰富的传统资源或传统乡村布局的形态、肌理，具有一定的历史、文化、科学、艺术、社会、经济价值，经省人民政府认定予以保护的自然村庄。

江苏省规定，符合下列条件之一的村落可认定为传统村落：选址、布局保留着传统格局和历史风貌，与自然有机融合，体现人和自然共生的建造智慧；历史建筑、传统建筑保存良好，体现一定历史时期或特定地域的建造传统和建筑风格；能承载乡愁记忆和归属感，具有地域影响的祠堂、牌坊、古桥、戏台、古井、老树等历史遗存保存较好；具有传统特色和区域代表性，能体现农耕文明时期的地域特点和生产生活方式的种植、养殖、捕捞、手工制作技艺和加工制造工艺等；具有较鲜明地域乡土文化特征的民俗活动、传统技艺等非物质文化遗产仍保有活态。

【选择理由】保护传统村落，不仅仅是保护好几处传统建筑、几口古井、几棵古树，而是强调整体保护、延续村落的传统格局和历史风貌，以及与村落相互依存的山、水、田、林、路等自然景观环境。传统村落较集中区域及传统建筑相对集中、形成建筑组群的区域，都应作为整体予以保护和利用。一定要将具有鲜明地域乡土文化特征的民俗活动、传统技艺，尤其是非物质文化遗产活态传承好。

根据《办法》规定，江苏传统村落保护发展应凸显能体现传统村落特点的关键性因素，保持和延续其传统格局和历史风貌，维护其地形地貌、街巷走势等空间尺度，不得改变与其相互依存的山、水、田、林、路等自然景观环境的空间关系和形态。对传统村落内需保护的不可移动文物、传统建筑，应区分不同情况，采取相应措施实行分类保护，并保持原有的高度、体量、外形及色彩等。此类传统建筑的修缮应采用传统建造技艺，提倡采用地方传统材料。

对传统村落不能仅停留在静态保护上，还应推动在保护前提下的当代发展和文化复兴。《办法》明确，鼓励传统村落原住居民参与传统村落的保护和利用，保障原住居民的合法权益，鼓励在传统村落内有序开展旅游、休闲度假、传统手工艺和传统技艺加工制作等生产经营活动，促进传统村落与当地经济社会同步发展。对非物质文化遗产的利用，应保护其相关实物和场所，注重挖掘和活态传承，防止滥用和过度开发。

【社会影响】“村民的积极参与和文化自觉意识，是传统村落保护的根本皈依，也是传统村落实现当代可持续发展的根本前提。”江苏省住房和城乡建设厅厅长周岚介绍说，传统村落原住居民是村落的建设者、使用者和传承者，也是最直接的利益相关者。《办法》要求在申报传统村落、传统村落保护发展规划编制及实施中，应充分听取村民的意见和建议。传统村落所在地的村（居）民委员会，也要切实履行监督责任，对违反传统村落保护规定和要求的行为须及时予以制止，并及时向相关部门报告。

“任何单位或者个人不得损坏或者擅自迁移、拆除传统村落内的传统建筑。”《办法》规定，损坏或擅自迁移、拆除传统村落内的传统建筑的，由县（市、区）人民政府住房城乡建设主管部门责令停止违法行为、恢复原状或者采取其他补救措施，对单位可处以 5 000 元以上 3 万元以下的罚款，对个人可处以 500 元以下的罚款；对传统村落价值造成损失的，依法承担赔偿责任。地方各级人民政府及其有关主管部门的工作人员在传统村落保护工作中，玩忽职守、滥用职权、徇私舞弊，导致传统村落遭到严重破坏的，依法给予处分；构成犯罪的，依法追究刑事责任。

大事件十：关键词——“科技的翅膀”

【事件描述】12 月 1—2 日，中国江苏·现代农业科技大会在南京国际博览中心盛大开幕，此次活动由农业部、江苏省人民政府主办，旨在搭建海内外农业领域专家学者和科研单位与新型农业经营主体的交流对接平台，促进科技与农业结合，科研单位、科技企业与农业经营主体对接，为推进农业产业富民增收汇智聚力。江苏省委书记娄勤俭出席并讲话，省长吴政隆主持。

【选择理由】“科技兴农、创新富民”是江苏力争在全国率先实现农业现代化，开启江苏乡村振兴新征程的重要主题。实际上，江苏已出台相关政策举措促进和支持科技兴农。

一是江苏省办公厅出台《关于加快推进农业农村电子商务发展的实施意见》，主要任务是要紧密结合江苏实际，推进电子商务与农业农村产业的深度融合，培育农业农村发展新动能。

二是江苏省办公厅印发《全省大力发展农业农村电子商务全面推进“一村一品一店”建设行动计划（2017—2020 年）》，以“一村一品一店”建设为重要载体，打通农产品销售“最初一公里”和工业品下乡“最后一公里”，开创农业农村电商发展新局面。

三是江苏省委办公厅、省政府办公厅联合印发《关于全面推进科技支农强农富农的意见》，旨在加强现代农业产业科技创新，推动农业向中高端升级、向特色挖潜、向新模式新业态拓展，夯实农民增收基础。

【社会影响】近年来，江苏省农业农村电子商务蓬勃发展，为优化农业产业结构、推动农村经济转型、促进农民增收致富等发挥了重要作用。但从总体上看，江苏省农业农村电子商务发展总体处于加快发展阶段，但仍处于起步阶段，还存在标准化程度低、物流体系建设滞后、诚信体系不健全、电商人才缺乏、配套政策不完善等问题。

为此，江苏省出台相应政策，加快培育农业农村电商平台，大力推广“一村一品一店”模式，在每个行政村培育一项特色产业，围绕特色产业建设一家网店，以电子商务引领带动特色产业发展、农产品销售和农民创业致富，取得了积极进展。2016 年，全省农产品网络销售额 285 亿元，连续多年保持 20%以上的增速，涌现出一批网络畅销品牌和农村电商集聚区。发展农业农村电子商务，是深化农业供给侧结构性改革、增强农业质量效益和竞争力的迫切需要，也是激发农民创业创新活力、促进农民增收致富的重要途径。

在中国江苏·现代农业科技大会上，江苏省农业委员会发布江苏“十三五”后半期农业重大科技需求，是探索建立新型农业科技创新机制的重要举措。主要目的是，以产业发展和市场需求为导向，坚持社会需求征题、产业部门命题、科研集成攻关、成果物化转化、市场用户评价的农业科技创新与成果转化新机制，着力突破制约现代农业发展的重大共性关键技术难题，力争取得一批具有自主知识产权、应用前景广阔、转化效率较高的科技成果，增强农业科技自主创新能力，抢占现代农业发展制高点，切实推进科技与产业融合。

附录　2017年江苏省农村经济社会发展重要政策文件

- 中共江苏省委、江苏省人民政府《关于深入推进农业供给侧结构性改革促进农民持续增收的意见》（苏发〔2017〕1号）
- 中共江苏省委、江苏省人民政府关于印发《江苏省特色田园乡村建设行动计划》的通知（苏发〔2017〕13号）
- 《江苏省传统村落保护办法》（省政府令第117号）
- 江苏省政府办公厅《关于落实发展新理念推动农业保险迈上新台阶的指导意见》（苏政办发〔2017〕1号）
- 江苏省政府办公厅《关于推进农村一二三产业融合发展的实施意见》（苏政办发〔2017〕4号）
- 江苏省政府办公厅《关于印发全省促进农民持续增收行动计划（2017—2020年）的通知》（苏政办发〔2017〕13号）
- 江苏省政府办公厅《关于支持返乡下乡人员创业创新促进农村一二三产业融合发展的实施意见》（苏政办发〔2017〕29号）
- 江苏省政府办公厅《关于加快推进农业农村电子商务发展的实施意见》（苏政办发〔2017〕53号）
- 江苏省政府办公厅《关于进一步加快农产品加工业发展的实施意见》（苏政办发〔2017〕63号）
- 江苏省政府办公厅《关于创新农村基础设施投融资体制机制的实施意见》（苏政办发〔2017〕102号）

图书在版编目（CIP）数据

江苏新农村发展报告 2017 / 刘祖云等著．—北京：
中国农业出版社，2018.3
ISBN 978-7-109-23811-4

Ⅰ．①江…　Ⅱ．①刘…　Ⅲ．①农村经济发展－研究报
告－江苏－2017　Ⅳ．①F327.53

中国版本图书馆 CIP 数据核字（2017）第 328535 号

中国农业出版社出版
（北京市朝阳区麦子店街 18 号楼）
（邮政编码 100125）
责任编辑　孙鸣凤

中国农业出版社印刷厂印刷　　新华书店北京发行所发行
2018 年 3 月第 1 版　　2018 年 3 月北京第 1 次印刷

开本：787mm×1092mm　1/16　　印张：26.25
字数：430 千字
定价：68.00 元